경제공부는 내 돈...

최진기의

지금당장 경제학

최진기의

지금당장 경제학

최진기 지음

스마트북스
Smart Books

저자 / 최진기

고려대학교 사회학과, 한림대학교 사회학과 대학원을 다녔다. (주)오마이스쿨 전 대표이며, 이투스에서는 사회탐구 영역 점유율 1위의 인기강사였다. 2008년 7월 환율 동영상 강의로 일반인에게 알려졌으며, 이 동영상 강의는 300만 회 이상의 조회수를 올리며 선풍적인 인기를 끌었다. 그의 강의는 명쾌하며 재미가 있어서 어려운 경제지식을 일반인들이 쉽게 이해할 수 있도록 설명하는 데 탁월하다는 평가를 받았다. 2009년 『KBS 최진기의 생존경제』는 경제강의로서는 이례적으로 수백만 회의 조회수를 올리며 경제공부 열풍을 주도했다.

2010년부터는 오마이스쿨에서 「아빠와 딸이 함께하는 최진기의 인문학 특강」을 통해 '서양철학, 현대사상, 서양미술사, 조선미술, 동양철학' 등 폭넓은 인문지식을 제공하고 있다.

대표저서로는 경제 분야 24주 연속 베스트셀러인 『경제기사의 바다에 빠져라』와 『최진기의 경제상식 오늘부터 1일』, 인문 분야 20주 연속 베스트셀러인 『인문의 바다에 빠져라』, 『인문의 바다에 빠져라 2-서양미술사』, 『최진기의 교실밖 인문학』 등이 있다.

최진기의
지금당장
경제학

1쇄 발행 2015년 10월 5일
25쇄 발행 2024년 8월 1일

지은이 최진기
펴낸이 유해룡
펴낸곳 (주)스마트북스
출판등록 2010년 3월 5일 | 제2021-000149호
주소 서울시 영등포구 영등포로 5길 19, 동아프라임밸리 1007호
편집 02)337-7800 | 마케팅 02)337-7810 | 팩스 02)337-7811 | 홈페이지 www.smartbooks21.com

기획 및 진행 서선이 | 마케팅 윤영민 | 표지 일러스트 신똥(신동민) | 본문 일러스트 김영곤 | 북디자인 어수미

원고투고 www.smartbooks21.com/about/publication

ISBN 979-11-85541-28-0 13320

■ 이 책은 『지금 당장 경제공부 시작하라』의 개정판입니다.

경제학이 필수과목이 되는 그날까지

모든 익숙함과의 갑작스러운 결별이었다. 끝없이 오를 것 같던 주가는 추락하기 시작했고, 승승장구하던 부동산 열풍은 꺼져 들었다. 경기가 수년에 걸쳐 계속 상승하는 동안에는 대체로 금리가 높기에 번 돈을 예금에만 넣어놓아도 최소한 이자는 복리로 쌓였다. 설령 예금금리가 낮더라도, 저금리로 인해 시중에 돈이 넘쳐 주식, 부동산 가격이 상승하므로 자산을 불리는 사람들이 많았다.

하지만 거품이 꺼지고 경기침체가 장기화되면 자산을 불리기는커녕 지키기조차 어려워진다. 예금을 하려 해도 제로금리이기 십상이고, 설령 1~2%의 이자를 준다고 해도 물가상승률을 뛰어넘는 경우는 거의 없다. 주가는 점점 떨어지고, 설혹 주가가 올라도 실물경기가 뒷받침이 되지 않으니 또 다른 폭락의 위험성을 배제할 수 없어 전전긍긍이다. 부동산 가격도 점점 떨어져 시세차익은 고사하고 대출이자를 갚기에도 버거우며, 수익형 부동산을 보유한 사람들은 공실이 되어 임대수익률이 아니라 임대 자체를 고민해야 할 판이 된다.

하지만 이런 시기에 줄어드는 자산을 어떻게 지킬까 하는 것은 차라리 행복한 고민이다. 당장 동료들이 해고되고 내일은 그 동료가 나일 수도 있다. 새롭게 사회에 진출하는 세대는 안정된 일자리는 별로 없고 비정규직, 아르바이트라는 차가운 현실에 직면한다.

어디에서 출발할까?

도대체 우리가 무엇을 잘못해서 이렇게 되어 가는지, 이 혼돈의 시대 어디서부터 어떻게 출발해야 할지 막막할 뿐이다.
해답은 경제학에 있다. 우리 경제가 급반등할지, 장기적인 침체로 빠져들지를 알려면 1997년 외환위기와 2008년 금융위기의 차이를 이해해야 한다. 만일 경기침체가 장기화되는 상황에서 생존하려면 잃어버린 일본의 10년을 알아야 한다. 외환시장의 움직임과 정부의 잘못된 환율 방어가 초래할 위험과 문제를 알아야 환위험도 피할 수 있고, 그나마 벌어놓은 돈도 지킬 수 있다.

이러한 시기에 가장 먼저 생존의 어려움을 겪는 사람은 부와 폭넓은 경제지식을 지닌 상류층이 아니라 대중과 서민이 될 가능성이 크다. 이제는 우리 대중과 서민도 경제를 알아야 한다.
미국의 저금리 정책, 또는 기준금리 인상이 우리에게 어떤 영향을 미칠지,

미국이 기축통화국의 지위를 이용하여 달러를 마구 찍어내면 어떤 결과가 생길지, 금값은 왜 오르락내리락하고, 유가는 왜 배럴당 20달러에서 150달러까지 올랐다가 불과 몇 달 만에 30달러 선으로 폭락하는지, 정부의 경제정책이 우리 삶에 얼마나 큰 영향을 미치는지 알아야 한다.

쉽고 재미있고 충실한 경제지식에 목마른 사람들

안타깝게도 우리는 고등학교, 대학교 때 기초 경제학 지식을 배울 기회가 없이 사회에 내던져졌다. 경제적 자립을 지키는 데 가장 필요한 지식인데도 말이다.

필자의 환율 동영상 강의와 「KBS 최진기의 생존경제」 강의를 본 일반인들의 폭발적인 반응을 보면서, 한편으로는 얼떨떨하면서도, 또 다른 한편으로는 사람들이 쉽고 재미있으면서도 충실한 경제지식에 얼마나 목말라하고 있는지를 여실히 느낄 수 있었다.

올바른 경제판단을 위한 필수지식

많은 분들이 재테크 책을 읽지만, 사실 경제상황을 이해하고 그에 적절하게 대응하려면 경제학의 기초지식 정도는 알고 있어야 한다. 그래야 신문기사든 인터넷의 글이든 경제지표든 재테크 책이든 제대로 그 이면을 들여다보고 올바른 판단을 할 수 있고, 또 글쓴이가 말하는 논지의 허점을 알고 취사 선택하여 받아들일 수 있는 힘이 길러지기 때문이다.
한편 앞으로는 투자형태가 훨씬 다양해질 수밖에 없을 것이다. 지금은 그 과도기에 있는 것으로 보인다. 예전에는 주식, 부동산에 대한 정보나 위험 정도만 알아도 되었다면, 이제는 내가 피땀 흘려 번 돈을 날리지 않고 가족과의 삶을 지키기 위해서라도 다양한 경제공부를 할 수밖에 없는 시대가 오고 있다.
경제학 지식은 이러한 경제공부의 기초가 될 것이다. 경제학은 각 경제상황에 따른 정부정책을 이해하고 그에 적절하게 대응하기 위해서뿐만 아니라, 한편으로 우리 사회의 매트릭스를 이해하는 데 가장 필수적인 지식이다.

이 책의 목적은 일반인들이 혼돈의 시기에 살아남을 수 있는 경제지식을 습득하도록 만드는 것이다. 우리 주변에는 수많은 경제서들이 있지만, 경제학 전반에 걸친 폭넓은 이해를 쉽게 전달하는 책은 별로 없다. 필자는 일반인들이 천박하지 않으면서도 쉽고 재미있게 경제학 지식을 알 수 있도록 쓰려고 노력하였다.

미국 사례와 신자유주의 입장으로 도배된 경제학 원론이 아니라,
너무 두껍고 어려워서 일반인이 읽기 어려운 책이 아니라,
일상에서 볼 수 있는 경제현상을 중심으로 흥미만 불러일으키는 책이 아니라,
다음과 같은 책을 만들고자 노력했다.

· 경제학 원론의 형식을 따름으로써 폭과 깊이를 담보하는 한편,
· 구체적이고 현실적인 한국 사례로 쉽게 이해할 수 있으며,
· 마치 강의를 듣는 것처럼 편안하게 핵심에 접근할 수 있게 했다.

그래서 책을 다 읽고 났을 때, 스스로 경제를 이해하고 분석할 수 있는 힘을 길러낼 수 있는 책을 만들고자 노력했다. 아무쪼록 혼돈의 시대에 '경제지식의 기초체력'을 키우는 데 도움이 되었으면 한다.
마지막으로 대학시절 읽은 몇 권의 책으로 세상을 예단하려던 건방진 제자에게 학문의 세례를 내려주신 유팔무, 신광영 선생님 앞에 부끄럽지 않은 삶을 보여드리겠다는 약속을 드린다.

2015년 9월 최진기

[이 책의 특징]

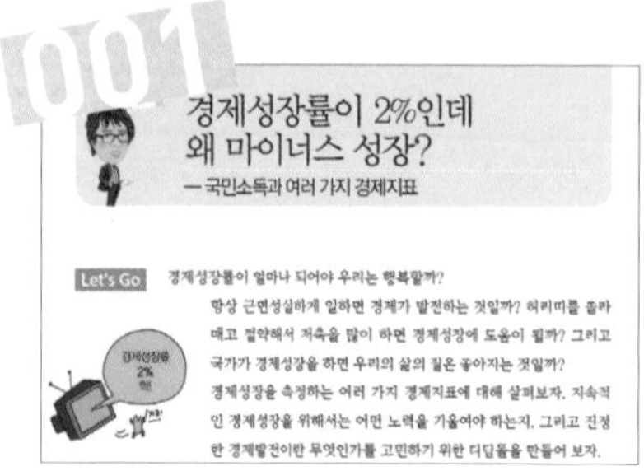
001

경제성장률이 2%인데
왜 마이너스 성장?
— 국민소득과 여러 가지 경제지표

Let's Go 경제성장률이 얼마나 되어야 우리는 행복할까?

항상 근면성실하게 일하면 경제가 발전하는 것일까? 허리띠를 졸라매고 절약해서 저축을 많이 하면 경제성장에 도움이 될까? 그리고 국가가 경제성장을 하면 우리의 삶의 질은 좋아지는 것일까?
경제성장을 측정하는 여러 가지 경제지표에 대해 살펴보자. 지속적인 경제성장을 위해서는 어떤 노력을 기울여야 하는지, 그리고 진정한 경제발전이란 무엇인가를 고민하기 위한 디딤돌을 만들어 보자.

경제학 원론 형식에 구체적 한국 사례를 ~

현실 밀착형 경제 입문서

어려운 경제를 쉬운 말로 술술~. 스타강사 최진기의 입담이 메마른 경제학을 펄떡이는 물고기처럼 되살려냈다. 대학에서 배우는 딱딱한 경제 교과서, 흥미 위주 사례로만 접근하는 '반쪽'짜리 경제 에세이의 장점을 하나로 통합한 책! 지금까지 경제기사를 조각조각 이해한 사람이라면 이 책을 통해 전체가 한 쾌에 꿰어지는 느낌을 받게 될 것이다.

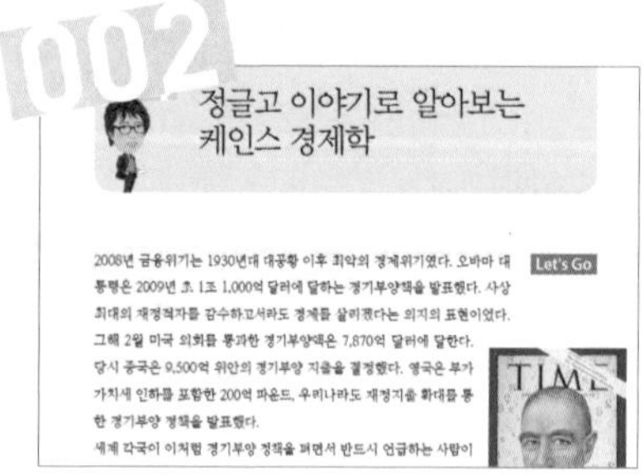
002

정글고 이야기로 알아보는
케인스 경제학

Let's Go

2008년 금융위기는 1930년대 대공황 이후 최악의 경제위기였다. 오바마 대통령은 2009년 초, 1조 1,000억 달러에 달하는 경기부양책을 발표했다. 사상 최대의 재정적자를 감수하고서라도 경제를 살리겠다는 의지의 표현이었다.
그해 2월 미국 의회를 통과한 경기부양액은 7,870억 달러에 달한다.
당시 중국은 9,500억 위안의 경기부양 지출을 결정했다. 영국은 부가가치세 인하를 포함한 200억 파운드, 우리나라도 재정지출 확대를 통한 경기부양 정책을 발표했다.
세계 각국이 이처럼 경기부양 정책을 펴면서 반드시 언급하는 사람이

경제정책의 기본 맥락을 명확하게 설명한 책

중상주의로부터 애덤 스미스, 마르크스, 케인스, 신자유주의에 이르기까지. 경제정책의 변화와 그 본질을 꿰뚫어 준다. 또한 정부의 재정정책, 금융정책이 나의 경제생활에 어떤 영향을 주는지 큰 흐름을 잡아준다.

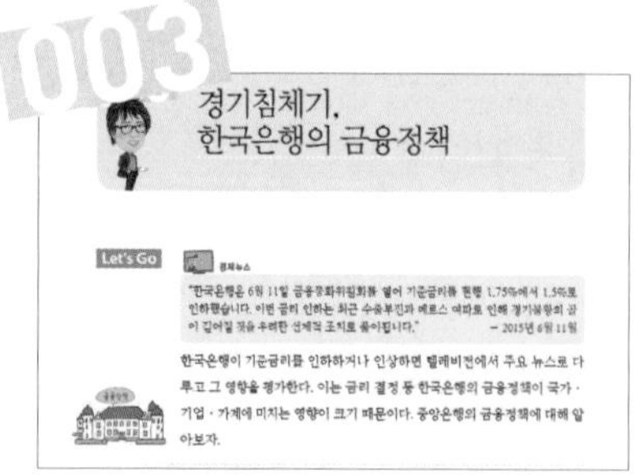
003

경기침체기,
한국은행의 금융정책

Let's Go

"한국은행은 6월 11일 금융통화위원회를 열어 기준금리를 현행 1.75%에서 1.5%로 인하했습니다. 이번 금리 인하는 최근 수출부진과 메르스 여파로 인해 경기불황의 골이 깊어질 것을 우려한 선제적 조치로 풀이됩니다." — 2015년 6월 11일

한국은행이 기준금리를 인하하거나 인상하면 텔레비전에서 주요 뉴스로 다루고 그 영향을 평가한다. 이는 금리 결정 등 한국은행의 금융정책이 국가·기업·가계에 미치는 영향이 크기 때문이다. 중앙은행의 금융정책에 대해 알아보자.

경제원리부터 미시, 거시, 국제경제까지

한번에 훑어주는 책

누구나 수요/공급 이론은 알지만 자신의 투자활동에 효율적으로 연관을 지어 사고하지 못하는 경우가 많다. 부동산 시장, 주식시장, 외환시장 등 재테크 시장에서 각종 경제현상이 어떤 효과를 주는지 기본적인 프레임을 알려준다. 또 경기순환, 경제지표의 숨은 안쪽을 보여주며, 국제경제의 뿌리 개념과 현실 진단까지 두루 섭렵할 수 있다.

재미있는 삽화, 풍부한 그래프,

다양한 사례로 술술~

지루하지 않게 책을 읽을 수 있도록 풍부한 삽화와 사진, 사례를 넣어 책을 읽는 맛과 속도를 높였다.
경제 관련 그래프는 경제현상을 일목요연하게 파악하고, 추세를 예측하는 데 필수적인 방법이다. 그래프만 봐도 머리가 아프다는 초보 독자들이 그래프와 친숙해지도록 번호로 달아 친절하게 설명했다.

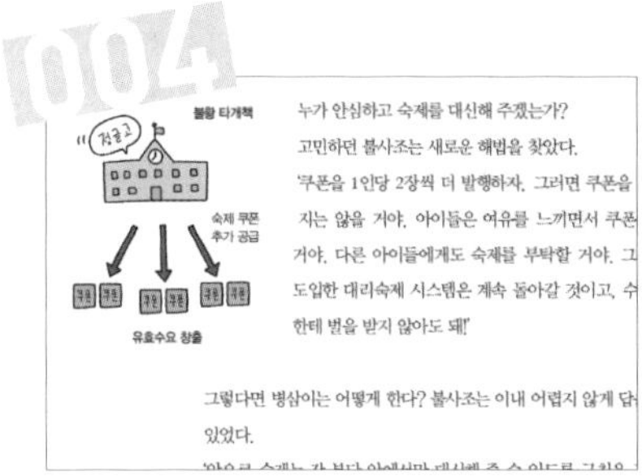

004

불황 타개책

누가 안심하고 숙제를 대신해 주겠는가?
고민하던 불사조는 새로운 해법을 찾았다.
'쿠폰을 1인당 2장씩 더 발행하자. 그러면 쿠폰을
지는 않을 거야. 아이들은 여유를 느끼면서 쿠폰
거야. 다른 아이들에게도 숙제를 부탁할 거야. 그
도입한 대리숙제 시스템은 계속 돌아갈 것이고, 수
한테 벌을 받지 않아도 돼!'

그렇다면 병삼이는 어떻게 한다? 불사조는 이내 어렵지 않게 답
있었다.

경제시험을 준비하는 사람들에게 효율적인 책

이제 취업시험도, 승진시험도, 테셋 등 경제시험도 경제학 이론을 넘어 경제현실을 접목시켜 해석하는 능력을 요구한다. 경제학 교과서로는 절반밖에 공부할 수 없다! 뼈대 이론에 풍부한 현실 사례가 붙어 있는 책으로 공부해야 성과를 거둘 수 있다.

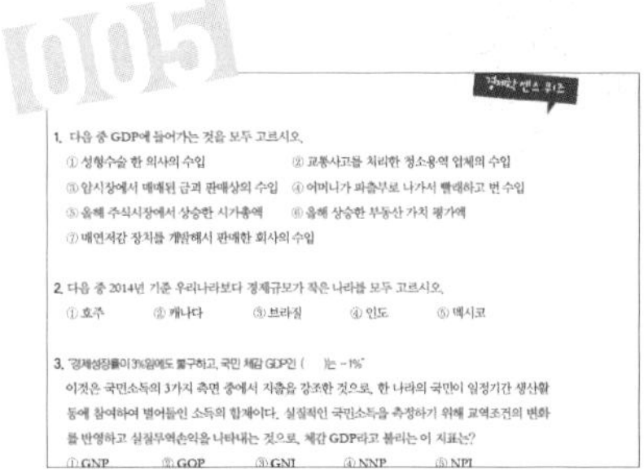

005

경제학 센스 퀴즈

1. 다음 중 GDP에 들어가는 것을 모두 고르시오.
① 성형수술 한 의사의 수입 ② 교통사고를 처리한 청소용역 업체의 수입
③ 암시장에서 매매된 금괴 판매상의 수입 ④ 어머니가 파출부로 나가서 빨래하고 번 수입
⑤ 올해 주식시장에서 상승한 시가총액 ⑥ 올해 상승한 부동산 가치 평가액
⑦ 매연저감 장치를 개발해서 판매한 회사의 수입

2. 다음 중 2014년 기준 우리나라보다 경제규모가 작은 나라를 모두 고르시오.
① 호주 ② 캐나다 ③ 브라질 ④ 인도 ⑤ 멕시코

3. "경제성장률이 3%임에도 불구하고, 국민 체감 GDP인 ( )는 -1%"
이것은 국민소득의 3가지 측면 중에서 지출을 강조한 것으로, 한 나라의 국민이 일정기간 생산활동에 참여하여 벌어들인 소득의 합계이다. 실질적인 국민소득을 측정하기 위해 교역조건의 변화를 반영하고 실질무역손익을 나타내는 것으로, 체감 GDP라고 불리는 이 지표는?
① GNP ② GOP ③ GNI ④ NNP ⑤ NPI

이 책을
보는 방법

Let's go!

교과서식 딱딱한 경제책을 넘어……. '이 경제개념을 왜 알아야 하지? 현실 경제에서는 어떤 모습으로 나타날까?' 경제학과 실생활의 거리를 좁혔다. 자, 세상에서 가장 편한 자세로 누워 읽어 보자.

여기서 잠깐 | 우리 옆의 경제학

생활 속에서 우리가 잘못 알고 있던 경제상식을 점검한다. 아울러 우리 생활 속에서 볼 수 있는 경제학 원리를 발견하여 설명함으로써 경제지식을 좀더 쉽게 이해하고 생활에 활용할 수 있게 했다.

경제학 센스 퀴즈

내 경제지식은 얼마나 될까? 책 내용 중에서 중요한 경제지식을 쏙쏙 뽑아 다시 한번 점검하게 했다.

[차 례 Contents]

3장 수요와 공급을 알아야 경제가 보인다

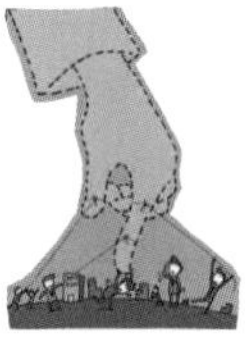

4장 시장의 특성을 파악하자

5장 경기순환과 정부정책을 읽어보자

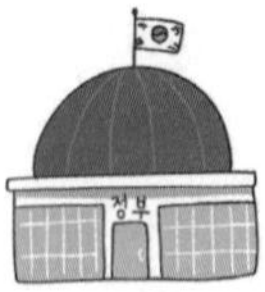

6장 시장의 실패에 정부는 어떻게 개입하나?

7장 경제 파악 1—소득분배 지표의 안쪽

8장 경제 파악 2—국민소득과 경제성장률 지표의 안쪽

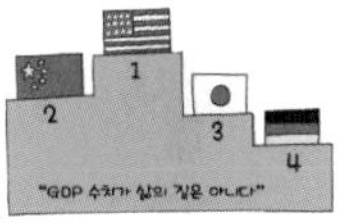

9장 경제 파악 3—물가와 실업률 지표의 안쪽

10장 화폐와 금융을 알아보자

11장 가계와 기업을 살펴보자

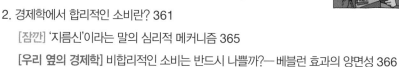

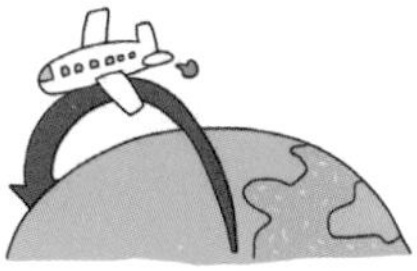

12 장 국제경제의 흐름을 읽어보자

1

경제사를 알아야 정부정책이 보인다

첫 장부터 '경제사'라고 하니 딱딱하게 느껴질지도 모르겠다.
하지만 단언컨대 소설처럼 편안하게 읽을 수 있을 것이다.
안락의자에 느긋하게 누워서 읽어도 된다.
경제사는 단지 과거의 역사적 사실이 아니라
앞으로 미래를 바라보는 열쇠가 될 수 있다.
세상이 어떻게 돌아가는지,
정부의 경제정책이 어떤 그림 속에서 나온 것인지
머릿속에 큰 그림이 그려질 것이다.
중상주의부터 고전경제학, 케인스 경제학, 신자유주의에 이르기까지,
경제사를 통해 우리 삶에 큰 영향을 미치는 경제정책의 뿌리를 더듬어 보자.

001

지금 중상주의가 입에 왜 오르내릴까?

Let's Go 자, 이제 경제에서 가장 재미있는 것 중 하나인 경제사에 대해 이야기해 볼 것이다. 지구상에서 가장 편한 자세로 읽어보자.

먼저 중세에는 동양이 서양보다 선진국이었는데, 왜 서양에서 자본주의가 앞서 등장했는지 알아보자. 이 이야기의 출발은 중상주의에 대한 이해로부터 시작한다. '중상주의'라는 말이 너무 딱딱하고 구닥다리 같은가?

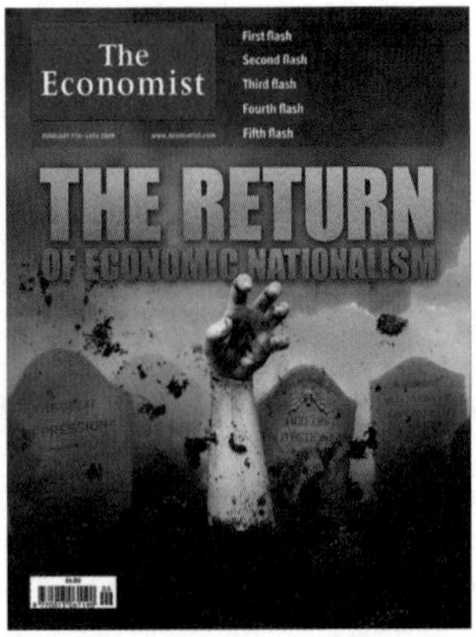

영국 『이코노미스트』 표지. "죽은 줄 알았던 중상주의가 다시 되살아나고 있다."

"세계 금융시장은 글로벌 경제위기로 인해 '나부터 살자' 식의 중상주의 시대로 되돌아가고 있다." —2009년 3월

15세기 말에 등장하여 18세기에 전성기를 누렸던 중상주의는 납골당에 모셔져 있는 것이 아니라, 지금도 세계 각국의 경제정책에서 출몰한다. 이처럼 경제사에 대한 지식은 현재 세계 경제상황과 정부정책을 이해하는 데 키워드가 된다. 경제사는 단지 과거의 역사적 사실에 그치는 것이 아니라 앞으로 미래를 바라보는 열쇠가 되기 때문이다.

자본주의는 왜 서양에서 먼저 시작되었을까?

부자 국가를 만드는 데 가장 필요한 것은?

국가를 부자로 만드는 데 가장 필요한 것은 무엇일까? 만약 이 질문을 중세 사람에게 했다면 '토지'라고 답했을 것이다.

당시만 하더라도 부가가치를 창출할 수 있는 것은 토지였다. 예를 들어 두 토지가 있는데, 하나는 비옥해서 밀을 100가마 생산해 내고, 다른 한 토지

는 10가마밖에 생산하지 못한다고 해 보자. 과연 어느 땅의 주인이 부가가치를 더 많이 생산한다고 볼 수 있을까?

열두 달의 생활풍속을 담은 달력 그림 「베리 공작의 풍요로운 시절」 중 '6월 마른 풀베기'. 당시 장원의 생활을 엿볼 수 있다.
(**베리 공작의 풍요로운 시절** | 폴 장 드 랭부르 | 29×21cm | 채색 필사본 | 1410년 | 콩데미술관)

당시는 땅을 3등분으로 나누어 한쪽은 보리·귀리 등 여름 파종 곡물, 다른 쪽은 밀 등 가을 파종 곡물을 심고, 나머지 한 곳은 지력을 회복하게 휴경하면서 가축을 방목하는 삼포작 이외에는 별다른 농사기술이 없었다. 이런 시대에 부와 권력을 가진 것은 토지를 가진 영주들이었다. 그리고 영주들 중 누가 영향력이 큰지는 얼마나 비옥한 토지를 많이 가지고 있느냐로 결정되었다.

반면에 토지를 가지지 못한 농노들은 뼈 빠지게 일해서 밀 10가마를 얻어 9가마를 영주에게 바쳐야 해도 아무 말도 할 수 없었고, 오히려 경작권을 빼앗길까 두려워해야 했다. 영주는 기사 계층을 보호막 삼아 농노들이 재배한 농작물로 호사스러운 생활을 즐겼다. 그러나 당시 가장 부유한 귀족들도 특별히 사치를 즐길 만한 물품이 없었다. 영지에서 나오는 소작물을 소유하고 농노를 지배하였으나 그뿐이었다. 잉여 농산물 이외에는 특별히 시장에서 거래할 물건이 없었던 것이다. 동양에서 건너온 사치품들이 그들을 열광시키기 전까지는.

동양의 사치품에 환호하는 중세 영주

이 책을 읽고 있는 여러분들은 선진국 하면 어떤 나라가 생각나는가? 지금은 선진국 하면 미국, 영국, 프랑스, 독일 등 서구 국가들을 떠올리지만, 14

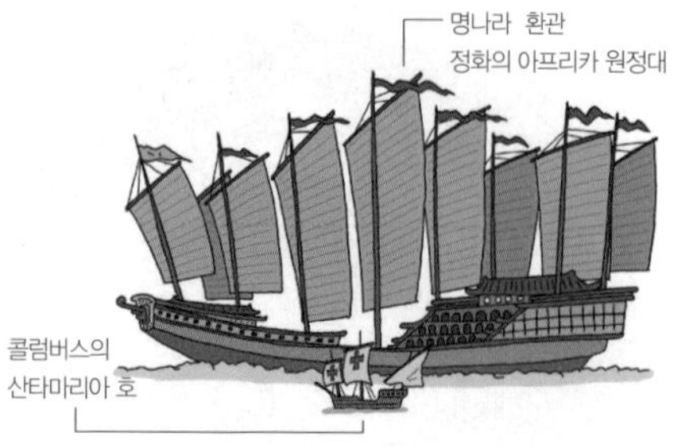

정화함대와 콜럼버스의 산타마리아 호를 비교한 그림. 정화함대의 보선은 길이 약 137m, 폭 56m, 1,500톤이었으며, 함대의 함선은 62척이고, 함대 수용인원은 약 3만 명이었다.

세기만 하더라도 그런 이야기는 상상할 수 없었다. 그때 서양은 곳곳에서 야수들이 민간인을 습격하는 야생의 지역이었던 반면, 중국은 고도의 문명이 발전한 선진국이었다.

예를 들어 1492년 콜럼버스는 인도에 가기 위해 산타마리아 호와 다른 두 척의 배에 약 90명을 태우고 떠났지만, 그보다 87년 전인 1405년 명나라 환관인 정화는 아프리카 원정을 위해 수만 명의 대함대를 끌고 떠났다. 심지어 정화 함대의 가장 큰 보선(寶船)에서는 격구를 할 수 있었다고 하니 보선과 산타마리아 호의 차이를 짐작할 수 있을 것이다.

현대의 최첨단 제품이 반도체라면 아마 중세의 최첨단 제품은 도자기였을 것이다. 그런데 당시 서양은 도자기 제조술을 몰라서 동양에서 넘어온 도자기에 넋을 잃어버릴 정도였다. 왜냐면 토기는 가마의 온도가 700도, 도기는 1,000도면 구울 수 있지만 도자기는 1,300도까지 올라가야 하는데, 서양은 가마의 온도를 1,300도까지 올리는 방법을 몰랐기 때문이다.

중세의 또 다른 최첨단 제품은 비단이었다. 당시 투박한 가죽옷이나 걸치던 서양인들은 가볍고 매끄러운 비단에 열광했으며, 교황은 "유니콘의 뿔 끝에서 나오는 실로 만든, 신이 내려주신 옷감"이라고 감탄했다고 전해진다.

또한 문화의 발달수준도 큰 차이를 보였다. 그때 서양은 인쇄술이 없어서 필사본에 의존했으므로 책이 고작 2만여 종밖에 없었다. 그것도 대부분 수도사들이 필사한 수도원의 성경이었고, 순수학문과 관련된 책은 수백여 종에 불과했다. 반면 이때 송나라와 고려에서는 이미 대장경이 간행되고 있었다.

음식문화 역시 마찬가지였다. 냉장고가 없던 당시에 딱딱하고 냄새나는 고기만 먹던 영주들은 후추를 얻으려고 안간힘을 썼다. 후추는 그때 금보다 귀한 향신료였다. 심지어 후추를 실은 배가 침몰하려고 할 때 후추 대신 선원을 버릴 정도였고, 그런 악랄한 선장을 '후추선장'이라고 했다.
당시 최고의 럭셔리 귀족은 비단옷을 입고, 후추 뿌린 고기를 먹으며, 후식으로 중국산 도자기에 담은 차를 마시는 사람이라고 보면 될 정도로 동양의 사치품은 영주들의 선망의 대상이었다.

동서양의 교역로를 막아버린 오스만투르크

그런데 영주들의 이러한 사치스러운 생활을 뒤흔든 사건이 발생했다. 1453년 중동지방의 오스만투르크가 동로마제국을 침략하여, 당시 동서양을 연결하던 실크로드의 중심도시였던 수도 콘스탄티노플(지금의 이스탄불)을 점령했다. 이에 비단, 도자기 등 중국산 사치품들이 들어올 수 없게 되었고, 사치스러운 생활을 하던 영주들과 교역을 통해 이익을 얻던 상인들이 해결책을 고심하게 되는데, 이때 나타난 사람이 콜럼버스다.

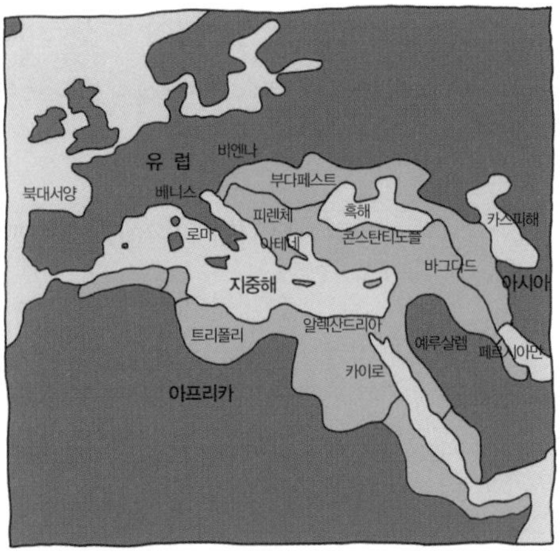

동서양의 교역로를 막아버린 오스만투르크의 영토

콜럼버스는 지구가 둥글기 때문에 서쪽으로 계속 항해하면 결국 인도에 갈 수 있을 거라고 스페인의 이사벨라 여왕을 설득했다. 그런데 1492년 산타마리아 호를 타고 인도를 향해 떠난 그가 도착한 곳은 인도가 아닌 신대륙이었다.

서양이 동양을 역전하는 계기 — 신대륙 발견과 자본주의의 신호탄

신대륙의 발견은 감자, 옥수수, 커피, 설탕 등이 들어와 생활이 풍요로워진 것 이상의 변화를 가져왔다. 그것은 서양이 동양을 역전할 수 있게 만든 계기이자 자본주의가 발전할 수 있는 틀을 만든 사건이었다.

유럽 인구가 폭발적으로 증가하다

먼저 신대륙 발견은 유럽 인구의 폭발적인 증가를 가져왔다. 당시만 해도 가뭄이 닥치면 속절없이 굶주림으로 죽어나가야 했다. 그러나 신대륙에서 들어온 감자는 척박한 땅에서도 잘 자랄 뿐만 아니라 가뭄에도 잘 견뎠다. 비탈진 땅에서도 잘 자라는 옥수수를 기르는 화전민도 생겨나기 시작했다. 신대륙에서 들어온 감자와 옥수수를 통해 식량문제가 해결되자 유럽의 인구는 폭발적으로 늘어나기 시작했다.

토지에 의존하지 않고도 부를 축적하다

신대륙에서 들어오는 물건들은 동양의 사치품을 빠르게 대체하기 시작했다. 사람들은 이제 고추를 향신료로 쓰고 차 대신 커피를 마셨다. 설탕과 담배도 큰 반향을 불러일으켰다. 지금도 담배, 초콜릿, 껌 등은 매우 인기 있는 기호식품인데, 처음 접한 사람들의 반응이 어떠했을지를 생각해 보라. 이것들은 처음에는 최고급 사치품이었지만 수입 물량이 늘어나면서 가격이 떨어졌다. 그러자 구매자가 크게 늘어나면서 소비가 폭발적으로 증가했다. 이에 신대륙에서 물건을 가져오는 사람들, 그리고 수입한 물건으로 장사를 해서 부를 쌓는 사람들이 생겨났다. 이제 더 이상 토지에 의존하지 않고도 부를 축적할 수 있게 된 것이다.

당시 유럽에서 쓰이던 금화와 은화. 신대륙에서 금은이 대량 수입되자 화폐량이 늘어나고 상업이 발전했다.

화폐 거래량과 시중 통화량이 늘어나다

게다가 신대륙에서 금은이 엄청나게 들어왔다. 금은을 화폐로 쓰던 시대에 이들의 수입량이 늘어났다는 것은, 화폐 거래량이 그만큼 증가했다는 것을 의미한다. 화폐량이 늘어나자 물건의 거래가 활발해지면서 토지와 곡물이 아니라 화폐를 통해 물건을 사고파는 상업혁명이 일어났다.

그런데 시중의 화폐량이 크게 늘어나자 금은의 가치가 하락했다. 이에 따라 금은을 굴려 이자를 받던 영주들은 급격히 몰락하게 된다. 결국 영주들이 그렇게 좋아하던 사치품이 그들을 몰락시키고, 중세를 건너 근세로 넘어가게 한 것이다. 이제 깨어 있는 사람들은 국가의 부를 창출하는 것은 더 이상 농업이 아니라 '상업', 토지 대신 '화폐'라는 생각을 하게 되었다.

부르주아의 탄생

이러한 환경의 변화 속에서 부를 차지한 사람들이 있었는데, 바로 장사를 통해서 돈을 번 신흥상공업층이다. 그리고 신흥상공업층의 중심이 되었던 것은 중세시대 영주 밑에 있던 기사 계층이다.

당시 기사들은 동양에서 석궁이 들어오자 갑옷의 무게가 15kg에서 40kg까지 늘어났고 움직임이 둔해지고 부상 위험도 커졌다. 말에서 떨어진 기사들이 스스로 일어설 수가 없었기에 일으켜 주는 담당자까지 생겨날 정도였다. 결정적으로 총이 등장하면서 기사들은 설자리를 완전히 잃어버렸다. 이에 기사들은 장원에 매어 있던 농노와 달리, 새로운 도전을 할 수 있는 신대륙으로의 길을 선택했다. 비록 신대륙 항해무역에서 살아 돌

세계에서 가장 유명한 2인 초상화 「아르놀피니 부부의 결혼식」. 그는 15세기 신대륙 발견 이후 대서양 무역의 중심지였던 북유럽의 무역·금융업자였다. 부르주아의 사치스러운 생활을 엿볼 수 있다. (아르놀피니 부부의 결혼식 | 얀 반 에이크 | 패널에 유채 | 82×60cm | 1434년 | 런던 내셔널 갤러리)

아올 확률이 높지 않았지만, 무사히 다녀온다면 설탕, 담배, 금은으로 엄청난 부자가 될 수 있었다. 그들은 부자가 된 후 도시에서 살게 된다.

당시 부를 축적한 계층은 성 안에 살고 그렇지 못한 계층은 성 밖에서 살았는데, 성 안에 사는 신흥상공업층을 프랑스어로 '성'(城)을 의미하는 부르그(bourg)에서 착안해 부르주아(bourgeois)라고 부르게 된다. 부르주아는 초기에는 '성 안에 사는 돈밖에 모르는 인간들'이라는 부정적인 뉘앙스가 있었다. 현대 사회학에서 부유계층을 가리키는 말인 부르주아 계층은 이때 탄생한 것이다.

농업 중심 국가에서 상업 중심 국가로

신흥상공업층은 돈은 있었지만 그들을 보호해 줄 권력이 없었다. 그래서 왕에게 세금을 바치고 보호를 받게 된다. 왕은 신흥상공업층의 세금을 받아 상비군, 관료제 등으로 권력을 강화하고, 영주들의 세력을 눌러 강력한 중앙집권제를 펴게 된다. 또한 신흥상공업층의 지지를 얻기 위해, 그리고 국가의 부를 늘리기 위해 농업 중심의 국가에서 상업 중심의 국가로 변모를 꾀하게 된다.

신대륙 무역을 통해 큰 부를 얻은 스페인은 무적함대를 앞세워, 당시 농업 부국인 프랑스를 제치고 유럽의 강국이 되었다. 이제 유럽의 산업은 농업에서 상업으로 점점 바뀌었고, 상업의 발달은 자본주의의 발전을 본격적으로 알리는 신호탄이 되었다.

중상주의가 왜 다시 입에 오르내릴까? — 자본주의 이론의 시작

지금까지 유럽의 경제사를 간략하게 보며, 농업 중심의 국가가 어떻게 상업 중심의 국가로 전환되었는지를 살펴보았다. 앞에서 제기했던 질문을 다시 해 보자. 과연 부자 국가가 되기 위해서 가장 필요한 것은 무엇일까? 당시 교황 대신 왕이 권력의 중심에 서게 되면서, 이제 왕은 국가의 부를 어떻게 하면 더 늘릴 수 있을지 고민하게 된다. 그 무렵 중상주의자들의 입장을 요약해 보자.

❶ 신흥상공업층과 스페인 등 상업 국가들은 '화폐'와 '상업'의 발달이 국가의 부를 창출하는 기본이라고 주장했다. 이들은 상인을 보호하고 화폐의 사용을 적극적으로 권장함으로써 민간소비를 늘리려고 노력했다. 화폐 거래량이 늘어나면 대체로 민간소비가 활발해진다.

❷ 국가의 부는 화폐의 양, 즉 금은의 양에 좌우된다고 믿었다. 그래서 수출은 적극 권장하고 수입은 극도로 막는 보호무역주의 정책을 폈다. 보호무역주의는 중상주의 시대의 가장 큰 특징 중 하나이다. 자국의 배가 아니면 무역을 할 수 없도록 한 항해령이나, 외국으로부터의 곡물 수입을 금지한 곡물령 등이 대표적인 예이다. 역사는 되풀이된다. 2008년 금융위기 때, 세계 각국은 금융뿐 아니라 여러 분야에서 자국의 이익을 위해 보호무역주의 정책을 폈다.

❸ 군비를 증강시켜 원재료의 공급지이자 판매시장이 될 식민지를 개척하는 데 열을 올렸다.

중농주의자들이 반기를 들다

스페인 등이 이처럼 상업을 장려하는 정책을 펴 나가자, 이에 대항하여 농업이 국가발전의 기본이라고 주장하는 사람들이 생겨났다. 이들이 바로 중농주의자들이다.

중농주의자들은 중상주의자들보다 조금 늦게 프랑스에서 등장했다. 당시 프랑스는 비옥한 토지로 농업 생산물이 많았고 인구의 8할이 농민이었다. 그들이 농업을 중시했다고 해서 다시 중세로 돌아가자고 주장한 것은 아니다. 농업 자본의 축적을 통해서 자본주의를 발전시킬 수 있다고 보았던 것이다.

중농주의자들은 상업은 '생산적'인 활동이 아니라고 보았다. 상업은 '부가가치'를 만들지 못한다고 본 것이다. 중농주의자들에 의하면, 땅에 씨를 뿌리고 비가 오고 햇볕이 들면 곡식이 자란다. 씨앗 한줌에 불과했던 것이 배불리 먹을 수 있는 '곡물'이 되는 것이다. 정말 상업 때문에 서유럽의 귀족들이 곡식을 얻게 되었는가?

따지고 올라가다 보면, 결국 누군가가 농작물을 길렀기 때문이고, 씨앗이 곡물로 '가치가 불어난' 이유는 땅이 햇볕과 비를 저장해서 자라게 했기 때문이라는 것이다. 중농주의자들은 경제의 근원은 곡물을 자라게 하는 '생산력이 있는 땅'에 있다고 주장했다.

따라서 중농주의자들은 농업 생산물이 늘어나고 거래가 활발해지면, 인위적으로 상공업을 증진시키지 않고 자유방임 상태로 놔두어도 자본주의가 발전할 것이라고 생각했다.

정리해 보자. 중농주의자들은 농업 생산을 통해서 이윤을 창출하고 국가가 부자가 될 수 있다고 보았다. 반면 중상주의자들은 화폐의 유통을 통해서 이윤이 창출될 수 있다고 보았다. 그리고 이 두 이론은 경제학의 아버지라 불리는 애덤 스미스와, 인구론을 주장한 맬서스까지 이어져 18세기 말부터 19세기 중반 고전경제학의 바탕이 된다.

우리 옆의 경제학

빼꾸기 자동차는 모두 국가 것? | 경제체제 이해하기

북한산 자동차 뻐꾸기(2003년 출시). 주로 관공서나 기업의 업무용 자동차로 이용된다.

【퀴즈】 북한의 도로에서 볼 수 있는 자동차는 모두 국가의 것일까?

중고등학교 사회시간에 우리나라를 비롯한 대부분의 선진국의 경제체제가 자본주의 경제체제라고 배웠을 것이다. 그런데 "자본주의가 무엇이냐?"고 물어보면 딱히 정의를 내리지 못하고 막막해 하는 사람들이 많다. 위의 퀴즈에 답하려면 각 경제체제에 대해 기본적으로 이해하고 있어야 한다.

자원 배분에 따른 경제체제 구분하기

경제체제는 '자원을 어떻게 배분하느냐'에 따라서 구분할 수 있다. 이때 자원 배분의 주체가 시장이라면 '시장경제체제', 국가가 중심이라면 '계획경제체제'라고 한다.

시장경제체제 | 우리나라는 기업이나 생산자들이 핸드폰을 몇 대, 쌀을 몇 석, 라면을 몇 박스 생산할지 결정한다. 기업이 시장에서 소비자의 수요를 파악한 후 생산량을 결정하고, 소비자는 기업이 시장에 내어놓은 물건을 비교하여 합리적인 가격에서 구매한다. 이를 통해 자원이 효과적으로 배분된다. 이러한 경제체제가 바로 시장경제체제이다.

계획경제체제 | 만약 계획경제체제였다면 국가가 기업에 핸드폰 50만 대, 쌀 300만 석, 라면 5,000만 박스 식으로 생산량을 할당하고 그렇게 생산된 물건을 개인들에게 배분했을 것이다. 우리나라는 시장경제체제, 북한은 계획경제체제이다.

혼합경제체제 | 자원 배분을 기본적으로 시장에 맡기되, 시장에만 맡기면 독과점 등 문제가 생길 수 있으므로 국가가 어느 정도 개입해야 된다고 주장하는 이론도 있다. 경제학자인 케인스[53쪽]는 시장과 국가가 둘 다 자원 배분에 참여해야 한다고 주장했는데, 이러한 경제체제를 '혼합경제체제'라고 한다.

【퀴즈】 다음의 ○, × 문제를 풀어보자.

조선시대는 시장경제체제이다. (○, ×)

조선시대는 계획경제체제이다. (○, ×)

조선시대는 시장경제체제였을까, 계획경제체제였을까? 조선시대는 시장도 국가도 아닌, 전통과 관습에 의해 자원 배분이 이루어졌다. 소작농이 지주에게 쌀을 바치는 것은 국가가 시켜서가 아니라, 조상 때부터 마을에서 그렇게 해 왔기 때문이다. 이러한 경제체제를 '전통경제체제'라고 한다. 그러므로 위에 나온 퀴즈의 답은 둘 다 ×이다.

생산수단을 누가 가지고 있는가?

경제체제는 '생산수단을 누가 가지고 있느냐'에 따라 구분할 수도 있다. 생산수단이란 생산과정에서 노동의 대상이나 도구가 되는 것이다. 공장의 기계, 점포의 설비, 회사 건물, 업무용 차량·토지 및 농토, 지하자원 등이 모두 생산수단이다. 과학자의 특허도 생산수단이다.

자본주의 경제체제 | 만약 생산수단을 개인이나 기업이 가지고 있으면, 즉 사적인 소유가 가능하다면 '자본주의 경제체제'라고 한다.

사회주의 경제체제 | 만약 생산수단을 국가가 가지고 있다면 '사회주의 경제체제'라고 한다. 알다시피 북한은 사회주의 경제체제의 대표적인 국가이다.

다시 맨 앞의 퀴즈로 돌아가 보자. 북한의 도로에서 볼 수 있는 자동차는 모두 국가의 것일까?

관용차나 업무용 차량이라면 당연히 국가의 것이다. 사실 북한의 도로에서 볼 수 있는 많은 자동차가 국가의 것일 것이다. 그런데 생산수단은 물건이나 서비스를 생산해 낼 수 있는 기계와 토지, 공장 등을 말하는 것이고, 연필이나 속옷 등 개인이 소유한 물건은 생산수단이 아니므로, 이는 사회주의 경제체제에서도 개인의 것으로 본다. 사회주의 국가에서도 개인이 자동차를 소유할 수 있다. 그러므로 북한의 거리에서 볼 수 있는 뻐꾸기 자동차가 모두 국가의 것은 아니다.

002

국가는 무엇으로 부자가 될까?
—애덤 스미스

Let's Go

경제학을 잘 모르는 사람이라도 '보이지 않는 손'에 대해 들어본 적이 있을 것이다. 그리고 애덤 스미스를 조금이라도 아는 사람이라면, '보이지 않는 손'이라는 말이 국가의 개입을 최소화하고 시장에 맡겨야 한다는 의미라는 것을 알고 있을 것이다. 시장의 경쟁이 일을 하게 만드는 동기라고 했던 애덤 스미스.

그러나 일반인뿐만 아니라 경제공부를 했다는 사람들도 애덤 스미스에 대해 오해하는 경우가 많다. 어떤 이는 '한물간 경제이론'으로 생각하고 무시할 수도 있다.

하지만 애덤 스미스의 경제이론은 지금까지도 정부의 경제정책에 큰 영향을 미치고 있다. 경제학의 기본 틀인 수요와 공급, 시장의 가격결정 등은 그에게서 비롯되었다고도 볼 수 있다.

애덤 스미스의 고전경제학이 왜 지금까지도 영향을 미치는지 알아보자. 시장의 역할과 정부 경제정책의 기초를 파악하는 데 도움이 될 것이다. 그리고 애덤 스미스를 잘 안다고 생각하는 사람들도 그에 대해 한번 '제대로' 알아보자.

애덤 스미스. 죽은 경제학자의 살아 있는 아이디어

애덤 스미스 시대의 사람들은 어떻게 살았을까?

애덤 스미스(Adam Smith, 1723~90)는 지금으로부터 약 290년 전 영국의 조그만 항구마을 커콜디에서 태어났다. 14세에 글래스고대학에 입학했고, 17세에 옥스퍼드대학으로 옮겨 공부했다. 그는 자기 책의 독자였던 프랑스 귀족 가족의 가정교사를 맡게 되어 프랑스로 이사를 했는데, 말이 통하지

애덤 스미스와 동시대를 살았던 영국 화가 토머스 게인스버러의 「푸른 옷의 여인」. 보포르 공작 부인의 초상화로 추정된다.
(**푸른 옷의 여인** | 토머스 게인스버러 | 캔버스에 유채 | 76×64cm | 1781년 | 러시아 에르미타지 미술관)

않고 아는 사람도 별로 없어서 시간을 보내기 위해 『국부론』을 쓰기 시작했다. 28세에는 글래스고대학 교수가 되어 12년 동안 도덕철학을 강의했으며, 『도덕감정론』을 출간하여 전 유럽에 명성을 떨쳤다. 『국부론』은 애덤 스미스가 53세가 되던 1776년에서야 세상에 나왔다.

18세기 애덤 스미스가 『국부론』을 쓸 무렵, 영국과 프랑스는 귀족 대신 부르주아들이 역사의 주인공으로 등장했다. 대부분의 부르주아들은 신대륙 무역을 통해 죽을 각오로 돈을 번 사람들이었다. 그들이 왕으로부터 보호를 받을 수 있었던 것도 돈을 가졌기 때문이다. 그래서 그들은 철저히 경제적 이익에 따라 거래를 했다.

귀족들은 부르주아들을 돈만 아는, 눈물도 없는 냉혈한으로 보고, 그들이 국가를 맡으면 망할 것이라고 비난했다. 하지만 현실은 부르주아가 국가발전의 주인공이었던 영국이 스페인과 프랑스를 제치고 세계 최강국으로 발돋움했다. 애덤 스미스는 중농주의를 채택한 프랑스, 중상주의를 국가의 경제정책으로 밀어붙인 스페인이 아니라, 왜 영국이 당시 세계 최강국이 되었는지 설명하려고 했다.

Adam Smith
"Father of Economics"
"우리가 저녁식사를 기대할 수 있는 것은
정육점 주인이나 양조업자, 제빵업자의 자비심 때문이 아니라,
그들이 자기 이익을 중시하기 때문이다.
우리는 그들의 인도주의가 아니라 이기심에 호소한다."

그리고 1781년 증기기관의 발명과 산업혁명, 1789년 프랑스 대혁명을 앞두고 있던 당시, 그는 앞으로 사회가 어떻게 변화할지를 설명하고자 했다. 이것이 바로 『국부론』이 세상에 나오게 된 시대적 배경이다.

생활 속에 적용해 보는 『국부론』의 핵심 이론

애덤 스미스가 『국부론』을 낸 1776년은 미국에서 독립전쟁이 시작된 해이자, 조선의 마지막 절대군주라 불리는 정조가 등극한 해이다. 900쪽 분량이 넘는 『국부론』의 원제(An Inquiry into the Nature and Causes of the Wealth of Nations)를 직역하면 '국가의 부가 어떻게 형성되는지 그 본질에 관한 심화 연구 보고서'라고 할 수 있다.

애덤 스미스도 중상주의자나 중농주의자처럼 '과연 국가의 부는 어디서부터 나오는지'에 대해 알고 싶어했고, 중상주의와 중농주의를 뛰어넘는 무언가를 발견하고자 했다. 그렇다면 퀴즈 하나.

【퀴즈】 애덤 스미스는 중농주의자일까? 중상주의자일까?

정답은 『국부론』의 내용을 살펴본 후에 알려주기로 하겠다. 이 책은 국부의 개념뿐만 아니라 자본, 시장, 노동에 대한 광범위한 내용으로 구성되어 있다. 그중에 가장 핵심적인 두 가지 주장을 살펴보자.

분업이라는 혁명적 발견

【만약에】 만약 여러분이 인형공장 사장이고, 직원이 40명 정도 있다고 해 보자. 여러분은 일을 어떻게 시킬 것인가?

만약 여러분이 생산량이 적더라도 최고급 수제인형 생산이 목적이라면, 직원들이 자기 색깔이 뚜렷한 수제인형을 만들게 독려할 것이다. 하지만 대량의 인형을 싸게 팔려고 한다면, 몇 명은 재단, 몇 명은 솜 넣기, 몇 명은 바느질, 어떤 사람은 눈알 붙이기 등 일을 나누어 그 일에 집중하도록 분배할 것이다.

대부분의 공장들이 그러하듯이, 지금은 공장에서 분업을 하는 것이 너무나 당연한 일이지만, 애덤 스미스가 살았던 시대에 분업은 생산성을 향상시키는 '혁명적 발견'이었다.

분업으로 생산성이 240배 뛰다 | 애덤 스미스는 분업의 효율성을 핀 공장의 작업을 예로 들어 설명했다. 직공이 10명인 핀 공장에서 분업이 이루어지지 않았을 때는 직공 한 명이 하루에 핀을 20개밖에 만들지 못했다. 그런데 같은 공장에서 제작과정을 18가지 공정으로 나누어 분업을 했더니, 10명이 하루에 약 4만 8,000개나 만들 수 있었다. 애덤 스미스는 분업만으로도 생산성을 240배 향상시킬 수 있다는 사실을 발견한 것이다. 그는 분업이 일의 숙련도를 높이고, 한 작업에서 다른 작업으로 이동하는 데 걸리는 시간을 줄이며, 기계를 효율적으로 활용할 수 있는 장점이 있다고 말한다.

대량생산의 시대 | 중세시대, 아니 상업이 발달했던 절대왕정 시대에도 가내수공업이 보편적이었다. 물건의 수요도 그리 많지 않았다. 그러나 증기기관의 발명으로 시작된 기계의 발전, 산업혁명은 대량생산을 가능하게 했고, 신대륙 발견과 식민지 개척으로 들어오는 수많은 원재료와 넓은 시장은 대량생산의 재료와 시장을 제공했다.

18세기 분업화된 핀 공장. 애덤 스미스에 의하면 분업으로 핀 공장의 생산성이 240배 향상되었다.

교환경제의 효율성 | 결국 분업론은 자급자족보다 교환경제가 더욱 효율적이라는 주장으로 이어지게 된다. 예를 들어 예전에는 주민이 10명씩인 A와 B 마을에서 각각 구두 10켤레와 옷 10벌씩을 만들어 자급하고 있었다고 해 보자.

그런데 A마을의 주민들은 구두 제작기술이 좋아서 구두만 만들면 30켤레를 생산할 수 있다. 반대로 옷 제작기술이 뛰어난 B마을은 옷 제작에만 집중하면 30벌을 만들 수 있다.

이 경우 자급자족보다 각각 잘 만드는 것에 집중한 후 옆 마을과 교환하면 유리하다. 초과생산으로 남는 물건은 필요한 다른 물건으로 교환할 수 있다.

애덤 스미스는 각각 잘 만드는 물건을 집중적으로 생산한 후 교환하는 것이 훨씬 이익이 될 수 있다는 절대우위론393쪽을 주장한다. 절대우위론은 나중에 '국가 간 무역이 왜 이익이 되는지'를 정당화하는 이론의 바탕이 된다.

이기적인 인간이 좋을 수도 있다

만약 누군가가 "당신은 이기적인 사람이다"라고 하면 어떤 기분이 드는가? 그 말에 수긍을 하더라도 기분이 좋지 않을 것이다. 이처럼 우리는 '이기적인 것은 나쁘다'라는 인식을 가지고 있다. 사실 윤리뿐만 아니라 대부분의 학문, 가정교육, 사회생활을 통해서 인간의 이기성이 얼마나 많은 폐해를 주는지 배우고 느꼈을 것이다. 그러나 다른 학문과 달리 경제학은 인간의 이기성을 인정하고, 오히려 이기적인 면이 더 좋을 수도 있다고 말한다. 그 시작이 애덤 스미스이다.

자, 질문을 던져 보겠다.

학생들은 왜 열심히 공부를 할까? 직장인들은 왜 열심히 일을 할까? 열심히 일하고 공부하는 것이 나에게 이익이 되기 때문이다. 내가 이익을 얻고자 하는 이기심이 열심히 일을 하게 만든다. 그리고 이익에 대한 열망이 클수록 더 많은 가치를 생산해 낼 수 있다.

그런데 노력한다고 해서 원하는 모든 것을 가질 수는 없다. 자원은 한정되어 있기 때문이다. 아무리 열심히 장사를 해도 모두가 돈을 벌 수 있는 것은 아니다. 그렇기 때문에 제한된 자원을 확보하기 위한 경쟁이 발생한다. 삼성이 그렇게 죽어라고 더 잘 팔리는 물건을 만드는 것은 애플을 앞지르기 위해서이다. 학원강사가 매년 더 나은 강의를 하기 위해서 죽어라고 연구하는 것도 다른 강사들에게 뒤처지지 않기 위해서이다. 결국 그 경쟁 덕분에 우리는 전보다 나은 전자제품을 싸게 살 수 있고, 훨씬 좋은 강의를 들을 수 있다. 인간의 이익을 향한 이기심과 경쟁심이 더 나은 가치를 창출하는 것이다.

게다가 경쟁에서 이기기 위한 자원은 '제한'되어 있다. 장사를 하는 사람들은 제한된 자본금 안에서 이익을 내야 하고, 기업도 제한된 자원 안에서 이익을 내야 한다. 그렇기 때문에 자신이 가진 자원을 최대한으로 활용하게 된다.

보이지 않는 손 | 시장도 마찬가지다. 기업은 최대의 이익을 내기 위해 원료를 무분별하게 사지 않을 것이고, 그렇다고 너무 적게 사지도 않는다. 노동력도 최대한 효율적으로 쓸 수 있도록 인력 충원 계획을 하여 뽑고 교육시킨다. 노동자도 자신이 가진 능력을 정당하게 대우해 주는 회사에 들어가려고 하고 그에 맞는 임금을 받으려고 한다. 기업은 제품을 소비자들의 구미에 당기게끔 합리적인 가격에 시장에 내어놓고, 소비자들도 가진 돈 안에서 합리적으로 선택한다. 결국 인간의 이기심이 가장

효율적인 자원 배분을 이끄는 것이다.

애덤 스미스는 인간의 이기심을 선한 것으로 보았고, 이기심과 경쟁이 사람들로 하여금 열심히 일하게 만들고, 자원을 효율적으로 쓰게 만든다고 보았다. 그리고 시장에서 서로 경쟁을 통해 자연스럽게 조정되는 모습을 가리켜 '보이지 않는 손'(invisible hand)으로 비유했다.

결국 애덤 스미스는 경쟁이 효율적으로 이루어지는 시장이 좋은 시장이라고 보았다. 인간의 이기적 동기야말로 국부를 생산하는 힘이 될 수 있다고 생각한 것이다. 그리고 시장 안에서 자유로운 경쟁이 이루어질 때 국부를 생산할 수 있는 힘이 극대화된다고 주장했다.

애덤 스미스가 '정부의 시장 개입을 최소화하고, 시장의 자율에 맡겨야 한다'고 주장한 것도 시장에서 경쟁이 잘 이루어지도록 하기 위해서였다.

애덤 스미스는 국부의 원천을 무엇으로 보았는가?

자, 그렇다면 앞에 나왔던 퀴즈에 답을 해 보자. 애덤 스미스는 중상주의자인가, 중농주의자인가?

답은 둘 다 아니다. 애덤 스미스는 무역과 상업의 발전만이 국부를 창출하는 요인은 아니라고 생각했다. 그런 면에서 그는 중상주의자가 아니다.

그렇다고 애덤 스미스가 중농주의자의 손을 들어준 것도 아니다. 핀 공장의 예에서 볼 수 있듯이, 대규모 수공업 공장제가 도입되던 영국에서 '토지'만이 모든 부의 원천이라고 말하는 것은 현실적인 설득력이 없었다.

애덤 스미스는 기본적으로 부의 원천이 토지가 아니라 '노동'이라고 보았다. 토지도 부의 원천이기는 하지만, 결국 누군가가 농작물을 경작할 때에야 비로소 가치가 생성된다. 또 그는 국가가 주도하고 육성하는 상업정책이 아니라 자유로운 시장경쟁체제가 효율성을 달성할 수 있다고 보았다.

앞에서 말한 것처럼 애덤 스미스는 상업과 농업을 넘어서, 국가의 부를 창출할 수 있는 것이 무엇인가를 찾았다. 그리고 자신만의 새로운 결론을 내놓았다. 부를 최대한 창출해 낼 수 있는 국가는 '분업화되고 효율적인 노동과 자유로운 시장경쟁체제를 갖춘 국가'라는 것이다.

그 무렵 영국은 토지를 국부로 본 프랑스, 화폐를 중시한 스페인을 제치고 유럽 최강국이 되었다. 애덤 스미스가 말한 국부의 원천, 다시 말해 효율적인 노동과 자유로운 시장경쟁체제를 가장 일찍 갖추고 자본주의 국가로 발전했기 때문이다.

애덤 스미스의 이러한 주장은 자본주의와 경제학의 기본 틀이 된다. 앞으로 배우게 될 경제학과의 만남, 수요와 공급, 시장의 가격결정 등 경제이론은 애덤 스미스가 본 인간에 대한 통찰에 의해서 시작된 것이라고 볼 수 있다.

물론 자본주의가 발전하면서 시장이 모든 것을 해결할 수 없다는 것을 깨닫게 된다. 나의 이익을 최대화하기 위한 환경오염, 독과점 등의 여러 문제가 발생한 것이다. 특히 1929년 미국에서 시작된 대공황은 시장이 모든 것을 해결할 수 있다는 애덤 스미스의 주장을 무참히 밟아버린다.

그럼에도 불구하고 애덤 스미스의 이론은 보편적인 경제이론으로서 아직 유효하다. 또한 그가 '경제학의 아버지'라고 할 만큼 경제학의 기초를 제시했다는 점은 긍정적으로 평가할 수 있다.

자본주의의 폐해가 나타나는 이 시대, 세상은 최초의 자본주의 이론을 제시한 애덤 스미스처럼, 지금의 자본주의를 넘어 새로운 '국부론'을 제시할 누군가를 기다리고 있는 것은 아닐까?

우리 옆의 경제학

애덤 스미스는 재벌 규제완화 정책에 찬성했을까?

최근 몇 년 동안 정부가 발표한 경제 살리기 정책들을 살펴보면 일관되게 추진하고자 하는 것이 있다. 바로 국가에 의한 시장 규제를 완화하고, 국가경제를 시장의 논리에 철저히 맡기겠다는 것이다.

특히 금산분리● 원칙의 철폐, 출자총액제한 제도●의 폐지, 독과점● 규제 완화, 법인세 인하 등은 정부의 간섭을 최소화함으로써 기업이 마음껏 경쟁할 수 있게 만들겠다는 것이다. 정부와 일부 언론들은 이러한 주장의 근거로 애덤 스미스를 든다.

시장에 모든 것을 맡겨야 한다는 '자유방임주의', 정부의 간섭을 최소화해야 한다는 '작은 정부론' 등 애덤 스미스의 주장에 충실히 따를 때, 자본주의와 국가경제가 발전할 수 있다는 주장이다. 이러한 주장은 언뜻 애덤 스미스의 순수자본주의 사상과 맥락을 같이하는 것처럼 보인다. 그런데 정말 그럴까?

정부는 경기장의 심판

많은 사람들이 오해하는 것 중 하나가 애덤 스미스의 '야경국가', '자유방임'에 관한 주장이다.

애덤 스미스는 정부의 역할을 스포츠 경기의 심판으로 보았다. 심판은 경기에 직접 참여하지는 않지만, 누군가 반칙으로 경기의 분위기를 흐리면 바로 개입해서 공정한 경쟁이 이루어질 수 있도록 한다.

애덤 스미스는 시장에 모든 것을 맡기고 정부의 개입을 최소화하되, 정부가 시장에서 공정한 경쟁이 이루어지도록 경기장의 심판 역할을 해야 한다고 했다. 방관자가 되라고 하지는 않았다.

애덤 스미스는 정부가 직접적으로 시장에 개입해서 재화를 만드는 것, 예를 들면 한국전력공사나 한국수자원공사 같은 공기업에 대해서는 반대했을지도 모른다. 그러나 공정거래위원회나 감사원 같은 공정한 경쟁을 유도하는 정부기관의 역할에 대해서는 적극적으로 찬성했을 것이다.

아마 애덤 스미스가 살아 돌아온다면 독점을 가장 싫어했을 것이다. 왜냐하면 누군가 시장을 독점하면, 더 이상 좋은 물건을 만들 이유도, 합리적인 가격으로 물건을 판매할 이유도 없기 때문이다. 이것은 경쟁을 통해 국가의 부를 극대화해야 한다는 애덤 스미스의 주장과 완전히 어긋난다. 만약 독과점이 발생하면, 애덤 스미스는 정부가 적극적으로 개입하여 공정한 경쟁이 이루어질 수 있도록 해야 한다고 주장했을 것이다.

공정한 경쟁이야말로 국부를 늘리는 길

대기업이 은행을 보유할 수 없게 한 금산분리 제도, 대기업의 문어발식 경영을 막기 위한 출자총액제한 제도는 자본의 힘으로 중소기업과 불공정한 경쟁을 하는 것을 막기 위한 정책이다.

애덤 스미스는 오히려 대기업과 중소기업, 부자와 가난한 사람들이 공정한 경쟁을 할 수 있도록 이러한 규제를 더욱 강화하라고 주장했을 것이다. 그는 공정한 경쟁이야말로 궁극적으로 국가의 부를 키울 수 있는 길이라고 생각했기 때문이다.

이러한 점에서 경제학을 제대로 이해하는 것이 필요한 것이다. 너무나 아전인수격으로 해석되고 있는 이론을 올바로 이해할 때, 사회를 제대로 보는 눈과 비판의식을 가질 수 있을 것이다.

• 금산분리: 재벌 등 산업자본이 은행을 소유할 수 없도록 한 조항
• 출자총액제한 제도: 대기업 집단에 속하는 회사는 순자산액의 25% 이상을 계열사에 출자하지 못하도록 한 제도
• 독과점: 하나 또는 소수의 기업이 시장을 대부분 차지하는 것

003

금융위기가 살려낸 마르크스 경제학

Let's Go

2008년 세계 금융위기가 터진 후 존스홉킨스대학의 조반니 아리기 교수가 새삼 언론의 조명을 받았다. 그가 마르크스의 분석틀을 이용해 이미 14년 전부터 세계 금융위기를 경고해 왔다는 사실이 뒤늦게 조명을 받은 것이다. 현대에도 버블과 경제위기는 반복되고 있다. 자본주의 사회를 분석하고 비판한 마르크스의 주장에서 참고할 만한 것은 무엇일까?

비호 떡볶이 왕사장의 잉여가치

천릿길도 한 걸음부터, 쉬운 예를 들어 생각해 보자. 마르크스 경제학은 방대하며 생소하고 어려운 개념들로 가득 차 있다. 하지만 우리는 예를 들어 가며 기본 개념만 살펴보자.

박지선 씨는 봉숭아학당 정문에서 떡볶이 장사를 하며 살아가고 있다. 떡볶이 1인분에 떡, 고추장 등 재료값이 500원인데, 그녀는 1,500원에 판다. 그렇다면 지선 씨는 재료를 썰고 다듬고 만드는 '노동'을 통해 1,000원의 이익을 얻는 것이다.(임대료 등은 제외하고 생각하자.)
그런데 프랜차이즈 떡볶이업체인 '비호 떡볶이'가 지선 씨의 가게 옆에 새로 문을 열었다. 사장 왕비호 씨는 매운 떡볶이가 최고라고 대대적으로 광고를 했고 매상이 나날이 올랐다. 결국 지선 씨는 장사가 잘되지 않자 가게

문을 닫으려고 결심했다.

그러자 왕사장은 가게를 '비호 떡볶이 10호점'으로 바꾸어 계속 유지하는 게 어떻겠느냐고 제안했다. 지선 씨는 왕사장에게 떡볶이 1인분을 팔 때마다 1,100원을 받기로 계약했다. 떡볶이 가격은 여전히 1,500원이다. 왕사장에게 1,100원을 받아 재료비 500원을 제하면, 그녀의 실질임금은 600원이 된다. 지선 씨가 하는 일은 이전과 다르지 않지만 이익이 400원 줄었다.

자, 400원은 어디로 간 것일까? 이 400원은 자본을 댄 고용주인 왕사장의 호주머니로 들어간다. 그런데 마르크스는 왕사장이 투자한 자본의 기여도를 인정하지 않는다. 그는 자본의 탄생 자체를 인클로저 운동[44쪽]으로 농토에서 쫓겨난 사람들의 노동력을 가치보다 싸게 고용하는 데서 비롯된 것으로 보았다. 마르크스에 의하면, 노동은 새로운 가치를 창출하지만, 자본은 그 가치만큼 새로운 생산물로 이전될 뿐이다. 그는 자본은 '죽은 노동'(과거의 노동자가 만든 저장된 노동)이라고 본 것이다.

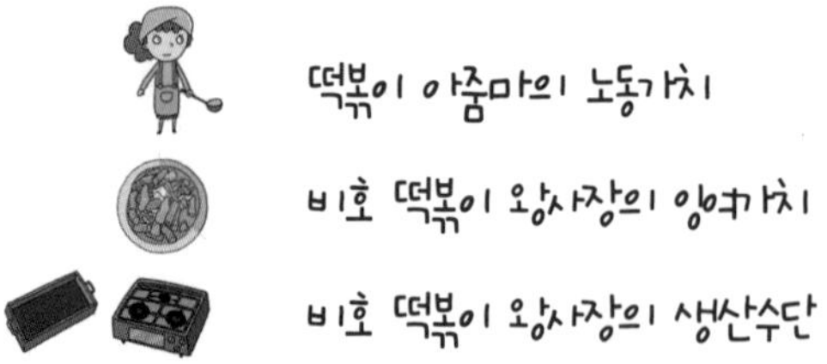

떡볶이 아줌마의 노동과 노동가치설

마르크스는 모든 상품의 가치는 그 상품에 들인 인간의 노동시간에 비례한다고 보았다. 이것이 노동가치설이다.

부가가치는 생산과정에서 원재료를 더 가치있게 만들어 덧붙인 가치를 말한다. 마르크스는 부가가치를 '기계'가 아니라 사람의 '노동'이 만든다고 보았다. 기계도 이전에 누군가가 노동을 통해 만든 것이므로, 결국 모든 부가가치는 사람의 노동을 통해 만들어진다는 주장이다.

다시 지선 씨의 떡볶이 이야기로 돌아가 보자. 떡볶이 재료비는 500원이고 1,500원에 판매하므로 부가가치는 1,000원이다. 마르크스에 의하면 이 부가가치는 바로 지선 씨의 노동이 만든 것이다.

왕비호 사장의 잉여가치

그런데 지선 씨는 고용된 후 떡볶이 1인분을 1,500원에 팔 때마다 왕사장에게 1,100원을 받기로 했다. 재료비를 제한 실질임금은 1인분당 600원이다. 왜 그럴까?

너무 당연하게 들리겠지만, 지선 씨에게 임금을 1,500원 주면 고용주인 왕사장은 이윤이 없지 않은가? 그러니 고용주는 임금을 노동가치 이하로 줄 수밖에 없다는 것이 마르크스의 주장이다. 마르크스는 오직 노동만이 새로운 가치를 창출한다고 주장하는데, 일터(자본)를 제공한 왕사장은 일하지 않고도 지선 씨의 잉여노동에 해당하는 400원씩의 이윤을 얻게 된다. 이것을 마르크스 경제학에서는 '잉여가치'라고 한다. 즉 '총노동시간−필요노동시간(임금)'이 잉여노동이고, 잉여노동에서 잉여가치가 나온다.

왕비호 사장과 생산수단

왕사장이 400원의 이윤을 얻게 된 결정적 계기는 무엇일까? 떡볶이 시장에서 독점적 영향력을 가지게 되었기 때문이다.

지선 씨는 떡볶이 가게가 망하자 왕사장 가게에 취업할 수밖에 없었다. 지선 씨는 더 이상 내 프라이팬, 내 가스레인지, 내 가게터(생산수단)를 가질 수 없게 되었다. 흔히 말하는 '봉급생활자'가 된 것이고, '노동력'을 판 대가로 1인분당 600원의 임금을 감지덕지 받으며 살아가게 된 것이다.

타임머신을 타고, 마르크스가 살았던 시대로 가보자

애덤 스미스 이후 경제학에서 "수요와 공급은 '보이지 않는 손'에 의해 균형을 이룬다"는 것은 핵심이론으로 자리를 잡았다. 하지만 마르크스는 수요와 공급이 중요하기는 하지만, 그 배후에서 움직이는 사회적, 정치적 힘을 이해하지 못하면 '시장을 알 수 없다'고 생각했다. 잠시 실제 경제사를 살펴보자.

중세시대에 농민들은 농지를 빌리는 대가로 귀족들에게 세금을 바치긴 했지만, 어디인가에 고용되어 임금을 받으며 산 것이 아니며, 자신들의 논밭을 일구어 먹고살았다. 마치 지선 씨가 예전에 그러했듯이 말이다.
하지만 봉건제가 붕괴되고 자본주의가 발전하면서 상업과 교역이 활발해졌고, 산업혁명 이전부터 이미 대규모 가내수공업 공장들이 들어서기 시작했다. 영주들은 곡물 대신 더 비싼 양모를 생산하기 위해 양을 기르거나 다른 산업을 육성했다. 이것을 흔히 '인클로저(enclosure) 운동'이라고 한다. 지선 씨가 왕사장에게 고용되어야 했던 것처럼, 이제 농토에서 쫓겨난 농민은 도시로 가서 공장 노동자가 되는 운명에 놓였다.

마르크스(Karl Heinrich Marx, 1818~83)가 살던 19세기 중후반은 봉건제가 붕괴되기 시작한 지 300여 년이 지났으며, 산업혁명의 여파가 전 유럽을 강타하면서 경제가 급속도로 발전하던 시기였다. 한편으로는 자본주의의 발흥기부터 누적되어 온 문제가 더욱 심화되는 시기였다. 19세기 중반 경제는 주기적으로 불황의 늪에 빠졌다. 특히 1873년에는 대공황이 전 유럽을 휩쓸었다.
공장은 증기기관과 기계의 도입으로 더욱 커졌지만, 노동자들의 삶은 오히려 더욱 황폐해졌다.

산업혁명 당시 영국의회의 보고서는 노동자들의 삶이 얼마나 피폐했는지를 여실히 보여준다. 여성과 아동도 열악한 환경에서 노동을 해야 했고 임금은 하락했다. 아동들의 하루 평균 노동시간은 19시간이었고, 7세부터 채용할 수 있었다.

루이스 하인이 1907년 무렵에 찍은 사진. 그는 미국 국가노동위원회의 전속 사진가로 18년 동안 일했다. 10대 초반, 130cm도 되지 않는 아이가 하루 15시간 넘게 일을 했다. 14세 이하 어린이는 하루 8시간 이하로 근무해야 한다는 아동노동법은 1932년에야 발효되었다.

경제는 발전하는데, 노동자들의 삶은 왜 황폐해지는가? 이 질문에 마르크스는 앞에서 살펴본 노동가치설과 잉여가치의 문제를 들고 나왔던 것이다. 그리고 경제불황의 원인이 기계 및 자본의 도입과 관련이 있다고 주장했다.

안상태 떡볶이와 이윤율 저하의 법칙

지선 씨의 잉여가치율, 비호 떡볶이 왕사장의 이윤율

자, 다시 마르크스의 잉여가치 이야기로 돌아가 보자. 마르크스는 이른바 잉여가치율을 고안했다. 노동자는 자본가에게 얼마나 착취를 당하고 있을까? 잉여가치율이란 노동이 자본가에게 돌아갈 잉여가치를 얼마나 많이 생산하는지를 보여준다.

더 깊이 들어가면 끝도 없겠지만, 간단하게 표현하면 '잉여가치'를 '임금'으로 나눈 것이 바로 잉여가치율이다(잉여가치율=잉여가치/임금). 지선 씨의 잉여가치율은 자본가인 왕사장에게 돌아가는 잉여가치인 400원을 임금 600원으로 나눈 것으로 0.66이다(400원/600원=0.66).

잉여가치율은 노동자 입장에서 '얼마나 착취당하고 있는가'를 보여주고, 이윤율은 자본가 입장에서 '돈을 얼마나 벌어들이고 있는가', 다시 말해 투여한 돈의 이윤율을 보여준다. 이윤율은 '잉여가치'를 '총자본'으로 나눈 것이다(이윤율=잉여가치/총자본). 즉 왕비호 사장은 임금과 원재료로 1,100원을 투자하여 400원을 얻었으므로 이윤율은 0.36이다(400원/1,100원=0.36).

안상태 떡볶이가 직면한 이윤율 저하의 법칙

그런데 다른 사람들이 넋 놓고 왕사장의 독주체제를 바라보고만 있을까? 안상태 사장은 거금을 들여 '가제트 형사'에서나 볼 수 있을 법한 최신식 떡볶이 제조설비를 설치한 가게를 차린다. 양념과 떡을 넣으면 알아서 주걱으로 뒤집으며 볶아 떡볶이 한 접시를 뚝딱 만드는 기계이다. 안사장은 떡볶이 1인분을 1,300원에 팔았다. 왕사장이나 안사장이나 원재료비는 똑같이 500원이었지만, 안사장은 가제트 떡볶이 기계 덕택에 노동력이 더 적게 들어 임금이 400원으로 줄어들었기에 떡볶이 가격을 내린 것이다.

그런데 가제트 떡볶이 기계는 떡볶이 1인분을 만들 때마다 마모가 100원어치 된다. 따라서 안사장의 잉여가치는 300원이다(떡볶이값 1,300원－재료비 500원－임금 400원－기계값 100원). 잉여가치율은 0.75(잉여가치 300원÷임금 400원), 이윤율은 0.3(잉여가치 300원÷임금 · 원재료비 · 기계값 1,000원)이다.

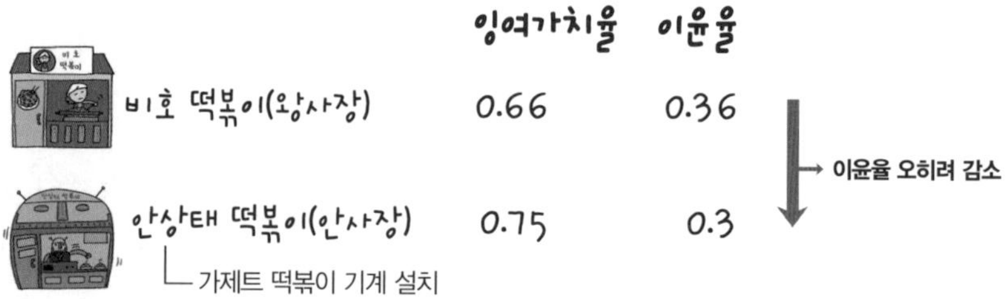

잉여가치율
이윤율
비호 떡볶이(왕사장)
0.66
0.36
안상태 떡볶이(안사장)
0.75
0.3
가제트 떡볶이 기계 설치
이윤율 오히려 감소

안사장이 가제트 떡볶이 기계로 생산성을 높이고 떡볶이 가격을 내리자 손님들이 몰려들었다. 안사장은 회심의 미소를 지었다.

아, 이쯤 하면 뭔가 이상하다는 생각이 들지 않는가? 우리는 분명 앞에서 부가가치를 만드는 것은 오직 노동뿐이라고 했다. 그런데 안사장네 가제트 떡볶이 기계는 지금 무슨 역할을 하고 있는 것인가?

우리는 여기서 '이윤율 저하의 법칙'을 발견할 수 있다. 안사장은 획기적인 기계로 생산성을 높이고 떡볶이 값을 내려 더 많이 팔 수 있었지만, 문제는 이윤율이 떨어진 것이다.

앞에서 살펴보았듯이 비호 떡볶이의 잉여가치율은 0.66이고, 안사장 가게는 기계를 도입한 후 잉여가치율이 0.75로 상승했다. 하지만 이윤율은 비호 떡볶이가 0.36이었는데, 안사장 가게는 오히려 0.3으로 떨어졌다. 획기적인 기계를 들여놓았는데 이윤율은 오히려 떨어진 것이다.

마르크스에 의하면 인간의 노동만이 부가가치를 생산한다. 그래서 마르크스는 사회가 고도화되고 기계가 도입될수록 인간의 노동에서 생산할 수 있는 이윤은 줄어든다고 지적했다. 기업 간의 경쟁이 치열해질수록 더 발전된 기계를 도입하게 되고 이에 따라 이윤은 더 줄어들게 된다는 것이다. 마르크스는 바로 이 점에 자본주의 발전의 한계가 있다고 지적했다.

공황은 왜 자꾸 발생하는가?

19세기 경제는 주기적으로 불황의 늪에 빠졌다. 1825년, 1835년, 1840년, 1847년, 1957년…… 등 공황이라고 할 만한 극심한 경기침체가 반복되었다. 특히 1873년에는 대공황이 유럽을 휩쓸었다. 마르크스 경제학은 공황이 발생하는 주요 원인을 두 가지로 보고 있다.

1873년 5월 9일, 검은 금요일의 대폭락으로 빈 주식거래소에 밀려든 사람들.

이윤율 저하의 법칙

사회가 고도로 발전하고 경쟁이 심화될수록 기업들은 기계를 많이 사용한다. 하지만 기계를 많이 사용할수록 가치를 추가로 생산하기가 어려워진다. 생산량이 늘어나므로 '이윤'이 감소하는 것은 아니지만, 추가 생산당 '이윤율'이 저하되기 때문에 기업은 경영 압박을 받게 된다. 이를 해결하는 방법은 노동자에게 임금을 더 적게 주거나, 일을 더 많이 시켜 생산성을 더욱 높이거나, 아예 생산량 자체를 엄청나게 늘리는 수밖에 없다. 그런데 이는 사회적 문제를 일으킬 뿐만 아니라 과잉생산의 문제를 불러오게 된다.

과잉생산의 문제

떡볶이가 과잉생산이 된다면 어떻게 될까? 아마도 떡볶이 가격은 이윤이 거의 0이 되는 수준까지 폭락할 것이다. 그러면 떡볶이 가게에서 근무하는 노동자들의 임금도 하락하게 될 것이다.

마르크스는 자본주의 사회에서 잉여가치는 자본가 계급의 배를 불리고, 일반 노동자 계급을 상대적으로 빈곤하게 만든다고 주장했다. 노동자들은 생산량에서 잉여가치만큼을 빼앗기고, 임금을 그만큼 덜 받으므로 소비력이 그만큼 줄어든다. 이로 인해 상품이 소비력(임금)보다 더 많은 상태가 된다. 그래서 자본주의 사회는 항시 과잉생산 상태라는 것이다. 여기에 이윤율 저하의 법칙까지 가세하면, 자본주의 사회는 소비심리가 위축되었을 때 걷잡을 수 없이 공황에 빠질 것이라고 생각했다. 마르크스는 과잉생산 된 상품이 팔리지 않고 가격이 급격히 떨어지며, 노동자 계급의 임금이 삭감되고 실업률이 올라가면, 파업과 사회분쟁에 이어 사회주의로 이행할 것이라고 주장했다.

마르크스의 대안은 무엇일까? 마르크스에 의하면 노동자가 착취당하는 이유는 자본가가 생산수단을 소유하기 때문이다. 공황이 발생하는 이유는 자본가가 이윤을 확대하기 위해 과잉생산을 하기 때문이다. 만약 노동자들이 생산수단을 공유한다면 어떻게 될까? 마르크스는 그렇게 되면 잉여가치도, 이윤율 저하의 법칙도, 공황도 없을 것이라고 생각했다. 만국의 노동자여, 단결하라! 떡볶이는 우리 모두가 함께 만들어 필요한 만큼만 먹자!

자본주의는 왜 망하지 않았을까?

우리 모두가 알고 있듯이, 마르크스의 예측은 실패로 돌아갔다. 마르크스는 그 무렵 자본주의의 생산력이 가장 발전한 영국에서 사회주의 혁명이 일어날 것으로 예상했다. 하지만 실제로 사회주의 혁명은 농업 후진국인 러시아에서 가장 먼저 일어났다. 무엇보다 자본주의는 망하지 않았다. 자본주의는 왜 망하지 않았을까?

마르크스와 동시대를 살았던 드가는 무희뿐만 아니라 세탁부, 재봉사, 점원, 사무원 등 노동자를 많이 그렸다. 이 그림은 19세기의 고되고 단조로운 노동을 잘 보여주고 있다. (**다림질하는 여인들** | 에드가 드가 | 캔버스에 유채 | 76×81cm | 1884년 | 오르세 미술관)

일본은 왜 조선을 식민지로 삼았을까?

자본주의가 망하지 않은 이유는 일차적으로 마르크스가 충분히 예상하지 못한 변수들이 영향을 미쳤기 때문이다. 자본주의는 경제공황을 돌파하기 위한 탈출구로 '제국주의'를 선택했다. 영국, 프랑스, 독일 등 경제 강국들은 과잉생산 된 제품들을 식민지에 팔고, 값싼 원료를 그 대가로 들여오는 방법을 선택했다.

일본은 왜 조선을 식민지로 삼았을까? 시기적으로 잘 살펴보면 단순히 땅덩어리에 욕심이 있었기 때문만은 아님을 알 수 있다. 일본도 경제위기의 순간에 자원 및 판매처 확보라는 제국주의적 활로를 염두에 두고 조선을 병합한 것이다. 이 관점에서 바라보면 단순히 '자본주의는 언제나 성공적인 제도였다'라고 말하기는 힘들 것이다.

영국, 독일이 선택한 길은?

사회주의 이념을 표방하던 많은 정치집단들이 일종의 타협된 자본주의 체제에 만족했다는 것도 중요한 이유이다. 영국의 노동당, 독일의 사회민주당 등은 20세기 초 의회의 다수당이 되었지만, 공산주의로 이행보다는 자본주의에서 노동자의 권리를 강화하는 타협을 택했다. 이것은 오늘날 우리나라 신문에서 흔히 볼 수 있는 대기업 강성노조, 노동귀족 등의 비판과 맥을 같이한다.

이 와중에 사회주의 혁명은 경제적으로 가장 뒤처진 러시아와 중국에서 일어났다. 이 국가들은 혁명 초기에 급속한 경제성장률을 보이기도 했지만, 중앙집권화 된 계획경제는 자본주의 시스템과 경쟁에서 결국 패배했다. 소련은 해체되었으며 중국은 개방경제로 선회했다. 공산당이 '보이지 않는 손'의 역할을 할 수는 없었고, 돈이라는 강력한 인센티브에 상응하는 것이 없었기 때문이다.

2008년 금융위기를 어떻게 예견했을까?

그렇다면 오늘날 마르크스 경제학은 의미가 없을까? 그렇지는 않다. 마르크스 경제학은 현실 사회주의 국가를 세우는 데에는 실패했지만, 현실 자본주의를 분석하는 틀로서는 여전히 유효하다는 것이 많은 학자들의 주장이다. 그중에 하나가 금융자본에 대한 분석이다. 서브프라임 사태•로 시작된 2008년 금융위기 역시 결국은 산업자본보다 몸집이 훨씬 비대해진 금융자본 때문이다.

• **서브프라임 사태** 미국에서 신용등급이 가장 낮은 사람들에게 집값의 거의 100%까지 빌려주고 높은 이자를 받은 대출 프로그램.

미국 존스홉킨스 대학의 조반니 아리기 교수는 기생적인 금융자본이 지나치게 커진 것이 문제를 일으킬 것이라고 예측했다. 이윤율 저하의 법칙으로 인해 이윤이 줄어들자, 자본들은 산업이 아니라 돈놀이를 통해 이윤을 얻으려고 했다. 그는 금융은 노동을 통한 부가가치를 만들지 못하기 때문에, 언젠가는 반드시 거품이 터지게 되어 있고 경제위기를 불러올 것이라고 주장했다. 아리기 교수는 1994년 출간된 『장기 20세기—화폐, 권력 그리고 우리 시대의 기원』에서 금융자본의 활성화가 세계 경제위기를 가져올 것이라고 경고한 바 있다.

경제위기에 전쟁이 따라오는 경우가 왜 많을까?

앞에서 본 것처럼 이윤율이 저하되고 과잉생산이 되었을 때, 즉 상품은 쌓여 있는데 사람들이 물건을 사지 않을 때는 어떤 일이 일어날까? 마르크스 경제학자들은 강대국들이 아무도 사서 쓰지 않을 상품을 만들어 경제공황을 피해 왔다고 이야기한다.

아무도 사서 쓰지 않을 상품이 무엇일까? 그중에 대표적인 것이 바로 전쟁무기이다. 총 · 폭탄 · 미사일. 일반인들이 사지 않는 상품이지만, 이윤율이 저하될 우려도 별로 없고 과잉생산을 걱정할 필요도 없다. 구매자가 정부이기 때문이다. 상품을 만드는 과정에서 잉여가치가 생기겠지만, 전쟁무기는 군이 사용하지 않아도 계속 비축할 필요가 있기 때문에 과잉생산이 되지 않는다.

경제위기가 심화될수록 전쟁이 주기적으로 되풀이되는 경향이 있다. 경제 전체적으로 과잉생산 상태일 때, 전쟁이 일어나면 모든 공장들은 군수품 제조처로 변신한다. 재고로 쌓인 상품들은 이때 팔리면 되고, 군수물자를 생산하느라 노동자들은 임금을 받으므로 경제도 성장한다.

케인스와 폴 크루그먼이 인정했듯이, 1930년대 대공황에서 미국을 구한 것은 뉴딜정책이 아니라 제2차 세계대전이었다. 물론 케인스는 정부 재정지출의 확대 측면에서 이야기한 것이지만,[53쪽] 전쟁이 일어나면 정부가 과잉생산 된 재화를 소비한다는 것을 생각하면, 마르크스 경제학자들의 이야기에 귀를 기울일 필요가 있다. 이것은 아프가니스탄 전쟁과 이라크 전쟁을 통해 일관되게 흘러오는 전통이었으니 말이다.

004

정글고 이야기로 알아보는 케인스 경제학

Let's Go

2008년 금융위기는 1930년대 대공황 이후 최악의 경제위기였다. 오바마 대통령은 2009년 초 1조 1,000억 달러에 달하는 경기부양책을 발표했다. 사상 최대의 재정적자를 감수하고서라도 경제를 살리겠다는 의지의 표현이었다.
그해 2월 미국 의회를 통과한 경기부양액은 7,870억 달러에 달한다.
당시 중국은 9,500억 위안의 경기부양 지출을 결정했다. 영국은 부가가치세 인하를 포함한 200억 파운드, 우리나라도 재정지출 확대를 통한 경기부양 정책을 발표했다.
세계 각국이 이처럼 경기부양 정책을 펴면서 반드시 언급하는 사람이 있는데, 그가 바로 케인스이다. 사실 그는 언론에서 가장 많이 언급하는 경제학자일 것이다. 2008년 노벨 경제학상을 받은 폴 크루그먼은 자신을 '케인스주의자'라고 말한 바 있다.
경제위기가 닥치면 가장 많이 언급되는 경제학자 케인스를 만나보자.

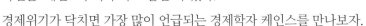

1965년 12월 31일 발행된 『타임』 표지. ©Robert Vickrey

대공황이 발생하게 된 배경

1929년 10월 24일 목요일, 미국의 뉴욕증권거래소는 공포에 휩싸였다. '검은 목요일'이라고 부르는 그날부터 주식시장은 폭락을 거듭했다. 8월 최고 388.70까지 올랐던 다우지수는 같은 해 12월 말 190.56으로 떨어졌고, 1932년 7월 41.01로 폭락했다. 주식투자자들은 순식간에 빈털터리가 되었고, 문을 닫는 기업은 셀 수 없을 정도로 많았다.
1930년 400만 명이었던 실업자는 2년 후 1,300만 명으로 크게 늘어났다.

거리는 일자리를 잃고 헤매는 사람들로 넘쳐났다. 그 무렵 실업자와 가난한 사람들이 무료 배급소 앞에 줄지어 서 있는 모습은 어느 도시에서나 흔히 볼 수 있는 광경이었다. 1932년 미국의 국민총생산(GNP)은 1929년의 50%까지 떨어졌다.

미국의 경제혼란은 곧바로 유럽 경제에도 영향을 미쳤고, 독일과 영국을 비롯한 여러 나라에서 수백만 명이 일자리를 잃었다. 1931년 오스트리아의 최대 은행이 파산했고, 헝가리, 체코슬로바키아, 루마니아, 폴란드에서도 뱅크런(bank-run; 대규모 예금 인출 사태)이 발생했다.
1931년 9월 영국이 국제수지 악화와 금 유출을 견디지 못하고 금본위제[341쪽]를 포기했으며, 1933년 3월 미국도 금본위제를 포기했다. 또한 각국은 보호무역 정책을 실시했다. 1932년 세계 무역량은 대공황 전보다 50% 이상 줄어들었다. 대공황으로 인한 세계 경제불황은 1939년 제2차 세계대전이 일어나기 전까지 계속되었다.

대공황이 시작되기 직전, 미국은 부유했고 시장에 대한 신뢰는 철저했다.

대공황 당시 무료 배급소 앞에 줄을 선 사람들.

1924년 8월 미국 주식시장은 최고점을 찍었다. 당시 제1차 세계대전을 치르면서 정부의 재정지출이 늘어난 것이 한 가지 우려할 점이었지만, 어쨌든 정부의 재정지출 덕분에 경제는 활황이었다. 그런데 그 경제가 한순간에 무너진 것이다.
대공황은 시작도 충격적이었지만 과정 역시 공포스러웠다. 공황이 왔지만 먹을 것은 눈앞에 가득했다. 다만 살 돈이 없어서 문제였다. 일자리가 없었다. 물건은 많이 생산했는데, 사는 사람이 없어서 도산하는 기업이 늘어만 갔다. 인류 역사상 흉년이 문제가 된 적은 있어도 경제적인 풍년이 문제가 된 적이 있었던가?

정글고 이야기로 살펴보는 케인스의 주장

대공황은 왜 일어났는가?

존 메이너드 케인스(John Maynard Keynes, 1883~1946)의 이야기를 간략하게 요약하면 이렇다. '대공황은 초과생산에 대한 충분한 소비가 없었기 때문에 일어났다.' 케인스의 주장을 이해하는 것도 한걸음씩 나아가면 어렵지 않다. 피부에 와 닿는 예를 하나 들어보자. 원래 이 예는 폴 크루그먼이 『불황의 경제학』이라는 책에서 케인스의 사상을 소개하면서 제시한 것인데, 우리의 현실에 맞게 약간 각색을 했다.

숙제주식회사와 자유시장 경제체제

정글고에는 불사조라는 별명을 가진 영원한 전교 1등과, 그를 우러러보는 여러 학생들이 있다. 이른바 입시명문인 정글고에서는 수학문제 풀이과정을 A4 용지 3쪽에 새까맣게 적은 숙제를 일주일에 5번 제출해야 했다. 이 숙제를 해 오지 않으면 어김없이 벌을 받았다. 지난밤 어머니 병간호를 하느라 깜지숙제를 하지 못한 불사조는 수학 선생님께 호된 벌을 받았다. 눈물이 핑 돌았다. 하지만 영특한 그녀는 결국 하나의 아이디어를 짜낸다.

아이디어는 이런 것이다. 매번 다른 숙제를 하는 것은 힘들다. 만약 급한 일이 생겨 숙제를 못했을 때, 친구가 내 숙제를 해 주고, 나는 다음번에 그 친구의 숙제를 대신해 줄 수 있다면? 이미 한번 숙제로 푼 문제를 한번 더 푸는 것은 시간이 오래 걸리지 않는다. 머리를 아프게 굴릴 필요도 없다. 훨씬 이득이다(!)(경제학적으로는 이를 '규모의 경제'라고 할 수 있을 것이다. 같은 숙제를 여러 번 풀수록 한번 더 옮겨 적는 데 힘이 덜 든다. 내용이 더 잘 기억나니까.)

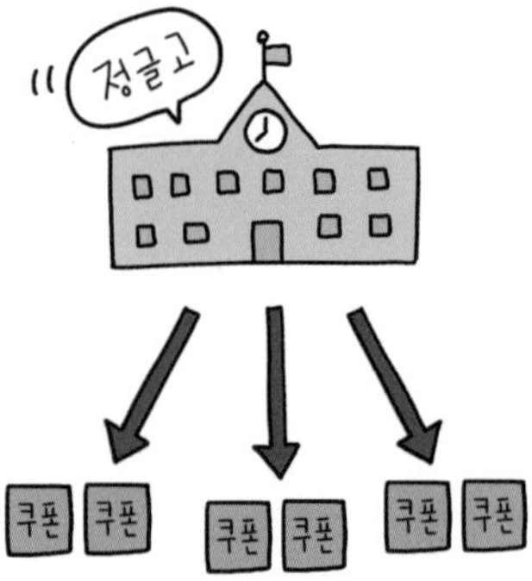

대리숙제 경제 시스템

아예 숙제를 한번 대신해 주었을 때 쿠폰을 주면 어떨까? 그럼, 내가 혜림이 숙제를 해 주는 대신에, 관우가 내 숙제를 해 줄 수도 있을 것이다. 후에 화폐론[10장]에서 살펴보겠지만, 여기서 쿠폰은 가치저장(숙제 1회를 대신해 주는 가치)과 교환의 매개체, 즉 화폐 역할을 하게 된다.

오, 좋다! 일단 불사조는 다음날 아이들에게 이 아이디어를 설명한다. 아이들은 환호성을 지른다.

"정말 기똥찬 생각이다! 역시 불사조 너는 천재야!" 이제 숙제를 못해 가는 날도 걱정할 것 없다. 친구들에게 얼굴 붉히며 "숙제를 대신해 줄 수 없냐?"고 물어볼 필요도 없다. 힘센 친구가 강제로 시킬 수도 없다. 정글고에 자유무역 시장경제가 싹튼 것이다! 불사조는 일단 아이들에게 쿠폰을 2장씩 나누어 주었고, 숙제를 한번 해 줄 때마다 대가로 쿠폰을 한 장씩 주기로 규칙을 정했다.

정글고, 경기침체에 직면하다

처음에는 모든 것이 순조로웠다. 몸이 아파서, 혹은 늦잠을 자서 숙제를 하지 못한 아이들은 쿠폰을 주고 숙제를 다른 친구들에게 부탁했다. 문제가 시작된 것은 병삼이부터였다.

병삼이는 불사조가 '숙제에서 자유로운 새로운 시대'에 대해 포효하며 연설하는 모습을 지켜보았다. 그는 불사조가 나누어 주는 쿠폰을 쥐어들며 굳게 다짐했다. 나의 존재가치를 아이들에게 알리리라!

어느 날부터인지 아이들은 숙제 쿠폰이 부족하다고 느끼기 시작했다! 숙제를 맡기는 아이들은 계속 있는데, 쿠폰은 어디론가 사라지는 것 같았다. 바로 병삼이었다. 병삼이는 거의 모든 반 아이들에게 숙제를 한번씩은 해 주었다.

시장에 숙제 쿠폰이 돌지 않는다

병삼이는 어느새 쿠폰 112장 중 54장을 모았다.(정글고는 학교 이름답게 56명의 아이들이 한 반에서 생활을 한다.) 물론 불사조는 아직 쿠폰을 한 개도 쓰지 않았다!

아이들은 위기감을 느꼈다. 숙제 쿠폰을 이렇게 흥청망청 쓰다가는 망하겠다! 아이들은 쿠폰을 아끼기 시작했다.

아껴야 한다! 아이들은 숙제를 서로 해 주겠다고 난리였지만, 정작 숙제를 부탁하는 사람은 없었다. '대리숙제'라는 상품을 쿠폰을 주고 사려는 사람이 없었던 것이다. '대리숙제'라는 상품의 재고는 쌓여만 갔다. 아이들은 모두 쿠폰을 저축하고 있었던 것이다!

숙제 쿠폰을 더 발행하자!

불사조는 고민에 빠졌다. 학급에서 대리숙제 총경제가 불경기에 빠진 것이다! 이를 어떻게 해결해야 하나? 불사조는 두 가지 가능성을 생각했다. 병삼이가 대리숙제를 너무 많이 해서 쿠폰을 혼자 다 가져가 버린 것이 문제의 근원이니, 쿠폰을 모두 빼앗아 버릴까? 쿠폰을 빼앗아 학급 소유로 일종의 '국유화'를 해 버릴까?

하지만 불사조는 머리를 설레설레 흔들었다. 그 방법은 병삼이의 정당한 권리를 침해할 뿐만 아니라 장기적으로 학급의 대리숙제 시스템을 더 심각하게 악화시킬 수도 있었다. 경제가 어려워질 때마다 국유화해 버린다면

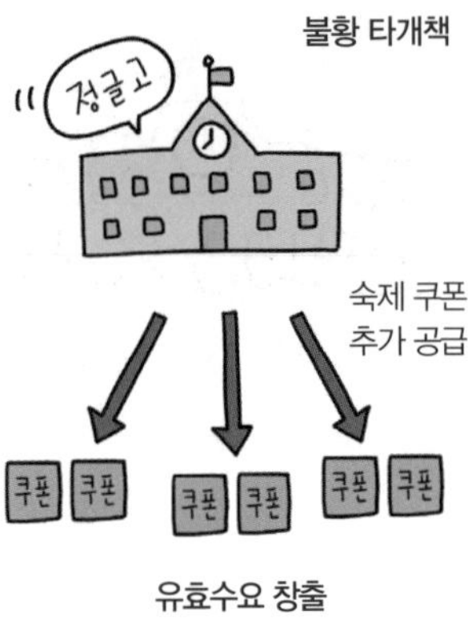

누가 안심하고 숙제를 대신해 주겠는가?

고민하던 불사조는 새로운 해법을 찾았다.

'쿠폰을 1인당 2장씩 더 발행하자. 그러면 쿠폰을 저축만 하지는 않을 거야. 아이들은 여유를 느끼면서 쿠폰을 소비할 거야. 다른 아이들에게도 숙제를 부탁할 거야. 그러면 내가 도입한 대리숙제 시스템은 계속 돌아갈 것이고, 수학 선생님한테 벌을 받지 않아도 돼!'

그렇다면 병삼이는 어떻게 한다? 불사조는 이내 어렵지 않게 답을 찾을 수 있었다.

'앞으로 숙제는 각 분단 안에서만 대신해 줄 수 있도록 규칙을 정하자! 아무리 대리숙제를 많이 부탁받아도 반 전체의 숙제를 대신해 줄 수는 없도록……. 그럼, 전체 상황을 통제하기 쉬워질 거야. 병삼이가 아무리 발버둥을 쳐도 반 전체를 위기로 몰고 가지는 못할 거야.'

불사조는 희희낙락하며 교실로 돌아와 쿠폰을 새로 배급했다. 아이들이 다시금 서로 숙제를 해 주기 시작한 것은 물론이다.

웃기는 이야기라고 생각할지 모르겠다. 대리숙제 경제체제라니! 하지만 이것은 다만 비유일 뿐이다. 재미있으면, 그래서 케인스의 사상을 조금이라도 더 잘 이해할 수 있으면 그것으로 좋지 않은가. 사실 학교 다닐 때 다들 그런 꿈을 한번씩 꾸어 보지 않나? 숙제주식회사 뭐 이런 거 말이다.^^

역사로 돌아와서

본론으로 돌아가 보자. 모든 경제학 이론들은 이런 식의 비유담으로 풀어낼 수 있다. 크루그먼 아저씨 가라사대, "쉽게 풀어 설명할 수 없는 이론은 엉터리"라고 하셨다!

정글고의 이야기에서 '쿠폰'은 현실 세계에서 '화폐'이다. 예에서 나온 '병삼' 처럼 많은 기업들은 20세기 초에 덩치를 키우기 시작했다. '대리숙제'라는 상품을 현실에서 과잉생산을 해 버린 것이다. 대리숙제의 특성상 많이 해 줄수록 한계비용은 체감한다. 숙제내용이 익숙해지니까, 같은 숙제를 할수록 쉬워진다.

현실에서도 그렇다. 케인스는 과잉생산 상태에서 사람들의 기대심리가 급격히 악화되어 저축이 늘어나고 소비가 현저하게 줄어들 경우, 갑작스러운 경기침체와 공황을 일으킬 수 있다고 보았다.

대리숙제 경제체제가 불황에 빠졌을 때, 불사조는 2가지 선택지를 놓고 고민했다. 어떤 길로 갈까? 이것은 바로 마르크스와 케인스의 양갈래 길을 뜻한다.

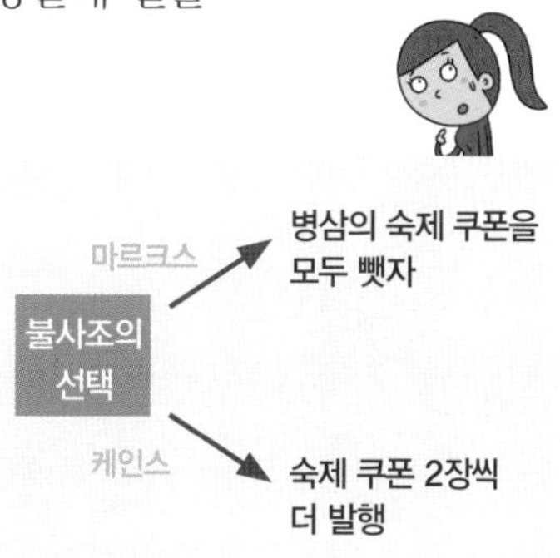

자본주의가 발달하면서 자본이 한쪽으로 몰리고, 과잉생산과 과소소비로 인해 재고가 쌓여가고 공황이 일어날 수 있다. 이 경우 마르크스는 노동가치설에 근거하여 생산수단을 사회화하자고 주장했다. 마치 불사조가 병삼이가 가진 숙제 쿠폰을 모두 빼앗아 버릴까를 고민했던 것처럼.

반면 케인스는 전혀 다른 방법을 택한다. 바로 숙제 쿠폰(화폐)을 더 공급하자는 것이다. 사람들은 손에 든 쿠폰 수가 충분히 늘어나면 소비를 한다. 소비가 활발해지면 경제는 언제 그랬냐는 듯이 되살아난다는 것이다.

다만 이때 병삼이 같은 아이들을 어떻게 처리하느냐가 관건이다. 현실에서 이런 식으로 접근한 처방책이 이름하여 브레턴우즈 체제[342쪽]이다. 브레턴우즈 체제의 핵심은 지나친 금융 세계화를 막고, 개별 국가 중심으로 경제 체제를 운용하되, IMF와 같은 초국적 관리기구를 두어 필요할 때마다 쿠폰(화폐)을 지원하도록 한 것이다.

재정지출로 유효수요를 늘려라

우리의 불사조는 숙제 쿠폰, 즉 화폐를 더 발행하는 방법을 선택했다. 물론 현실은 그렇게 단순하지 않다. 현실 경제에서 쿠폰(화폐)을 더 많이 공급할 수 있는 방법은 크게 2가지가 있다. 하나는 중앙은행에서 화폐를 찍어내는 것이고, 다른 하나는 재정적자를 감수하더라도 정부가 재정지출을 늘리는 방법이다.
케인스는 이중에서 정부가 재정지출을 늘리는 방안을 선호했다. 자세한 내용은 경기순환론을 다룬 5장에서 살펴보겠지만, 간략히 말하면 이렇다.

중앙은행이 경기불황을 막기 위해 화폐를 더 찍어내더라도 그 돈이 정말로 필요한 사람들 손에 들어가기는 힘들다. 기업의 손에 들어간다고 하더라도, 경제가 어려울 때 그 돈을 투자하려고 할까?
병삼이의 예를 들어보자. 병삼이는 숙제 쿠폰이 아무리 많이 쌓여도 그것을 쓰려고 하지 않았다. 기업도 경기불황으로 인해 수익성이 보장되지 않으면, 돈이 있어도 투자를 새로 하지 않는다. 정부가 기업에 돈을 풀어 봤자 유효수요가 크게 생기지 않는 것이다. 이럴 때에는 차라리 정부가 나서서 재정지출을 대폭 늘리는 편이 낫다.
일반 국민들은 아무리 경기불황이라도 최소한 먹고살 만큼은 구매해야 한다.(오늘 아침을 배부르게 먹었더라도 점심이 되면 배가 고프다. 어떤 이는 1교시만 지나도 배가 고프다. 가난하나 배부르나 하루 세끼를 먹어야 한다는 사실은

참 평등한 일이다.) 정부가 공공투자 등을 통해 일반 국민들에게 돈을 풀면, 유효수요(실제 구매력이 있는 수요)가 빠르게 생기게 된다. 여기서 '유효수요'는 사려고 하는 수요의 '의지'뿐만 아니라 살 수 있는 '능력'을 함께 포함하는 개념이다.

케인스의 조언을 받아들인 미국 루스벨트 대통령은 대공황에서 벗어나기 위해 뉴딜정책을 폈다. 테네시 강에 댐을 쌓기 시작했고, 노동자들은 임금을 받아 밥을 사 먹고, 캔 커피를 사 마시고 ……. 그러면 캔 커피의 재고가 줄어들고 공장의 기계들은 쉼없이 돌아가게 되고, 다시 임금이 지급되고……라는 그림 같은 이야기가 떠돈다.

케인스의 대꾸 – 장기적으로 보면 우리 모두는 죽고 없다

케인스의 사상은 경제학에 혁명적인 전환을 가져왔다. 애덤 스미스 이래로 기존의 주류 경제학은 시장의 '보이지 않는 손'을 숭상해 왔다. 모든 것은 다 시장에서 해결될 판이었다.

심지어 19세기 초반의 대표적인 프랑스 경제학자 세이(Jean B. Say)는 자신의 이름을 딴 세이의 법칙(Say's law)에서 "공급은 수요를 창출한다"고 선언해 버렸다. 물론 이 말은 일반적인 경우에는 맞다. 새로운 것의 등장은 새로운 수요를 만든다. 콘택트렌즈를 만드니 끼고 다니고, 애플이 아이폰을 만드니 쓰지 않는가.

기존의 경제학(흔히 고전학파 경제학이라고 하는데)은 수요의 문제에 대해 따로 신경쓰지 않았다. 어떻든 공급만 잘되면 시장에서 적정가격에 적정량이 팔리고, 실업도 없이 모두들 즐겁게 살 판이었다. 물론 위기도 올 것이다. 시장이 잠깐 균형에서 벗어나는 경우도 있을 것이다. 하지만 장기적으로 시장은 항상 균형으로 돌아갈 것이다. 그것이 '보이지 않는 손'이 하는 역할이다. 장기적으로 시장은 항상 균형 상태로 있다고 본 것이다. 이를 비판하는 케인스의 명답을 들어보자.

"장기적으로 보면 우리 모두는 죽고 없다."

거의 효도르급 암바(이종격투기 기술 중 하나)이다. 케인스의 이 한 문장으로 고전경제학은 링 밖으로 튕겨 나갔다. 아무리 균형이면 뭐하고, 장기적으로 보았을 때 균형으로 돌아가면 뭐하나. 어차피 우리 모두는 더 장기적인 미래에는 죽을 텐데 말이다.

한 개인으로서는 가장 합리적인 선택을 한다고 해도, 사회 전체적으로는 불합리한 결과가 될 수도 있다. 이를 '구성의 모순'이라고 한다. 시장은 장기적으로 균형으로 돌아가고 이 역설을 해결하겠지만, 그때는 모두 죽고 없지 않나?(지금의 대책이 중요하지.) 이것이 케임브리지의 신사 케인스의 대꾸였다. 심지어 케인스는 자신의 책 제목을 '고용, 이자, 화폐의 일반이론'이라고 정했다. 고전경제학은 경제가 불황이 아닌 특수한(드문) 시기에나 해당되고, 자신의 경제학이 그보다 더 일반적이라는 것이다. 엄청난 자신감이다. 공부하는 사람은 겸손해야 한다지만, 최소한 자신감은 항상 충만해야 하는 것 같다.

대공황과 각국의 대응

덕분에 케인스 이후 정부는 강력해지기 시작했다. 정부는 이른바 '시장의 실패'를 교정하며, 노동자 계급의 요구를 들어주고, 경제가 침체에 빠지지 않도록 예의 주시하며 정책을 집행하게 되었다.

실제로도 케인스의 정책은 성공적이었다. 케인스의 주장을 가장 먼저 따랐던 스웨덴의 경제는 1930년대 중반에 이미 대공황 이전 수준으로 호전되었다. 미국 역시 1932년에 저점을 찍은 후 반등을 시작했다.

아이러니하게도, 케인스의 주문을 충실히 따른 나라는 독일과 이탈리아 같은 나치-파시즘 국가였다. 국가 주도의 투자, 군대의 재무장 등으로 대공황에서 벗어났고, 곧 제2차 세계대전이 일어났다. 케인스가 원한 것은 전혀 아니었지만, 제2차 세계대전은 결과적으로 그의 이론이 옳았다는 것이 입증되는 계기가 되었다.

전쟁이 일어나자, 미국과 서유럽은 재정지출을 급격히 늘렸다. 일반적으로 정부지출은 GDP(국내총생산)[8장] 대비 20~40%가 적당하다고 한다. 그런데 미국은 제2차 세계대전 당시 재정지출을 GDP 대비 200% 넘게 늘렸다. 이에 따라 소비와 생산이 늘어나고, 선순환을 일으켜 경제가 살아나기 시작하고 활황을 맞게 되었다. 이는 전후 '영광의 30년'이라고 불리는 고성장 • 고임금 • 저물가 체제를 낳는 원동력이 되었다.

이에 발맞추어 케인스 이후로 수많은 경제학도들이 '케인스주의자'임을 자처하고 나섰으니, 아예 '고전학파 경제학'은 '미시경제학'이라는 이름으로 축소되어 버리고, 케인스의 학문체계는 '거시경제학'이라는 새로운 학문으로 융성하게 된다.

1970년대 오일쇼크 때 케인스 이론이 비판을 받고 신자유주의에게 왕좌를 내줄 때까지, 자신이 케인스주의자가 아니라고 외치고 다니는 경제학자는 이른바 주류 경제학계에서는 고독한 경제학자 프리드리히 하이에크, 그의 후계자 밀턴 프리드먼밖에 없었다.

케인스식 경기부양책이란?

잠시 우리나라 이야기를 하자. 2008년 우리나라와 세계는 극심한 금융위기와 경기침체를 겪고 있었다. 4대강 살리기 사업은 이명박 정부가 추진한 한

국형 녹색 뉴딜 사업으로, 2008년 12월부터 2013년 초까지 총사업비 22조 원이 투입되었다. 과연 경제불황기에 적합한 경기부양책이었을까?
루스벨트의 뉴딜정책처럼, 분명히 이런 형태의 공공사업도 경기를 활성화하는 데 일부 도움을 줄 수 있다. 하지만 케인스식 경기부양책의 핵심이 '유효수요의 생성'에 있음을 잊으면 안 된다.
앞에서 불사조는 숙제 쿠폰이 돌지 않아 대리숙제 경제체제가 불황에 빠지자, 필요한 사람에게 쿠폰을 더 줌으로써 경기불황에서 탈출하고자 했다.
그런데 4대강 살리기 사업은 누가 그 이득을 가져갔을까? 경기가 활성화되려면 서민층이 그 이득을 가져가야 한다. 그래야 그들이 라면도 사고 옷도 사며 돈을 써서 경기에 선순환을 불러일으키지 않겠는가?

당시 이명박 정부는 4대강 살리기 사업으로 34만 개의 신규 일자리가 생긴다고 홍보했다. 하지만 이 사업이 한창 진행 중이던 2010년 12월 국회 일자리특별위원회의 최영희 의원이 발표한 4대강 사업 관련 498개 사업장의 고용보험 가입자 현황에 따르면, 그해 8월 말까지 만들어진 일자리는 고작 1,222개에 불과했다. 백보를 양보해 고용보험에 잡히지 않는 고용인도 있다고 가정해서 그 10배로 계산하더라도, 새로 생긴 일자리는 1만 개 정도에 그친 것이다. 과연 이 관계에서 반 아이들은 누구이며, 병삼이는 누구인가?
우리나라의 전반적인 경제정책이 케인스적이지 않음은 분명하다. 케인스라면 반대했을 부자 감세정책을 쓰고 있기 때문이다. 케인스가 주장하는 감세는 재정지출과 감세를 결합해 유효수요를 늘리는 것인데, 부자 감세는 유효수요를 크게 늘리지 못하기 때문이다.

1970년대, 케인스 이론은 왜 실패했는가?

케인스의 이론은 1930년대 경제현실을 설명하는 데에는 유용했으나, 현재의 경제상황을 설명하는 데는 미흡한 면이 있다. 자유방임주의는 바람직하지 않으며, 인간의 기본권 보호는 정부의 책임이다. 하지만 행정 만능주의를 신봉하고 재정지출만을 절대적인 것처럼 여기는 것은 마땅히 고쳐져야 할 것이다.

케인스 이론을 절대적인 것으로 보고, 무작정 따라가다가는 비대해지는 정부 때문에 재정적자를 감내해야 할지도 모르고, 인플레이션(지속적인 물가상승)이 발생할 수도 있다. 우리의 불사조가 숙제 쿠폰을 무제한 발급한다고 가정해 보자. 쿠폰이 별 의미 없는 종이 쪼가리로 전락해 버릴 우려가 있다. 이것은 문제가 아니겠는가?

물론 고전경제학파처럼 시장에서 모든 것이 저절로 조정된다는 전제 아래서 미시적으로만 보는 것도 문제가 있다. 극단적인 거시방법이나 미시방법은 모두 지양되어야 하며, 이 두 가지를 종합한 구조적 분석이 당면한 문제를 극복하는 데 도움이 될 것이다.

더 큰 문제는 1970년대 오일쇼크처럼, 원자재와 같은 공급 부문에서 충격이 일어났을 때이다. 원자재 가격이 상승하면 생산비용이 높아져 공급이 줄어든다. 이때 정부가 멋모르고 재정지출을 늘려 버리면, 생산이 줄어드는데 인플레이션까지 겹치는 스태그플레이션[5장]이 일어나게 된다. 또한 정부 부문이 과다해지면, 경제구조가 경직되며 효율성이 크게 떨어지고 민간부문이 위축된다.

앞에서 살펴보았듯이 많은 국민들이 찬성하지 않더라도, 정부라는 이름 아래 얼마든지 사업을 추진하는 경우가 생긴다. 이래저래 우리의 불사조는 머리가 아파지게 되었다. 따라서 다음 장에서는 케인스의 이론을 비판하며 새롭게 등장한 신자유주의 이론을 살펴보도록 하겠다.

케인스주의는 다시 부활하는가?

> 정부는 대규모 대부(=대출) 계획을 후원해야 합니다. 어떤 일에 대부할지를 결정하는 것은 제 소관이 아닙니다. 그러나 단기간에 결실을 맺을 수 있는 사업들, 이를테면 철도사업 같은 분야에 우선권을 주는 것이 좋을 것 같습니다. 목적은 일단 경제를 굴러가도록 만드는 데 있으니까요.
>
> —케인스가 루스벨트 대통령에게 보낸 편지 중에서

케인스가 루스벨트 대통령에게 보낸 편지 중 일부이다. 당시 대공황이라는 유례없는 위기를 맞은 한 국가의 수장에게 보내는 케인스의 메시지에는 단호함마저 느껴진다. 루스벨트는 케인스의 이러한 제안을 받아들여 국가적 위기를 극복하게 된다. 그것이 지금으로부터 80여 년 전의 일이다.

미국과 영국 등 주요 국가들은 2008년 금융위기를 맞아 케인스주의로 돌아섰다. 재정적자를 감수하고서라도 경기부양을 위해 정부의 재정지출을 엄청나게 늘렸다. 지난 수십 년 동안 정부의 시장개입을 반대한 신자유주의가 주류를 이루었던 것과 비교하면 너무나 급격한 변화이다.

케인스 이론의 효과에 대해서는 아직 논란이 있다. 하지만 케인스 이론이 경제위기를 돌파하는 데 여전히 영향력을 가지고 있다는 사실도 간과할 수 없을 것이다. 이를 증명하듯이, 2008년 금융위기 당시 여러 곳에서 케인스의 부활을 언급했다. 과연 케인스주의는 경제위기의 대안이 될 수 있을까?

005

신자유주의 세계화란 이런 거야!

Let's Go

공기업 민영화, 감세정책, 금산분리 완화[39쪽], 노동시장 유연화 등 정부가 추진하는 정책은 한마디로 '작은 정부, 큰 시장'이라는 말로 요약할 수 있다. '비즈니스 프랜들리'(business friendly)를 모토로 시장의 경쟁을 극대화하겠다는 정책은, 정부의 시장개입을 비판하고 시장의 기능과 민간의 자유로운 활동을 중시하자는 신자유주의 이론을 바탕으로 진행되고 있다. 여기에서는 신자유주의 정책의 배경과 영향을 살펴보자.

두 번의 오일쇼크

1961년 1월 설립된 석유수출국기구(OPEC)는 겉으로는 회원국들의 원유 생산정책을 조정함으로써 유가를 안정시키겠다는 목표를 내세우지만, 사실은 석유 생산국들이 뭉쳐서 가능한 높은 가격으로 석유를 팔겠다는 일종의 카르텔이라고 할 수 있다.

OPEC이 처음 위력을 발휘한 것은 1973년이다. 그해 10월 유대인의 전통 행사인 욤키푸르(대속죄일) 기간에 이집트와 시리아가 이스라엘을 침공했다. 이스라엘은 이 전쟁에서 미국의 도움을 받아 승리했다.
이에 OPEC의 주축인 아랍국들은 미국의 중동정책에 항의한다는 명목으로 1973년 9~10월 빈에서 열린 회의에서 유가를 70% 인상하기로 결정했다. 그해 12월에는 테헤란 회의에서 또다시 유가를 130% 인상했으며, 미국과 네덜란드로 향하는 원유 선박의 출항을 일시적으로 금지했다. 그러자 배럴당 2달러 50센트였던 국제 유가가 단숨에 10달러까지 치솟았다.
중동산 원유에 크게 의존하고 있던 세계 경제는 제2차 세계대전 이후 가장 심각한 경제불황을 맞게 된다. 미국은 소비자물가 상승률이 10%를 넘어섰고, 1973~75년 실업률은 4.9%에서 8.5%로 올랐다. 그때까지 국제 원유시장에서 막강한 영향력을 행사하고 있던 미국계 석유회사들은 힘을 잃었고, 산유국들과 그들을 대표하는 OPEC이 막강한 힘을 가지게 되었다.

1979년 제2차 오일쇼크가 터지자, 세계 경제는 또 한번 크게 흔들렸다. 이란에서 회교혁명이 일어난 직후 OPEC은 유가를 다시 30달러가 넘는 수준으로 크게 올렸고, 이러한 고유가는 1980년대 초반까지 지속되었다. 이에 세계 각국은 에너지 수요량을 줄이기 위해 자원보존운동을 장려하고, 석탄과 원자력 등 대체에너지원을 개발하는 데 주력하기 시작했다. 직접 국내의 석유 자원을 찾아내 채굴하고, 멕시코와 소련 등 새롭게 떠오르는 석유 수출국들로 눈을 돌렸다. 그러나 고유가가 몰고 온 충격으로 인해 세계 경제는 한동안 불황에 시달릴 수밖에 없었다.

▶ **국제 유가 추이**

단위: 배럴당 달러 I 기준: 2015년 I 출처: WTRG Economics

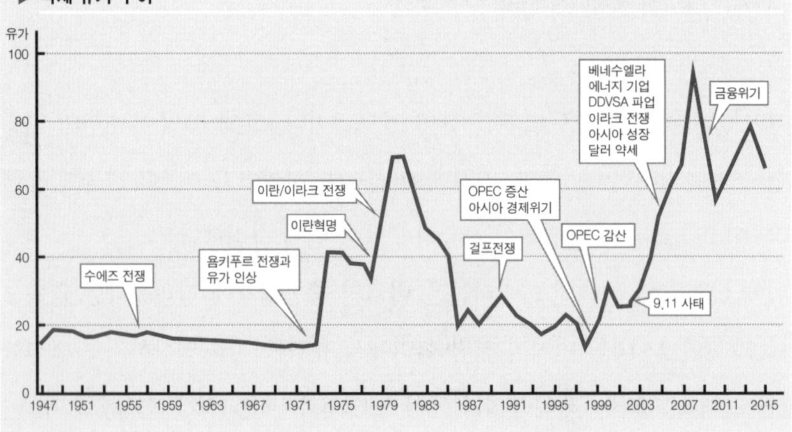

케인스주의, 스태그플레이션에 무릎을 꿇다

일반적으로 불경기에는 물가가 하락하고 호경기에는 물가가 상승한다. 그러나 1973년 제1차 오일쇼크 이후에는 불경기임에도 불구하고, 물가가 계속 상승하는 스태그플레이션(stagflation)[5장]이 일어났다.

국제 유가가 크게 오르자, 기업들은 손해를 보지 않기 위해 제품가격을 올렸고, 이에 따라 물가가 계속 상승했다. 물가가 오르니 소비자들의 수요는 줄어서 경기가 침체되었다. 불황을 이기지 못한 기업들이 줄줄이 문을 닫자 대량 실업이 발생했다. 그래서 사람들은 '물가상승'과 '실업'이라는 이중고에 시달려야 했다. 미국은 제1차 오일쇼크 직후인 1974년에 경제성장률이 마이너스로 떨어졌는데, 물가는 15%나 올랐다.

그렇다면 대공황을 극복하는 데 견인차 역할을 한 케인스 정책이 이때도 빛을 발할 수 있었을까? 결론을 말하면 케인스주의는 그 한계를 드러냈다.

❶ 대공황과 같은 극심한 경기침체기에는 불황을 타개하기 위해 케인스가 제안한 대로, 정부가 대규모 토목공사 등을 통해 시중에 돈을 풀어 유효수요를 늘리는 방법을 고려할 수 있다.[203쪽] 그러나 이 경우 시중에 돈이 많이 풀리므로 그렇지 않아도 높은 물가상승률을 더욱 부추길 수 있다.

❷ 고물가 시기에 정부는 물가를 안정시키기 위해 시중의 돈을 회수하여 통화량을 줄이는 방법을 쓴다.[210쪽] 하지만 이 경우 물가상승률을 낮출 수는 있지만, 시중에 돈이 줄어들어 수요가 더욱 감소함으로써 경기침체가 더욱 심해질 위험이 있다.

결론적으로 오일쇼크로 인한 스태그플레이션 상황에서 케인스식의 경제정책은 무용지물이었다. 애덤 스미스의 경제이론이 대공황을 통해 한계를 드러냈듯이, 케인스의 경제이론도 두 번의 오일쇼크로 인한 세계 경기불황으로 한계를 드러냈다.

케인스의 좌절과 신자유주의의 등장

케인스 이론으로는 스태그플레이션을 극복할 수 없자, 신자유주의 사상을 주장하는 학자들이 힘을 얻게 된다. 밀턴 프리드먼과 프리드리히 하이에크로 대표되는 시카고학파가 바로 신자유주의의 주창자였다.

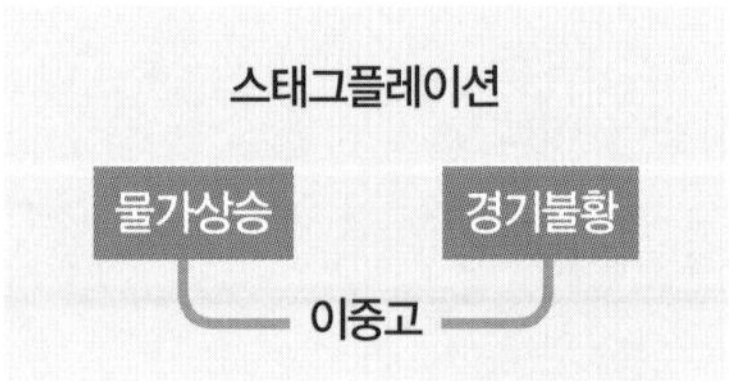

신자유주의자들은 유가 폭등에 따른 물가상승과, 기업 도산에 따른 실업 중에서 물가 문제를 먼저 해결해야 한다고 주장했다. 어차피 도산하는 기업들은 하는 수 없었다. 하지만 물가상승은? 지속적인 인플레이션은 정부가 상대적으로 쉽게 해결할 수 있는 문제라고 보았다.[5장]
또한 불경기의 가장 큰 원인은 '임금 상승에 따른 이윤 감소'라고 주장했다. 임금이 너무 높기 때문에 기업이 고용을 꺼리고, 세금이 너무 높기 때문에 생산과 투자의욕이 감소하여 불황이 장기화된다는 것이다.

신자유주의자들은 유가 상승이 불황의 원인이므로 케인스주의자들이 아무리 돈을 풀고 기를 써 봐도, 즉 우리의 불사조가 숙제 쿠폰을 아무리 발급해 봐도, 결국은 물가만 더 오른다고 주장했다. 차라리 정부가 개입하지 말고 모든 것을 시장에 맡기면, 시간이 지남에 따라 고유가 때문에 석유 소비가 줄어들 것이고, 문제가 알아서 풀린다는 것이다.

신자유주의란 무엇인가?

신자유주의의 핵심은 정부의 간섭을 최소화하고 모든 것을 자유경쟁과 시장의 자율에 맡겨야 한다는 것이다. 이는 세계화와 자유무역주의의 바탕이 된다. 신자유주의자들은 기업의 자유로운 경제활동에 걸림돌이 되는 각종 규제와 노동법, 복지정책, 관세, 세금, 환경법, 독점규제법, 불공정거래행위 규제법 등을 철폐하자고 주장한다. 하지만 이는 대기업에는 유리하지만 사실 중소기업과 국민에게는 불리한 정책이다. 신자유주의는 '세계화, 자유화, 유연화, 사유화' 등으로 대표된다.

❶ 케인스주의 정책은 국가가 통화정책•과 재정정책•을 통해 경제에 적극적으로 개입함으로써 공황을 막고자 했다. 케인스는 국가가 화폐를 통제하고 시중의 통화량을 조절해야 한다고 주장했다.
이에 반해 신자유주의는 시장의 자율에 맡기고 국가는 최소한으로 개입해야 한다고 주장한다. 특히 국제금융에 대한 규제를 완화하고 시장의 자율에 맡길 때 세계 경제가 안정적으로 성장할 것이라고 생각한다.
힘들 때 쿠폰을 주는 것은 고마운데, 왜 우리 분단에서만, 우리 반에서만 거래해야 하나? 힘들 때일수록 시장을 키우고 이곳저곳 투자해야 새로운 소비도 창출되고 돈도 벌 텐데……. 옆 반에 가서 숙제를 대신해 주고 쿠폰을 받아오고……. 이러면 우리 반의 불황은 큰 문제가 안 되지 않을까?

❷ 신자유주의는 정리해고, 파견노동제, 임시직과 성과급 제도의 확대 등 노동시장을 유연화하고, 복지제도를 축소하자고 주장한다. 기업의 경쟁력이 약화되면 필요한 만큼 해고도 할 수 있어야 하는데, 정부가 규제하다 보니 기업도 결국 망한다는 것이다.

• **통화정책**
중앙은행이 물가안정과 경기조절을 위해 시중의 통화량을 조절하는 정책. 5장 참조

• **재정정책**
정부가 경기안정 또는 부양을 위해 세입과 세출의 크기를 조절하는 정책. 5장 참조

케인스주의는 정부가 통화정책과 재정정책을 통해 통화량을 통제하며 완전고용을 달성하는 것을 목표로 했다면, 신자유주의는 통화량과 노동력도 시장의 원리에 맡겨야 한다는 것이다.
그렇다고 신자유주의가 국가의 개입을 완전히 부정하지는 않는다. 신자유주의는 고전적 자유주의와는 달리 시장의 기능이 불완전한 면도 있음을 어느 정도 인정한다.

신자유주의의 추종자들 — 대처리즘, 레이거노믹스

대처리즘

대처리즘을 다룬 책 표지.

마가렛 대처가 1979년 집권할 무렵 영국은 늘어나는 재정적자, 계속되는 인플레이션, 끊이지 않는 노사분규로 '영국병'이라는 말이 나올 정도로 비참한 상태였다. 대처 수상은 집권 후 각종 국유화와 복지정책을 포기하고, 민간의 자율적인 경제활동을 중시하는 신자유주의 경제정책을 강력하게 밀고 나갔는데, 이러한 경제정책을 '대처리즘'이라고 한다.

❶ 정부와 노동자의 합의로 만든 사회복지 프로그램에 대한 정부지출을 과감하게 삭감했다. 긴축정책으로 정부기관이 축소되고 많은 기업이 문을 닫자, 실업자는 1980년 167만 명에서 1983년 300만 명을 넘어섰다. 그러나 기업의 경쟁력이 강화되어 결과적으로 영국의 경제회복에 도움이 되기는 했다.

❷ 1980~84년 노동법을 4차례 개정하여 부당한 파업으로 피해가 발생했을 때, 노조 측에 배상책임을 묻는 초강경 대책을 마련했다. 1년 동안 끈

질긴 파업을 계속한 석탄노조와의 대립 때문에 약 7조원의 손실을 감수해야 했지만, 그녀는 뒤로 물러서지 않았다. 이를 계기로 영국의 노사분규는 반세기 후 가장 낮은 수치를 기록했다.

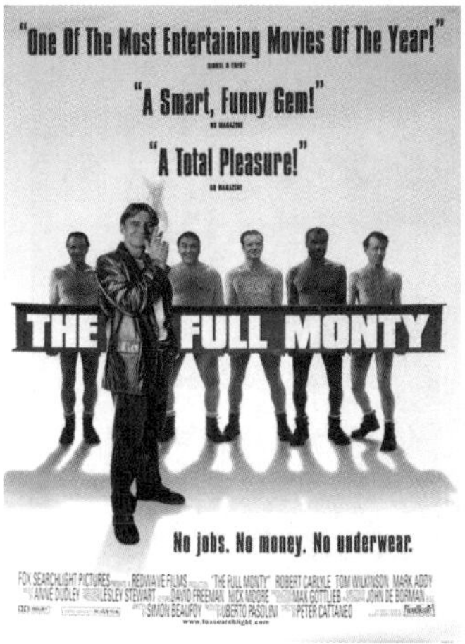

실직한 제철소 노동자들의 이야기를 다룬 영국 영화 「풀몬티」. 전 세계적으로 히트했다.

❸ 누진세 제도를 고치는 감세를 단행했다. 소득세의 최고세율을 83%에서 40%로 낮추고 간접세를 늘렸다. 세금을 낮추어 투자를 유도하기 위한 조치였는데, 결과적으로 고소득층은 이익을 보았지만 저소득층은 손해를 보았다.

❹ 공기업의 민영화를 단행하여 1979년 206만 명이었던 공기업 직원이 1989년에는 84만 명으로 줄어들었다.

대처 수상은 시장경제체제에서 실업은 불가피하다고 보았고 완전고용을 폐지했다. 공공지출을 대대적으로 삭감하여 작은 정부 정책을 실천에 옮겼으며, 금융규제를 완화하여 투자를 늘리고, 다국적기업에 유리한 환경을 만들었다. 결과적으로 영국의 국제 경쟁력은 강화된 것으로 평가된다.

레이거노믹스

1981년 미국 대통령으로 당선된 레이건은 '힘에 의한 미국의 재건'을 내세우며, 오일쇼크 이후 불황에 빠진 경제를 회복시킨다는 목표를 세웠다. 조세체계를 바꾸고 정부의 개입을 최소화하는 신자유주의 경제정책을 실시했다.

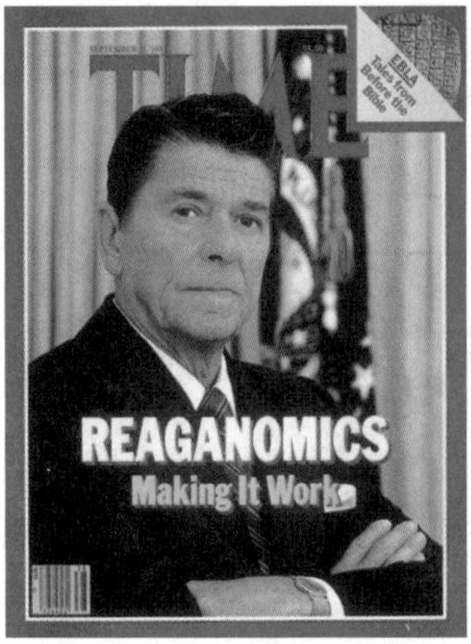

레이거노믹스를 다룬 『타임』 1981년 9월 21일 발행 표지. ©David Hume Kennerly

저소득층을 위한 식량 공급 프로그램, 실업자를 위한 고용훈련 프로그램, 사회보장기금 등을 대폭 삭감하는 긴축정책을 폈으며, 노동법을 수정하여 노조 결성을 어렵게 만들었다. 저축률을 높이기 위해 소득 최상위 1%의 세금을 예전보다 14%를 낮추어 주는 소득세 감세정책을 폈다. 또한 기업활동을 제한했던 각종 규제를 완화했다. 하지만 이로 인해 경쟁은 더욱 치열해져서 경쟁력이 약한 기업들은 도산했고, 인수합병에 대한 규제가 없어지면서 기업의 독점 현상이 강화되었다.

레이거노믹스의 이론적 토대를 제공한 사람은 아서 래퍼[226쪽]이다. 래퍼는 한 나라의 세율이 지나치게 높으면 열심히 일할 의욕과 투자의욕이 떨어지므로, 세율을 낮추는 것이 경기회복을 이끈다고 강조했다.
레이건 대통령은 이 주장을 받아들여 세율을 낮추었다. 그런데 경기회복에는 도움이 되었지만 세수가 줄어들었다. 1980~84년 미국의 1인당 평균 소득은 4% 증가했지만 개인소득세는 9% 감소했다. 미국은 세수 부족으로 인한 재정적자와, 달러 강세로 인한 무역적자의 쌍둥이 적자가 계속되었다. 또한 기업의 경쟁력은 높아졌지만 부익부 빈익빈 현상이 더욱 심해졌다. 1980년대 미국의 부자들은 역사상 가장 많은 돈을 벌어들였다. 소득 최상위 1%가 벌어들인 돈이 전체 소득의 53%에 달했다.

정리해 보자. 미국의 레이건 대통령과 영국의 대처 수상은 신자유주의 이론을 받아들여 재정지출을 줄이고, 시장의 돈줄을 죄는 강력한 긴축정책을 폈다. 많은 기업들이 문을 닫고 실업자가 늘어나더라도 물가부터 먼저 잡기 위해서였다. 이와 함께 세율을 내려서 기업의 생산과 투자를 유도했고, 고소득층의 세금을 줄여 소비를 높이려고 했다. 이러한 조치들은 미국과 영국이 불경기에서 벗어나는 데 도움이 되었다. 그러나 사회보장제도를 축소하고, 기업 이윤을 위해 노동자의 임금과 복지를 줄이면서 소득계층 간의 불평등은 더욱 심화되었다.

미국과 영국에서 채택된 신자유주의는 1970년대 이후 전 세계로 퍼져나갔다. 그러나 중남미, 아프리카, 아시아, 동유럽은 신자유주의를 스스로 채택한 것이 아니라, 국제통화기금(IMF)을 등에 업은 미국 등의 요구에 의해서 이루어졌다. 선진국들은 수출을 늘리고 자국의 경제성장과 고용을 유지하기 위해 이들 국가에 신자유주의에 의한 시장개방을 요구했다. 그러나 전 세계 모든 나라들이 수출 증대를 통해서 경제성장을 이룩하는 것은 불가능한 일이다. 결국 국가 간의 경제 양극화 현상은 더욱 심해질 수밖에 없었다.

우리나라와 신자유주의

우리나라에서 신자유주의는 주로 노동시장의 유연화(해고와 감원을 좀더 자유롭게 하는 것), 작은 정부, 자유시장경제, 규제완화, FTA(자유무역협정), 공기업·의료·방송 사유화, 상속세·법인세·종합부동산세 완화, 복지예산 축소 등의 형태로 나타나고 있다.(우리 정부의 신자유주의 모델은 부시 대통령 재임 동안 행해졌던 미국식 신자유주의 모델에 대단히 충실하다.)

사실 우리나라에서는 신자유주의에 대한 논의가 별로 없었다. 공론화된 것은 2008년 이후이다. 물론 학계 일부에서 문제제기를 했겠으나 그 울타리를 넘지 못했다. 그것은 OECD(경제협력개발기구)에 가입한 때(1996년)를 봐도 알 수 있다. 당시 OECD는 금융시장 개방을 가입 조건으로 내세웠다. 그런데 이 중대한 사안은 공론화조차 되지 않았다. 신자유주의에 대해서는 알아볼 것도 없이, 선진국 클럽에 진입하는 것에만 급급했기 때문이다.

OECD 가입 직후 국회에서 정리해고제, 변형근로제, 근로자파견제 등을 새벽에 날치기로 통과시켰을 때에도 신자유주의에 대한 논의는 없었다. '노동의 유연화'라는 신자유주의의 핵심 주장과 관련되어 있는데도 말이다. 프랑스 언론이 우리나라의 총파업을 '신자유주의에 대한 저항'이라고 했던 것과 대조적이다.

우리나라에서 신자유주의는 이처럼 가려져 있었다. 반면에 세계화란 구호는 요란했고 별 저항 없이 받아들여졌다. 김영삼 정부가 정치적인 책략으로 이용했고, IMF, IBRD(세계은행), OECD 등 신자유주의 기구들이 우리 경제를 계속 칭찬했던 배경도 작용했다. 그러다가 2008년 느닷없이 세계 금융위기가 덮쳤다. 구호로 던진 세계화가 부메랑으로 돌아와 가슴 한복판에 꽂힌 것이다. "신자유주의 세계화란 이런 거야! 몰랐어?"라고 외치면서 말이다.

신자유주의와 바그너의 법칙 | 신자유주의가 가져올 수 있는 긍정적 모습도 있다. 기업의 경쟁력을 강화하는 것이 가장 큰 목표이므로, 국제무대에서 기업의 역할이 커지고 정부의 역할은 축소된다. 당장 우리나라만 보더라도 정부의 비효율성을 견제할 수 있다는 장점이 있다.

예를 들어 보자. 2008년 국토해양부는 4대강 살리기 사업에 찬성했다. 이 사업이 국가에 이득이 되었기 때문일까? 많은 경제학자들은 관료사회가 국가보다 오히려 자기 부서의 이익을 위해 움직일 수 있다고 지적한다. 관료사회가 자신들의 이익(힘, 영향력)을 키우기 위해 정부 예산을 계속 늘려 가는 것을 '바그너의 법칙'이라고 한다. 하지만 신자유주의는 이러한 정부의 개입을 최소화함으로써 비효율성을 견제할 수 있다는 주장이다.

신자유주의와 미국인/아이티인/멕시코인

신자유주의는 미국인의 삶을 어떻게 바꾸었는가?

미국은 부유층의 세금이 줄어들고, 노동과 환경에 대한 규제가 완화됨으로써 빈부격차와 실업난, 환경오염이 심화되었다. 국방비와 기업을 위한 보조금은 매년 증가하는데, 교육 · 의료 · 복지 등 사회보장 프로그램은 축소되는 경향이 있었다.

미국인의 80% 이상이 정부가 국민보다 특수 이익집단의 이익을 위해 운영되고 있다고 생각하며, 80% 이상이 미국의 경제체제가 근본적으로 불공정하다고 생각한다. 또한 70% 이상은 기업이 미국의 거의 모든 분야에서 지나치게 막강한 힘을 가지고 있다고 생각하고, 20명 중 1명만이 기업이 노동자의 복지를 위해 약간의 이익을 희생한다고 생각한다.

미국인의 60%가 사회보장비의 증액을 원했고, 80%는 연방정부가 최소한의 생활수준을 보장하고 사회적 혜택을 제공하여 빈곤층과 노년층 등 취약계층을 보호해야 한다고 생각한다. 또한 90% 이상이 일자리가 없는 사람을 위한 공공지원, 실업보험, 노년층의 의료비 및 간병비 지원, 최저 수준의 의료혜택, 그리고 연방 차원의 사회보장을 요구했다.

다행스럽게도 이러한 열망들이 조금씩 성과를 내고 있다. 2014년 전 국민의 건강보험 가입을 의무화하는 오바마케어가 첫발을 내딛었으며, 오바마 대통령은 2015년 신년 국정연설에서 부자 증세를 통한 중산층 살리기와 최저임금 인상을 강조한 바 있다.

마이클 무어 감독의 「식코」. 미국 민간 의료보험의 부조리를 신랄하게 비판했다.

아이티는 쌀 자급률이 왜 50%로 떨어졌을까?

미국의 신자유주의 정책은 대외적으로는 약소국을 상대로 불평등 무역을 강제하고 있다. 중남미 카리브해의 아이티는 과거에 프랑스의 가장 풍요로운 식민지였다. 하지만 1915년 미국 윌슨 대통령의 침공 이후부터는 가난한 나라로 전락했다.

식량 자급국이었던 아이티는 미국의 식량을 수입하기 시작했다. 그 결과 빈곤이 늘어나고 건강과 교육수준이 떨어졌다. 아이티의 첫 민주정부는 이런 모순을 개혁하려 했으나, 결국 군사 쿠데타가 일어나 공포정치를 겪게 된다. 외국인 소유의 농장에서 일하는 노동자들은 열악한 환경에서 최저생계비 이하의 임금을 받으며 혹사당했다.

아이티 정부는 외국 기업에는 각종 혜택을 주었지만, 농민이나 가난한 사람들에게는 아무런 지원도 하지 않았다. 과거에 쌀을 자급자족하던 아이티는 관세 폐지 등 일방적인 자유화 덕분에 쌀 자급률이 50% 수준으로 떨어졌다. 반면 미국 영농 대기업은 정부로부터 매출의 40%에 이르는 엄청난 보조금을 받고 있다.

멕시코 사람들은 어떻게 살았을까?

북미자유무역협정(NAFTA)은 멕시코에서 미국 투자자들을 보호하기 위한 협정으로 볼 수 있다. 자유무역협정이라기보다는 멕시코 시장에서 동아시아와 유럽의 경쟁자들을 배제하기 위한 교묘한 보호무역주의 정책이라고 할 수 있다.

북미자유무역협정은 미국 노동계의 반대에도 불구하고 언론의 지원으로 통과되었다. 미국 노동자와 멕시코의 기업 및 노동자 모두에게 피해를 주고 있으며, 소수의 다국적기업과 금융 엘리트들만 이익을 보고 있다는 평가를 받고 있다.

멕시코는 미국 대기업의 저가 공산품 생산기지로 전락했고, 멕시코 노동자들은 미국 산업 노동자들의 10분의 1에 불과한 저임금에 시달려야 했다.
멕시코는 IMF와 세계은행의 처방에 따라 농산물을 수출용과 사료용으로 전환했다. 결과적으로 멕시코 영농기업과 외국 기업은 혜택을 누린 반면, 대부분의 멕시코 농민들은 농업생산을 포기하게 되었고 극심한 빈곤에 시달렸다.
멕시코에서 다국적기업의 고용환경은 대단히 열악하다. GE 사는 노조를 결성한다는 이유로 노동자들을 해고했고, 포드 사는 전 직원을 해고한 후 훨씬 낮은 임금으로 재고용하기도 했다.

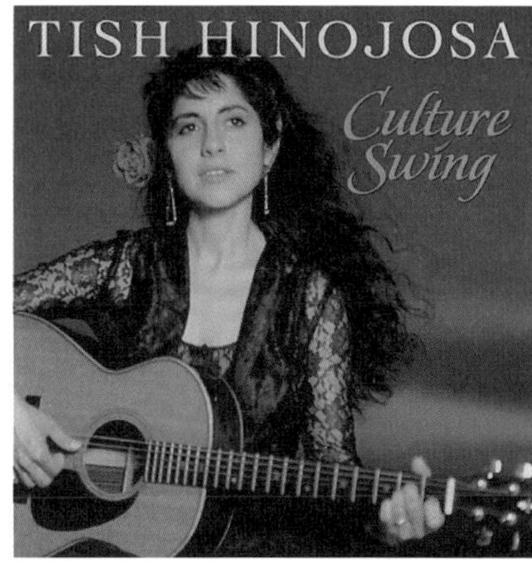

동이 트는 새벽, 나는 달리고 있어요.
붉게 물들어가는 어느 하늘 아래를.
태양이여, 제발 내 모습이 드러나지 않게 해 주세요. 이민국에 들키지 않도록……(중략)
나는 어디로 가야만 하는 건가요

멕시코계 미국 가수 티시 이노호사가 불러 전 세계에서 히트한 「돈데보이」(Donde Voy). 가난에 찌들어 일자리를 찾아 죽음을 무릅쓰고 국경을 넘는 멕시코인들의 슬픔을 담은 노래이다.

기업 중상주의

신자유주의로 인해 국가 간의 자유무역이 실현되는 것이 아니라, 실질적으로는 오히려 다국적기업 간의 내부거래 비중이 더 커졌다. 경제학자들은 이런 경제체제를 '기업 중상주의'(corporate mercantilism)라고 한다. OECD는 "'시장의 보이지 않는 손'보다 기업과 정부의 전략적 제휴와 소수의 독과점 경쟁이, 오늘날 시장에서 경쟁력과 첨단산업의 국제적인 노동 분할을 결정짓고 있다"고 한 바 있다.

미국 기업들은 국내에서도 끊임없는 내부거래로 경제활동과 자원분배를 조절함으로써 시장 메커니즘 역할을 대신하고 있다. 또한 그동안 미국 경제는 다수의 국민으로부터 소수의 부자를 보호하는 방향으로 기울어지고, 부유층은 세금 감면을 받는 반면 서민층의 복지정책은 후퇴하는 경향이 있었다.

자본이 자유롭게 이동하면서 각국의 노동자들은 실업과 저임금으로 고통받고 있으며, 거대한 투기성 자본은 정부의 정책을 좌우할 만큼 강력한 압박을 가하고 있다. 세계는 저임금과 저성장, 그리고 고이윤의 사회로 변해가면서 양극화와 사회분열이 심화되고 있다. 『파이낸셜타임스』는 어떤 책임의식도 없이 암약하는 이들 기업 집단을 '세계정부'(World Government)라고 부르기도 했다.

누가 세계 금융위기를 불러왔는가?

제2차 세계대전 이후 세계 경제를 이끌어 오던 브레턴우즈 체제342쪽는 미국의 닉슨 정부에 의해 무너졌다. 금본위제341쪽가 폐지되고, 자본의 흐름을 규제하던 체제가 무너진 것이다. 그리고 정부가 주도한 통신혁명은 투기자본을 폭발적으로 증대시켰다.

현재 전 세계를 떠도는 투기자본은 하루 거래량이 1조 달러를 훌쩍 넘고 있으며, 대부분이 생산활동과 무관한 거래이며, 심지어 금융 조작이나 환투기 등 국가경제를 파괴하는 경우도 있다.

지난 30여 년 동안 세계의 경제성장률과 생산성 증가율이 낮아진 것도 이 때문이며, 미국에서 빈부격차가 심해지고 극소수의 부자가 엄청난 이익을 얻은 것도 이 때문이다.

미국에서는 최상위 1%가 총 주식의 50%를 가지고 있으며, 상위 10%의 부자가 거의 모든 자산을 소유하고 있다. 우리나라를 포함한 동아시아와 라틴아메리카의 금융위기도 세계를 휩쓸고 다니는 투기자본 때문에, 시장이 불안해지고 위기가 커지면서 발생했다.

국가의 기업화는 국민이 스스로 운명을 결정하지 못하도록 하고, 여론을 억누르며 조종하고, 세상의 운영방법(생산 · 교역 · 분배 · 사상 · 사회정책 · 외교정책)에 대한 기본적 결정권을 대중이 아닌 소수의 권력자들에게 떠넘기는 것이다. 이를 위해 방송 및 언론사는 대기업의 수중에 있거나 조종을 받으며, 대중의 관심을 돌릴 오락산업을 발전시키게 된다.

여기서 잠깐

MB노믹스? 오바마노믹스?

MB노믹스는 경제학인 Economics와 이명박 대통령의 별명인 MB를 합쳐서 부르는 말로, 쉽게 해석하면 이명박 대통령의 경제학 정도로 이해할 수 있고, 오바마노믹스도 이와 같이 해석할 수 있다.

지난 시기 MB노믹스의 핵심정책은 감세정책, 규제개혁 및 완화, 경기활성화 및 경기부양, 공기업 민영화로 정리할 수 있다. 이는 1980년대 작은 정부론과 감세정책을 기조로 삼았던 레이건 대통령의 정책과 비슷해서 레이거노믹스와 비교되었다.

노믹스(nomics)라는 단어는 지도자뿐만 아니라 재화와도 짝지어 쓰이는데, 예를 들어 웹(web)과 경제(economics)의 합성어인 웨버노믹스(webonomics)가 있다. 웨버노믹스는 웹의 확대와 더불어 가상공간에 형성되고 있는 새로운 경제를 가리키는 말이다. 또 사용자가 자료를 올리는 인터넷 백과사전인 위키피디아와 경제를 합쳐서 위키노믹스(wikinomics)라고 하는데, 위키피디아처럼 수많은 이용자들의 협업과 참여로 새로운 정보와 가치를 창출해 내는 경제를 가리킨다.

1. 셰익스피어의 『베니스의 상인』에서 "약속한 날짜에 돈을 갚지 않으면 살 1파운드를 베어낸다"는 조건을 수락한 안토니오는 잠을 잘 수가 없었다. 내일까지 무역선이 오지 않는다면 목숨이 날아갈 판이었다. 무역선이 제때에 들어와도 안토니오가 볼 수 없었던 물건은?

① 도자기　② 설탕　③ 비단
④ 차　⑤ 후추

2. 프랑스의 루이 16세 시절, 귀족들의 은닉재산을 찾아내 신임을 얻은 콜베르는 재무총감에 올라서 너무나 기분이 좋았다. 그는 극단적인 중상주의 정책을 폈다. 콜베르는 국부의 원천을 무엇으로 보았을까?

① 토지　② 노동　③ 금과 은
④ 시장　⑤ 국가 권력

3. 18세기 실학자들은 크게 이용후생을 강조하는 중상주의 학파와 경세치용을 강조하는 중농주의 학파로 나눈다. 다음 중 중농주의 학파에 해당하는 실학자는?

① 대상인의 지역사회 개발 참여 등을 주장한 유수원
② 천문대 설치를 주장한 홍대용
③ 다산초당에서 목민심서를 저술한 정약용
④ 청나라를 갔다 와서 양반도 생산에 참여해야 한다고 주장한 박지원
⑤ 우물물은 파낼수록 가득차고, 버려둘수록 말라 버린다며 소비를 주창한 박제가

정답

1. ② 셰익스피어의 『베니스의 상인』에 나오는 이탈리아 상인들은 동양의 사치품을 수입했다. 설탕은 신대륙에서 넘어온 것으로 주로 스페인과 영국의 상인들을 통해서 거래되었다.
2. ③ 중농주의는 토지, 중상주의는 금은을 국부의 원천으로 보았다.
3. ③ 정약용은 한 마을을 단위로 공동으로 토지를 소유, 경작하여 노동량에 따라 분배하자는 여전제를 주장했다.

4. 애덤 스미스의 주장이 아닌 것을 고르시오.
   ① 물건의 가치는 그 물건을 만들어 내는 데 들어간 시간에 비례한다.
   ② 분업화된 노동의 효율성이 훨씬 높다.
   ③ 변호사가 비서보다 변호도 잘하고 타자도 잘 치지만, 변호사는 변호만 해야 한다.
   ④ 정부는 아무것도 하지 말아야 하는 것이 아니라 시장의 공정한 경쟁을 보장하는 막중한 책임을 져야 한다.
   ⑤ 식민지 국가에서 제국주의의 착취는 너무나도 비도덕적이다. 이렇게 해서는 안 된다.

5. 애덤 스미스는 정부가 규제를 통해서 독과점을 금지하는 것을 찬성했을까, 반대했을까?
   ① 찬성 ② 반대

6. 이것은 1811~17년 영국 중북부의 직물 공업지대에서 일어났던 기계파괴 운동이다. N. 러드의 지도로 벌어진 이 운동의 이름은?
   ① 차티스트 운동 ② 러다이트 운동 ③ 네오 러다이트 운동
   ④ 엔클로저 운동 ⑤ 러드 메이크 운동

7. 다음 글은 마르크스의 『자본론』에 대한 어떤 경제학자의 평가이다. 이 경제학자는 누구일까?
   "그러나 제가 직접 읽어 보면 이따위 책이 어찌하여 그토록 큰 반향을 불러일으킬 수 있는지 아연해집니다. 지루하고 시대착오적이며 논쟁을 위한 논쟁으로 가득 찬 책이기 때문입니다. 그러나 먼저 말했듯이 저는 '코란'에 대해서도 동일한 견해를 갖고 있습니다. 이러한 책들이 어떻게 불같은 기세로 세계의 절반을 잠식할 수 있었을까요? 통모를 일입니다."
   ① 애덤 스미스 ② 엥겔스 ③ 케인스
   ④ 폴 크루그먼 ⑤ 벤 버냉키

정답

4. ③ 애덤 스미스는 절대우위론을 주장했다. 절대우위론에서 보면 변호사가 변호와 타자를 모두 잘하므로 둘 다 해야 한다.
5. ① 애덤 스미스는 정부가 시장에서 심판의 역할을 해야 한다고 주장했다.
6. ② 당시 노동자들은 기계가 일자리를 뺏는다고 생각하여 파괴했고, 이 운동을 '러다이트 운동'이라고 한다.
7. ③ 대공황 때 극작가인 쇼(G. S. Show)가 케인스에게 마르크스의 책을 읽어 보라고 권했을 때 대답한 내용이다.

8. 다음 중 마르크스의 사상을 잘못 이해한 친구는 누구인가?

① 영욱: 자본주의가 제국주의적 수탈방식으로 위기를 벗어나지만, 종국에는 노동자들의 국제적인 연대로 붕괴될 거라고 예언했어.

② 보현: 자본주의의 몰락은 필연적이야. 자본의 유기적인 구성이 고도화된다면, 평균 이윤율은 차츰 저하될 수밖에 없잖아.

③ 은하: 자본가가 노동자를 착취할 수 있는 이유는 노동상품의 특수성 때문이야.

④ 기진: 결국 모든 상품의 가치는 그 상품을 생산하기 위해서 투여된 시간에 의해서 결정되게 되어 있어.

9. 1929년 '풍요 속의 빈곤'으로 표현되는 대공황이 미국을 덮쳤다. 1929년으로 시간여행을 간 민국이가 볼 수 없는 사람은?

① 넘쳐나는 재고로 고민하는 사장 매케인 씨

② 불황으로 인해 일자리를 잃고 절망하는 오바마 씨

③ 저금리로 줄어든 연금에 고통받는 힐러리 씨

④ 주식가치의 하락으로 몰락해 버린 주식갑부 조지 부시 씨

⑤ 엄청난 인플레이션에 시달리는 스미스 씨

10. 케인스가 각 경제주체는 합리적으로 행동하여도 전체적으로는 좋은 결과가 발생하지 않을 수도 있음을 지적할 때 사용한 경제학적 용어는?

① 풍요 속의 빈곤 ② 규모의 경제 ③ 구성의 모순

④ 절약의 역설 ⑤ 조화의 불일치

정답

8. ① 마르크스는 자본주의가 제국주의 방식으로 내부모순을 식민지에 전가할 것이라는 것을 예상하지 못했다.
9. ⑤ 대공황은 상품은 넘쳐나지만 소비할 돈이 없어 경제가 파탄난 극단적인 디플레이션이다. 디플레이션은 물가가 지속적으로 내리는 것이다.
10. ③ 개별적으로는 아무런 문제가 없으나 그것들이 모일 경우 문제가 발생하는 것을 '구성의 모순'이라고 한다.

11. 미국이 대공황에 고통받던 1933년, 루스벨트 대통령은 당시 대중들에게 엄청난 속도로 보급되고 있던 라디오를 이용하여 자신의 정책을 직접 전달하고자 하였다. 이때 라디오 방송에서 들을 수 없던 이야기는?

① 실효성도 없고 부작용만 만들어 내는 금주법을 폐지하겠다.

② 실업자를 구제하는 한편 유효수요 창출을 위해 테네시강유역개발공사(TVA)를 설립하겠다.

③ 농산물 가격의 지나친 하락을 방지하기 위하여 농산물 생산량을 조절하겠다.

④ 노동자 • 농민 • 도시거주자의 복지를 강화하기 위한 획기적인 대책을 만들겠다.

⑤ 토목공사를 미친 듯이 해서 토건국가를 만들어 내겠다.

12. 다음 중 케인스의 주장이 아닌 것을 고르시오.

① 저축이 오히려 나쁠 수 있다.

② 공급은 수요를 창출한다.

③ 시장은 모든 것을 해결할 수 없다.

④ 총수요 조절로 공황을 해결할 수 있다.

⑤ 이자율이 변하여 저축과 투자가 균형을 이룬다는 것은 허구다.

13. 다음 중 유효수요가 발생할 수 있는 관계를 고르시오.

① 벤츠와 초등학생 민제 ② 철강회사와 동사무소 직원 경수

③『자본론』과 유치원생 푸름이 ④ 조선업체와 주부 갑순

⑤ 호텔 뷔페와 부자인 성지

14. 케인스주의의 실패에 대한 신자유주의의 대안이 아닌 것을 고르시오.

① 세계화 ② 자유화 ③ 유연화 ④ 사유화 ⑤ 다양화

정답

11. ⑤ 루스벨트의 테네시강 댐 공사는 유효수요를 창출하기 위한 것이지, 토목공사 자체가 목적은 아니었다.

12. ② 고전경제학자인 세이의 주장이다. 생산이 늘면 소득과 소비가 증가하여 초과공급은 일어나지 않을 것이라고 주장했다.

13. ⑤ 유효수요란 경제주체가 그 재화를 구입할 수 있는 능력이 있어야 한다.

14. ⑤ 신자유주의의 핵심은 정부의 간섭을 최소화하고, 모든 것은 시장 자율에 맡기자는 것이며, 세계화, 자유화, 유연화, 사유화 등을 주장한다.

15. 신자유주의자가 보았을 때 애덤 스미스와 케인스의 공통점은?

① 국가를 선하게 보았다.　② 시장을 신뢰하지 않았다.

③ 공익을 우선시했다.　④ 감세정책을 추구하였다.

16. 1980년 초반 신자유주의 경제학을 받아들여 감세정책과 자유방임적 경제정책을 실시한 대표적인 영국 수상과 미국 대통령의 이름을 따서 등장한 두 가지 용어는?

17. 일반적으로 경기가 좋아지면 물가가 상승하게 마련이다. 그러나 1973년과 1979년 오일쇼크가 터진 이후에는 물가가 상승하면서 동시에 경기가 침체하는 현상이 나타났다. 이것을 지칭하는 용어는 무엇인가?

정답

15. ① 애덤 스미스는 정부를 '경기장의 심판', 케인스는 '구원투수'로 보았다.

16. 대처리즘, 레이거노믹스

17. 스태그플레이션

2

경제공부의 기본기를 닦아보자

경제학은 '선택의 학문'이다.
하나를 선택했을 때 잃어버리는 것(기회비용)은 무엇이고,
효율적인 선택은 어떤 것일까?
하루 24시간 끊임없이 일어나는 '선택의 문제'가 바로 경제학의 출발점이다.
소비와 투자, 생산과 분배에 이르기까지
우리의 선택 뒤에서 일어나는 '비용'의 문제를 생각해 보자.
경제학을 알면 잘못된 선택을 할 가능성을 줄일 수 있고,
변동성과 복잡성이 나날이 더해지는 경제환경 속에서
최적의 선택을 하는 방법을 체득할 수 있다.

001

공짜 점심은 없다
— 기회비용

Let's Go 우리는 살아가면서 끊임없이 선택을 하게 된다. '점심에 자장면을 먹을까, 짬뽕을 먹을까' 하는 작은 선택부터 '직장을 계속 다닐까, 사업을 시작할까' 같은 큰 선택에 이르기까지.

기업도 신제품을 언제, 어떤 가격으로 출시할지 선택에 직면한다. 정부도 세금을 건설경기 부양에 사용할지, 복지정책에 더 할당할지 선택을 한다.

경제학은 한마디로 이처럼 주어진 여러 가능성 중 하나를 선택하는 것과 관련된 연구를 하는 학문이다. 그래서 많은 경제학자들은 경제학을 '선택의 학문'이라고 한다.

선택과 기회비용

경제학을 알면 잘못된 선택을 할 가능성을 줄일 수 있고, 주변에서 발생한 경제현상을 이해할 수 있으며, 정부가 내린 정책적 선택의 영향을 예측할 가능성이 높아진다. 경제학이 선택을 효율적으로 하기 위해 제시하는 방법이 무엇인지 알아보자.

선택을 왜 해야 하나?

누구나 높은 월급을 받고 싶어하고, 좋은 직장에 다니며 좋은 차를 몰고 싶어한다. 최고급 식당에 가고 싶어하지만 현실은 동네 식당의 된장찌개를 먹는 것이다. '자원의 희소성', 즉 자원은 한정되어 있기 때문에 인간은 이처럼 항상 '선택의 문제'에 부닥친다.

경제학은 여러 대안들에 대한 선택을 다룬다. 예를 들어 정부의 금융정책은 금융당국의 선택이며, 기업의 생산량 결정도, 수입이 줄어든 가정에서 교육비를 줄일 것인지, 보험료를 줄일 것인지 고민하는 것도 선택의 문제이다.

한 가지 선택을 한다는 것은 대개 다른 한쪽을 포기하는 것을 의미한다. 그래서 인간은 한정된 자원 앞에서 최소의 노력으로 최대의 효과를 얻으려고 한다. 즉 '최소의 비용으로, 최대의 만족'을 얻는 경제원칙, 이것이 바로 경제학에서 말하는 '합리적 선택'이다. 그리고 이 합리적 선택을 위해 자원의 희소성에 관한 수치를 정리한 가장 기본적인 개념이 바로 '기회비용'이다.

선택을 할 때 포기하는 것은? – 기회비용

기회비용(opportunity cost)은 어떤 선택에 따라 '포기'하게 되는 가치 중에서 최고의 것을 말한다.

예린 씨가 여윳돈 2,000만원을 예금하기 위해 금융상품을 알아보았다. 우체국 예금 2.5%, 은행 예금 2.6%, 저축은행 예금 2.7%였다. 예린 씨는 3가지 선택지 중에서 저축은행 예금을 선택했다. 이때 예린 씨의 기회비용은 포기한 가치 중 가장 값이 큰 것인 은행 예금금리 2.6%이다.

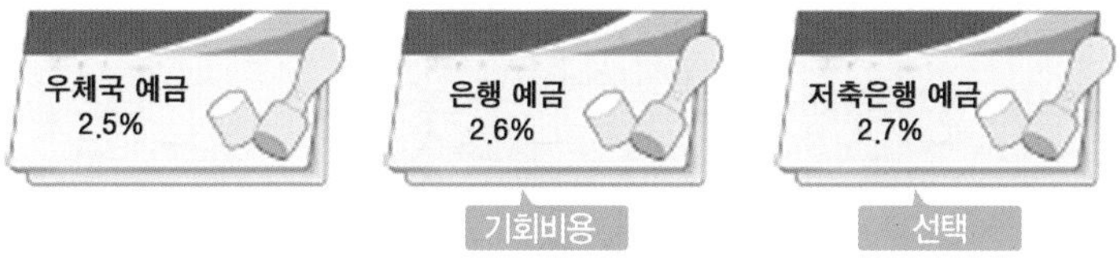

기업은 여유자금을 은행에 예금을 할 수도 있고 시설투자를 할 수도 있다. 시설투자를 선택한다면 이로 인한 투자수익이 이자 수입보다 높을 것으로 예상되어야 한다. 시설투자에 따른 수익이 이자보다 적다면 차라리 예금을 하는 게 낫기 때문이다. 기회비용은 이처럼 우리의 경제활동에서 주요한 선택의 기준이 된다.

【퀴즈】 직장을 그만두고 창업한 희선 씨의 기회비용은 얼마일까?

월급이 300만원인 희선 씨. 그동안 저금한 5,000만원(연이율 2%)에 대출 5,000만원(연이율 4%)을 받아서 선물가게를 차리려고 한다. 그녀가 창업을 한다면 얼마의 기회비용을 치러야 할까?

일단 연봉 3,600만원과 예금이자 연 100만원을 포기해야 하며, 대출이자가 200만원 추가로 발생한다. 따라서 기회비용은 3,900만원이다. 사업이 망하지 않고, 최소한 연간 3,900만원 이상의 수익을 올려야 합리적인 선택이라고 할 수 있다.

경제학에서 합리적인 선택은 이처럼 선택한 재화의 가치가 기회비용보다 큰 선택을 말한다. 즉 기회비용이 작을수록 합리적 선택이라고 볼 수 있다.

맥주와 소주로 알아보는 최대소비가능직선

수요 입장에서 본 기회비용

이제 기회비용을 실제 상황 속에서 살펴보자. 친구를 초대한 예지 씨는 술을 사려고 한다. 맥주와 소주가 각각 1,000원이고, 돈이 1만원 있다면 다음

▶ 맥주와 소주의 최대소비가능직선

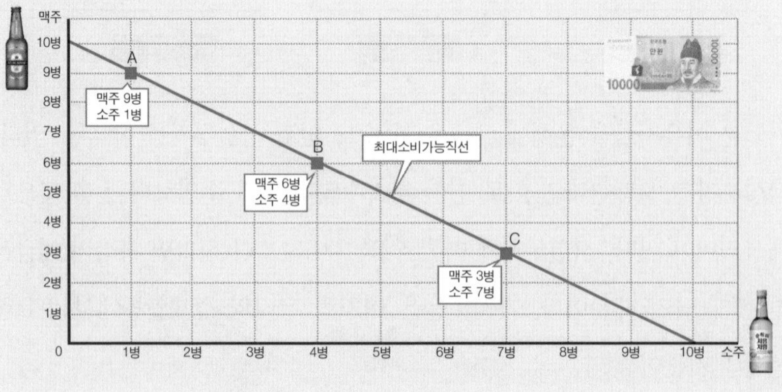

그림처럼 표현할 수 있다.

돈 1만원으로 맥주를 9병 사면 소주는 1병, 맥주를 3병 사면 소주 7병을 살 수 있다. 이처럼 가진 돈을 모두 쓸 수 있는 점을 연결하면 앞의 그림과 같은 직선이 나오는데, 이것을 '최대소비가능직선'이라고 한다. 이때 맥주를 1병 더 사려면 소주 1병을 포기해야 한다. 즉 맥주 1병에 대한 '기회비용'은 소주 1병이다. 최대소비가능직선에서 기회비용은 일정하다.

돈이 많아지거나, 술값이 동시에 내렸을 경우

돈이 2만원 있으면 맥주와 소주를 더 많이 살 수 있을 것이고, 맥주와 소주 가격이 50%씩 내렸을 경우에도 더 많이 살 수 있을 것이다. 10병이 아니라 합해서 20병을 살 수 있다. 이처럼 쓸 수 있는 돈이 늘고 상품가격이 내렸을 때는 최대소비가능직선이 그림처럼 이동한다.

▶ 최대소비가능직선의 이동

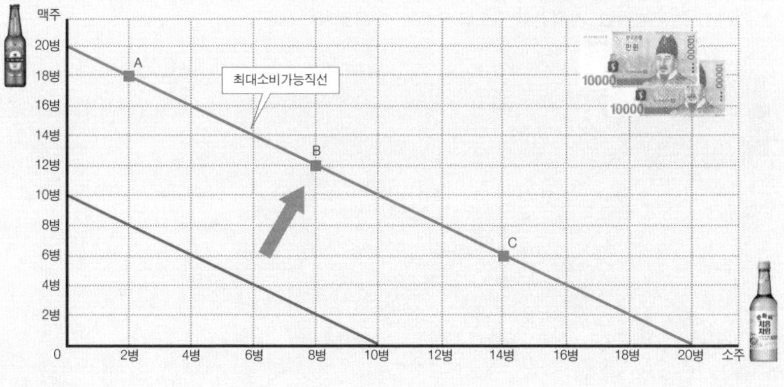

기저귀와 맥주로 알아보는 수요법칙과 기회비용

월마트의 조사에 의하면 기저귀는 주로 남편들이 구입하는 것으로 나타났다. 이에 기저귀 옆에 맥주를 진열하자 맥주 판매량이 크게 늘었다.

만일 여러분이 10만원을 들고 기저귀를 사러 갔는데, 기저귀 가격이 2만원에서 1만원으로 내렸다면, 기저귀를 더 많이 사가거나 맥주를 더 많이 살 가능성이 크다. 이처럼 한 재화의 가격이 하락하면, 가격이 하락한 재화(기저귀)뿐만 아니라 그 가격과 연관된 재화(맥주)의 소비도 늘어난다.

반대로 기저귀 값이 2만원에서 2만 5,000원으로 올랐다면, 사람들은 기저귀 소비를 줄이거나, 또는 맥주 소비를 줄이게 된다. 이처럼 가격이 상승하면 그 재화(기저귀)뿐만 아니라 다른 재화(맥주)의 소비도 위축된다. 가격이 하락하면 상품의 수요가 늘어나고, 가격이 상승하면 수요가 줄어드는 현상을 '수요법칙'이라고 한다.

▶ 기저귀 값이 내리면, 기저귀와 맥주의 수요? – 수요법칙

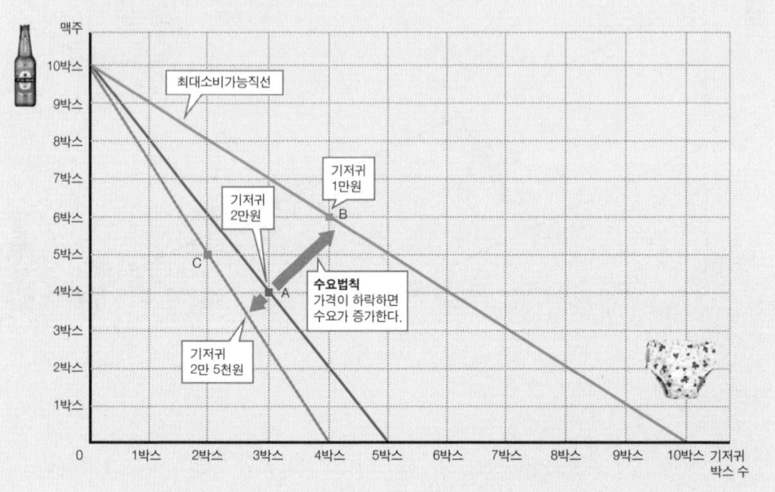

가격이 오를수록 기회비용은?

재화의 가격이 비쌀수록 포기해야 하는 것도 커지기 때문에 기회비용도 점점 커진다. 1,000원 라면보다 4억원 아파트를 샀을 때 포기해야 하는 기회비용이 훨씬 크다.

예를 들어 대학생들은 등록금이 오르면 여행을 포기하고 용돈을 더 아끼거나 아르바이트 시간을 늘려야 하고 공부시간이 부족하게 된다. 기회비용이 추가로 늘어난 것이다. 이처럼 등록금 인상은 학습시간과 전반적 삶의 질을 떨어뜨리는 결과를 가져온다.

직장인도 물가가 계속 오르는데 월급이 그대로라면, 헬스 같은 운동을 그만둘 가능성이 커지고 그 기회비용으로 건강을 지불해야 할 수도 있다. 이렇듯 기회비용의 개념을 사용하여 물가상승이 삶의 질을 악화시킨다는 것을 쉽게 이해할 수 있다.

한계비용 체감/체증

이제 공급의 입장에서 기회비용을 알아보기 위해 먼저 한계비용부터 살펴보자.

'한계비용'이란 생산물을 한 단위 더 생산할 때 늘어나는 비용의 증가분이다. 냉면 전문점에서 냉면 한 그릇을 만드는 비용이 1,000원이라고 해 보자. 그렇다면 3그릇을 만드는 비용은 3,000원일까?

그렇지 않다. 현재 가지고 있는 주방시설, 조리기구, 조리사 등 자원을 더 늘리지 않으면서도 생산을 더 많이 할 수 있고, 생산량

▶ 냉면의 한계비용

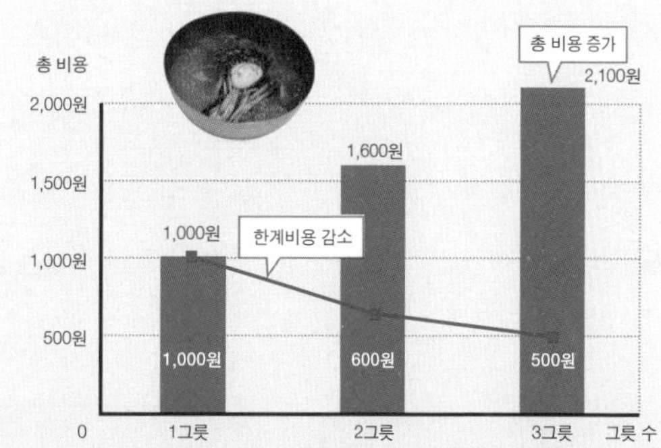

•한계비용: 하나를 더 생산할 때 추가로 드는 비용

이 늘면 단위당 평균비용은 줄어들기 때문이다. 이를 '한계비용 체감'이라고 한다. 이는 규모가 커질수록 한계비용이 작아지는 '규모의 경제' 때문이다.
그런데 입소문이 나서 손님이 하루 100명이 훨씬 넘었다고 하자. 이 경우 어느 순간 효율적인 생산량을 초과하기 시작한다. 직원을 더 채용해야 하고 기계설비와 식당 공간을 더 확장해야 한다. 이제 추가로 냉면 한 그릇을 파는 데 예전보다 훨씬 많은 돈이 들어갈 것이다. '한계비용 체증'이란 이처럼 생산량이 하나 증가할 때마다 비용이 점차 증가하는 것을 말한다.

반도체와 핸드폰으로 본 최대생산가능곡선

최대생산가능곡선은 주어진 생산요소(노동이나 자본)를 효율적으로 배분했을 때, 최대한 만들 수 있는 재화의 조합을 나타낸 곡선이다.
다음의 그림은 F전자의 반도체와 핸드폰의 최대생산가능곡선이다. 이 공장은 하루에 핸드폰은 최대 300개, 반도체는 최대 4,000개 생산할 수 있다.

▶ 핸드폰과 반도체의 최대생산가능곡선

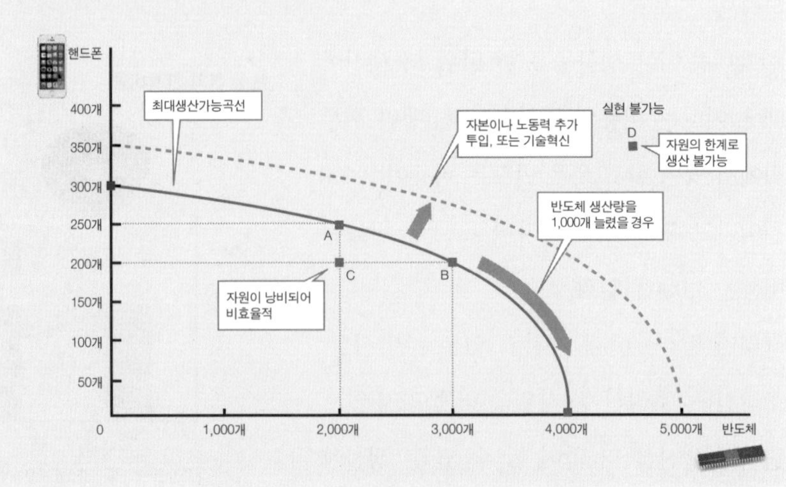

❶ 만약 핸드폰을 250개 만들면 반도체는 최대 2,000개(A점), 핸드폰을 200개 만들면 반도체는 3,000개(B점) 생산할 수 있다. 이런 식으로 2가지 재화를 효과적으로 생산할 수 있는 개수를 연결한 선이 F전자의 '최대생산가능곡선'이다.

❷ 물론 핸드폰 200개, 반도체를 2,000개를 만들 수도 있지만(C점) 최대한 생산하지 않았으므로 비효율적이다.

❸ 자원의 한계 없이 무한정 만들 수는 없다(D점).

최대생산가능곡선은 자원을 가장 합리적으로 활용하여 재화를 생산한 점의 모음이라고 볼 수 있다. 그러므로 기업이 어떤 재화를 얼마나 생산하는 것이 가장 효율적인지를 알아볼 때는 이 최대생산가능곡선을 참고하면 된다.

기업은 어떤 점에서 생산량을 결정할까? 기회비용과 한계비용을 함께 고려해 보자. 규모의 경제를 넘으면 재화를 하나 추가로 생산하는 비용이 점점 늘어난다. 그러므로 규모의 경제를 넘어선 경우 한 제품에 집중하는 것보다 두 가지를 같이 만드는 것이 생산량이 높다. 그래서 최대생산가능점을 연결한 선은 직선이 아니라 곡선이 된다.

반도체의 가격이 오르면

반도체 가격이 올랐다고 하자. 그러면 핸드폰 생산은 포기하고 모두 반도체를 생산하는 것이 수익이 더 많을까? 그렇지는 않다. 한계비용과 반도체 생산을 추가하기 위해 포기되는 핸드폰의 양을 고려하여 생산을 결정하게 된다. 그렇다면 앞의 그림에서 곡선이 녹색 점선으로 이동하는 것은 무엇을 의미할까? 핸드폰과 반도체 둘 다 생산량이 늘어난 경우이다. 자본이나 노동력이 추가 투입되었거나 기술혁신이 발생했다는 의미이다.

회계상의 이윤과 경제학적 이윤

회계상의 이윤 살펴보기

2015년 말 석현 씨는 연봉 3,600만원의 직장을 그만둔 후 커피 전문점을 차렸다. 투자비용은 3억원으로 1억원은 대출을 받았다. 1년 후 석현 씨는 본인이 장사했던 것을 다음과 같이 표로 정리해 보았다.

처음 장사를 시작한 석현 씨는 손해볼까 봐 걱정이 많았지만, 인건비, 가게 임대료와 운영비를 빼고도 수중에 4,600만원이 남았다. 그는 하고 싶은 일을 하면서도 전보다 더 많은 돈을 벌 수 있다는 사실에 만족했다.

▶ **석현 씨의 회계상의 이윤**

커피 전문점의 연 총수입	1억원	
재료비, 소모품비	1,300만원	변동비
인건비	2,300만원	고정비
가게 임대료	1,000만원	고정비
대출이자	400만원(연 이율 4%)	고정비
전기세 등 기타 세금	400만원	고정비
회계상의 이윤	**4,600만원**	

경제학적 이윤 따져보기

그런데 과연 석현 씨는 예전보다 더 많이 번 것일까? 그는 기회비용, 감가상각비 등을 간과했다. 그것을 표로 정리하면 다음과 같다.

▶ **석현 씨의 경제학적 이윤**

회계상의 이윤	4,600만원	
전 회사에서 받던 연봉	3,600만원	
투자금을 은행에 예치했을 때 이익	600만원	모은 돈 2억원을 예금했을(연이율 3%) 때
가게 감가상각비	2,400만원	기계, 인테리어가 점점 소모되는 비용(추정치)
경제학적 이윤	**−2,000만원**	

장사를 하면서 포기한 연봉 3,600만원, 여유자금 2억원의 연이자 600만원(예금금리 3% 가정)을 감안해야 한다. 게다가 커피 기계나 냉장고 등 기계설비, 인테리어도 수리하거나 교체해야 한다(석현 씨는 인테리어와 집기를 5년마다 교체 예정). 이 비용을 '감가상각비'라고 한다. 석현 씨는 직장을 다닐 때보다 경제적으로는 오히려 손해를 보는 셈이다. 게다가 표에 나타나지 않지만, 직장생활 때 누리던 주말시간까지도 기회비용으로 고려해야 한다.

앞에서 석현 씨가 외부적인 비용만을 계산하여 올린 이익을 '회계상의 이윤'이라고 하고, 기회비용을 고려하여 계산한 비용을 '경제학적 이윤'이라고 한다. 흔히 장사나 사업을 할 때는 회계상의 이윤만으로 이익과 손해를 파악하지, 그에 따른 기회비용을 고려하지 못하는 경우가 많다.

자영업의 손익분기점 계산하기

손익분기점(BEP; Break Even Point)은 손실도 이익도 발생되지 않는 지점이다. 만약 손익분기점 매출이 1,000만원이라면 이익은 이 금액을 초과할 때부터 발생되며, 매출이 1,000만원 미만이라면 손실이 발생한다. 96쪽의 위쪽 표에서 석현 씨의 손익분기점을 알아보자. 먼저 고정비와 변동비를 고려해야 한다.

고정비 | 고정비는 매출과 관련 없이 항상 고정적으로 발생하는 비용이다. 인건비와 임대료, 감가상각비, 대출이자와 세금 등은 수입과 관계없이 손님이 거의 없더라도 나가는 비용이다. 종합해 보면, 1년 동안 나가는 석현 씨의 고정비는 인건비(2,300만원), 임대료(1,000만원), 대출이자(400만원), 세금(400만원), 감가상각비(2,400만원)를 합해 6,500만원이다.

변동비 | 변동비는 재료비나 소모품비다. 매출액에 따라 변하므로 변동률(변동비/매출액)을 예측하여 계산한다. 석현 씨 점포는 변동비가 재료비 및 소모품비 약 1,300만원으로 매출액당 원가 비율은 13%이다.

손익분기점을 계산해 보면 다음과 같다.

손익분기점 매출액=고정비/{1−(변동비/매출액)}=6,500/(1−0.13)≒7,471만원

정리해 보자. 석현 씨의 점포는 1년에 최소 7,471만원 이상, 즉 매달 623만원, 하루에 21만원 이상의 매출을 올려야 손해보지 않는다. 단, 이것은 주인인 석현 씨의 인건비나 기회비용 등은 포함되지 않은 것으로, 그것을 포함할 경우 매출을 더 많이 올려야 손해를 면할 수 있을 것이다.

002

주부의 가사노동은 생산일까?

ㅡ생산, 소비, 분배

Let's Go 경제활동은 생산, 소비, 분배의 3가지 과정으로 이루어진다. 일상생활에서 자주 사용하는 말이지만, 경제학에서 쓰는 개념은 좀 다르다.
생산, 소비, 분배 개념을 정확하게 이해하는 것은 우리가 경제지표를 파악하거나, 경제활동을 명확하게 이해하는 첫걸음이다.

우유 대리점에서 우유를 보관하는 것은 '생산'일까?

일상생활에서 생산은 쓸모 있는 무엇(something), '보이는 재화'를 만들어 내는 것이다. 그런데 경제학적 의미에서 생산은 좀더 넓은 의미다. 경제학에서는 학교 선생님이 강의를 하는 것, 병원에서 환자를 치료하는 것, 경찰이 교통정리를 하는 것 같은 무형의 서비스를 제공하는 것도 생산으로 분류한다. 다음의 예에서 경제학에서 말하는 생산이 몇 개나 되는지 살펴보자.

【퀴즈】 다음 중에서 경제학에서 말하는 생산을 모두 골라보자.
1. 안봉이는 집에서 토마토를 키워서 직접 주스를 만들어 먹었다.
2. 영빈이가 배달을 위해 우유를 보관하고 있다.
3. 김봉팔 선생님이 학교에서 수학 수업을 하였다.
4. 희선이가 돈을 은행에 예금했다.
5. A은행이 B기업에 100억원을 대출해 주었다.
6. 영수가 삼성전자 주식을 샀다.
7. 펀드매니저인 사영이가 주식을 매매했다.
8. 직원들이 회식을 하였다.

경제학에서 생산은 '시장 안에서 재화의 가치를 증식하거나 유지하는 것'이다. 즉 '시장 안에서' 거래가 이루어져야 생산이라고 보며, 경제학은 정량적인 것, 수치화할 수 있는 것을 다룬다는 것을 기억하고, 답을 맞추어 보자.

1. 집에서 토마토를 키우는 것은 일반적인 의미에서는 생산이지만, 시장에서 거래된 것이 아니므로 경제학에서 말하는 생산은 아니다. GDP(국내총생산)를 집계할 때 주부의 가사노동이 포함되지 않는 것도 같은 이유에서다.
2. 판매를 위해 우유를 냉장 보관하는 것은 '제품의 가치를 유지한다'는 의미에서 생산이며, 마찬가지로 우유 배달도 생산이다. 운수업, 창고보관업 등도 넓은 의미에서 생산이다.
3. 김봉팔 선생님은 눈에 보이는 유형의 재화가 아니라, 눈에 보이지 않는 무형의 재화인 강의 서비스를 '생산'한 것이다.
4. 희선이는 은행이 준비한 예금상품을 구입한 것이다. 경제학적인 의미에서 소비다.
5. 은행이 대출상품을 기업에 판매한 것이다. 즉 은행은 대출 서비스를 '생산'한 것이다.
6. 영수가 주식을 사는 것은 주식 상품을 구입하는 소비다.
7. 펀드매니저는 고객을 위해 주식 매입 대행 서비스를 제공하는 것이므로 생산이다.
8. 공식적인 회식이라면 생산이다. 눈에 보이는 재화를 생산하는 것은 아니지만, 직원들의 생산성을 향상하기 위한 행동이라는 측면에서는 간접적인 생산활동이다. 그래서 회식 중 일어나는 사고의 경우에 생산활동인 업무로 취급하여 산재보험 처리를 하고 있다.

우유 대리점에서
우유 보관은 생산일까?
LUCERNE
SKIM MILK

소설가가 볼펜을 사는 것은 '소비'일까?

일상생활에서 소비는 물건을 구입하는 것이지만, 경제학에서는 어떤 재화나 서비스를 '일정한 대가를 지불'하고 사용하는 것을 말한다. 같은 재화를 사더라도 그것이 어떻게 활용되는지에 따라 생산이 될 수도 있고 소비가 될 수도 있다.

> **【퀴즈】** 다음 중에서 경제학에서 말하는 소비를 모두 고르시오.
> 1. 팔봉 씨는 일기를 쓰기 위해 볼펜을 샀다.
> 2. 자동차회사의 김과장은 거래처에 타이어 1만 개를 발주했다.
> 3. 소설가 홍대용 씨는 소설을 쓰기 위해 볼펜을 샀다.

개인적으로 일기를 쓰기 위해 볼펜을 산다면 소비다. 회사에서 자동차를 만들기 위해 타이어를 구입한다면 생산이다. 작가가 소설을 쓰기 위해서 볼펜을 산다면 생산활동이다.

기초연금은 '분배'일까?

일상생활에서 분배는 몫몫이 나누어 주는 것을 말한다. 경제학에서 '분배'는 생산활동에 기여한 대가를 시장가격(상품이 시장에서 그때그때 실제적으로 거래되는 가격)으로 보상해 주는 것이다. 예를 들어 음료수 한 개를 생산하려면 자본, 공장의 토지, 노동력, 특허, 그리고 광고와 광고모델, 유통까지 다양한 재화가 투입된다. 음료수를 팔아 매출액이 생기면 재화나 생산요소를 제공한 사람들에게 그 대가로 나누어 주는 것을 '분배'라고 한다.

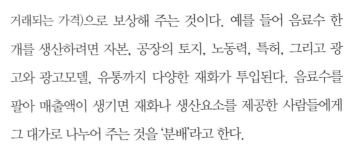

【퀴즈】 은행에서 받은 예금이자, 그리고 주식에 투자한 후 받은 배당금은 분배일까?

이자와 배당금도 분배라고 볼 수 있다. 예금주, 또는 투자자의 돈이 금융기관을 거쳐 기업의 생산활동에 투입되었고, 그 생산활동으로 번 돈이 다시 금융기관을 통해 예금주나 투자자에게 지급되기 때문이다. 결국 이들도 금융기관을 통해 생산활동에 기여했다고 볼 수 있다.

【퀴즈】 정부는 65세 이상의 노인들에게 기초연금을 지급하고 있다. 기초연금은 분배일까?

분배의 주체는 반드시 기업이다. 정부가 분배의 기능을 한다고 오해하는 경우가 있는데, 정부는 재분배의 역할을 할 뿐 분배의 역할은 하지 않는다. 그러므로 기초연금은 분배가 아니다.

여기서 잠깐 — 주식을 사는 것은 투자일까, 소비일까?

현대자동차 주식을 샀다면 그 회사에 투자한 것이라고 생각하기 쉽지만, 실은 주식을 구입했다고 보는 것이 맞다. 왜냐하면 여러분은 다른 사람이 가지고 있던 주식을 산 것일 뿐, 여러분의 돈이 현대자동차에 직접적으로 투자된 것은 아니기 때문이다.

만약 기업에서 처음으로 주식을 공모할 때 구입했다면 이는 여러분의 돈이 직접 회사에 들어가는 것이므로 투자이다. 하지만 이런 경우는 흔치 않으므로, 일반적으로 주식 구매는 투자가 아닌 소비로 본다.

003

경제활동의 주체
—가계, 기업, 정부

Let's Go

- 특별 보너스를 받은 철수는 오늘 SUV 자동차를 샀다.
- 장사를 하는 미선은 식재료 값을 지불했다.
- 미션오일을 만드는 회사가 자동차 정비소에 납품을 했다.
- 프리랜서인 석원은 소득세를 신고했다.
- 혜선은 서울외곽순환도로를 타고 일산에서 구리까지 가면서 6,000원이 넘는 통행료를 내고는 너무 비싸다며 투덜거렸다.
- 석원의 연로한 아버지는 기초연금을 받았다.

복잡다단해 보이는 경제활동도 가만히 들여다보면, 그 활동을 끌고 가는 주된 개인이나 집단이 있다. 경제활동이라는 사건의 주체가 되는 개인과 집단, 그 특성을 알아보자.

가계와 기업은 어떤 경제활동을 할까?

경제주체는 경제활동을 '하는' 개인이나 집단을 말한다. 화폐가 생기기 이전에는 물물교환에 참여한 사람들 각각이 바로 경제주체였다. 그러나 화폐가 사용되면서 오늘날 주된 경제주체는 가계와 기업이다.

'가계'는 일반 가정으로 생산활동에 참여한 대가로 얻은 소득으로 소비활동을 한다. '기업'은 재화와 서비스를 만들어 내는 생산활동의 주체이며, 가계의 구성원들을 고용한다. 가계와 기업의 경제활동을 생산, 소비, 분배, 그리고 생산요소(노동력, 토지, 자본)의 공급을 통해 정리해 보자.

❶ 가계는 기업에 노동력과 자본, 토지 등 생산요소를 제공한다.

❷ 기업은 가계가 제공한 노동력, 자본, 토지로 물건이나 서비스를 생산한다.

❸ 가계는 재화와 서비스를 화폐를 주고 소비한다.

❹ 기업은 생산에 기여한 대가로 가계에 이윤을 분배한다.

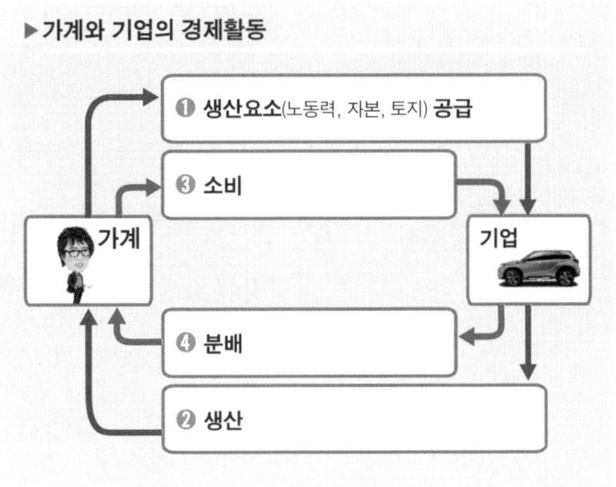

정부는 어떤 경제활동을 할까?

가계와 기업뿐만 아니라 정부도 재화와 서비스, 생산요소의 거래에 참여하는 주요 경제주체이다. 경제주체로서 정부의 가장 큰 역할은 가계와 기업으로부터 세금을 거두어 공공재를 생산하는 일이다.

공공재 1 — 사회간접자본(SOC)

산업혁명 때 영국은 이른바 야경국가였다. 야경국가는 외국의 침략으로부터의 방어, 국내 치안 유지, 사유재산 및 자유 보장 등 최소한의 임무만을 하는 자유방임주의 국가이다.

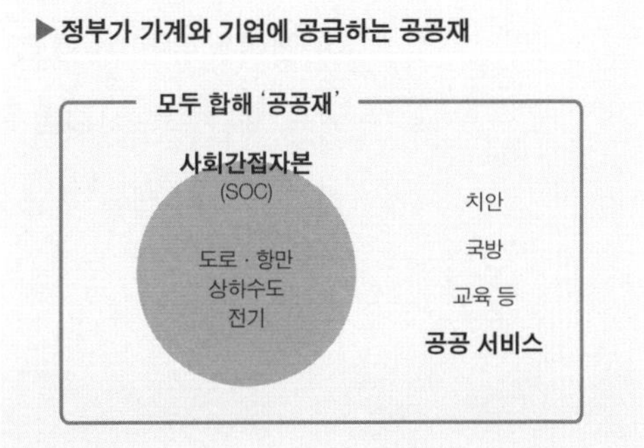

당시 영국은 공장이 마구 들어섰지만, 폐수를 처리할 하수도 시설은 이익이 남지 않기에 아무도 건설하려 들지 않았다. 악취와 질병 때문에 결국 정부가 나서서 하수도 시설을 만들었고, 템스 강은 다시 깨끗한 환경을 찾았다. 이처럼 일상생활에서 꼭 필요한 상하수도, 도로, 전기 등의 공공재를 '사회간접자본'(SOC; Social Overhead Capital)이라고 한다. 사회간접자본 사업은 규모가 매우 크고 이익을 회수하는 기간이 길기 때문에 대체로 사기업들이 하려 들지 않는다. 또 민영화가 되면 가격이 너무 비싸져서 서민들에게 부담이 되므로 국가에서 직접 관리하고 있다. 근래에는 사회간접자본도 민영화되는 추세인데, 영종대교, 서울외곽순환도로의 일부 구간, 신촌 기차역 등이 그 예이다. 하지만 사회간접자본의 민영화는 민자사업의 적자를 세금으로 보태어 채우는 점 등으로 많은 논란을 안고 있다.

공공재 2 — 치안, 소방, 국방, 교육 등의 서비스

치안, 소방, 국방, 교육 등의 공공재는 사회질서 유지를 위한 것으로, 비록 많은 비용이 들어도 사회간접자본과 달리 민영화할 수 없는 공공재이다. 그리고 선진국이 될수록 수요가 늘어나는 공공재이기도 하다. 작은 정부를 표방하며 행정공무원 감축을 추진하는 정부도 경찰과 소방 공무원은 오히려 증원하고 있다는 점에서 이러한 특징을 엿볼 수 있다.

자원의 재분배

정부의 또 다른 기능 중 하나는 자원의 재분배이다. 경쟁 중심의 자본주의 경제체제에서 어느 정도 빈부의 차는 인정할 수밖에 없다. 하지만 빈곤층이 중산층으로 회복될 가능성이 전혀 없는 사회구조에서는 개인의 생산성이 떨어질 수밖에 없고, 범죄나 폭동 등 문제가 일어날 수 있다. 그래서 국가는 세금뿐만 아니라 복권, 담배 등 공공기금 사업을 통해서 재원을 확충한 후 임대주택을 짓고 기초생활보호대상자를 지원하는 등 재분배를 한다.

004

똑같은 연꽃도 자유재, 경제재?

— 경제 객체

Let's Go

자, 편하게 생각나는 대로 단어 10개를 읊어 보겠다.

> 공기, 체 게바라 그림, 연꽃, 볼펜, 미용기술, 물, 컴퓨터, 하늘, 스커트, 내 친구 봉팔이

여기에서 경제활동의 대상이 되는 것은 무엇일까? 그리고 어떤 것이 희소성과 유용성이 있을까? 필자가 따져 보니 경제활동의 대상이 되는 것은 8개였다. 여러분과 다른가?
경제활동의 대상이 되는 경제 객체를 살펴보고, 재화와 서비스를 어떻게 나누는지 알아보자.

이효리의 얼굴은 '재화'일까?

가계와 기업 사이에 거래되는 경제활동의 대상인 '재화와 서비스'를 '경제 객체'라고 한다. 경제활동의 객체인 재화와 서비스의 가장 중요한 특징은 '유용성'과 '희소성'이다.

여러분 친구의 얼굴은 재화라고 할 수 있을까? 여러분의 친구나 가족들의 얼굴은 이 세상에 하나밖에 없더라도(희소성) 재화라고 하지는 않는다. 경제적 유용성이 없기 때문이다. 그런데 여러분의 친구가 이효리나 김수현이라면? 그들의 사진은 경제적 유용성이 있기 때문에 재화이다. '경제적 유용성'이 있는 것 중에서 유형의 것은 '재화', 무형의 것은 '서비스'라고 한다.

자유재

공기의 기회비용은 얼마일까? 유용성이 있다고 반드시 경제활동의 객체는 아니다. 유용성이 있더라도 시장에서 가치가 없다면 경제활동의 객체라고 보기 힘들다. 예를 들어 공기는 사람들이 살아가는 데 유용한 재화지만, 돈을 지불하지 않고도 얻을 수 있는 매우 흔한 재화이다. 공기는 무한한 재화이기 때문에 선택함으로써 포기할 것이 없다. 즉 공기의 기회비용은 0이라고 볼 수 있다.

이처럼 유용성은 가지고 있지만 희소성이 거의 없어 쉽게 활용할 수 있는 재화를 '자유재'라고 한다. 자원이 무한하여 그것을 얻기 위한 경쟁도 일어나지 않기 때문에 가격이 형성되지 않는다.

경제재

이와 반대로 유용성과 희소성을 동시에 가지고 있는 재화, 즉 한정된 자원이기에 사람들이 경쟁적으로 얻으려고 노력하는 재화를 '경제재'라고 한다. 일상생활에서 돈을 주고 사는 물건들(자동차, 김밥, 볼펜, 책 등)뿐만 아니라 유통, 교육 같은 서비스가 바로 경제재이다.

자유재가 경제재로 바뀐 경우

자유재가 경제재로 바뀌는 경우

여기서 주의할 것은 자유재와 경제재가 항상 고정적인 것은 아니라는 점이다. 자유재였던 재화도 희소성을 갖추면 경제재로 변화될 수 있는 여지가 있다.

예를 들면 공기는 무한대로 공급되고 있지만, 환경파괴로 인해 맑은 공기는 희소성을 가진다. 그래서 산소방, 삼림욕 등 맑은 공기를 판매하는 일이 생기게 되었고, 맑은 공기는 자유재에서 경제재로 바뀌었다. 또 물을 정화시키는 부레옥잠이나 애기부들 같은 수상 정화식물도 자유재에서 경제재로 바뀌었다. 주차 수요가 늘어나서 공터에서 주차요금을 받는 것도 경제재로 변한 예이다. 다만 맑은 공기의 예는 공급이 줄어들어 발생한 일이라면, 뒤의 2가지 예는 수요가 증가해서 경제재로 바뀐 것이 차이점이다.

인간의 욕망을 충족시켜 줄 수는 있지만, 가격이 너무 비싸거나 인간의 힘으로 통제할 수 없는 재화와 서비스도 있다.
과거에 우주여행, 인간 복제 등은 기술적으로 불가능해서 경제재가 아니었다. 그런데 점점 현실화되고 있으며 앞으로 대중화된다면 경제재로 거래될 것이다. 십수 년 전만 해도 돈을 내고 우주여행을 가는 데 약 250억원을 지불했다. 최근에는 약 2억원 정도를 내면 갤럭틱 스페이스십을 타고 2시간 정도 지구 상공 100km 궤도를 여행할 수 있는 시대가 머지않아 올 거라는 뉴스가 나오고 있으며, 현재 계속 연구 중이다.

경제재는 어떤 성질이 있을까?

경제재는 '유용성'과 '희소성'을 가지며, 돈을 주고 거래하는 모든 재화와 서비스를 말한다. 경제재의 성질을 알아보자.

시장을 통해 가치를 평가받는다

가치와 가격

경제재는 시장을 통해서 가격과 가치를 평가받고 상품으로서 역할을 하게 된다. 시간을 정확히 알려준다는 '유용성' 측면에서 모든 시계는 가치가 거의 동일하지만, 인터넷에서 싸게 파는 중국산 시계와 영화 「007」에서 제임스 본드가 차고 있던 롤렉스 시계가 같은 가치를 가지고 있다고 볼 수는 없다.

수요와 공급에 의해서 가격이 결정된다

가격이 결정될 때는 그 상품이 얼마나 유용한지도 중요하지만, 수요와 공급이 더 중요하다. 실제로 중국산 시계는 그 가치를 논외로 하더라도, 공급이 엄청나게 많으므로 가격이 싸다. 이에 비해 제임스 본드의 시계는 수요에 비해 공급이 극히 적기 때문에(영화 「007」한 편에 등장하는 제임스 본드의 시계는 하나다) 가격이 비쌀 수밖에 없다.

유용성이 없어도 비싸게 판매되는 경우

때로는 유용성이 거의 없어도 수요에 의해서 비싼 가격과 가치를 가지기도 한다. 유명 연예인이 가지고 있던 고장난 시계나 철 지난 옷도 경매를 통해 비싸게 팔리는 것을 볼 수 있다.

이처럼 모든 경제재는 시장을 통과하면서 가격과 가치를 평가받게 되고, 가격을 통해 거래된다.

여기서 잠깐

매몰비용

김진 씨는 3년 전에 1억원을 대출받아 전원주택을 구입했다. 그런데 가격이 3,000만원이 떨어졌다. 게다가 앞으로 가격이 오를 가능성이 적은데다가 이자부담이 크다면, 어떤 결정을 내려야 할까?

냉정하게 봤을 때는 손해를 보더라도 파는 것이 낫다. 하지만 대부분의 사람들은 기존의 투자금이 아까워 팔지 못한다. 경제학에서는 이처럼 회수할 수 없는 비용을 매몰비용(sunk cost)이라고 한다.

미래 결정에서 매몰비용은 무시해야 한다. 앞으로 행동의 비용이나 편익에 아무런 영향도 미치지 못하기 때문이다. 그러나 현실에서 매몰비용을 무시하는 것은 매우 어려운 일이고, 비합리적인 결정을 내리는 경우가 많다. 매몰비용은 이미 버린 돈으로 취급해야 합리적인 판단을 할 수 있다.

005

가격과 가치는 어떻게 다를까?

Let's Go

박찬호 선수가 처음 메이저리그에서 활약했던 1994년 연봉은 27만 달러였다. 그러나 10승 이상의 성적을 꾸준히 내며 팀에 기여하자, 2002년 텍사스 구단과 5년간 6,500만 달러의 파격적인 계약을 했다. 이때 박찬호 선수의 가치는 얼마이고, 가격은 얼마라고 할 수 있을까?
경제 객체인 재화와 서비스의 가격과 가치가 무엇인지를 알아보자. 아울러 가치를 평가하는 수단인 화폐에 대해서도 살펴보자. 오늘날 우리가 흔히 쓰는 지폐인 명목화폐의 성질을 이해하는 것은 경제현상을 파악하는 첫걸음이다.

중고 중형차와 소형차로 알아보는 가격과 가치

가격(price)은 시장에서 수요자와 공급자에 의해서 실제 거래가 이루어지며 지불되는 재화의 양을 말한다. 가치(value)는 그 상품이 지닌 잠재성을 현재 가치로 환원한 값이다. 예를 들어 중고 중형차와 소형차가 매물로 나왔다고 하자. 각 차의 가치는 고정적이다. 보통 중고 중형차가 가치가 더 크다. 그러나 유가가 폭등하면 기름값 부담 때문에 중고 중형차는 수요가 줄어들면서 가격이 떨어지고, 중고 소형차는 수요가 많아져 상대적으로 가격이 오르거나 덜 떨어진다. 또 같은 중고 소형차라도 수요와 공급에 따라서 가격이 달라진다. 바캉스 철이 되면 수요가 늘어나 가격이 오를 수 있다.
정리해 보자. 가치는 상품이 가진 변하지 않는 본질적인 것이라면, 가격은 시장의 수요와 공급에 의해 정해지는 상대적인 값이라고 볼 수 있다.

우리가 사용하는 화폐의 가치는 얼마인가?

실질화폐

세계 최대의 100kg 금화. 앞면은 엘리자베스 2세의 얼굴이다. 2010년 경매에서 약 50억원에 거래되었다.

가치 = 가격

명목화폐

가치 ≠ 가격

상품의 가치를 평가할 때 가장 일반적으로 쓰이는 기준이 화폐, 즉 돈이다. 그 상품에 얼마만큼의 돈(가격)을 지불할 의사가 있는가 하는 것이 곧 그 제품에 대한 가치평가가 된다.

화폐는 크게 실질화폐와 명목화폐로 나누어 볼 수 있다. 실질화폐는 말 그대로 그 화폐에 새겨진 금액과 같은 실제적 가치를 가진 화폐이다. 대표적인 예가 금화이다. 100달러짜리 금화는 시장에서 금으로 팔아도 100달러의 가치를 지니고 있다. 그러나 금화, 은화 등 실질화폐를 만들려면 금은이 어마어마하게 많아야 한다. 그래서 등장한 것이 명목화폐이다.

우리가 흔히 쓰는 지폐는 명목화폐이다. 명목화폐는 화폐 자체의 실질적인 가치와는 상관이 없고, 다만 그것을 발행한 측이 보증을 약속하고, 그 사회의 구성원이 그 가치를 인정한 화폐이다. 1만원권은 한국은행이 보증한 명목화폐이다. 명목화폐는 1만원이든 100달러든 종이 자체는 가치가 거의 없고, 그 화폐에 표시된 숫자(액면가)만큼의 가치를 가진다.
사실 금본위제[341쪽]에서는 명목화폐를 발행한 주체는 반드시 그 화폐의 가치에 맞는 현물, 이를테면 금을 확보하고 있어야 했다. 하지만 지금은 금본위제가 폐지되어 화폐 공급이 금에서 자유로워졌다. 이처럼 명목화폐는 실제 가치가 없으므로, 그것을 사용하는 국가의 신용도가 떨어지거나 부도가 나면 가치가 떨어지거나 휴지조각이 될 위험이 있다.(화폐에 대해서는 10장에서 자세히 다룬다.)

1. 다음 중 아무것도 포기하지 않으면서 이용할 수 있는 '기회비용이 없는 재화'는 무엇일까?
   ① 쓰레기 ② 공기 ③ 아이스크림 ④ 고속도로

2. 송규 씨는 애인과 같이 볼 영화표를 2장 샀는데, 애인이 갑자기 전화해서 약속시간에 늦을 것 같다며 다음 회차의 영화를 보자고 한다. 이미 환불 시간은 지났는데……. '짠돌이'처럼 보일까 말도 못하고 새로 표를 샀다. 처음에 송규 씨가 지불한 영화표 값은 이미 그 시간과 비용이 지나갔고, 다시 회수할 수 없는 비용이다. 이것을 무엇이라고 할까?
   ① 한계비용 ② 추가비용 ③ 기회비용 ④ 매몰비용

3. 입학금을 포함한 사립대학 등록금이 연 1,000만원을 넘어서자, 형편이 어려운 학생들이 입학을 포기하고 대신 취업을 선택하는 경향이 늘고 있다. 대학 등록금이 이렇게 자꾸 오른다면, 대학 진학 선택에 대한 기회비용은 어떻게 될까?
   ① 증가한다 ② 감소한다 ③ 상관없다

4. 다음 중 경제학적으로 투자에 해당하면 ○, 그렇지 않으면 ×를 표시하시오.
   가) 현대자동차가 베트남 공장에 100억원의 설비를 설치하였다. ( )
   나) 소설가 이외수 씨가 소설 집필을 위해 볼펜을 샀다. ( )
   다) 종필이가 현대전자가 발행하는 채권을 샀다. ( )
   라) 주은이가 주식시장에서 삼성전자 주식을 대량으로 매수하였다. ( )

정답

1. ② 공기는 아무런 기회비용 없이 얻을 수 있다.
2. ④
3. ①
4. 가) ○ 나) ○ 다) ×(채권 구매는 저축이다.)
   라) ×(주식 매수는 보통 그 회사에 직접 투자한 것이 아니다. 그래서 보통 소비로 본다.)

5. 다음 중 행위가 경제학적으로 생산활동에 포함되면 ○, 그렇지 않으면 ×로 표시하시오.

가) 정호가 집에서 토마토를 키워서 직접 주스를 만들어 먹었다. (　　)

나) 형철이가 우유 배달을 위해 우유를 보관하고 있다. (　　)

다) 진기 선생님이 학교에서 사회 수업을 하고 있다. (　　)

라) 희망은행이 가난하고 소외된 사람들에게 돈을 대출해 주었다. (　　)

마) 펀드매니저인 대훈이가 주식을 매매했다. (　　)

바) 함께 일하는 직원들이 퇴근 후에 회식을 하고 있다. (　　)

6. 생산활동의 주체는 누구일까?

① 정부　② 기업　③ 가계　④ 정부와 기업　⑤ 정부, 가계, 그리고 기업

7. 분배활동의 주체는 누구일까?

① 정부　② 기업　③ 가계　④ 정부와 기업　⑤ 정부, 가계, 그리고 기업

8. 과거 일본과 우리나라, 싱가포르, 대만 등은 정부가 몇 개의 산업을 집중적으로 육성하여 경제규모를 키우는 '계획발전경제방식'을 택하여 급속한 산업화를 이루었다. 현재 수출 중심인 우리나라 산업구조의 핵심으로, 우리나라 경제를 이끌어가는 5대 산업은?

9. 외계인 '띠리띠리'는 종이접기나 메모지, 동전치기 놀이 외에 실질적인 사용가치가 없는 '이것'을 모으고 축적하기 위해 온종일 일하고, 싸움을 벌이고, 많은 시간을 소비하는 지구별 인간들을 도저히 이해할 수가 없었다.

실질적인 사용가치는 거의 없으나 그 상품에 표시된 숫자만큼 교환가치를 가지는 이 상품은 무엇일까?

정답

5. 가) ×(시장에서 거래되지 않았음)　나) ○　다) ○　라) ○　마) ○　바) ○

6. ②　가계는 소비활동의 주체, 기업은 생산활동과 고용의 주체

7. ②　기업은 생산요소를 제공한 가계에 분배를 한다. 정부가 하는 것은 재분배이다.

8. 반도체(전자제품), 자동차, 조선, 석유화학, 철강

9. 화폐

3

수요와 공급을 알아야 경제가 보인다

신문과 방송에 자주 오르내리는
주식시장, 외환시장, 원자재 시장 관련 경제기사를 보면,
항상 수급이라는 키워드를 만나게 된다.
상품의 가격에는 시중에 풀린 통화량, 독과점의 횡포, 투기세력 등
여러 요소가 영향을 미치지만, 가장 근본적인 요소는 역시 수요와 공급이다.
주요한 경제 현상들은 모두 연결되어 있다.
국제적으로 거대 자금이 원자재 시장으로 흘러가면,
우리나라의 주식시장이나 환율에 어떤 영향을 미치는지도
수요와 공급 이론으로 해석할 수 있다.
누구나 알고 있다고 생각하는 수요와 공급,
이 문제를 현실 경제와 연결시켜 접근해 보자.

001

국제 유가가 폭등하면 왜 옥수수 가격이 오를까?

— 수요곡선과 수요의 변동

Let's Go 경제기사 제목에서 가장 많이 등장하는 단어, 경제학 원론의 2,3번째 단원에서 반드시 언급하는 것이 바로 '수요'다.

2008년 중반 국제 유가가 배럴당 150달러 가까이로 폭등하자, 바이오에너지의 원료인 옥수수의 수요가 크게 늘어났다. 이에 따라 상승세이던 국제 곡물가가 더욱 큰 폭으로 올랐다.

기업가가 사업계획을 세울 때, 투자자가 시장을 읽을 때, 수요의 변화는 가장 중요한 요소이다. 수요란 무엇이고, 수요는 어떤 요인에 의해 어떻게 변동되는지 살펴보자.

경제학에서 수요란?

경제학을 공부하지 않은 사람들도 수요가 '무언가를 구입하는 것'을 의미한다는 것 정도는 짐작할 것이다. 경제학에서 수요(demand)는 '경제주체가 재화나 서비스를 구입하고자 하는 욕구'이다. 다시 말해 경제주체가 재화나 서비스를 구입하여 자신의 욕구를 만족시키고자 하는 행위이다. 수요가 구체적으로 어떤 것인지 예를 들어 살펴보자.

【퀴즈】 철수는 어제 노트북을 구입하려다가 가격이 비싸서 포기했다. 철수는 노트북의 수요자인가?

당장 특정 재화나 서비스를 구입하지 않더라도 앞으로 그것을 구매할 의향이 있는 경우도 수요자가 될 수 있다. 왜냐하면 수입이 늘거나 가격이 내리는 등 상황이 변하면 구입할 수 있기 때문이다. 노트북이 비싸서 구입을 아예 포기했다면 노트북의 수요자가 아니지만, 파격세일 할 때 사야지 마음먹고 있다면 노트북의 수요자이다.

경제학에서 말하는 수요는 이처럼 어떤 재화나 서비스를 단순히 가지고 싶다는 막연한 욕구가 아니라 '특정 재화나 서비스를 사려는 욕구'를 말한다.

【퀴즈】 중학생인 은지는 벤츠를 보고 사고 싶은 욕구가 생겼다. 은지는 벤츠의 수요자일까?

재화나 서비스를 구입하고자 하는 모든 욕구를 수요라고 하지는 않는다. 중학생인 은지가 벤츠 구입 욕구가 생겼다고 하더라도, 벤츠 회사의 직원들이 중학생을 소비자로 생각하지는 않을 것이다. 구입 욕구는 있지만 구입 능력이 없기 때문이다. 일반 시민이 철강이나 조선 시장에서 수요자가 될 수 없는 것도 같은 이유 때문이다.

결국 경제학에서 말하는 수요는 '재화와 서비스에 대한 단순한 구입 욕구'가 아니라 '특정 재화나 서비스에 대한 구매 능력을 갖춘 욕구'라고 볼 수 있다.

수요의 정확한 의미를 이해하면, 어떤 재화의 수요자가 누가 될지 파악하기가 쉽다. 외환시장에서 수요자는 누가 될까? 달러가 필요한 기업이나 금융기관, 투자를 원하는 개인이 수요자가 될 것이고, 국가도 수요자가 된다. 노동시장의 경우에는 기업이 수요자이고, 주식시장에서는 가계와 기업이 모두 수요자이다.

가격이 오르면 수요는? — 수요법칙

특정 가격 수준에서 구입하고자 하는 재화와 서비스의 양을 '수요량'이라고 한다. 예를 들어 금을 1g당 4만원에 구입하고자 하는 수요가 전국에 1kg이 있다면, 이 1kg이 그 가격 수준의 수요량이다. 그러면 수요량에 가장 큰 영향을 미치는 요소는 무엇일까?

매주 토요일 오후 할인마트에서 장을 보는 민희 씨는 50% 파격세일을 하는 치약을 보고, 애초 구매 계획이 없었지만 5개를 샀다. 이 예에서 보듯이 한 재화의 수요량을 결정하는 데 가장 큰 영향을 미치는 요소는 '가격'이다. 소비자들은 재화의 가격이 높아질수록 수요량을 줄이고, 반대로 가격이 낮아질수록 수요량을 늘린다. 경제학에서 다른 조건이 같을 때, 어떤 재화의 가격이 상승하면 수요량이 감소하는 것을 '수요법칙'(law of demand)이라고 한다.

일균이는 기념품 체인점 사장이다. 그는 가격에 따라서 합리적으로 기념품의 구매수량을 결정하는데, 조립식 크리스마스트리도 예외가 아니다.

▶ 크리스마스트리의 수요곡선

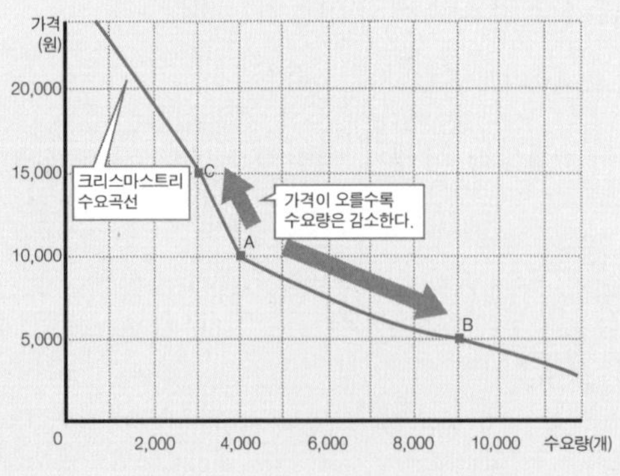

다음의 그림은 일균이의 크리스마스트리 수요곡선이다. 경제학의 관례대로 수요 그래프에서 세로축은 가격이고 가로축은 수요량을 보여준다.

일균이는 크리스마스트리의 공장도 가격이 1만원일 때 4,000개를 구매하고, 가격이 5,000원으로 내리면 9,000개로 구입량을 늘릴 계획이다(A→B). 반대로 가격이 오를 경우에는 구입량을 줄일 계획이다(A→C). 각각의 가격과 수요량에 맞는 점들을 연결하면, 가격이 오를수록 수요량은 줄어드는 그래프가 나타난다. 이처럼 어떤 재화의 가격과 수요량 사이의 관계를 보여주는 그래프를 '수요곡선'(demand curve)이라고 한다.

재화에 따라 기울기나 형태는 다르겠지만, 일반적인 재화들은 수요법칙에 크게 어긋나지 않는다. 그렇다고 모든 재화가 수요법칙을 따르는 것은 아니다. 가격이 오르면 보통 수요가 줄어드는데 오히려 늘어나는 것도 있다. 또 가격이 내리면 수요가 오히려 줄어드는 것도 있다.[130쪽]

수요량과 수요의 변동은 무엇이 다를까? – 수요곡선의 이동

대부분 가격이 수요량에 가장 큰 영향을 미치지만, 항상 그런 것은 아니다. 다음은 K야구단의 입장료와 수요량의 변화를 그래프로 나타낸 것이다.

▶ **K야구단의 입장권 가격과 수요량 – 수요곡선의 이동**

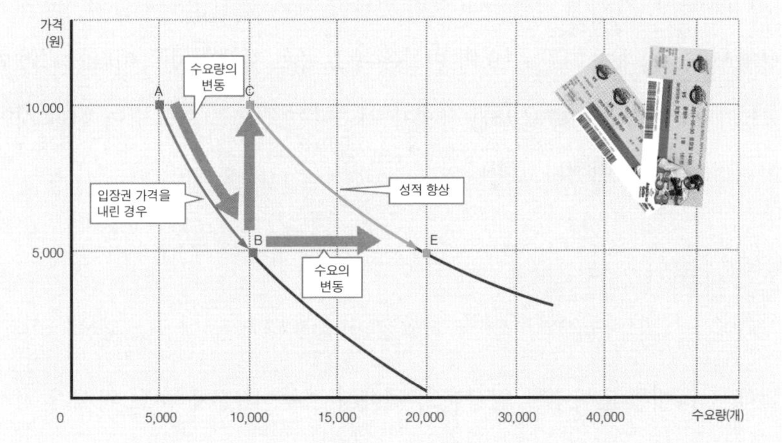

❶ K야구단은 성적부진으로 입장권이 5,000장밖에 팔리지 않자, 입장권 가격을 1만원에서 5,000원으로 낮추어 관중을 1만 명 모았다(A→B).

❷ 이듬해 K야구단이 1위를 달리자 사람들은 다시 경기장으로 몰려들었다. 그래서 K야구단은 다시 입장권의 가격을 1만원으로 올렸으며, 그래도 1만 명의 관중을 채울 수 있었다(B→C).

❶과 ❷ 모두 수요량은 1만 명으로 같지만, 둘의 수요가 같다고 볼 수는 없다. 입장료를 낮추어 수요가 증가한 경우에는 수요량이 ❶처럼 수요곡선 상에서 이동했다. 반면 성적 향상으로 수요량이 증가했을 때는 수요곡선이 ❷처럼 오른쪽으로 이동했다. 가격에 의한 수요량의 변화는 수요곡선 상의 변화지만(수요량의 변동), 가격 이외의 변수(성적 향상)에 의한 수요량의 변화는 수요곡선 자체의 이동을 통한 변화이다(수요의 변동).

만약 K야구단이 1위를 해도 팬서비스 차원에서 입장료를 5,000원으로 동결했다면 2만장의 표를 팔 수 있을 것이다(C→E). 또한 이 상태에서 다시 입장권을 1만원으로 올리면, 입장권의 수요량은 1만 장으로 수요곡선 상에서 이동할게 될 것이다(E→C).

정리해 보자. 가격에 따른 수요량의 변화는 수요곡선 상에서 움직이고(수요량의 변동), 기대에 따른 수요의 변화는 수요곡선 자체의 변화이다(수요의 변동). 기대의 변화 등 수요곡선 자체가 이동하는 변화를 수요량이 변한 것이 아니라 '수요'가 변했다고 한다.

수요를 바꾸는 요인

앞에서 소개한 K야구단 입장권의 예에서 보듯이, 전체 수요 자체가 커지거나 작아지는 요인은 무엇일까?

대체재

지하철 요금이 내리면, 버스를 타던 사람들도 지하철을 더 많이 이용하게 될 것이다. 그러면 지하철의 수요는 증가하고 버스의 수요는 감소한다. 이처럼 한 재화가 다른 재화와 '비슷한 유용성'이 있어서 서로 대신해서 쓸 수 있는 경우, 한 재화의 가격이 하락하여 수요가 늘어나면 다른 한 재화의 수요는 감소한다. 이때 두 재화를 '대체재'라고 한다. 스포츠카와 SUV, 쇠고기와 돼지고기와 닭고기, 화학비료와 유용 미생물, 석탄과 천연가스 등이 대체재이다.

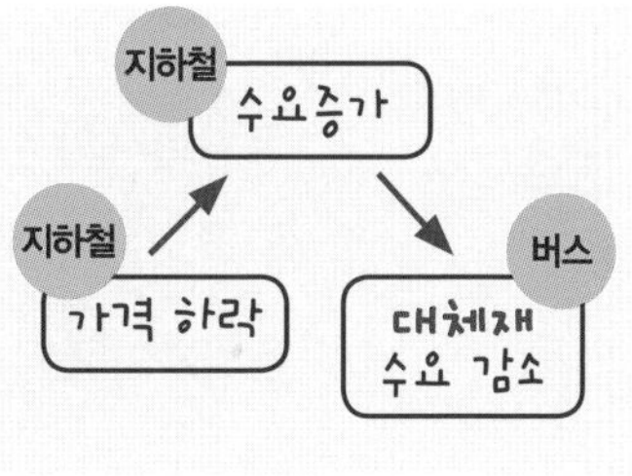

국제 곡물시장에서 밀과 쌀도 서로 대체재이다. 밀 가격이 급락하여 수요가 늘면, 대체재인 쌀의 수요가 줄어들고 가격도 내리는 경향이 있다. 가격이 싼 밀가루가 잘 팔리므로 자연히 쌀은 덜 소비하게 되는 것이다. 반면 쌀의 주산지에 극심한 가뭄이 들어 쌀 생산량이 저조하고 가격이 오르면, 밀의 수요가 증가하고 가격도 올라가는 경향이 있다. 사람들이 비싼 쌀 대신에 밀가루 소비를 늘리는 것이다. 그러므로 쌀의 주산지인 동남아에 극심한 가뭄이 들어 쌀 생산량이 저조할 것으로 예상된다면, 비록 세계 밀 작황이 나쁘지 않더라도 밀의 수요가 늘어나고 국제 가격도 상승할 가능성이 있다는 것을 예상할 수 있다.

보완재

우유 값이 내려 많이 팔리면, 우유와 같이 먹는 빵의 수요가 증가한다. 이처럼 서로 보완 관계에 있어서 한 재화의 수요가 증가하면 다른 한 재화의 수요도 증가하는 경우, 두 재화를 '보완재'라고 한다. 유가가 하락하여 석유 수요가 증가하면 자동차의 수요도 늘고, 반대로 유가가 상승하여 석유 수요가 감소하면 자동차 수요도 줄어

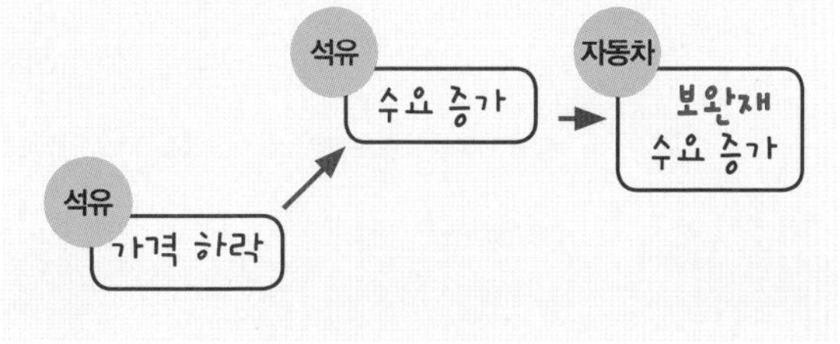

든다. 그러므로 유가가 급등하고 있다면 자동차 수요가 줄어들고, 결국 자동차회사의 주가에 부정적인 영향을 미칠 것이라는 점을 예측할 수 있다.

소비자의 소득 변화

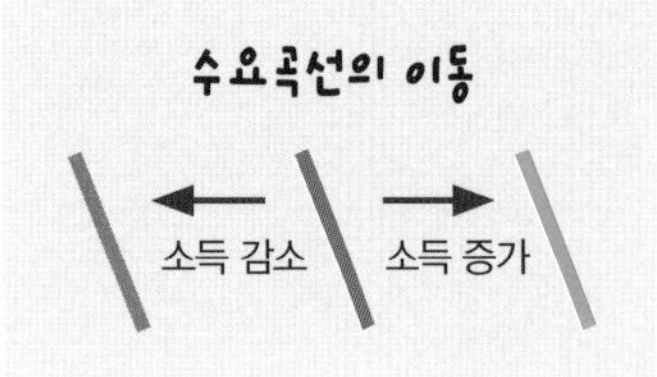

특별 보너스를 받으면 고급 일식집도 가 보고, 주말 해외여행도 계획해 보고, 자동차도 좋은 차로 바꾸고 싶을 것이다. 소득이 늘면 수요가 증가하여 수요곡선이 오른쪽으로 이동한다. 반대로 경기불황으로 월급이 삭감되면 대중교통을 이용하고 외식을 포기할 것이다. 소득 감소는 수요를 줄이고 수요곡선을 왼쪽으로 이동시킨다. 수요곡선은 이처럼 소득 변화에 따라 민감하게 반응한다.

소비자의 기호 변화

스마트폰이 대중화되면서 MP3플레이어 대신 온라인 음원시장이 급성장했다. MP3플레이어는 소비자의 기호가 적대적으로 변하면서 수요가 감소했고, 반대로 음원시장은 소비자 선호도가 높아져 수요가 증가한 것이다. 이처럼 소비자의 기호 및 기술변화에 따라 수요가 바뀔 수도 있다.

미래에 대한 기대

2007년 우리나라는 주식시장이 계속 오르고 있음에도 너도나도, 심지어 빚까지 내어 주식투자를 했다. 보통 가격이 오르면 수요가 줄어야 하는데, 앞으로 주식이 더 오를 것이라는 기대감으로 오히려 수요가 증가한 것이다. 아파트 재개발 소식에 주변 아파트가 덩달아 오르는 현상, 담배값 인상 소식에 사재기를 하는 현상도 미래에 대한 기대가 수요를 증가시키는 예라고 볼 수 있다.

인구 변화

노인 인구가 급증하면서 보험사들이 집중적으로 노인을 타깃으로 광고를 하고 있다. 한편 인도와 아프리카 국가들의 출생률이 크게 높아짐에 따라 곡물 수요가 증가하면 국제 곡물가격 상승의 한 원인이 될 수 있다. 이처럼 인구구조의 변화도 수요를 바꾸는 요인이 될 수 있다.

여기서 잠깐

대체재와 보완재로 익히는 재테크 감각

경제상황을 이해하거나 재테크 판단을 할 때, 대체재와 보완재 관계를 제대로 파악하는 것이 매우 중요하다. 예를 들어 국제 유가가 크게 치솟으면, 바이오에너지 원료인 옥수수의 수요가 대폭 증가한다. 옥수수 가격이 오르면 밀이나 쌀의 수요도 늘어난다. 이로 인해 옥수수뿐만 아니라 밀과 쌀의 국제시세도 오른다.
경제 뉴스를 볼 때, 각 상품의 대체재와 보완재 관계를 생각해 보는 습관을 들이는 것이 경제를 보는 눈과 아울러 재테크 감각을 높이는 한 방법이다.

대체재 | 대체재는 서로 유용성이 비슷하여 대신 쓸 수 있다. 대체재는 한 재화의 수요가 증가하면 다른 재화의 수요는 감소한다.

▶ **지하철 요금이 내리면**

지하철 수요 증가

버스 수요 감소

보완재 | 보완재는 한 재화의 수요가 증가하면 다른 재화의 수요도 덩달아 늘어난다. 그리고 한 재화의 수요가 감소하면 다른 재화의 수요도 덩달아 줄어든다.

▶ **유가가 오르면**

석유 수요 감소

자동차 수요 감소

우리 옆의 경제학

금연정책의 경제학 | 담배 소비를 줄이는 2가지 방법

2015년 1월 1일 담배 가격이 크게 인상되었다. 인상폭은 2,500원 담배 기준으로 대체로 4,500원 선으로 올랐다. 이에 따라 '한때' 담배 소비량이 줄어들었고, 금연 프로그램 참가자가 전년 대비 2배 넘게 증가했다.

담배 소비를 줄이는 2가지 방법을 알아보자. 하나는 수요량을 줄이는 것이고, 또 다른 하나는 수요 자체를 줄이는 것이다.

담배 가격 인상 – 수요량의 감소

담배 가격을 인상하면 담배를 줄이거나 끊는 사람도 늘어난다. 이 정책은 담배 가격에 부담을 느끼는 사람, 특히 돈에 민감한 청소년들의 금연에 효과적일 수 있다. 그러나 담배는 중독성이 강한데다가 대체재가 없어서 가격이 인상되어도 끊지 못하는 사람들이 많다.

실제로 2015년 담배 가격 인상 이후 잠시 유통량이 크게 감소했으나, 2분기 이후 금연 포기자들이 늘면서 다시 증가하는 경향을 보였다.

담배는 중하류층이 주로 소비하고 수요량이 일정하기 때문에 담배 가격 인상은 빈부격차를 더욱 심화시킬 수 있다. 그리고 청소년 상담 전문가들은 담뱃값을 구하려는 청소년들의 일탈행위를 부추길 수 있다고 지적한다. 그럼에도 불구하고, 2015년 당시 건강을 위한 금연의 필요성에 주목하고, 담배 가격 인상에 긍정적인 사람들이 훨씬 많았다.

▶ 담배 가격 인상 – 수요량 감소

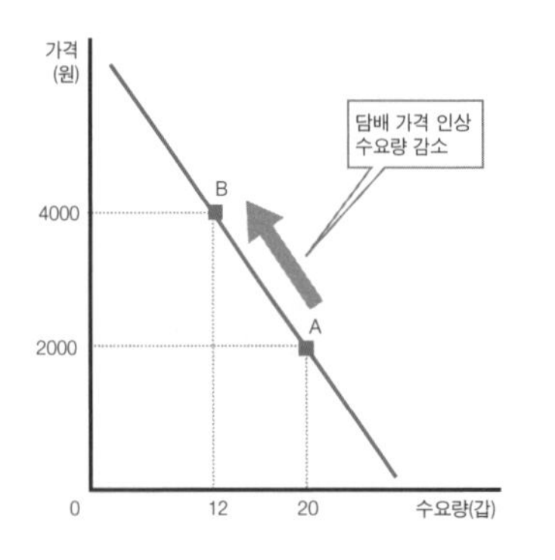

금연광고—수요 자체의 감소

금연 공익광고, 담뱃갑에 건강에 해롭다는 경고문 부착 등을 통해 금연을 유도하는 정책이다. 호준 씨는 텔레비전에서 금연광고를 보고 한 달에 20갑을 피던 담배를 10갑으로 줄였다. 이 경우 호준 씨의 담배 수요곡선은 가격 변화가 없음에도 왼쪽으로 이동하게 된다.

광고나 홍보를 통한 금연정책은 담배 가격 인상보다 금연에 따른 사회적인 부작용이 적은 편이다. 게다가 광고를 통해 금연한 사람들은 지속적인 금연으로 이어질 가능성이 높다. 그러나 비용과 시간이 투입되는 정책으로 단기간에 효과를 낼 수 없다는 단점이 있다.

결론적으로 금연정책을 경제학적으로 보면, 담배 가격의 인상은 '수요량'의 감소, 홍보·광고를 통한 금연정책은 '수요'의 감소로 담배 소비를 줄이고자 하는 정책이라고 할 수 있다.

▶ **금연광고–수요 감소**

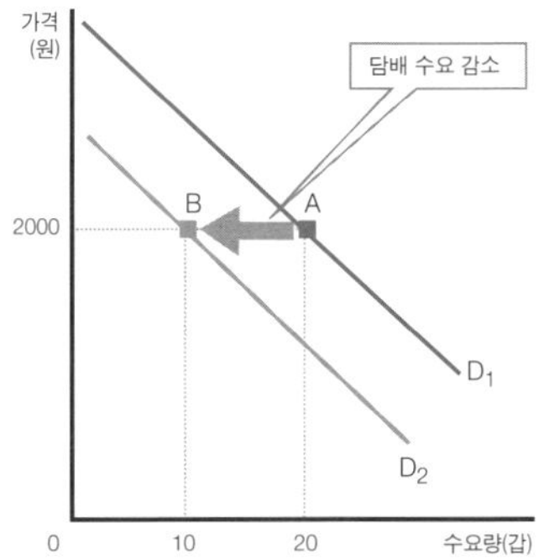

002

정부가 라면값 인상을 막으면 왜 공급량이 줄까?

—공급곡선과 공급의 변동

Let's Go

아파트 가격이 오르면 공급은?
공급이 늘면 가격은?

2009년 3월 잠실의 아파트 전세가격은 봄 이사철임에도 불구하고 이례적으로 내렸다. 경기침체의 영향도 컸지만, 재개발 후 입주가 시작된 잠실5단지 등 전세 공급량이 많았기 때문이다. 이처럼 공급은 시장의 가격에 큰 영향을 미친다. 또한 공급은 가격의 오르내림에 큰 영향을 받는다. 기업은 가격이 오르면 공급량을 늘린다. 아파트 가격이 오르면 아파트를 많이 지어 분양한다.

경제학에서 공급은 무엇이고, 어떤 요인에 의해 어떻게 변동되는지 살펴보자.

경제학에서 공급이란?

생필품 공급부터 신문에 자주 나오는 달러 공급까지, 누구나 공급이 '요구나 필요에 따라 무언가를 제공한다'는 의미인 것은 알고 있다. 그러나 경제학에서 말하는 공급의 의미는 약간 다르다.

【퀴즈】 전쟁의 공포에 시달리는 팔레스타인 어린이들에게 구호단체가 의약품을 제공했다. 이 경우 경제학에서 말하는 공급일까?

경제학에서 공급은 '교환이나 판매를 위하여 시장에서 재화나 서비스를 제공하는 것'이다. 그러므로 교환이나 판매가 목적이 아니라면 경제학에서 말하는 공급이 아니다. '시장에서'라는 말을 주의깊게 보아야 한다. 즉 시장의 필요에 의해 수요가 있어야만 공급이 이루어질 수 있으며, 시장에서 돈을

받고 제공되어야 공급이다. 그러므로 어린이들에게 무상으로 의약품을 제공하는 것은 경제학에서 말하는 공급이 아니다.

가격이 오르면 공급은? – 공급법칙

공급량이란 공급자가 특정 가격 수준에서 판매하고자 하는 재화나 서비스의 양을 말한다. 기업은 이윤을 고려하여 공급량을 조절한다. 수요와 마찬가지로, 공급량의 변화에 가장 큰 영향을 미치는 요소는 '가격'이다.

수입와인 판매상인 성호는 프랑스산 A 와인의 가격을 4만원으로 정하고 한 달에 400병을 공급했다. 그런데 연말이 가까워지자 와인 수요가 늘고 같은 급의 와인 품귀 현상이 발생했고, 가격이 6만원으로 올랐다. 그는 이 기회를 놓치지 않고 와인 공급량을 2배인 800병으로 늘렸다(A→B). 그런데 다음해에는 경기침체로 와인 수요가 크게 떨어져 가격이 3만원으로 하락하자, 공급량을 250병으로 줄였다(A→C). 즉 가격이 떨어지면 공급량을 줄이고, 가격이 상승하면 공급량을 늘리는 것이다.

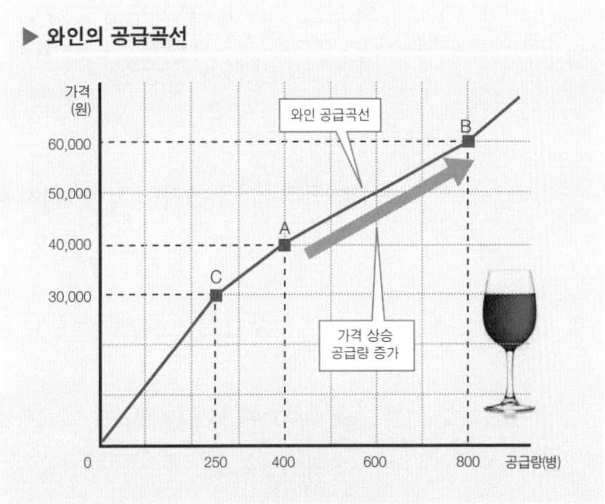

어떤 재화의 가격과 공급량의 관계를 보여주는 그래프를 '공급곡선'(supply curve)이라고 한다. 일반적으로 가격과 공급량의 관계를 선으로 연결하여 공급곡선을 그리면, 가격이 오를수록 공급량이 늘어나는 그래프가 나타난다. 이처럼 다른 조건이 같을 때, 어떤 재화의 가격이 상승하면 공급량이 증가하는 것을 '공급법칙'이라고 한다.

그렇다고 모든 재화나 서비스가 공급법칙을 따르는 것은 아니다. 어떤 재화는 가격이 올라도 공급을 늘리지 못하거나 심지어 줄어드는 것도 있다.[154쪽]

공급량과 공급의 변동 — 공급곡선의 이동

일반적으로 가격이 오를수록 공급량이 늘어나는 경향이 있지만, 항상 그런 것은 아니다. 공급량은 가격에 의해서만 변하는 것이 아니기 때문이다.
다음은 O사 라면의 공급곡선이다. 가격이 900원일 때 기업은 시장에 900박스의 라면을 공급한다.

❶ 정부에서 물가안정을 위해서 라면 가격을 800원으로 내리라고 권고했다고 하자. 그러면 O사는 공급량을 줄인다(A→B). 라면 가격이 내린 경우는 공급곡선 상에서 공급량이 줄어든 것이다(공급량의 변동).

▶ O사 라면의 가격과 공급량 – 공급곡선의 이동

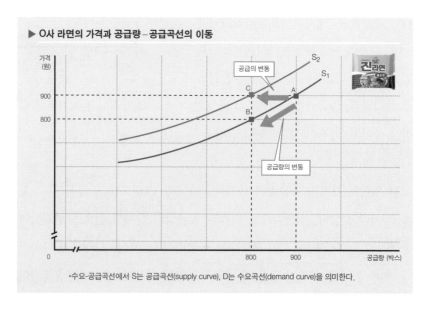

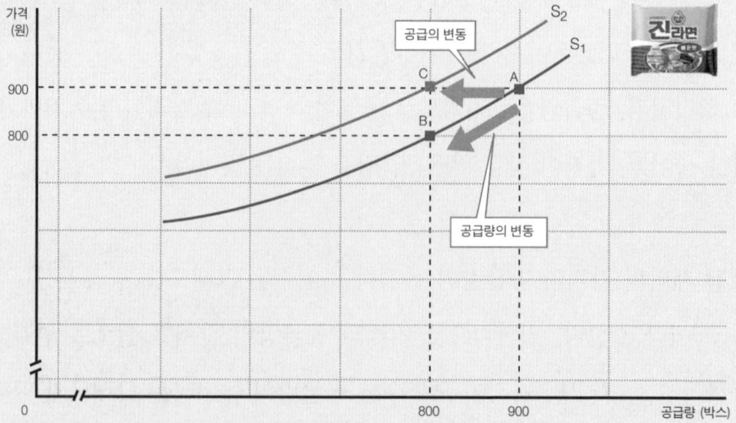

*수요-공급곡선에서 S는 공급곡선(supply curve), D는 수요곡선(demand curve)을 의미한다.

❷ 만약 라면의 주원료인 밀가루 가격이 폭등해서 생산원가가 상승했다고 하자. 그렇다면 라면 값을 올려야 하겠지만, 정부에서 가격인상을 막으면, O사는 라면 가격이 그대로이고 소비자의 수요가 줄지 않았음에도 공급을 800박스로 줄이는 선택을 한다(A→C). 라면의 생산원가가 상승한 경우는 공급곡선 자체가 왼쪽으로 이동하면서 공급이 줄어든 것이다(공급의 변동).

그런데 어느 쪽이든 O사가 이윤 감소 때문에 공급량을 줄였다는 점에서는 공통점을 가지고 있다. '공급량=이윤'이라는 개념을 머릿속에 넣으면 경제주체가 어떤 경우에 공급량을 늘리고 줄이는지 이해하기 쉬울 것이다.

공급의 변동 요인

앞에서 살펴보았듯이 라면 가격이 바뀌었을 때는 같은 공급곡선 상에서 '공급량'만 바뀌었다. 하지만 국제 밀 가격 상승 등으로 생산원가가 올랐을 때는 공급곡선 자체가 이동하고 '공급'이 변했다. 그러면 이처럼 전체 공급 자체가 바뀌는 요인에는 무엇이 있을까?

대체재와 보완재의 가격 변화

지하철과 버스는 대체재 관계로 지하철이 많아지면 버스 수요가 줄어들므로 버스 공급이 감소한다. 반면 석유와 자동차는 보완재 관계로 유가가 오르면 자동차의 수요가 줄어들기에 자동차 회사는 공급을 줄인다. 즉 대체재 관계에 있는 제품의 가격 인상(밀)은 다른 재화의 공급을 늘리고(쌀), 보완재 관계에 있는 제품의 인상(유가)은 다른 재화의 공급을 줄인다(자동차).

생산요소의 가격 변화

원재료, 임금 등 생산요소의 가격이 상승했을 경우, 제품 가격을 올리지 않으면 이윤이 줄어든다. 하지만 가격을 올리면 수요가 줄어들어 매출이 감소한다. 기업은 이에 따라 공급 자체를 조절하는데, 사실 어떤 선택을 하더라도 손해를 보는 상황이 달갑지 않다. 그래서 생산요소의 가격 변화는 기업 입장에서 가장 민감하게 지켜보아야 하는 사안이다.

생산기술의 변화

공급은 혁명적인 기술발전으로 크게 늘어날 수 있으며, 이 경우 소비자들은 값싸게 재화를 구입할 수 있다. 1993년 핸드폰(모델명 tsl700, 삼성)이 우리나라에서 첫 출시될 당시는 매우 비싼 사치품이었지만, 지금은 훨씬 더 좋은 기능과 디자인의 스마트폰을 더 싸게 살 수 있다. 텔레비전, 세탁기, 컴퓨터도 마찬가지이다. 전자제품이 일반인들에게 보편화될 수 있었던 것은 기술발달을 통한 원가절감 때문이다. 현재는 불가능해 보이는 우주여행도 일반인들에게 판매하는 시대가 올 것이다.

조세와 정부의 보조금

1960년대 우리나라가 처음 철강산업에 진입하던 무렵, 기술, 자본, 자원 어느 것 하나 갖추어져 있지 않았다. 하지만 현재 우리나라의 철강산업은 세계적으로 인정받는 대표 수출산업으로 발전했다. 이는 당시 포항제철(현 포스코)에 대한 정부의 적극적인 지원 덕분이다. 이처럼 정부는 세금 혜택이나 각종 보조금(수출보조금, 농어민보조금 등) 등을 통해 재화의 공급량을 줄이거나 늘리는 데 영향을 미친다.

공급자의 예상

현재 우리나라의 의대생들이 가장 꺼리는 전공 중 하나는? 바로 산부인과이다. 출산율 감소로 비전이 없다고 생각하기 때문이다. 이로 인해 산부인과 의사의 노동력 공급이 줄어들었다. 반면에 1가구 1자녀 시대에는 고가 유아용품 시장에 공급이 증가한다.

공급자의 수

노래방은 처음 등장했을 때 선풍적인 인기를 끌어 곳곳에 생겼지만 난립하면서 경쟁이 심해졌고(공급 증가), 유행이 지나면서 그 수가 줄어들었다(공급 감소). 조개구이점, 찜닭, 피시방 등도 비슷한 양상을 보였다. 획기적인 상품이 등장하면 수요가 급격하게 증가한다. 그러면 공급자 수가 크게 늘어나고 공급도 증가한다. 하지만 이는 과도한 경쟁으로 이어지고, 결국 희소성이 떨어져 소비가 줄고 공급이 감소하는 과정을 거치게 된다.

여기서 잠깐

패스트푸드점 알바는 왜 임금이 적을까?

— 노동의 공급

청소년 아르바이트를 '용돈벌이' 정도로 생각하는 어른들이 많다. 그래서 정상적인 노동자로 취급하지 않고, 최저임금보다 낮은 임금을 주는 것을 당연시하는 사람들이 있다. 그리고 청소년들은 노동기본권이 침해받아도 사회경험으로 여기며 별다른 문제의식을 갖지 않는 경우가 있다.

청소년 노동은 수요에 비해 공급이 과잉 상태이다. 특히 패스트푸드점 아르바이트는 하교 이후에 일을 해야 하는 청소년들의 조건에 맞으며, 또래들을 자주 만날 수 있고, 다른 아르바이트에 비해 임금도 정확하게 계산해 준다는 장점이 있어서 공급 과잉 상태이다. 이렇게 공급이 많으면 노동조건이 악화되는 경향을 보인다.
2014년 아르바이트 경험이 있는 중고생의 44%가 최저임금보다 못한 임금을 받은 적이 있는 것으로 나타났다(2014년 최저임금은 시간당 5,210원).
청소년 아르바이트는 단지 돈벌이뿐만 아니라 첫 노동이자 사회를 배워 나가는 첫 걸음이다. 나이와 상관없이 누구나 동등하게 노동인권이 있다!

003

가격이 오르는데 왜 수요가 증가할까?

— 수요 - 공급 법칙의 예외

Let's Go 일반적으로 가격이 오르면 수요가 줄어든다. 하지만 예외가 있다. 유명 화가의 그림은 가격이 올라도 수요가 늘어나고, 고무신은 가격이 내려도 수요가 줄어든다. 한편 보통 가격이 오르면 공급이 늘어나는데, 석유나 철은 가격이 올라도 공급을 줄이기도 하고, 또 농산물은 가격이 올라도 공급을 제때에 늘리지 못하는 경우가 매우 많다. 어떤 재화에는 수요-공급 법칙이 왜 적용되지 않는지 그 원인을 경제학적으로 살펴보자.

수요법칙의 예외

기펜재

▶ 기펜재의 가격과 수요량 변화

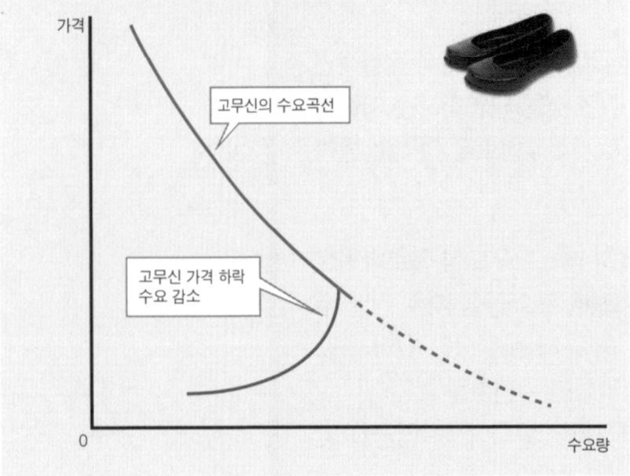

가격이 하락함에도 불구하고, 가격에 비해 가치가 더욱 크게 떨어져 소비가 줄어드는 재화를 '기펜재'라고 한다. 고무신, 연탄, 삐삐, 카세트테이프 등이 기펜재이다.

몇 십 년 전 고무신은 비싼 신발이었지만, 지금은 가격이 싼데도 구입하는 사람이 별로 없다. 시대가 바뀌면서 가격의 하락폭보다 유용성의 하락폭이 훨씬 커졌기 때문이다. 기펜재는 일반적인 수요곡선과 달리, 수요가 오른쪽 아래로 내려오다가 왼쪽으로 꺾이는 곡선 형태를 띤다.

열등재

가치가 하락하지 않았는데도 소비가 줄어드는 재화도 있다. 보리는 1950, 60년대만 하더라도 쌀의 대체재였고 꽤 비싼 가격으로 거래되었다. 그러나 시대가 바뀌면서 소득이 향상되자, 보리의 품질이 좋아졌음에도 불구하고 소비가 크게 줄어들었다. 이러한 재화를 '열등재'라고 한다.

정리해 보자. 기펜재는 가격이 내렸는데도 소비가 줄어드는 재화이고, 열등재는 소비수준이 향상됨으로 인해 소비가 줄어드는 재화이다.

위풍재

▶ 위풍재의 가격과 수요량 변화

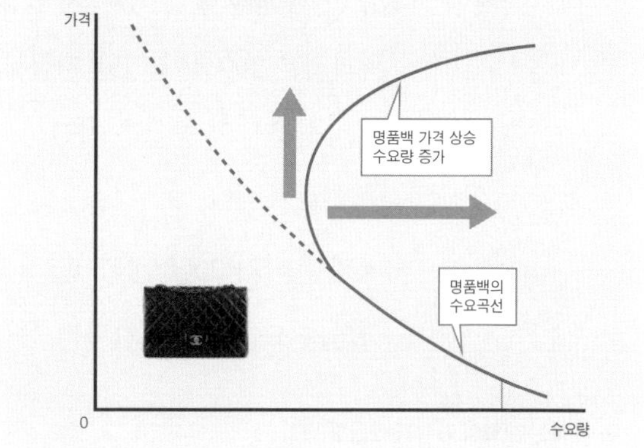

가격이 상승함에도 불구하고 수요가 늘어나는 재화를 '위풍재'라고 한다. 명품백, 비싼 운동화, 고급 주거지 등이 그 예이다. 이런 현상은 소비자들이 '가격이나 물건의 효용성' 대신 '남에게 과시하는 것'을 더 중요시할 때 발생한다.

'위풍재'는 대부분 자기과시를 위해 소비되기 때문에 붙은 이름이다. 위풍재는 베블런[366쪽]을 비롯한 많은 사회학자들의 연구대상이 되었고, 체면을 중시하는 우리 사회에서 더욱 힘을 얻고 있다. 위풍재의 수요곡선은 가격이 오를수록 수요가 아래로 감소하지 않고 오히려 올라가는 형태를 보인다.

공급법칙의 예외

기업은 최대의 이윤을 추구하고자 하는 집단이다. 기업 입장에서는 가격이 올랐을 때 '공급량=이윤'이므로 공급량을 최대한 늘리는 것이 상식이다. 그러나 이러한 법칙도 예외가 있다. 즉 가격이 올라도 공급을 줄이거나, 또는 공급을 늘리고 싶어도 그럴 수 없는 경우가 있다.

독과점

조선시대 말기 실학자인 박지원이 쓴 「허생전」에서 허생은 망건을 묶을 때 쓰는 특산물인 말총을 모두 사들였다. 망건을 써야 위신이 선다고 생각한 양반들은 나중에 어쩔 수 없이 10배가 넘는 값에 말총을 구입했고, 허생은 큰돈을 벌게 된다. 박지원은 독과점을 통해 돈을 얼마나 쉽게 벌 수 있는지, 그리고 그것이 백성들에게 얼마나 큰 피해를 줄 수 있는지 꿰뚫어 보았던 것이다.

독과점은 200년이 지난 지금도 문제가 되고 있다. 일부 기업들은 대체재가 없는 상품들의 공급을 차단함으로써 가격을 올려서 이윤을 얻는다.

국제 유가가 2008년 150달러 가까이 폭등한 적이 있다. 중국 등 개발도상국의 수요 증가, 투기자본 등의 요인도 있었지만, 석유수출국기구(OPEC)가 유가 상승에도 불구하고 공급량을 줄인 요인도 컸다. 국내 주유소에서는 휘발유 가격이 오르기 전날 일부 공급을 중단하기도 했다.

▶ 독과점 재화의 가격과 공급량 변화

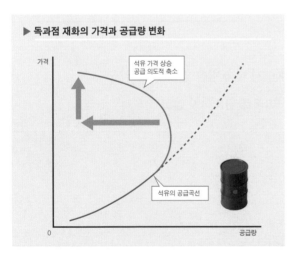

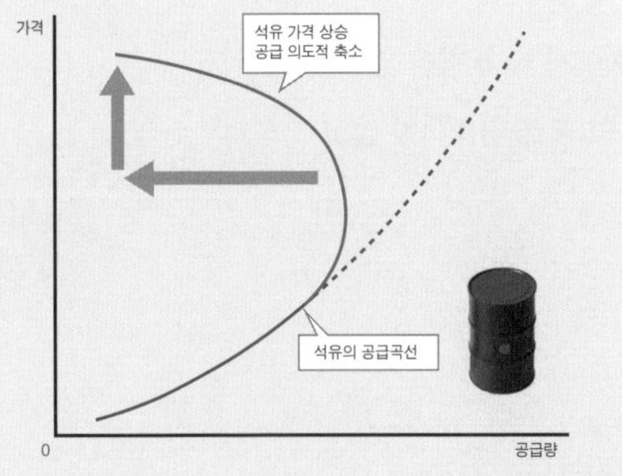

가격이 올라도 독과점에 의해 공급량이 오히려 주는 경우, 공급곡선은 옆의 그림처럼 왼쪽으로 올라가는 모습으로 바뀌게 된다.

예술품과 골동품

가격이 올라도 더 이상 공급을 할 수 없는 경우도 있다. 고흐의 그림은 아무리 수요가 많더라도 이미 그가 죽었기에 더 이상 공급할 수 없다. 조선시대의 신윤복 그림, 고려시대의 청자, 신라시대의 왕관도 마찬가지다.

옆의 그림은 예술품이나 골동품의 가격이 어떻게 형성되는지를 보여준다. 제한된 공급량까지는 일반적인 공급곡선대로 가격이 상승하지만, Q_1 공급량까지 공급이 되면 그때부터는 가격이 급격히 오른다.

▶ 고흐 그림의 가격과 공급량 변화

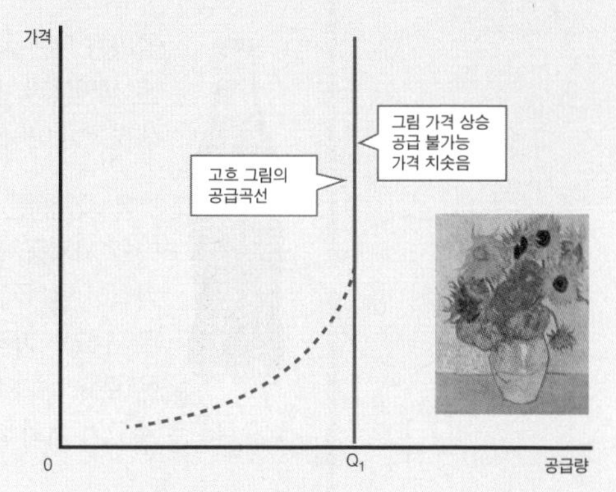

스포츠 경기 입장권과 강남 부동산

이밖에도 야구장 입장권이나 콘서트 입장권처럼 공급이 일정 수량으로 제한되는 재화도 있다. 부동산도 공급을 쉽게 늘릴 수 없는 재화 중 하나다.

서울 시내, 특히 강남 아파트의 가격이 비싼 것도 수요에 비해 공급이 제한되어 있기 때문이다. 그러나 경기장 입장권이나 아파트 등은 공급량을 한번에 늘릴 수도 있다. 경기장을 증축하면 옆의 그림처럼 $Q_1 \rightarrow Q_2$로 이동하고, 가격도 공급곡선 내에서 결정된다. 강남지역의 아파트도 재개발을 통해서 공급량을 조절할 수 있다. 다만 공급량을 늘리면 가격이 하락하므로 기업은 이윤을 고려해 공급량을 얼마나 늘릴지 결정한다.

▶ 경기장 입장권 가격과 공급량 변화

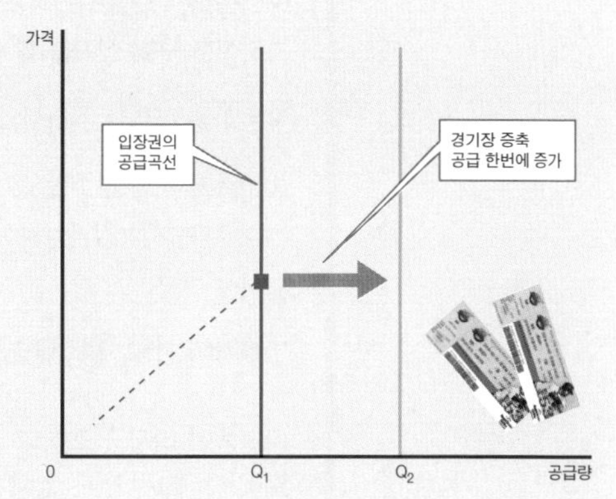

여기서 잠깐

콜라가 사치품이라고?

콜라가 무슨 사치품이냐고 생각할 수 있다. 하지만 경제학에서 사치품은 생필품과 반대의 의미이다. 콜라는 사람이 살아가는 데 꼭 필요한 생필품이 아니므로, 경제학에서는 사치품으로 정의한다.

보통 사치품은 소득이 줄어들고 가격이 오르면 수요가 크게 감소한다. 다른 사치품처럼 콜라는 돈이 없으면 안 마셔도 되기 때문이다. 물론 가격이 떨어지면 수요는 크게 늘어난다. 그래서 사치품은 경제학적으로 '수요의 가격 탄력성이 높다'라고 표현한다.[146쪽] 반면 쌀 같은 생필품은 수요의 가격 탄력성이 낮은 품목이다. 가격이 싸든 비싸든 반드시 필요하므로 수요가 거의 일정하다.

그룹 사모님들은 왜 갤러리를 운영할까?

미술에 관심이 있는 사람들은 우리나라 미술시장이 재벌에 의해서 움직인다는 사실을 알고 있을 것이다. 왜 그룹 사모님이나 자녀들은 갤러리를 운영할까?

- 미술품은 대표적인 위풍재로 희소성이 매우 크고 가격이 비싸기 때문에 남들과 확실한 구별 짓기를 할 수 있는 재화이다.
- 문화를 아끼고 문화사업에 투자하는 그룹 이미지를 만들 수 있다.
- 미술품은 쌀이나 석유처럼 소모되면서 가치를 발휘하는 재화가 아니고, 건물이나 기계처럼 감가상각이 크게 발생되는 재화도 아니기 때문에 자산으로서의 가치가 크다.
- 작가의 사망, 재조명 등의 이유로 가격이 크게 오를 수 있다.

미술품이 비자금 조성이나 상속세를 면하기 위한 수단으로 악용되고 있다는 비판도 있다. 그런 면도 없지 않다. 그러나 현재 우리나라 미술계의 수요와 공급이 일반 서민들이 아니라 기업가 중심으로 이루어지는 점을 감안한다면 이들의 기여도 부인할 수 없을 것이다.

우리 옆의 경제학

노동시장의 공급과 가격 살펴보기

다음의 그림은 노동시장의 공급곡선이다. 재화시장과 비교할 때, 노동시장에서는 가계가 공급자가 되고, 기업이 수요자가 되며, 공급량은 노동자수이고, 가격은 임금이다.

▶ 노동시장의 공급과 가격의 변동

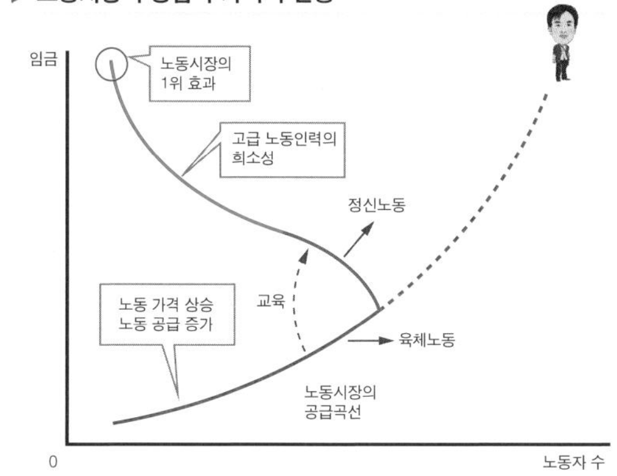

첫째, 노동시장도 초반에는 일반 재화가 거래되는 시장과 비슷하게 가격이 오르면 공급이 많아진다. 일당 1만원보다 3만원, 5만원짜리 일을 선호하는 것은 당연하다.
둘째, 노동시장에서는 어느 수준의 가격을 지나면, 가격이 올라도 노동의 공급량이 점점 줄어든다.
삼성전자에서 반도체를 조립하는 사람은 많지만, 반도체를 연구하고 기획하는 사람은 적다. 고급 노동인력의 희소성 때문이다. 그래서 가격이 올라도 공급량이 오히려 줄어든다. 그런 면에서 교육은 노동가치의 희소성을 높이는 일이라고 볼 수 있다.
셋째, 노동가치가 다른 사람이 따라올 수 없는 수준에 도달하면, 그 사람의 노동가격은 기하급수적으로 증가하고 노동 공급량은 극히 적다.
빌 게이츠나 스티브 잡스, 일주일에 1억원이 넘는 연봉을 받았던 박지성, CF 한 편에 18억원을 받았던 비 등. 이것을 '1위 효과'(first effect)라고 한다.

004

시장에서 가격은 어떻게 결정될까?

Let's Go 과연 소비자와 판매자가 모두 만족할 수 있는 가격은 어떻게 결정될까? 핸드폰은 가격이 어떻게 형성되는지, 광고가 가격에 어떤 영향을 미치는지, 강남 부동산 가격은 왜 이렇게 빠르게 오르는지…….
지금까지 배웠던 내용을 토대로 가격결정의 원리에 대해 확실히 알아보자.

미분양 없는 아파트 가격 찾기 – 수요와 공급에 의한 가격 찾기

가격이 어떻게 형성되는지 가장 잘 볼 수 있는 곳이 경매시장이다. 경매시장에 물건이 나오면 소비자들은 각각 원하는 가격을 부르고, 결국 가장 높은 가격을 부른 사람이 그 물건을 가져간다. 만약 매각 가격이 너무 높아 입찰자가 없으면 경매 진행자는 가격을 낮추어 부르고, 결국 낮은 가격에서 거래가 성사된다.

시장에서도 그러하다. 수요자는 자신이 원하는 가격 안에서 수요량을 결정하고, 공급자 또한 그러하다. 경매와 마찬가지로 어느 일정한 선에서 수요자와 공급자를 만족시키는 가격과 수량이 결정된다.

다음은 한 지방중소도시에서 32평 아파트의 가격에 따라 수요량과 공급량이 어떻게 변하는지 정리한 것이다. 건설회사가 아파트의 가격을 얼마로 결정할 때 최대의 매출을 올릴 수 있을까? 다음의 수요–공급 곡선을 해석해 보자.

▶ 지방중소도시 32평 아파트의 균형가격 찾기

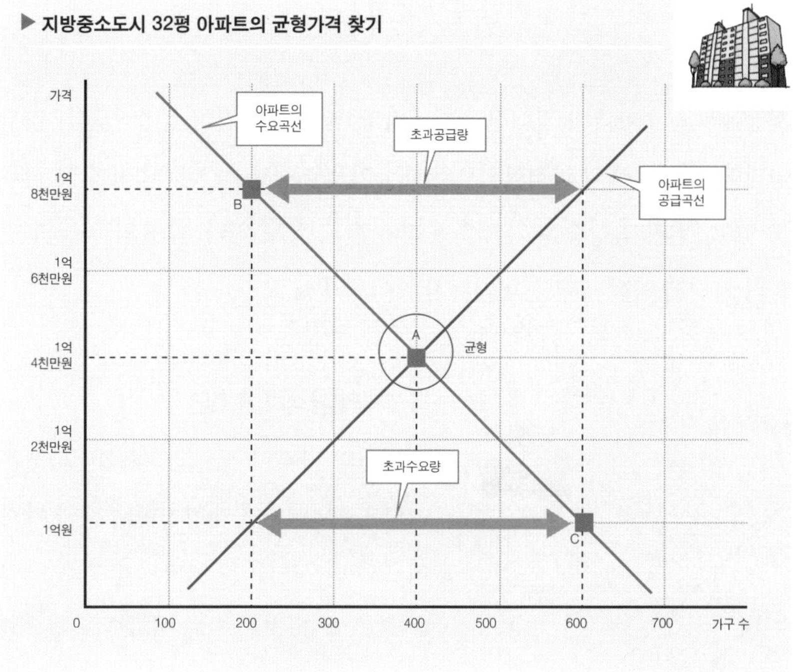

❶ 건설회사에서 1억 8,000만원에 600가구를 공급하면, 주민들은 가격에 부담을 느끼고 200가구를 구매한다(B점). 미분양 아파트가 400가구 생긴다.

❷ 아파트를 1억원에 분양하면 수요는 600가구가 된다(C점). 하지만 건설회사는 가격이 싸므로 공급을 200가구만 한다. 그래서 400가구의 수요를 충족시키지 못한다.

❸ 아파트를 1억 4,000만원에 공급하면, 수요량과 공급량이 400가구로 같아서(A점) 미분양이 생기지 않고 가장 큰 매출을 올릴 수 있다.

수요량과 공급량이 일치되는 가격을 '균형가격', 수요와 공급이 일치된 상태의 수요량 및 공급량을 '균형거래량', 그리고 수요곡선과 공급곡선이 만난 A점을 '균형'이라고 한다. 균형가격은 시장의 수요와 공급을 통해서 결정되기 때문에 '시장가격'이라고도 한다.

수요와 공급은 가격을 어떻게 바꿀까?

시장에서 균형가격이 정해진다 하더라도, 재화의 가격이 항상 일정한 것은 아니다. 경쟁상품의 파격할인으로 매출이 줄어들면 가격을 내려야 할 경우도 있고, 원가가 상승해 가격을 올려야 할 경우도 있다. 수요와 공급의 변화가 가격에 어떤 영향을 미치는지 알아보자.

▶ 연립주택의 가격이 오를 때 아파트 시장

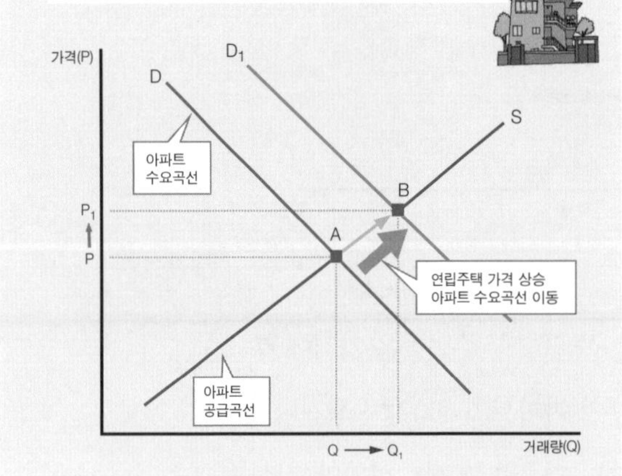

▶ 원자재 가격이 오를 때 아파트 시장

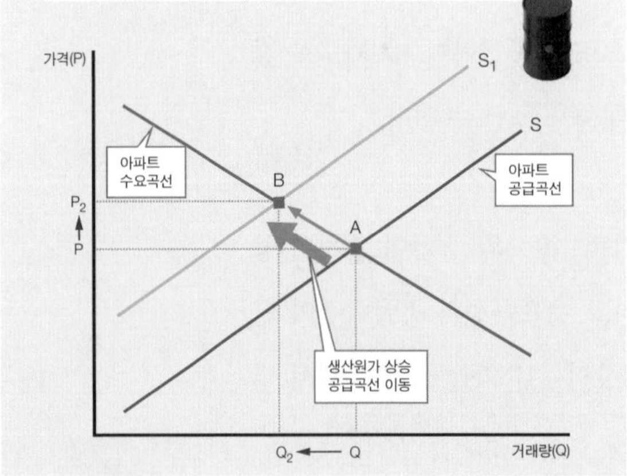

대체재의 가격이 오르면

대체재의 가격이 오르면 재화의 가격은 어떻게 될까? 이를테면 연립주택의 가격이 오르면 사람들은 아파트를 더욱 구입하려고 할 것이다. 이때 아파트의 수요는 증가하고 수요곡선은 오른쪽으로 이동하게 된다($D \rightarrow D_1$). 균형가격은 A점에서 B점으로 이동하고($P \rightarrow P_1$), 아파트 가격이 상승하면서 거래량(공급량)도 증가한다($P \rightarrow P_1$, $Q \rightarrow Q_1$). 이처럼 대체재(연립주택)의 가격이 오르면, 재화(아파트)의 가격도 오르고 거래량도 늘어난다.

원자재 가격이 오르면 아파트의 거래량은?

원자재 가격이 오르면 재화의 가격과 거래량은 어떻게 될까?

원자재나 재료비가 오르면 생산원가가 상승하고 기업은 원가 상승분만큼 이윤이 줄어든다. 그러면 기업은 공급을 줄이게 되고 공급곡선은 왼쪽으로 이동한다($S \rightarrow S_1$). 균형가격은 A점에서 B점으로 이동한다($P \rightarrow P_2$). 이에 따라 아파트 가격이 크게 상승하고 거래량은 감소한다($P \rightarrow P_2$, $Q \rightarrow Q_2$).

노동시장에서 가격과 거래량은 어떻게 변할까?

노동시장에서 수요자는 기업, 공급자는 가계이다. 노동시장에서는 상품이 노동력, 거래량은 취업자의 수, 가격은 임금으로 이해하면 쉬울 것이다.

노동시장
수요자 = 기업
공급자 = 가계
상품 = 노동력
거래량 = 취업자의 수
가격 = 임금

기업의 실적악화와 노동시장

기업실적이 악화되면, 노동시장의 임금과 거래량은 어떻게 될까? 기업은 실적이 좋지 않으면 비용을 절감하려 하고 신규채용을 줄인다. 이에 따라 노동 수요는 감소하며 노동 수요곡선은 왼쪽으로 이동한다($D \rightarrow D_1$). 이 경우 노동자의 임금과 노동자 채용도 감소한다($P \rightarrow P_1$, $Q \rightarrow Q_1$). 여기서 경기침체는 노동시장을 급격히 악화시키는 요인이 된다는 것이 증명된다.

▶ 기업실적이 악화되었을 때 노동시장

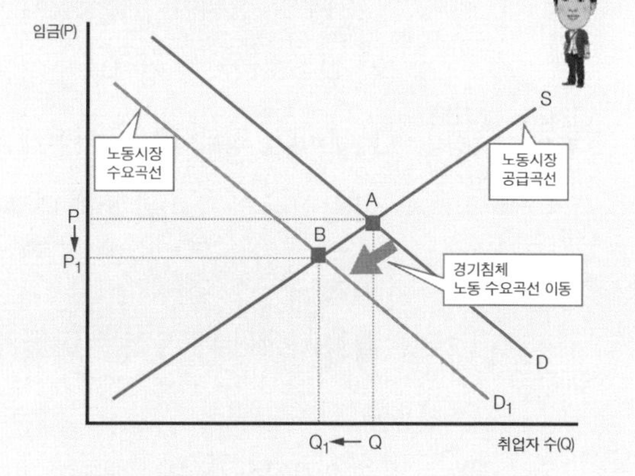

경기부양 정책과 노동시장

경기침체에 구조조정까지 겹쳐 최악의 경기불황으로 이어질까 우려한 정부가 대규모 건설경기 부양정책을 시행했다고 하자. 이때 노동시장의 임금과 노동 공급량은 어떻게 될까?

▶ 경기침체와 경기부양 때 노동시장

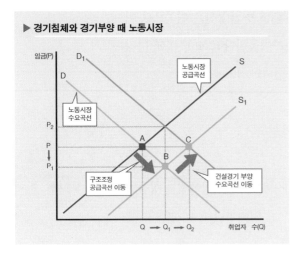

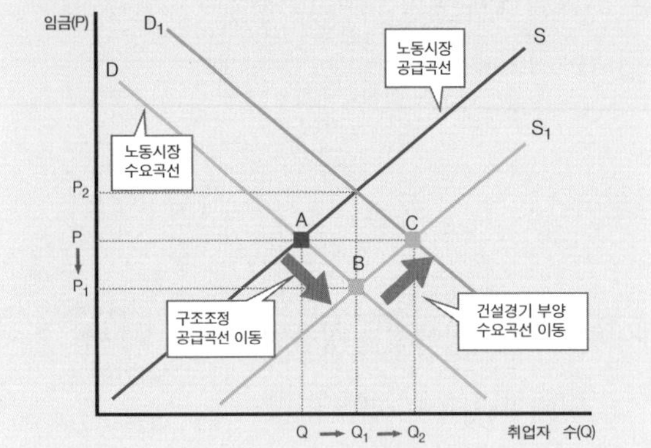

먼저 경기침체로 기업들이 구조조정을 하면 시중에 일할 수 있는 사람들이 넘쳐나게 되어 노동시장의 노동 공급량은 늘어난다(S→S1). 이때 균형은 B점으로 노동 공급량은 Q_1까지 증가하면서 임금은 P_1으로 감소한다. 한편 정부의 대규모 건설경기 부양은 노동시장의 수요를 증가시키며 노동 수요곡선을 오른쪽으로 이동시킨다(D→D1). 균형은 A점에서 B점을 거쳐 C점으로 이동하게 된다. 이때 노동시장의 임금은 노동시장의 수요에 따라 달라지겠지만, 최소한 P_1보다는 높게 형성되고, 노동 공급량은 Q_2로 늘어난다.

경기부양 정책이 임금상승과 더불어 고용인구를 늘렸다. 정부가 재정적자를 감수하더라도 경기부양 정책을 내놓지 않을 수 없는 것은 이와 같은 이유 때문이다. 정부에서는 어떻게 해서든 실업문제를 해결하여 노동자들의 소득이 늘어나고, 소비를 통해 내수를 살려 경기회복을 꾀하고자 한다.• 208쪽

• 대규모 건설경기 부양정책의 타당성은 여기에서는 논외로 하겠다.

금융시장에서 가격은 어떻게 결정될까?

금융시장
수요자 = 대출 기업
공급자 = 저축 가계
상품 = 돈
거래량 = 자금 거래량
가격 = 금리(이자율)

금융시장에서 금융상품의 가격과 거래량이 어떻게 형성되는지 살펴보자. 금융시장을 쉽게 이해하기 위해서는 '돈'을 '상품'이라고 생각해야 한다. 돈이 상품처럼 거래된다고 볼 때, 은행에 돈을 저축하는 가계가 공급자, 그리고 투자를 위해 돈을 빌리는 기업이 수요자가 될 것이다. 물론 생활이나 투자를 위해 가계가 돈을 빌리면 수요자가 된다. 금융시장도 수요와 공급에 의해서 가격이 형성된다. 상품의 수량을 자금 거래량, 상품의 가격을 이자율이라고 볼 수 있다.

대출이 증가할 때 금융시장

만약 2005년이나 2006년처럼 부동산과 주식 열풍이 불어 가계와 기업 대출이 크게 증가하면 금융시장에는 어떤 일이 일어날까?

자금 수요(대출)가 증가하면서 수요곡선은 오른쪽으로 이동한다($D \rightarrow D_1$). 이때 균형은 B점으로 형성되면서 자금 거래량도 증가하고 금리(돈의 가격)도 올라간다($P \rightarrow P_1$, $Q \rightarrow Q_1$). 몇 년 전 주식 및 부동산 가격이 오르자 금리도 올랐다.

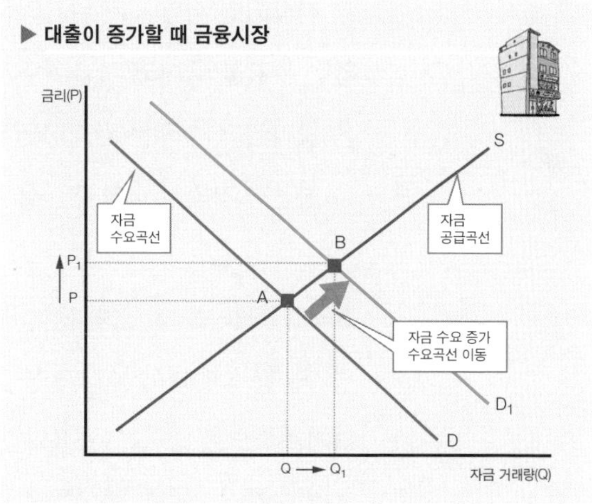

경제불황 때 금융시장

만약 경제불황이 닥치면 금융시장에는 어떤 현상이 나타날까?

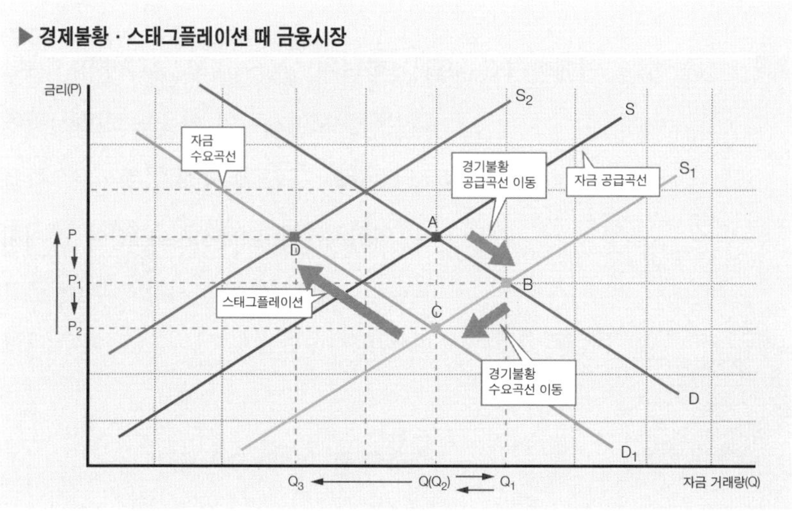

보통 경기가 나빠지면 저축이 줄어들 것이라고 생각한다. 그러나 경기불황이 시작되면 사람들은 위기의식을 느끼고 저축을 늘린다(S→S_1). 반대로 기업은 투자를 줄이고 자금 수요(대출)는 감소한다(D→D_1). 결국 자금의 공급은 증가하고 수요는 감소하면서 금리는 낮아지고(P→P_1→P_2), 자금 거래량은 예전과 거의 비슷한 수준을 유지한다.

스태그플레이션 때 금융시장

경기불황 상태에서 물가가 상승하는 스태그플레이션이라면 어떻게 될까? 경기불황으로 임금은 동결되었는데, 물가가 오르면 실질임금은 줄어든다. 그러면 가계 저축은 줄어들고 금융시장의 자금 공급도 줄어든다(S→S_2). 이때 자금의 수요와 공급에 의한 균형은 D점으로 자금 거래량은 크게 감소하고, 금리는 경기침체 이전 수준으로 올라간다.

외환시장에서 환율은 어떻게 결정될까?

외환시장을 쉽게 이해하려면 외환을 하나의 상품이라고 생각하자. 두 나라 돈의 교환가치인 환율도 외환시장에서 수요와 공급에 의해 결정된다. 환율 및 외환시장에 대해서는 12장에 자세히 다룬다. 여기서는 외환시장의 수요, 공급 측면만 살펴보자.

▶ 수출이 증가할 때 외환시장

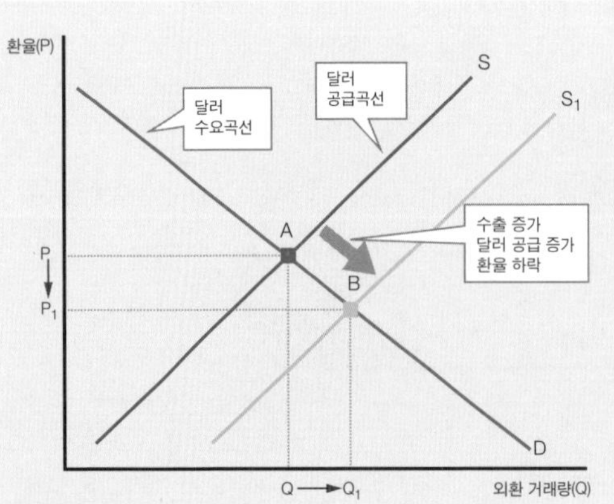

수출이 증가할 때 외환시장

환율은 우리나라 돈과 외국 돈인 외환의 교환비율이다. 수출이 잘될 때 환율은 어떻게 변할까?

수출이 늘어나면 우리나라에 들어오는 달러의 공급이 늘어나 공급곡선이 오른쪽으로 이동한다($S \rightarrow S_1$). 그러면 외환 거래량이 늘어나고 환율은 하락한다($Q \rightarrow Q_1$, $P \rightarrow P_1$). 수출뿐만 아니라 외국인의 한국 주식 및 채권 투자가 늘어날 경우에도 외환시장에 이와 같은 일이 일어날 확률이 높아진다.

외환시장
수요자 = 달러 필요한 측 (기업, 개인)
공급자 = 수출기업, 정부
상품 = 달러
거래량 = 외환 거래량
가격 = 환율

외국인 투자가 감소할 때 외환시장

만약 우리나라의 대외신용도가 하락하여 외국인들이 우리나라의 주식과 채권을 팔아 나가고, 외국인 투자가 감소하면 어떤 일이 일어날까?

외국인들이 주식과 채권을 팔아 달러로 바꾸어 나가려고 하므로 달러의 수요는 크게 늘어난다($D \rightarrow D_1$). 이처럼 달러의 수요가 늘어나므로 환율은 P에서 P_1으로 오른다.

▶ 외국인 투자가 감소할 때 외환시장

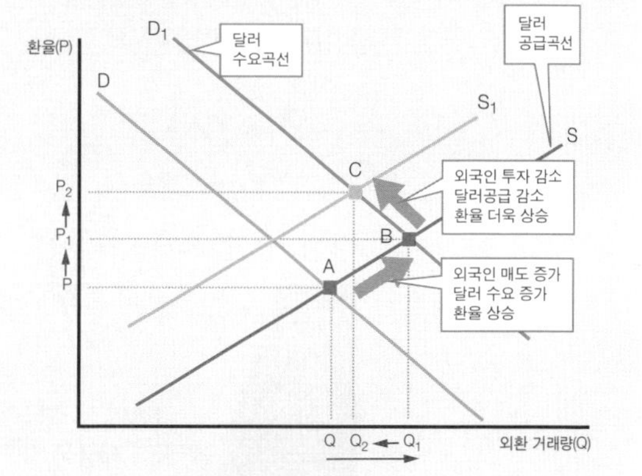

그러면 외국인의 투자가 감소하여 달러의 공급이 줄어들면서 달러의 공급곡선도 왼쪽으로 움직인다($S \rightarrow S_1$). 이때 균형은 B점에서 C점으로 이동하고 환율은 P_2로 더 오르게 된다. 만약 여기에 수출까지 감소한다면 환율은 더욱 크게 오르게 될 것이다.

이처럼 수요와 공급을 통해서 형성되는 가격과, 균형에 이르는 시장의 원리는 이론적인 것만은 아니다. 우리가 매일 물건을 사고 신문에서 보고 듣는 것들에도 그 원리가 있다.

우리 옆의 경제학

강남 부동산은 왜 가격 변동이 심할까?

2005년 무렵 우리나라는 부동산 열기에 휩싸였다. 이른바 버블세븐(강남, 서초, 송파, 양천, 분당, 평촌, 용인) 지역은 6개월 사이에 억 단위로 가격이 폭등하였고, 특히 강남 부동산이 그 열풍을 주도했다. 그런데 3년이 지난 2008년 금융위기로 인해 부동산 시장은 거래량이 크게 줄어 얼어붙었고 가격도 3년 전 수준으로 폭락했다. 2015년 현재 강남 부동산 가격은 조금 회복된 상태이다.

전문가들은 부동산 상승뿐만 아니라 하락도 강남 부동산 시장부터 시작된다고 본다. 다른 시장에 비해서 가격의 등락이 큰 강남 부동산 시장, 과연 왜 이런 현상이 생기는 것일까?

2008년 7월

강남 아파트 왜 이러나?

2008년 들어 아파트 가격이 큰 폭으로 하락하고 있다. 송파구 -6.6%, 강동구 -4.57%, 강남구 -1.21%, 마포구 -0.64%로 작년 말에 비해 아파트 가격이 크게 떨어진 것으로 나타났다.
특히 대규모 입주와 재건축 단지가 몰려 있는 송파구와 투자수요가 많은 강남 재건축단지도 많이 떨어졌다. 강남 4구 재건축 아파트 가격은 연초에 평당 약 3,700만원에서 3,300만원으로 10% 이상이 하락했다. 한편 잠실주공 5단지 34평형은 한 주 만에 9,000만원이나 떨어졌다. 이는 2005년 수준의 가격이다.

토지시장의 특성 살펴보기

다음은 일반적인 토지시장의 그래프이다. 땅주인이 공급자, 땅을 구입하려는 사람이 수요자, 그리고 이들의 거래과정에서 토지가격이 형성된다.

▶ 일반적인 토지시장의 수요/공급 곡선

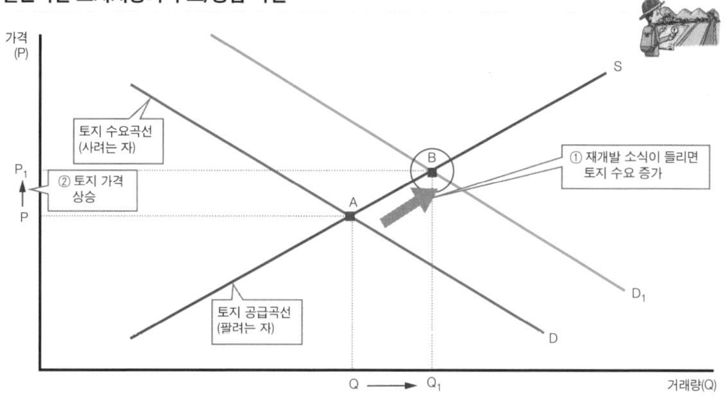

만약 재개발 소식이 들리면 토지의 수요가 늘어 수요곡선은 D에서 D_1으로 이동하고 가격도 상승한다. 마찬가지로 강남 부동산의 수요가 증가하면 가격이 상승한다. 그런데 앞에서 살펴보았듯이 토지는 아무리 수요가 증가해도 공급을 무한정 늘릴 수는 없다. 특히 강남 부동산은 공급을 늘리기 힘들기 때문에, 공급곡선은 그림과 같이 수직선을 이루며 가격 상승폭이 훨씬 크다.

▶ 강남지역 토지시장의 수요/공급 곡선

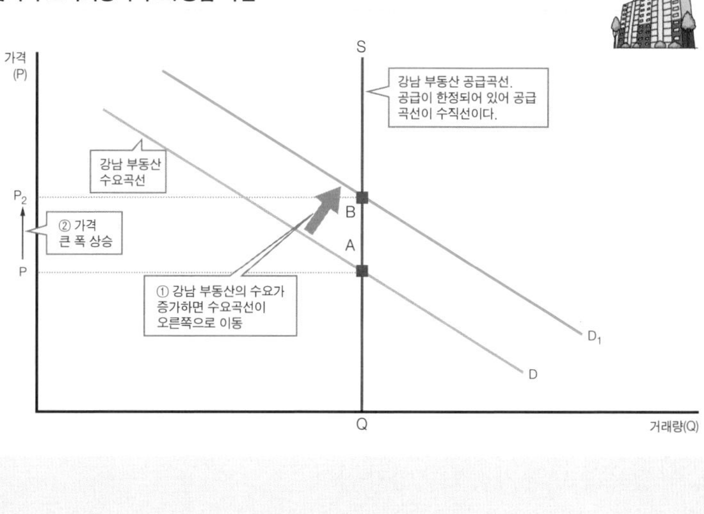

2005년 무렵 외국자본의 유입과 부동산 상승에 대한 기대감으로 강남 부동산의 수요가 증가했을 때, 다른 지역보다 폭등한 것도 이 그림에서 보듯이 공급이 한정된 것이 한 요인이었다.

005

유가가 내리면 석유 수요가 얼마나 늘까?

— 수요의 가격 탄력성

Let's Go

휘발유	2327
경 유	2213
등 유	1722

2012년 주유소 가격표

명품백처럼 어떤 재화는 값이 크게 올라도 우리의 일상생활에 큰 영향을 미치지 않는 반면, 유가 상승은 일상생활의 풍속도를 바꾸어 놓을 만큼 파급효과가 크다.

2012년 4월 환율이 높은 상태에서 국제 유가가 크게 오르자(두바이유 배럴당 120달러 이상), 서울 시내 휘발유가 한때 리터당 2,000원 이상으로 올랐다. 이에 자동차 출퇴근을 포기한 사람들로 인해 버스나 지하철이 붐볐고, 평일 낮에도 아파트 주차장에 차가 많았다. 수요의 가격 탄력성을 알아보고, 탄력적인 상품과 비탄력적인 상품을 살펴보자.

유가가 내리면 석유의 수요는? — 수요가 가격에 비탄력적인 경우

수요의 가격 탄력성

수요의 가격 탄력성은 한 재화의 가격이 오르내림에 따라 '수요량이 얼마나 민감하게 반응하는지'를 나타낸다.

'수요의 가격 탄력성이 크다'는 것은 가격이 조금만 변해도 수요량이 크게 요동친다는 것이다. 예를 들어 콜라 가격이 상승하면 사람들은 대신 사이다를 마신다. 따라서 콜라와 같은 상품은 수요의 가격 탄력성이 큰 재화이다. 반면에 쌀은 가격이 오르거나 내려도 수요량은 크게 늘거나 줄지 않는다. 즉 쌀은 수요의 가격 탄력성이 작다.

수요의 가격 탄력성 구하기

다음은 휘발유가가 1,000원에서 600원으로 내릴 때 수요의 가격 탄력성을 구한 것이다. 휘발유 수요의 가격 탄력성은 0.5이다. 이는 가격이 1만큼 내리면 수요량이 0.5만큼 늘어난다는 것이다.

▶ **수요가 가격에 비탄력적인 경우**

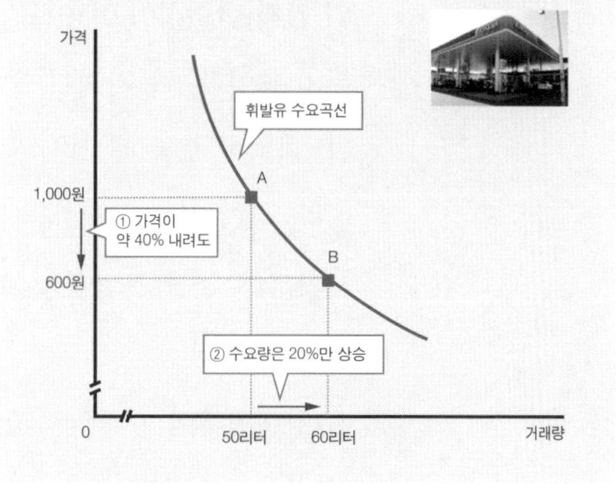

▶ **휘발유가 1,000원→600원으로 내릴 때**

수요 변화량 / 기존 수요 / 가격 변화량 / 기존 가격

$$\text{휘발유 수요의 가격 탄력성} = \frac{\frac{10}{50}}{\frac{400}{1,000}} = \frac{\frac{1}{5}}{\frac{4}{10}} = \frac{10}{20} = 0.5$$

수요의 가격 탄력성이 작다.

이번에는 휘발유가 600원에서 1,000원으로 오를 때 수요의 가격 탄력성을 구해 보자. 계산하면 0.25가 나온다.

▶ **휘발유가 600원→1,000원으로 오를 때**

$$\text{휘발유 수요의 가격 탄력성} = \frac{\frac{10}{60}}{\frac{400}{600}} = \frac{\frac{1}{6}}{\frac{4}{6}} = \frac{6}{24} = \frac{1}{4} = 0.25$$

수요의 가격 탄력성이 작다.

수요의 가격 탄력성 0.25는 가격이 1만큼 오를 때 수요량이 0.25만큼 준다는 것이다. 가격이 내릴 때와 오를 때, 수요의 가격 탄력성이 다를 수 있다.

수요가 가격에 비탄력적인 재화

앞의 두 경우를 보면 휘발유 가격이 1,000원 → 600원으로 내릴 때는 수요의 가격 탄력성이 0.5이고, 휘발유 가격이 600원 → 1,000원으로 오를 때는 0.25이다. 즉 가격이 오르든 내리든 어쩔 수 없이 써야 하는 재화이지만, 가격이 오를 때보다 내릴 때 수요의 변동폭이 좀더 크다는 것을 알 수 있다. 이런 성격의 재화는 주로 생필품인데, 생필품의 수요는 가격 변화에 둔감하다. 즉 가격이 오르거나 내려도 수요는 크게 변하지 않는다.

반면 생필품의 가격은 수요 변화에 민감하다. 즉 수요가 늘거나 줄어들면 가격이 크게 변한다.

2008년 금융위기 당시 가장 극적인 가격 변화를 보인 것 중 하나는 바로 '석유'이다. 그해 7월 1배럴당 150달러 근처까지 갔던 국제 유가는 8월 무렵부터 극적인 폭락을 거듭해서 12월에는 33.5달러까지 떨어졌다.

▶ 국제 유가 추이(2006/5~2009/4) 단위: 배럴당 달러 | 출처: FRB

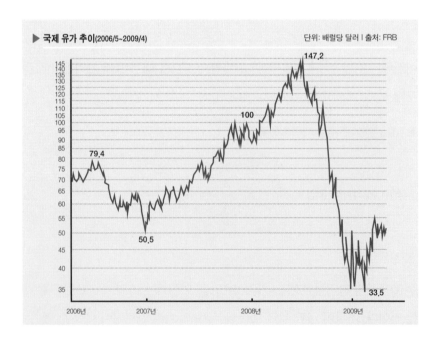

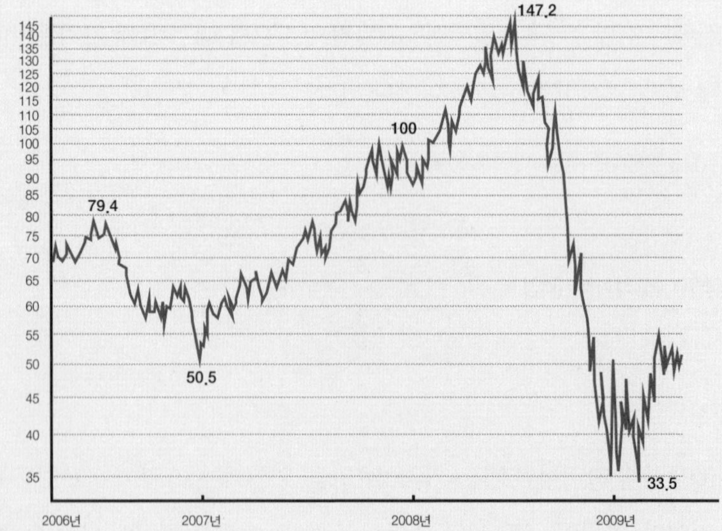

국제 유가가 이처럼 극적인 폭락세를 보인 가장 중요한 원인은 '약간의 수요 변화' 때문이다. 미국 에너지정보청에 의하면, 2008년 원유 소비량은 경기침체와 고유가로 인한 에너지 절감 노력의 결과 전해에 비해 불과 5% 감소했는데, 가격은 거의 4분의 1로 폭락했다.

이처럼 유가는 수요 변화에 크게 반응하지만, 수요는 유가가 오르거나 내려도 크게 변하지 않는다. 수요가 가격에 민감하지 않은 재화를 수요의 가격 탄력성이 '비탄력적'이라고 한다. 이런 재화들은 수요의 가격 탄력성이 1보다 작다. 석유, 쌀 같은 생필품이 이에 해당된다.

벤츠 영업사원은 가격경쟁을 할까? 서비스 경쟁을 할까?

– 수요가 가격에 탄력적인 경우

이번에는 수요가 가격에 탄력적인 상품을 살펴보자. 모피코트가 1,000만원에서 900만원으로 내렸을 때, 50벌이던 수요가 40벌이 더 늘었다면 수요의 가격 탄력성은 어떻게 될까?

▶ 모피코트가 1,000만원→900만원으로 내릴 때

$$\text{모피코트 수요의 가격 탄력성} = \frac{\frac{40}{50}}{\frac{100}{1,000}} = \frac{\frac{4}{5}}{\frac{1}{10}} = \frac{40}{5} = 8$$

수요의 가격 탄력성이 크다.

이 경우 모피코트 수요의 가격 탄력성은 8이다. 이는 가격이 1만큼 내리면 수요가 8이나 늘어나는 재화라는 뜻이다. 따라서 수요가 가격 변화에 매우 민감한 재화라고 할 수 있다.

▶ 수요가 탄력적인 경우

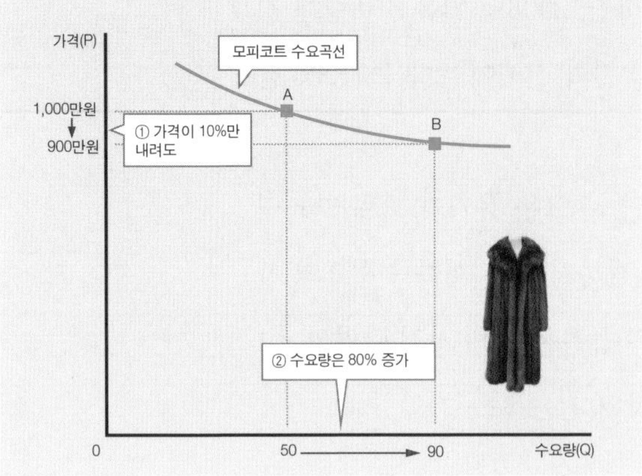

이렇게 수요의 가격 탄력성이 1보다 큰 재화를 수요가 가격에 '탄력적이다'라고 하며, 사치품이 이에 해당된다. 예를 들어 모피코트는 파격세일을 하면 수요가 크게 늘어난다. 벤츠도 가격에 대해 수요가 탄력적인데, 환율이 상승해서 수입 자동차 가격이 급격히 오르면 사람들은 BMW나 렉서스 대신 국산차를 구입하려는 경향이 강해진다.

【퀴즈】 벤츠 자동차는 가격경쟁을 할까? 서비스 경쟁을 할까?

벤츠와 같은 재화는 서비스 경쟁보다는 24개월 무이자 할부나 영업사원이 재량으로 500만원을 깎아 준다는 식의 가격경쟁을 한다. 수요가 가격에 매우 탄력적이기 때문이다.

수요가 가격에 탄력적인 상품을 가장 빨리 찾는 방법은 백화점의 바겐세일 전단지를 보는 것이다. 전단지 앞쪽에 나오는 파격세일 상품은 고급 의류나 고급 화장품이 대부분이다. 이런 상품들은 평소에는 비싸서 구입하지 못하다가 세일 때 쉽게 구매할 수 있는, 수요의 가격 탄력성이 큰 상품이다. 마찬가지로 '반값 대처분' 전단지에는 남성정장, 모피코트, 헬스기구 등이 자주 등장한다.

【퀴즈】 주유소는 서비스 경쟁을 할까? 가격경쟁을 할까?

강남의 주유소는 가격표는 잘 안 보이고 짧은 치마를 입은 아가씨들이 90

도 각도로 인사를 하면서 카페오레를 주는 서비스 경쟁을 하고, 변두리 주유소는 파격할인 같은 가격경쟁을 한다. 강남 사람들은 대체로 기름값에 둔감하고, 변두리에 사는 사람들은 상대적으로 기름값에 민감하다. 특히 화물트럭 운전사나 택시운전사는 연료비에 더욱 민감하다.

수요의 가격 탄력성만큼 일상생활과 관련이 깊은 경제학 개념도 드물다. 허생이 벤츠를 매점매석 했다면 아마 파산했을 것이다. 허생은 말총과 제수용품을 매점매석 했다. 두 품목 모두 대체재가 없고 양반가의 필수품이었으며, 전체 소비에서 차지하는 비중이 작은 상품이었다.

여기서 잠깐

콩나물로 익히는 수요의 가격 탄력성

【퀴즈】 콩나물을 파는 사람들은 가격경쟁을 할까? 서비스 경쟁을 할까?

콩나물은 가격을 낮춘다고 판매량이 폭발적으로 늘지는 않는다. 즉 수요가 가격에 비탄력적인 상품이다. 그래서 판매자들은 가격경쟁보다 무공해 콩나물, 유기농 콩나물, 머리 딴 콩나물 같은 서비스 경쟁을 한다.

수요가 가격에 비탄력적인 상품의 특징

- 수요가 가격 변화에 둔감하다.
  가격이 올라도 수요량이 크게 줄지 않는다.
- 거꾸로 가격은 수요의 변화에 민감하다.
  수요가 조금만 늘어도 가격이 급격히 오른다. 마찬가지로 수요가 조금만 줄어도 가격이 크게 내린다.
- 대부분의 생필품이 해당된다.
- 전체 소비지출 금액에서 차지하는 비중이 작다.
- 대체재가 별로 없다.
- 가격경쟁보다 서비스 경쟁을 한다.
- 가격을 인하하면 총판매 수입이 감소한다.
  수요가 가격에 비탄력적이기 때문에 가격이 내린다고 수요가 크게 증가하지는 않기 때문이다.

우리 옆의 경제학

백화점과 수요의 가격 탄력성

백화점에서는 수요의 가격 탄력성이 큰 상품과 작은 상품의 진열상태를 가장 극명하게 대조해 볼 수 있다.

1층 잡화 코너

수요의 가격 탄력성이 가장 큰 상품들로 가득 채워져 있다. 연중 바겐세일이 이루어지는 공간이다. 주얼리, 화장품, 구두, 지갑, 넥타이, 그리고 고급향수……. 백화점의 이미지를 만드는 가장 핵심적인 공간이다. 수요의 가격 탄력성이 큰 상품은 가장 눈에 잘 뜨이고 가까운 공간에 진열한다.

2층 여성 정장 코너, 3층 여성 캐주얼 코너

여성복 코너는 항상 남성복 코너보다 아래층에 있다. 남성은 백화점에 오기까지가 힘들지, 일단 백화점에 오면 구입률이 높다. 하지만 여성은 그렇지 않다. 특히 여성은 자기 물건은 가격이 마음에 들지 않으면 구입을 망설이지만, 애인이나 남편을 위해 물건을 사러 왔을 경우는 구입률이 높다. 따라서 수요의 가격 탄력성이 큰 여성용 상품은 입구와 좀더 가까운 아래층에 진열한다. 사치품인 정장은 캐주얼보다 접근성이 좋은 2층에 진열한다.

4층 남성정장 코너, 5층 남성 캐주얼 코너

여성복 코너인 2,3층과 달리 4,5층 남성복 코너에는 소파나 의자가 없다. 백화점은 2,3층 여성복 코너에 쇼핑에 지친 남성을 위해 쉴 공간을 마련한다.(남성이 쇼핑에서 받는 스트레스의 강도는 200미터를 전력 질주했을 때와 같다고 한다.) 여성은 절대 쇼핑을 멈추지 않을 것이고, 자칫 둘 사이에 불화가 일어나 쇼핑 중단으로 이어질 수 있으니까.

반면 4,5층 남성복 코너에서 여성은 남성의 쇼핑에 코치를 하느라 여념이 없을 것이기에 편한 소파와 쉴 공간을 제공하지 않는다.

지하 2층과 꼭대기층

식당은 수요의 가격 탄력성이 가장 낮다. 인간의 식욕만큼 수요가 비탄력적인 것이 또 있을까? 따라서 식당은 가장 불편한 곳에 있다. 다만 꼭대기층이라는 전망과 지하라는 입지조건의 차이 때문에 최상층에는 럭셔리한 식당을, 지하 2층에는 분식점을 배치한다.

여성정장
Women's Formal Wear
5F
디자이너부틱 모피 임부복
여성캐주얼
Ladies Casual Wear
4F
캐릭터 커리어 트래디셔널캐주얼
구두·영어덜트
Shoes & Youngadult
3F
구두 뷰티케어(네일,헤어) 영베이직캐주얼 영캐릭터
레포츠/여성정장
패션잡화·수입의류
Fashion Goods & Imported Wear
2F
핸드백 주얼리 시계 여행가방
패션소품(모자,스타킹,손수건,양말) 수입의류
명품·화장품
Imported Boutique & Cosmetics
1F
수입명품 화장품 시즌상품(스카프,선글라스,우산,양산)
니트웨어
식품
Food & Grocery
B1
수퍼 건강식품 조리식품 주류
베이커리 스낵가
영플라자
Young Plaza
B2F
영캐주얼 진캐주얼 스포티캐주얼
UNISEX캐주얼 악세사리 란제리
주차장
Parking Lot
B3F~B5F
B3F 여성전용 주차장 (B3F Parking Lot For Women Only)
B4~B5F 주차장

백화점과 카지노에 모두 없는 것

백화점의 판매전략은 여기서 멈추지 않는다. 백화점과 카지노에는 시계와 창문이 없다. 시계가 없는 것은 시간에 신경 쓰지 말고 쇼핑과 게임에 열중하라는 것이다. 창문이 없는 것은 백화점 안에 있는 물건 외에는 쳐다보지 말라는 것이고, 카지노의 경우 해 뜨는 것을 모르게 하기 위해서이다.

백화점에는 있는데, 카지노에는 없는 것

반면 백화점에는 있는데, 카지노에는 없는 것은 거울이다. 백화점은 항상 강요한다. 지금 초라한 너와 화려한 옷을 입은 채 전시된 마네킹을 비교해 보라고. 하지만 카지노는 충혈된 자기 눈을 확인하는 시간을 만들어 주고 싶지 않을 것이다.

엘리베이터와 에스컬레이터

백화점에서 엘리베이터는 구석진 곳에 있다. 찾기 가장 어려운 곳에. 반면 에스컬레이터는 백화점 정중앙에 있다. 손님들이여, 절대로 빨리 위층나 아래층으로 가지 말고 전시상품을 천천히 다 보라고.

패스트푸드점은 시간이 생명이다. 손님이 15분 안에 음식을 먹고 나가도록 예쁘지만 불편한 의자와 강렬한 비트의 음악을 튼다. 하지만 백화점은 고요하고 느린 클래식을 튼다. '너희는 귀족이야. 여유 있게 천천히 모든 물건을 샅샅이 훑고 가라.'

006

밀 가격이 폭등하면 공급은?

—공급의 가격 탄력성

Let's Go 우리나라는 쌀을 제외한 곡물 자급률이 매우 낮다. 보리는 53%, 콩은 11.3%, 옥수수는 0.8%, 밀은 0.2% 수준에 불과하다. 그래서 세계 곡물가격 변동에 큰 영향을 받을 수밖에 없다. 그런데 곡물은 공급의 가격 탄력성이 작으므로, 가격이 오른다고 해서 공급을 갑자기 크게 늘릴 수 없다. 그래서 공급이 부족하면 가격이 더욱 오를 가능성이 높다. 국제 곡물가가 급등하면 우리나라의 물가에도 영향을 준다.

공급의 가격 탄력성을 살펴보고, 공급이 가격에 탄력적인 상품과 비탄력적인 상품을 알아보자.

농산물 가격이 오르면 공급은?

공급의 가격 탄력성은 한 재화의 가격이 오르내림에 따라 '공급량이 얼마나 민감하게 반응하는지'를 보여준다. '공급의 가격 탄력성이 크다'는 것은 가격이 조금만 변해도 공급량이 크게 바뀐다는 것이다. 예를 들어 전염병이 유행하여 마스크가 품귀현상이 벌어져 가격이 상승하면, 기업은 잔업을 해서라도 생산량을 크게 늘린다. 반면 '공급의 가격 탄력성이 작다'는 것은 가격이 상승하거나 하락해도 공급량을 크게 늘리거나 줄일 수 없다는 것이다. 농산물이 그 예이다.

공급이 가격에 비탄력적인 재화

민재는 사과 1개당 500원일 때 100박스를 납품했는데, 명절을 앞두고 가격이 900원으로 오르자 120박스를 시장에 내놓았다. 이 경우 공급의 가격 탄력성을 구해보자.

▶ 휘발유가 1,000원→600원으로 내릴 때

공급 변화량 / 기존 공급량 / 가격 변화량 / 기존 가격

$$\text{사과 공급의 가격 탄력성} = \frac{\frac{20}{100}}{\frac{400}{500}} = \frac{\frac{2}{10}}{\frac{4}{5}} = \frac{10}{40} = \frac{1}{4} = 0.25$$

▶ 공급이 가격에 비탄력적인 경우

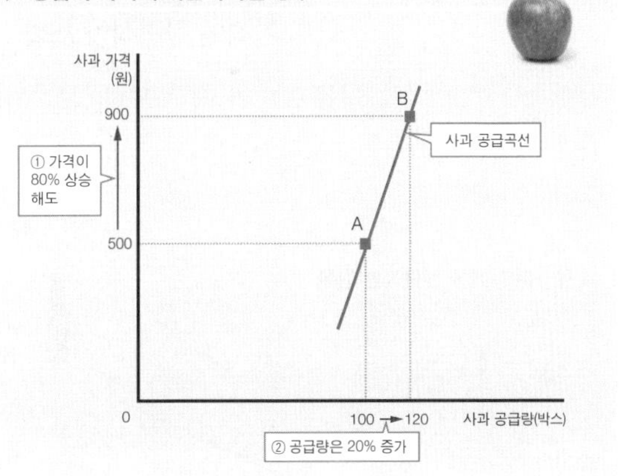

이 경우 공급의 가격 탄력성은 0.25이다. 가격이 1만큼 올라도 공급량을 0.25밖에 늘릴 수 없다. 민재는 사과 가격이 80%나 올랐지만 공급량을 25%밖에 늘릴 수 없었다. 사과는 공급이 가격에 비탄력적인 재화이기 때문이다.

이처럼 가격이 올라도 공급을 쉽게 늘릴 수 없는 재화를 '공급이 가격에 비탄력적인 재화'라고 한다. 이러한 물건은 공급량이 가격 변화에 둔감하며, 반대로 가격은 공급 변화에 민감하다.

공급이 가격에 비탄력적인 재화는 대부분 농산물, 석유처럼 서민경제와 직결된 상품이 많다. 그래서 정부에서 직접 수급을 관리하기도 한다. 또한 가격이 올라도 공급량을 크게 늘릴 수 없으므로, 수요에 비해 공급이 부족할 경우 가격이 급등할 가능성이 있다.

공급이 가격에 완전히 비탄력적인 재화

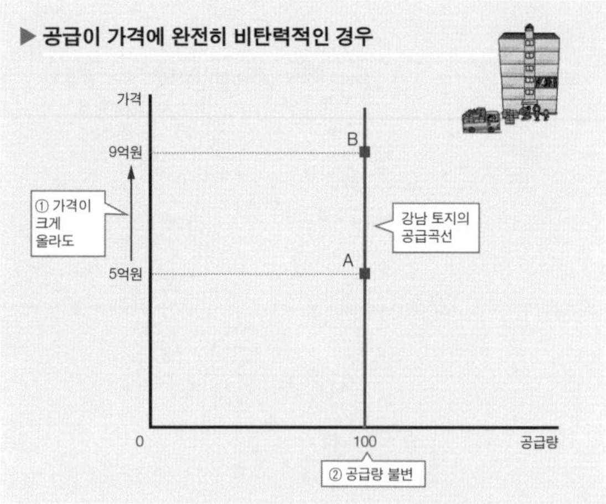

▶ 공급이 가격에 완전히 비탄력적인 경우

골동품, 경기장 입장권, 토지 등은 공급이 가격에 완전히 비탄력적인 재화이다. 아무리 가격이 오르더라도 더 생산할 수 없고, 가격이 내려도 공급이 줄지는 않는다. 이러한 재화의 가격은 전적으로 수요에 의해 형성된다.

공급이 가격에 탄력적인 재화

영등포에서 맥주 도매상을 하는 명수는 맥주 가격이 900원일 때는 50박스를 납품하고, 1,000원으로 오르자 납품량을 90박스로 늘렸다.

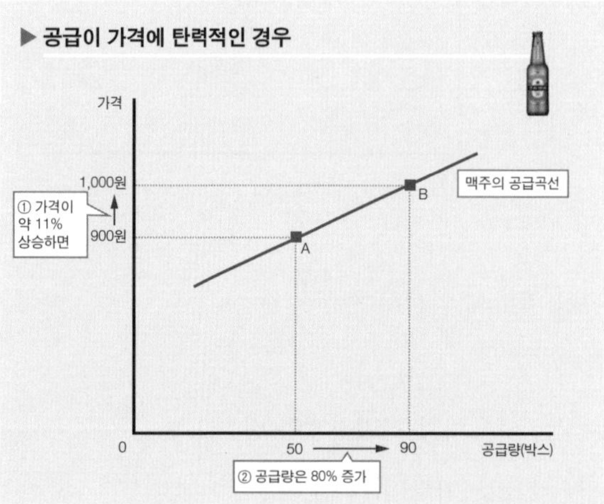

▶ 공급이 가격에 탄력적인 경우

▶ 맥주 가격이 900원→1,000원으로 오를 때

$$\text{맥주 공급의 가격 탄력성} = \frac{\frac{40}{50}}{\frac{100}{900}} = 7.2$$

맥주 공급의 가격 탄력성은 7.2이다. 맥주의 가격이 1만큼 오르면 공급은 7.2만큼 늘릴 수 있다. 공급의 가격 탄력성이 1보다 크므로, 공급이 가격에 매우 탄력적인 상품이다. 공산품은 이처럼 가격이 오르면 금방 공급을 늘릴 수 있다. 일반적으로 기업은 재료비 인상 등 공급 감소 요인이 없는 상태에서 제품가격이 오르면 생산량을 늘려서 이익을 극대화한다.

공급이 가격에 완전히 탄력적인 재화

제품의 가격이 오르고 수요가 있으면 공급량을 100개든 1,000개든 임의로 늘릴 수 있는 재화이다. 그러나 시장에서 거래되는 재화의 공급이 완전히 탄력적인 것은 거의 불가능하다. 제품을 추가로 생산하기 위해서는 노동력과 설비를 늘려야 하는데, 단기적으로 이루어지기 힘들기 때문이다. 또 노동력과 설비를 늘림으로써 이익보다 더 많은 비용을 지출할 수도 있다.

예를 들어 아이스크림 회사는 여름에 수요가 크게 증가해도 생산설비를 크게 늘리지 않는다. 겨울에 수요가 급감하기 때문이다. 또한 수요에 맞추어 아이스크림 공급을 무리하게 늘리면, 우유 등 재료비가 상승하여 이익이 줄어들 수도 있다. 그러므로 공기처럼 자연에서 무제한적으로 공급되는 재화가 아니라면, 공급이 가격에 완전 탄력적인 재화는 현실에는 없다.

공급의 가격 탄력성은 왜 변할까?

공급의 가격 탄력성은 단지 가격에만 좌우되는 것은 아니다. 공급의 가격 탄력성을 결정하는 요인을 알아보자.

생산기간의 차이

공급이 가격에 탄력적인 것은 공산품, 비탄력적인 것은 농산품을 꼽는다. 농산품은 가격이 급등하더라도 바로 추가 생산을 할 수 없다. 반면 볼펜은 가격이 오르면 즉시 공장에서 더 생산해 낼 수 있다.

저장의 문제

볼펜 가격이 폭락하면 공급자는 창고에 보관해서 공급량을 줄일 수 있을 것이다. 하지만 배추와 같은 상품은 가격이 폭락하더라도 부피가 큰데다가 저장도 쉽지 않아 공급량을 줄이기가 힘들다.

제한된 자원

공급의 가격 탄력성은 보통 완전 탄력적인 수준보다는 훨씬 작은데, 자원이 유한하기 때문이다. 때로는 자원 자체의 희소성 때문에 공급이 비탄력적인 경우도 있다. 인삼 등의 작물, 원유, 구리, 텅스텐, 우라늄처럼 특정 지역에서만 자라거나 채굴되는 경우 수요가 늘어나도 공급에 한계가 있다.

여기서 잠깐

농산물 최저가격제로 몸살을 앓는 유럽

농산물은 가격에 따라 공급량을 조절하기 어렵다. 또 작황이 날씨에 영향을 받기 때문에 공급량이나 가격을 예측하기도 매우 힘들다. 이에 세계 각국은 농산물 공급과 관련된 보호정책을 실시하고 있다.

미국은 특정 농산물의 공급량이 너무 많으면 농민들에게 보조금을 지급해서 재배하지 않도록 한다. 프랑스 등 유럽에서는 최저가격제를 통해 농민의 소득을 보전해 준다. 최근 우리나라 농협도 가격조절을 위한 계약재배 제도를 부분적으로 시행하고 있다. 이로써 농민들은 농산물 가격이 급등할 때 큰돈을 벌 수는 없지만, 대신 가격폭락 때 원가라도 건질 수 있는 안전장치를 가질 수 있게 되었다.

유럽 정부들은 '버터 산'(Butter Mountain) 문제로 골머리를 앓았다. 몇몇 국가는 고율의 관세로 유제품 수입을 금지하고 버터를 매입하는 정책을 실시했다. 그랬더니 농민들은 과잉생산을 했다. 정부가 책임지고 매입을 하니까. 결국 정부는 남는 버터를 산처럼 쌓아두었다가 불을 질러 소각해 버렸다.

유럽의 정책 입안자들은 최저가격제로 인해 과잉 농산물이 생길 수 있다는 것은 알고 있었다. 하지만 농작물의 공급 탄력성을 너무 과소평가하였다. 그들은 농업인구가 줄어들어 생산량이 크게 늘지 않을 것으로 예상했지만, 기술발달은 생산량의 혁신적인 증가를 이끌어 냈던 것이다.

우리 옆의 경제학

배추밭의 경제학

배추, 양파 등이 대풍작일 때 뉴스에서 농민들이 눈물을 머금고 논이나 밭을 갈아엎는 장면을 본 적이 있을 것이다. 과연 이들의 결정은 합리적인 것인지를 앞에서 배운 공급의 가격 탄력성을 통해 증명해 보자.

평균적으로 배추값이 포기당 4,000원이고 공급량이 100포기인데, 올해 배추농사가 잘되어 공급량이 120포기로 늘었고, 배추가격이 4,000원에서 3,000원으로 떨어졌다고 하자.(이때 배추 공급의 가격 탄력성은 약 0.8이다.) 배추 출하량이 100포기일 때 농부의 수입은 40만원(A)이고, 120포기일 때는 36만원(B)이다.

▶ **배추가 풍작일 경우**

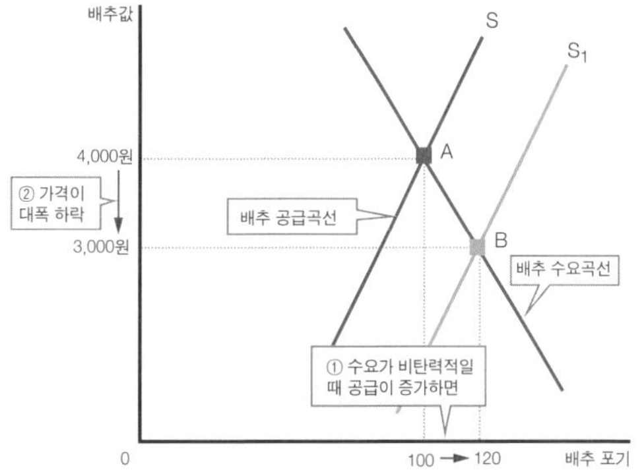

배추 같은 농산물은 출하기에 가격이 떨어진다고 갑자기 공급량을 줄일 수 없고, 풍작이라도 수요가 크게 늘지 않는다. 여기에서는 배추 생산이 늘었을 때 모두 소비된다고 가정했지만, 실제로는 100포기만 소비되는 데 그칠 확률도 높다. 그럴 경우 가격은 더욱 떨어지므로 실제 농부가 얻을 수 있는 소득은 30만원에 불과하다.

만약 배추 생산량이 200포기로 늘어났다면, 가격은 더 떨어지고 농가소득은 훨씬 줄어들 것이다. 게다가 배추 수확 비용도 더 든다. 그래서 농민들은 대풍작이 되면 한숨을 쉬며 논밭을 갈아엎는 것이다. 농업기술의 진보는 흉년의 고통에서 벗어나게 했지만, 농산물 풍작으로 인한 가격 폭락을 심화하는 면도 있다.

007 메뉴와 서비스가 같은데 가격이 왜 다르지?

— 가격차별화 정책

Let's Go "가격이 너무 겸손한 거 아냐? 좋아, 가는 거야!"

몇 년 전 유명 연예인이 패밀리 레스토랑 광고에서 했던 말이다. 이 광고는 주로 신촌 부근을 지나던 버스에도 부착되었는데 평소에 비싼 가격 때문에 망설였던 학생들을 패밀리 레스토랑으로 불러들였다.

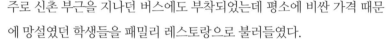

그러나 이 광고를 자세히 보면 '파워 런치 세트'라고 씌어 있었다. 런치 세트에 겸손한 가격을 적용한다는 문구를 자세히 보지 않은 학생들은 저녁, 특히 주말의 건방진(?) 가격에 놀라 난감했을 것이다. 이처럼 같은 곳에서 같은 서비스를 제공함에도 불구하고 가격대가 다른 상품들을 곳곳에서 보게 된다. 같은 재화나 서비스를 조건별로 가격을 다르게 매기는 가격차별화 정책에 대해 살펴보자.

가격을 왜 차별화하지?

영화 관람료는 주말보다 평일이 싸고, 평일 아침에 보는 조조영화는 훨씬 싸다. 같은 영화인데도 공급자는 가격을 시간대별로 차별화해 적용한다. 이처럼 동일한 공급자가 같은 재화를 다른 가격으로 공급하는 것을 '가격차별화'라고 한다.

가격차별화 정책은 기업이 이윤을 극대화하기 위한 것이다. 모든 소비자에게 가격을 똑같이 받는 것보다 차별화하는 것이 왜 이윤이 더 많은지, 패밀리 레스토랑을 통해 경제학적으로 들여다보자.

패밀리 레스토랑의 경제학

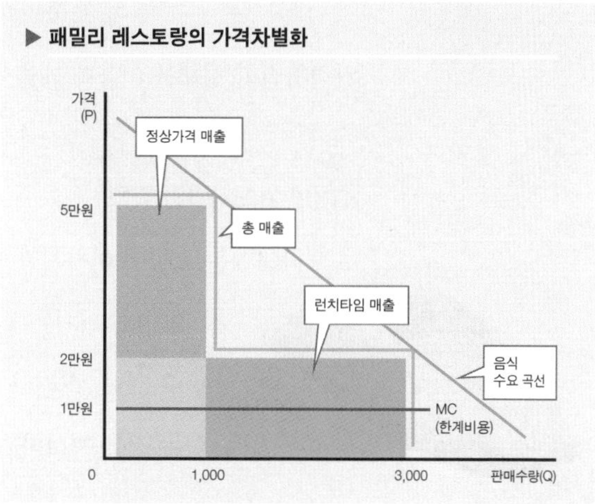

패밀리 레스토랑 A사는 평일과 주말에 같은 메뉴를 제공하고, 음식의 질도 같고 음식당 단가도 모두 1만원으로 같다. 주말에 이용하려는 연인들이 1,000명, 평일에 이용하려는 대학생이 2,000명이 있다고 하자.

잠재고객들의 이용률을 가장 크게 좌우하는 것은 가격이다. 연인들은 비싸더라도 이용할 것이고, 대학생들은 시간은 있지만 가진 돈이 적으므로 1명당 음식값이 2만원이 넘으면 다른 식당을 이용한다. A사는 어떻게 해야 최대 이익을 얻을 수 있을까?

❶ 음식값이 1인당 5만원이면, 연인들로부터 최대의 수입을 얻을 수 있으나 대학생 고객은 잃게 된다.

❷ 음식값을 1인당 2만원으로 낮추면 일부 대학생을 고객으로 끌어들일 수 있지만 연인들로부터 얻는 수입은 적어진다.

A사가 가장 원하는 것은 이윤을 극대화하는 것이다. 대개 연인들은 저녁시간을 이용하므로 그때는 정상가격을 받되, 대학생들을 대상으로 런치타임을 만들어 2만원에 제공한다. 그러면 A사는 연인들로부터 매출 5,000만원, 대학생들로부터 4,000만원의 추가 매출을 얻어 총 매출이 9,000만원이 될 수 있다.

가격차별화를 하는 이유는 가격에 대한 각 집단의 반응이 서로 다르기 때문이다. 연인들은 음식 자체보다 분위기를 중시하기 때문에 가격에 둔감하지만, 대학생들은 가격이 조금만 비싸지면 이용을 쉽게 포기해 버린다. 그래서 가격차별화 정책을 이용해 매출을 극대화하려는 것이다.

KTX의 가격차별화 정책

KTX는 요금이 비싸지만 빠른 열차편을 원하는 사람들을 위하여 만들어진 것이다. 기차는 좌석에 승객을 가득 싣고 운행해야 이익을 극대화할 수 있다. 그러나 가격이 비싼 만큼 모든 열차 이용객이 KTX를 이용할 수 있는 것은 아니다. 다음과 같은 승객들의 예를 보자.

1. 부산에 당일치기로 출장을 갔다와야 하는 직장인
2. 주말에 먼곳으로 여행을 가려는 직장인 커플
3. 명절에 고향에 가서 부모님을 뵙고자 하는 부부
4. 방학 때 단체로 MT를 가려는 대학생들
5. 평일에 가족들을 보러 시골에서 올라오시는 부모님
6. 부산지사에 급하게 물건을 보내야 하는 회사
7. 기차역은 있으나 KTX 역이 없는 지역의 주민

위에서 제시한 사람들은 모두 KTX를 이용할 수 있는 잠재고객들이다. 그런데 이들은 조건만 맞는다면 KTX를 이용하겠지만, 실제로 모두 이용하는 것은 아니다. 각각 가격과 시간이라는 조건이 다르고, 그에 따른 이익의 우선순위가 다르기 때문이다.

1,3번은 주고객층으로 가격이 비싸더라도 시간이 더 중요하기 때문에 되도록 KTX를 이용할 것이다. 특히 3번처럼 명절에 고향에 가려는 경우에는 웃돈을 주고라도 표를 구하려고 할 것이다.

2번은 요금이 너무 비싸지 않다면 KTX를 이용하려고 할 것이다. 4,5번은 시간이 많기 때문에 굳이 KTX를 이용할 필요가 없다. 이들은 더 싼 교통수단을 이용하여 이동할 확률이 높다.

1,2,3번만으로는 수요가 턱없이 부족하다. 다음의 그래프에서 사각형 부분에만 이익이 있을 뿐 나머지 빈 삼각형은 손해를 보게 된다. 그렇다고 가격을 낮추면 핵심 고객들에게 얻을 수 있는 이익을 포기해야 한다.

▶ 가격차별화에 따른 이윤 차이

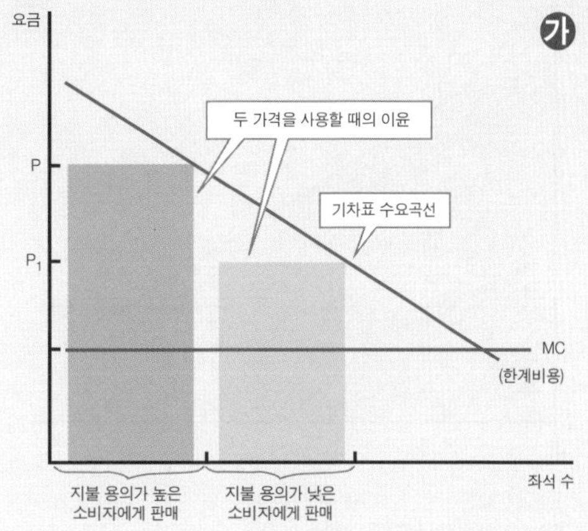

KTX의 완전 가격차별화 정책

한국철도공사는 1~3번과 같은 고객을 유지하면서도 4~7번과 같은 고객들을 끌어들이기 위해 다양한 할인을 실시한다.

4번 MT를 가려는 대학생들을 위해 단체 할인, 5번 시골에서 올라오시는 부모님 고객을 위해 평일 할인, 6번 부산지사에 급하게 물건을 보내려는 고객을 위해 퀵서비스와 연계한 빠른 수송을 위한 서비스, 7번 KTX 역이 없는 지역의 고객을 위해 일반 열차로 환승 할인을 실시하기도 한다. 한국철도공사는 이러한 정책들을 통해 빈 좌석을 점점 채워 나가게 된다. 이처럼 모든 잉여를 흡수할 수 있는 상태를 '완전 가격차별화를 달성했다'고 한다.

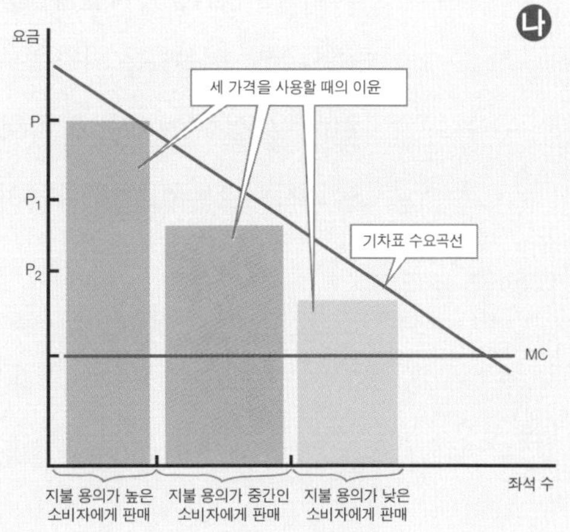

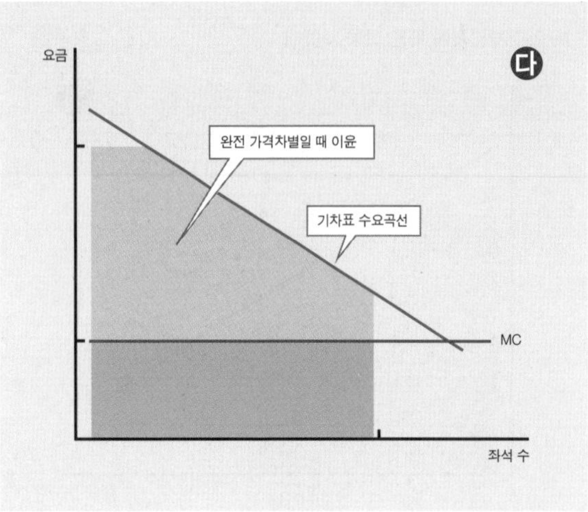

일반적으로 차별 가격의 수가 많을수록 완전 가격차별에 접근할 수 있다. 즉 소비자에게 맞는 가격의 수가 늘어날수록 옆의 그래프에서 삼각형의 빈 공간은 줄어들고, 결국 모든 소비자를 구매자로 이끌어 냄으로써 이익을 극대화할 수 있다. 이러한 완전 가격차별은 보통 가격 및 다양한 서비스 경쟁을 하는 일반 기업보다는, 일방적인 가격 조절이 가능한 독점기업에서 이루어질 가능성이 높다.

물론 완전 가격차별은 현실에서는 이루어지지 않는다. 현실 경제에서 소비자는 단지 시간과 가격만을 기준으로 소비하는 것이 아니기 때문이다. 그러나 기업은 이익을 극대화하기 위해서 소비자를 그룹으로 분류하여 주중 · 주말 · 심야 등 시간별, 소비자의 나이별, 판매지역별로 가격을 차별화한다. 사실 가격차별에 의해 기업 이윤이 부분적으로 감소될 수도 있지만, 궁극적으로는 이윤이 증가하게 된다.

경제학 센스 퀴즈

1. 커피와 녹차, 버스와 지하철처럼 한 재화의 기능을 대체할 수 있는 재화를 무엇이라 할까?

2. 커피와 프림, 돼지고기와 상추처럼 한 재화를 소비하는 것을 도와주는 재화를 무엇이라 할까?

3. 사이다 수요를 증가시키는 요인이 아닌 것을 고르시오.
   ① 사이다 가격의 하락　　② 콜라 가격의 상승
   ③ 사이다와 같이 먹는 빵값 하락　　④ 사이다를 먹는 사람들의 소득 증가
   ⑤ 사이다를 먹는 인구 증가

4. "상층계급의 두드러진 소비는 사회적 지위를 과시하기 위해 지각 없이 이루어진다"는 말을 통해, 상류층의 소비행태를 비판한 경제학자의 이름을 따서 붙인 과시소비 효과는 무슨 효과인가?

5. 소득이 증가해도 수요가 줄어드는 재화를 지칭하는 경제학적 용어는?
   ① 열등재　　② 대체재　　③ 보완재
   ④ 기펜재　　⑤ 위풍재

6. 수해 이재민에게 무상으로 물품을 제공하는 것은 경제학에서 말하는 공급에 들어갈 수 있을까?
   ① 있다　　② 없다

7. 다음 중 사이다의 공급을 증가시키는 요인이 아닌 것을 두 가지 고르시오.
   ① 사이다의 가격 상승　　② 설탕 가격의 하락
   ③ 사이다 공장 노동자의 임금 하락　　④ 사이다에 대한 정부의 세율 인상
   ⑤ 사이다 생산 공장의 증가

정답

1. 대체재　　2. 보완재
3. ① 사이다의 가격 변화는 '수요량'의 변화를 일으키며, 나머지 4개는 '수요'의 변화를 일으킨다.
4. 베블런 효과　　5. ①
6. ② 시장에서 거래된 것이 아니면 공급이 아니다.
7. ①, ④ 사이다의 가격 상승은 '공급'이 아니라 공급량을 늘리는 요인이다.

8. 가격이 떨어졌는데도 수요가 줄어드는 재화를 지칭하는 경제학적 용어는?

9. 가격이 올랐는데도 수요가 늘어나는 명품 같은 재화를 지칭하는 경제학적 용어는?

10. 박지원의 「허생전」에서 허생은 말총과 제수용품을 매점매석하여 큰돈을 번다. 허생이 말총과 제수용품을 매점매석한 이유는 그 재화들이 필수품이면서 (　　　)재가 거의 없기 때문이다.

11. 콜라 가격이 상승하면 사이다의 가격과 거래량은?
① 사이다 가격 상승, 거래량 증가
② 사이다 가격 상승, 거래량 감소
③ 사이다 가격 하락, 거래량 증가
④ 사이다 가격 하락, 거래량 감소
⑤ 사이다 가격, 거래량 모두 변함없다.

12. 핸드폰에 들어가는 메모리칩의 가격이 내리면 핸드폰 가격과 거래량은?
① 핸드폰 가격 하락, 거래량 감소
② 핸드폰 가격 하락, 거래량 증가
③ 핸드폰 가격 상승, 거래량 감소
④ 핸드폰 가격 상승, 거래량 증가
⑤ 핸드폰 가격, 거래량이 모두 변함없다.

13. 콜라 가격이 상승하고 설탕 가격이 하락하면 사이다의 가격과 거래량은?
① 사이다 가격은 알 수 없고, 거래량은 증가
② 사이다 가격 상승, 거래량 증가
③ 사이다 가격 상승, 거래량 감소
④ 사이다 가격 하락, 거래량 증가
⑤ 사이다 가격 하락, 거래량 감소

정답

8. 기펜재　　9. 위풍재　　10. 대체

11. ① 대체재인 콜라 가격이 상승하면 사이다의 가격은 상승, 거래량은 증가

12. ② 핸드폰의 가격은 하락, 거래량은 증가한다.

13. ① 콜라 가격 상승으로 사이다 수요가 늘지만 설탕값 하락으로 공급도 늘어난다. 사이다 가격은 알 수 없고, 거래량은 증가한다.

14. 노동시장에서 건설경기가 활성화되고 외국인 노동자의 입국 심사가 강화되면, 노동자의 임금과 고용자 수는?

① 임금은 상승, 고용자 수는 알 수 없다. ② 임금 상승, 고용 증가
③ 임금 상승, 고용 감소 ④ 임금 하락, 고용 증가
⑤ 임금 하락, 고용 감소

15. 축구 붐이 시들고 경기장의 증축공사가 시행된다면, 입장료와 관람객 수는?

① 입장료 상승, 관람객 증가 ② 입장료 상승, 관람객 감소
③ 입장료 하락, 관람객 증가 ④ 입장료 하락, 관람객 감소
⑤ 입장료는 알 수 없고, 관람객 증가

16. 식당에 가면 '물은 셀프'라는 표지를 볼 수 있다. 그 식당에서 파는 음식은 가격경쟁과 서비스 경쟁 중 무엇을 할까?

① 가격경쟁 ② 서비스 경쟁

17. 백화점에서 대대적으로 바겐세일을 하는 품목에 대한 설명으로 올바르지 않은 것을 고르시오.

① 대체재가 많다. ② 전체 소비에서 차지하는 비중이 작다.
③ 가격인하 시 총판매 수입이 증가한다. ④ 수요가 가격 변화에 민감하다.
⑤ 사치품이다.

18. 다음 재화 중 가격이 올라도 공급을 단시간에 늘리기 어려운 재화는?

① 사치품 ② 필수품
③ 농산품 ④ 공산품

정답

14. ① 노동력의 수요는 늘어나지만, 노동력 공급은 줄어들므로 노동 거래량은 알 수 없다.
15. ③ 입장권 수요는 감소, 공급은 증가하므로 입장료는 하락한다.
예전에 비해 좌석수가 늘어나므로 관람객 수는 증가한다.
16. ① 이 식당은 종업원 수를 줄여서 값싼 음식을 제공하려 한다.
17. ② 18. ③

19. 공급이 가격에 완전 비탄력적인 재화를 고르시오.

① 호텔　　② 허준의『동의보감』원본　　③ 깨끗한 식수
④ 아름다운 꽃　　⑤ 콩나물

20. 농부가 배추밭을 갈아엎는 이유에 해당하지 않는 것을 고르시오.

① 배추는 가격이 공급량의 변화에 둔감하기 때문이다.
② 배추는 저장이 용이하지 않다.
③ 배추 가격이 하락하면 총판매 수입이 감소하기 때문이다.
④ 공급의 가격 탄력성이 비탄력적인 재화이기 때문이다.

21. 부자에게는 비싼 진료비를, 가난한 사람에게는 저렴한 진료비를 받는 의사가 있다. 이 의사는 착한 의사일까? 그리고 합리적인 의사일까?

① 착한 의사이면서 합리적인 의사이다.
② 착한 의사이면서 비합리적인 의사이다.
③ 착한지 아닌지는 알 수 없으며, 합리적인 의사이다.
④ 착한지 아닌지는 알 수 없으며, 비합리적인 의사이다.
⑤ 착하지도 않고 합리적이지도 않은 의사이다.

22. 가격차별화 정책 중 하나가 아닌 것은?

① 바겐세일　　② 영화 조조할인　　③ 섬마을 주민에게만 배삯 할인
④ 심야전기 사용자에게 전기료 할인　　⑤ 비수기 호텔 사용자에게 숙박료 할인

정답

19. ②　　20. ①

21. ③ 가난한 사람들을 위한 가격차별화가 선의인지, 마케팅인지는 알 수 없다. 하지만 가격차별화는 매출을 극대화하는 합리적인 선택이다.

22. ④ 심야전기는 낮과 밤의 생산가격이 다르므로 동일한 재화라고 할 수 없다.

4

시장의 특성을 파악하자

실제 시장에서는 왜 가격이 수요와 공급의 균형점에서 결정되지 않을까?
시장마다 특성이 있기 때문이다.
동네마다 몇 개씩 있는 미용실과 음식점은 독점적 경쟁시장이며,
석유시장은 과점시장이고, 한국담배인삼공사인 KT&G는 독점시장이다.
외환시장이나 주식시장은 완전경쟁시장과 유사한 특성을 가지고 있다.
이라크전 때는 왜 유가가 계속 올랐고,
걸프전 때는 왜 유가가 계속 떨어졌을까? 이것도 시장의 특성과 연관되어 있다.
4장에서는 시장의 특성과 그 안에서 이루어지는 경쟁,
가격결정의 메커니즘을 살펴본다.

001

동네에 미용실이 왜 이리 많지?

— 독점적 경쟁시장

Let's Go "내년에는 고용시장이 나아질 것으로 기대됩니다."

"불황의 여파로 음원시장에도 찬바람이 불고 있습니다."

텔레비전에는 다양한 시장과 관련된 뉴스가 많이 나온다.

시장은 독점적 경쟁시장, 독점시장, 과점시장, 완전경쟁시장으로 나눈다.

먼저 주변에서 가장 흔히 접할 수 있는 독점적 경쟁시장에 대해서 알아보자.

독점적 경쟁시장의 4가지 특징

식당, 미용실, 카센터, 주유소, 작은 병원 등 동네상권은 대표적인 독점적 경쟁시장이다.

주변을 둘러보면 식당, 미용실, 카센터, 주유소, 병원 등이 저마다 시장점유율을 더 차지하려고 경쟁하고 있다. 이처럼 작은 시장범위, 즉 특정 소비집단 안에서 독점 효과를 내는 시장을 '독점적 경쟁시장'이라고 한다.

독점적 경쟁시장에서 이들이 생산하는 품질은 서로 다르고(미용실마다 기술이 조금씩 다르다), 각 품질마다 소비자의 선호도가 다르며, 이에 따라 특정 소비집단이 형성된다. 생산자(미용실 주인)는 적어도 그 소비집단(단골고객)에 한해서는 일종의 '독점적 지위'를 가질 수 있다. 하지만 같은 지역 안에서도 경쟁자들이 무수히 많으며 다른 경쟁자들이 쉽게 시장에 진입할 수 있으므로, 이들의 독점적 지위는 견고한 것이 아니며 끊임없이 경쟁을 해야 한다. 이런 시장을 '독점'과 '경쟁'의 성격을 동시에 가지고 있다고 하여 '독점적 경쟁시장'이라고 한다.

독점적 경쟁시장은 우리가 주변에서 가장 흔히 접할 수 있는 시장 형태이다. 이 시장의 4가지 특징을 정리해 보자.

2005년 개봉한 미국 영화 「뷰티 샵」. 미용실은 대표적인 독점적 경쟁시장이다.

다수의 시장 참여자

독점적 경쟁시장에는 공급자와 수요자가 매우 많다. 미용실 이용자(수요자)는 수천만 명이며, 미용실(공급자)도 한 동네에 많다. 주유소, 음식점, 병원 등도 마찬가지로 무수히 많은 공급자와 수요자가 있다.

진입장벽 부재

독점적 경쟁시장은 진입장벽이 없다. 미용실은 누구나 미용기술과 도구만 있다면 차릴 수 있다. 동네에 미용실이 하나 더 생긴다고 기존 미용실들이 '제도적 제재'에 나서거나, 커트 '비용을 낮추어' 시장진입을 막지는 않는다. 주유소, 음식점도 이와 마찬가지다. 병원도 비록 의사 면허증이 있어야 하지만, 기본적으로 어느 곳이든 마음 먹으면 개업할 수 있다는 점에서 진입장벽이 없는 독점적 경쟁시장의 성격을 가진다.

이질적 제품

독점적 경쟁시장의 기업은 시장 참여자가 매우 많고 진입장벽이 없기 때문에 치열한 경쟁에 노출된다. 그러나 무한경쟁에 직면하는 것은 아닌데, 이들의 제품이 각각 이질적이기 때문이다. 음식점마다 메뉴와 맛, 인테리어, 서비스가 다르고, 미용실마다 직원들의 솜씨와 개성이 다르다. 그러므로 서로 대체재가 될 수는 있지만 똑같은 상품은 아니다. 소비자들은 기호에 따라 미용실을 선택하며, 미용실은 단골고객에게 독점력을 행사한다.

제한적 가격결정권

독점적 경쟁시장의 기업은 수요자가 매우 많고, 이질적인 제품을 생산하기 때문에 제한적인 독점력을 가진다. 따라서 무한경쟁일 때보다 가격결정권이 크며 가격도 조금 비싸다. 커트비가 2,000원이 더 비싸다며 고객 한 명이 오지 않더라도 미용실이 문을 닫는 것은 아니다. 그래서 그 미용실은 가격을 고수한다.

하지만 경쟁자가 매우 많기 때문에 가격을 지나치게 높게 책정하면 고객을 잃어버릴 수도 있다. 그래서 독점적 경쟁시장의 기업은 가격을 마음대로 올리지는 못하는, 제한적 가격결정권을 가지게 된다.

독점적 경쟁시장은 수요에 따라 가격이 크게 변하지 않는다. 수요가 많아졌다고 미용실 요금이 오르는 것은 아니다. 그래서 수요가 가격에 비탄력적인 시장이라고 볼 수 있다. 따라서 이 시장의 기업들은 가격경쟁보다 서비스 경쟁을 하며(영양이나 염색 서비스, 포인트카드 등), 좀더 나은 서비스를 제공하는 기업에는 수요가 더 몰리고 그에 따른 초과이윤이 발생한다. 그래서 독점적 경쟁시장의 기업은 끊임없는 혁신을 통해 초과이윤을 획득하려고 노력하게 된다.

우리 옆의 경제학

성형외과와 블루오션

독점적 경쟁시장의 참여자들은 끊임없이 혁신하여 초과이윤을 달성하고자 노력한다. '블루오션 전략'은 김위찬 교수와 르네 마보안 교수가 1990년대 중반 제창한 경영혁신 전략이다. 발상의 전환으로 차별화와 저비용을 통해 '경쟁자가 없는 전혀 새로운 시장'을 창출하는 것을 골자로 한다. 예를 들어 '태양의 서커스'는 기존 서커스에는 없는 스토리라인, 화려한 음악과 무대, 조명 등으로 공연예술 시장의 블루오션이 되었다.

초창기 성형외과는 블루오션

예전에 성형외과 진료는 부유층이나 일부 연예인들의 전유물이었다. 그런데 경제발전으로 소득이 크게 늘자 일반인들도 관심을 갖기 시작했다. '일반인을 위한 성형수술'이라는 새로운 시장이 탄생한 것이다. 현재 가장 흔한 쌍꺼풀 수술이 그때는 대학 등록금 수준일 정도로 비쌌다. 당시의 성형수술 기술이 현재보다 훨씬 나았기 때문에 비쌌던 것이 아니다. 블루오션 시장이라서 성형수술 시장의 공급자가 많지 않아서 초과이윤을 크게 올릴 수 있었던 것이다.

스즈키 유미코의 만화 「미녀는 괴로워」(서울문화사)의 표지. 뚱뚱하고 못 생겼던 칸나가 성형수술 후 겪는 미녀 경험기다. ©Yumiko Suzuki / Kodansha Ltd.

독점적 경쟁시장의 블루오션

그런데 시간이 지나며 성형외과들의 진입이 늘어나서 초과이윤이 줄어들었고, 시술 비용은 물가상승을 염두에 둔다면 매우 내린 셈이 되었다.

이처럼 독점적 경쟁시장에는 단기적으로 초과이윤이 존재하지만, 다른 기업의 시장진입으로 장기적으로는 초과이윤이 사라진다. 그래서 독점적 경쟁 기업들은 끊임없는 혁신을 통하여 초과이윤을 달성하려고 한다. 그 방법 중 하나가 블루오션을 찾아나서는 것, 즉 새로운 시장의 개발이다.

새로운 블루오션을 찾아서

현재 우리나라 성형시장의 블루오션은 바로 외국인 관광객이다. 그중에서도 요우커로 불리는 중국인 성형 관광객들이 많다. 중국 법제만보에 의하면 2014년 우리나라의 중국인 성형 관광객은 5만 6,000여 명에 달했다. 우리나라 성형시장이 새로운 블루오션을 찾은 것이라고 할 수 있다.

002

걸프전 후에 유가가 왜 떨어졌을까?

—과점시장

Let's Go

중동지역에 전운이 감돌거나 갈등이 심해지면 대부분 유가가 오를 것으로 예측한다. 실제로 2003년 이라크전쟁, 팔레스타인과 이스라엘의 분쟁, 레바논과 이스라엘의 분쟁 때 국제 유가가 크게 올랐다. 그런데 전쟁과 혼란이 항상 유가 상승을 가져올까?

1990년 걸프전 이후 1990년대 중반까지 국제 유가는 오히려 하락했다. 왜 이런 현상이 일어난 것일까? 바로 석유시장이 과점시장이기 때문이다. 과점시장에 대해 살펴보고, 대표적인 과점시장인 국제 유가의 변화를 이해해 보자.

과점시장의 특징

원유시장처럼 공급자가 일정한 수로 제한되어 있고, 그들이 어떻게 행동하느냐에 따라 시장가격이 달라지는 시장을 '과점시장'이라고 한다. 과점시장은 독점적 경쟁시장만큼은 아니지만, 우리 주위에서 쉽게 찾아볼 수 있다. 대표적인 상품인 원유 외에도 윈도우나 Mac OS 같은 컴퓨터 운영체제, 이동통신, 자동차시장 등이 과점시장이다.

대체로 수요의 가격 탄력성이 큰 상품

과점시장의 상품들은 대체로 수요의 가격 탄력성이 크다.(다만 원유는 수요의 가격 탄력성이 작다.[146쪽]) 보통 과점시장의 수요자들은 가격 변화에 매우 민감하므로, 공급자들은 더 많은 고객을 확보하기 위해 가격경쟁을 한다. 과점시장의 대표 상품인 자동차는 수요의 가격 탄력성이 크다. 그래서 소비자들은 옵션 한두 가지를 더 붙여주는 것보다 가격을 낮추어 주는 것을 훨씬 선호한다. 그리고 가격이 조금이라도 오르면 수요가 눈에 띄게 줄어든다.

소수의 공급자

가격경쟁을 하려면 제품 단가가 싸야 한다. 그러려면 공장의 규모를 키우거나 원재료를 대량 주문하여 원가를 낮추는 등 '규모의 경제'(생산량이 증가할 때마다 생산단가가 감소하는 현상)를 해야 한다. 하지만 모든 기업이 규모를 키울 수 있는 것은 아니고 여력이 되는 일부 기업만이 규모의 경제를 달성한다. 그래서 과점시장에는 규모의 경제를 달성한 소수의 기업만이 남게 된다. 예를 들면 자동차 시장에서는 넓은 부지, 고가의 장비, 수많은 인력을 고용하는 소수의 글로벌 대기업들만 살아남고 나머지 기업들은 경쟁에서 퇴출당한다.

가격결정권

과점시장은 공급자가 소수이므로 기업이 가격결정권을 가진다. 따라서 기업들은 가격을 낮추어 고객을 더 많이 확보할 것인지, 아니면 가격을 높여 마진을 더 높게 붙일 것인지 결정할 여지가 많다.

가격 담합과 서비스 경쟁

과점시장에서는 가격결정권이 시장이 아니라 극소수의 기업들에 있다. 그래서 이 시장의 기업들은 다른 기업의 동향에 매우 민감하다. 마진을 너무 높게 붙여 가격을 올리면 고객을 빼앗기고, 마진이 너무 낮으면 수지타산이 맞지 않는다.

따라서 과점기업들은 가격 담합을 통해 가격을 비슷하게 책정하는 경우가 있다. 대신 서비스 경쟁을 통해 더 많은 수요자를 확보하려고 노력하게 된다. 만약 한 기업이 담합을 깨고 가격을 조금이라도 내리면, 그 기업은 수요가 크게 늘어나서 이윤을 더 많이 얻을 가능성이 있다.

대표적인 과점시장인 이동통신시장을 예로 들어보자. 한때 이동통신회사들은 문자 메시지에 건당 30원의 이용료를 부과했다.(문자 메시지 서비스는 기업의 비용이 거의 발생하지 않는다.) 소비자들은 건당 이용료가 비싸다고 반발했다. 그러자 SK텔레콤, KT, LG유플러스 모두 건당 이용료를 20원으로 낮추었다. 이때 만약 한 회사가 이용료를 10원으로 낮추었다면, 수요가 늘어나서 큰 이익을 보았을 것이다. 그러나 세 회사 모두 이 가격을 유지했다. 2007년 이동통신 업체들이 문자 메시지 전송 서비스로 얻은 수익은 연간 1조원에 달했다.

여기서 잠깐

과점시장과 존 내쉬의 게임이론

게임이론은 영화 「뷰티풀 마인드」를 통해 알려진 수학자 존 내쉬가 체계화한 이론이다. 경제학은 기본적으로 인간을 호모 이코노미쿠스, 즉 애덤 스미스가 말한 이기적이고 이성적(rational)인 존재로 본다. 이에 따르면 사람들은 외부상황이 어떻게 바뀌든 자신의 욕구대로만 행동한다.

그런데 실제 생활에서는 외부의 상황이나 다른 사람의 선택에 따라 나의 선택이 크게 차이를 보일 때가 있다. 레스토랑에서 한 사람이 비싼 음료수를 고르면 다른 사람들도 덩달아 비싼 것을 고른다. 반면 싼 음료수를 선택하면 다른 사람들도 싼 것을 고르는 경향이 있다.

게임이론은 이처럼 사람들이 다른 사람과 상호작용을 하면서 자신의 이익을 어떻게 극대화해 나가는지를 정리한 것이다. 게임이론은 과점시장을 설명할 때 자주 쓰이는데, 이는 과점시장의 기업들이 다른 기업의 행태에 매우 민감하기 때문이다.

과점시장의 담합과 국제 유가

걸프전(1990년) 직후는 국제 유가가 하락했고, 이라크전(2003년) 직후는 국제 유가가 지속적으로 상승했다. 둘다 전쟁상황이었는데, 왜 한쪽은 유가가 하락하고, 한쪽은 상승했을까?

중동 이외 산유국의 생산량 감축이나 국제적 수요 등 여러 원인이 있지만, 여기에서는 원유시장이 과점시장이라는 점을 염두에 두고 그 원인을 살펴보자.

▶ 국제 유가 추이 단위: 배럴당 달러 | 기준: 2015년 | 출처 : WTRG Economics

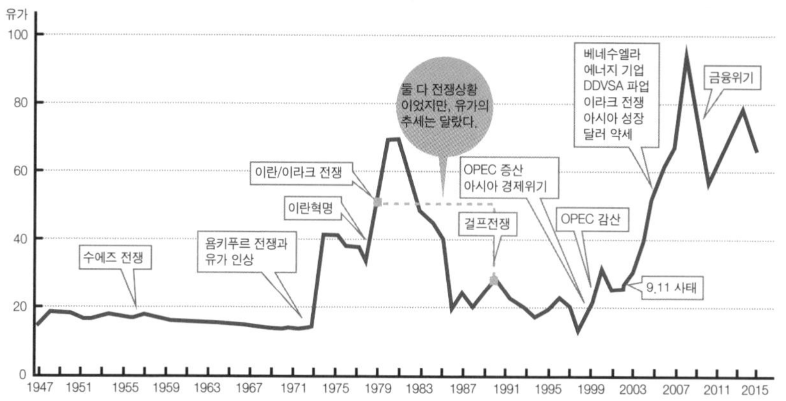

원유시장의 가격 담합과 이탈 유인

OPEC은 직접적으로 국제 유가를 결정하지는 않지만, 회원국들의 하루 원유 생산 쿼터를 결정한다. 예를 들어 OPEC에서 각 회원국에 하루 10만 배럴의 쿼터를 배정하고, 그때 유가가 배럴당 100달러라고 가정해 보자.(실제로는 산유국의 원유 채굴 능력과 유전 고갈 상황 등에 따라 나라마다 쿼터가 다르다.) 원유의 소비량은 거의 일정하므로, 생산량이 줄면 유가는 점점 올라가서 산유국들은 더 큰 이익을 누린다.

그런데 한 회원국이 약속을 어기고 쿼터보다 더 많은 양을 생산하면 어떻게 될까? 공급이 늘어나므로 유가는 떨어진다. 하지만 담합을 최초로 깬 국가, 즉 원유 생산량을 쿼터보다 높인 국가는 판매량이 늘어나서 더 큰 돈을 벌 것이다. 이를 '이탈 유인'이라고 한다.

OPEC의 모든 회원국은 이탈 유인을 가지고 있다. 하지만 담합이 강하게 잘 유지된다면 이탈 유인이 크지 않다. 제1,2차 오일쇼크가 대표적인 예이다.

걸프전에도 유가가 떨어진 이유

그런데 걸프전과 이후 혼란기에는 이라크 등이 전쟁비용을 조달하기 위해 더 많은 석유를 팔 유인, 즉 담합에서 이탈 유인이 매우 강했다. 이들 국가는 쿼터보다 생산량을 늘리기 시작했다. 그러자 다른 회원국들도 담합을 유지할 이유가 없어졌다. 이처럼 서로 경쟁적으로 원유를 쿼터보다 많이 공급하다 보니, 전쟁에도 불구하고 유가는 오히려 떨어졌던 것이다.

1970년 초반 배럴당 20달러를 밑돌던 유가는 OPEC 회원국들의 생산량 제한과 중동위기 상황으로 1980년 초반 60달러 선까지 가격이 치솟았다(2010년 달러 가치 기준). 그러나 1980년대 중반 이후 OPEC 회원국 중 일부가 협약 이탈, 즉 생산량을 쿼터보다 늘림으로써 다른 회원국들의 불만이 가중되었다. 결국 1985년 담합이 붕괴되어 유가는 20달러 선으로 다시 떨어졌다.
원유시장은 과점시장의 형태를 띠고 있다. 원유시장에서 담합이 존재하는 한, 유가 변동은 대외적인 요인(정치적 혼란 등)으로만 설명할 수 없는 것이다.

003

경쟁사가 있는데, 왜 독점기업일까?

— 독점시장

Let's Go

허생은 제수용품, 양반의 망건에 쓰이는 말총을 매점매석하여 큰돈을 벌었다. 사실 부자가 되는 비결은 독점시장에 '가장 먼저' 뛰어드는 것이다. 너무 쉽고 상식적인 이야기라고 볼멘소리를 내뱉는 독자가 있을지도 모르겠다. 그러나 이는 경제학이 보장하는, 부자가 되는 왕도(王道)다.

그렇다면 경제학에서는 허생이 부를 축적한 방식을 어떻게 설명하고 있을까? 독점시장의 본질은 무엇일까? 독점시장의 특징과 생산량 결정, 그에 따른 공급자의 부의 축적에 대해 알아보자.

우리나라에서 전기는 한국전력공사라는 하나의 기업이 공급하고 있다. 서울의 도시가스도 서울도시가스라는 하나의 기업이 공급하고 있다. 새로 지은 모 대학병원에서는 하나의 편의점이 장사를 하고 있고, 안과병원의 안경점 또한 그러하다. 이처럼 하나의 기업만 있어서 별다른 대체재가 없는 시장을 '독점시장'이라고 한다.

하지만 꼭 하나의 기업이 있을 경우에만 독점시장이라고 하지는 않는다. 예를 들어 한 시장에 기업이 10개가 있더라도, 그중 한 기업이 시장의 80%를 차지한다면 독점시장이다. 그 기업이 시장에서 독점적 영향력을 미칠 수 있기 때문이다. 특정 기업이 시장에서 '독점적 지배력'을 발휘한다면 독점시장인 것이다. 우리나라는 한 시장에서 규모가 가장 큰 기업의 시장점유율이 50%를 넘으면 독점시장으로 취급하고 있다.

독점시장은 어떻게 생길까?

규모의 경제

독점시장은 규모의 경제로 인해 발생할 수 있다. 수요의 가격 탄력성이 큰 상품을 취급하다 보니 가격경쟁을 하게 되고, 그 결과 규모의 경제를 달성한 기업만이 살아남는다는 것은 과점시장과 비슷하다. 다만 과점시장에서는 몇 개의 기업이 남은 반면, 독점시장에서는 단 하나의 기업만이 남거나, 특정 기업이 현저하게 시장 지배력을 행사한다는 점이 다르다.

정부의 정책

정부가 정책적으로 그 시장에서 하나의 기업만 허가해 준 경우이다. 1970년대 우리나라는 경공업에서 중공업으로 산업구조가 바뀌려면 제철소가 꼭 필요했다. 정부에서는 규모의 경제를 이유로 들어 단 하나의 제철소만 허가하고 정책적으로 지원했다. 덕분에 포항제철(현 포스코)은 세계적인 수준의 제철소로 발돋움했다. 전화(한국통신공사에서 지금은 KT로 민영화됨)를 비롯하여 수도, 전력 등도 공익성을 이유로 하여 정부에서 독점한 사업들이다.

자연적 요인

광산이나 온천, 또는 스키장 내의 분식집 등 자연적인 요인으로 인해 독점시장이 된 경우이다. 예를 들어 지리산이나 설악산 산장의 매점도 자연스럽게 지리적으로 독점시장이 된다.

독점시장은 항상 나쁠까?

독점시장의 독점력이 사라지면 고객들은 더 싼 가격에 상품을 살 수 있다.

이 경우 기업들은 고객을 서로 유치하기 위해 노력하므로 더 나은 서비스를 받을 가능성도 높아진다. 바꾸어 말하면 독점은 더 나은 가격과 서비스를 제공받을 수 있는 여지, 즉 효율성의 개선을 막고 있는 셈이다.

하지만 독점이 항상 사회에 해를 끼치는 것은 아니다. 공익성과 국가 경쟁력에 기여하는 바도 적지 않다. 예를 들어 수도나 전기 등을 민간기업에 맡기면, 수지타산이 맞지 않는 산간벽지, 외딴 섬 등에는 시설을 하지 않을 가능성이 있다. 그래서 공익성이 있는 사업의 경우, 국가가 공기업의 독점 형태로 운영하여 국민들에게 최소한의 인간다운 생활을 보장하는 경향이 있다. 또한 포항제철처럼 주력산업일 경우, 국가 경쟁력을 키우기 위한 독점이 효과적일 수 있다. 만일 다수의 기업들이 희망한다고 해서 우후죽순으로 제철소를 지었다면, 규모의 경제 때문에 제철산업이 자리를 빨리 잡지 못했을 것이며, 우리나라가 현재와 같은 수준으로 발전하는 데 걸림돌이 되었을 것이다.

여기서 잠깐

독과점금지법의 대상은?

독점은 이처럼 순기능과 역기능을 동시에 가지고 있다. 그런데 공익사업이나 국가의 주력 육성사업이 아니라 일반 상품들이 독점시장에서 거래된다면, 소비자들의 피해가 클 것이다. 그래서 대부분의 국가들은 소비자들을 보호하기 위해 독과점금지법을 시행하고 있다.

우리나라의 독과점금지법은 특정제품의 경우 시장점유율이 50%를 넘지 못하도록 규제한다. 예를 들어 IMF 시절 현대차와 기아차의 합병설이 돌았다. 하지만 당시 두 기업이 합병할 경우 시장점유율이 50%를 넘어 상당한 규제를 받을 것으로 예상되어 합병설이 무산되었다는 설이 있다.

한편 독점시장, 혹은 과점시장이 형성되어 있어도, 독점규제 대상 품목이 아니어서 정부의 규제를 받지 않는 경우도 있다. 인터넷 수능 강의 시장은 학생들이 몇몇 유명 사이트에만 몰리는 경향이 있으나, 정부의 독점규제 품목에 들어가지 않기 때문에 아무런 제재를 받지 않는다.

004

외환시장은 완전경쟁시장일까?

Let's Go 사람들에게는 늘 이상향이 있다. 그것은 인간이 구성하고 있는 시장도 마찬가지이다. 항상 이상적인 시장을 바라고 어떻게든 이상적인 시장의 모습을 닮아 가려고 노력한다. 그 이상향이 바로 '완전경쟁시장'이다.

앞에서 보았던 독점적 경쟁시장, 과점시장은 현실에서 쉽게 찾아볼 수 있지만, 완전경쟁시장은 실제 현실에 존재하지 않는다. 그럼에도 불구하고 경제학자들이 완전경쟁시장을 자주 이야기하고 연구하는 것은 시장경제의 효율성에 대해 정의를 내려주며, 시장이 추구하는 목표를 알려주고, 아울러 순수한 형태는 아니더라도 주식시장, 외환시장 등 여러 곳에서 완전경쟁시장의 모습을 엿볼 수 있기 때문이다. 그럼, 이상적인 완전경쟁시장은 어떤 모습인지 한번 그려보자.

완전경쟁시장의 특징

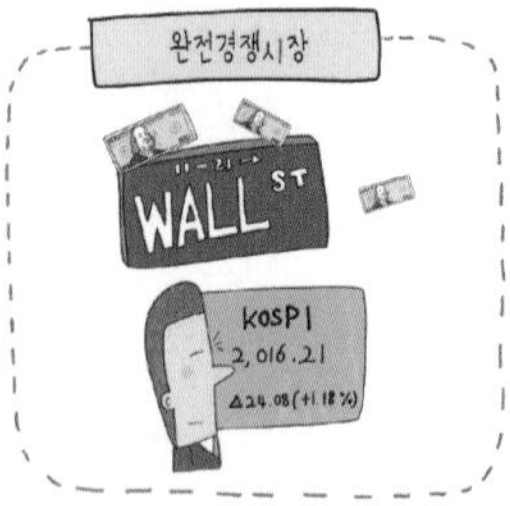

완전경쟁시장은 시장 참여자가 무수히 많고, 동질적인 재화가 거래되며, 모든 정보가 공개되어 있고, 시장 참여자는 '가격에 순응한다'는 4가지 조건을 필요로 한다. 사실 현실에서 완전경쟁시장은 존재하지 않는다. 그러나 완전경쟁시장에 근접한 시장으로 꼽을 수 있는 곳은 경매시장, 농수산물시장, 그리고 주식시장과 외환시장이다.

외환시장의 예를 들어 완전경쟁시장의 조건을 살펴보자. 외환시장은 외국돈, 특히 달러가 거래되는 시장을 말한다.

무수히 많은 시장 참여자

외환시장에는 무수히 많은 시장 참여자들이 있으며, 이들은 각각의 필요에 따라 달러를 사고파는 거래를 한다. 그러므로 완전경쟁시장은 소수가 시장을 좌지우지하기 힘든 경쟁시장적 성격이 매우 강하다.

동질적인 재화

완전경쟁시장에서는 각 기업들이 생산하는 재화의 질이 같아야 한다. A가 생산한 것이든, B가 생산한 것이든 큰 차이가 없기 때문에, 구입할 때 어떤 기업이 생산한 것인지 고려할 필요가 없다. 보통 우리는 바나나 시장에서 어떤 농부가 생산한 것인지 알 수도 없고, 알 필요도 느끼지 못한다. 누가 생산했든 간에 품질에 큰 차이가 없는 것으로 생각하기 때문이다.(물론 현실에서는 바나나도 유기농 바나나 등 품질 차이가 있다. 그래서 현실에서 그야말로 완벽한 완전경쟁시장은 없다고 보는 것이다.)

마찬가지로 외환시장에서 달러는 전 세계적으로 동질적이다. 그러므로 각 상품이 이질적이어서 생기는 독점이 없으며, 완전에 가까운 경쟁시장을 형성한다.

정보의 공개성 – 완전정보

완전경쟁시장에서 모든 기업은 가격 · 기술 · 시장 정보를 모두 공유해야 한다. 만약 어떤 기업이 더 나은 기술을 가지고 있다면 그 기업이 시장을 지배할 수 있기 때문이다. 그래서 현실에서 완전경쟁시장은 불가능한 이상적 시장이라고 하는 것이다.

그런데 완전경쟁시장과 유사한 외환시장을 보면, 달러에 대한 정보는 거의 완벽하게 공개되어 있다. 포털 사이트에서 달러를 검색하면 달러의 기원, 모양, 최신뉴스, 시세를 볼 수 있다. 또 세계에 얼마나 많은 달러가 유통되고 있는지, 미국 정부가 얼마나 많은 달러를 발행하려고 하는지도 알아볼 수 있다. 이렇게 상품에 대한 모든 정보가 공개되어 있는 상태를 경제학에서는 '완전정보'라고 한다.

가격 순응자

완전경쟁시장의 참여자는 모두 가격 순응자이다. 시장 참여자가 워낙 많고 큰 시장이며 정보가 공개되어 있기 때문이다. 예를 들어 외환시장 참여자가 달러의 가격을 마음대로 바꾸는 일은 거의 불가능하다. 국가라도 마찬가지다. 수요자든 공급자든 시장 참여자들은 시장에서 결정된 가격에 따라 거래할 뿐이다.

완전경쟁시장에서는 모든 재화가 동질적이기 때문에, 한 공급자가 단골고객들에게 독점력을 행사하지 못한다. 독점력이 없기 때문에 가격결정권도 없어서 가격경쟁으로 더 많은 고객을 끌어들일 수 없다. 또 과점시장처럼 가격이 동일하다고 해서 서비스 경쟁을 해서 고객을 모으려는 일도 없다.

주식시장은 왜 완전경쟁시장에 가까울까?

외환시장뿐 아니라 주식시장도 완전경쟁시장에 가깝다. 주식시장은 매일 수천만 주가 거래되고, 거래에 참여하는 투자자도 수십만, 수백만 명을 헤아린다(수많은 시장 참여자). 한 회사의 주식은 모두 동일하고(동질적인 재화), 주가는 누구나 알고 있으며(완전정보), 개미투자자인 나는 시세에 따라 주식을 사고판다(가격 순응자). 조선시대의 쌀시장도 완전경쟁시장이라고 할 수 있다. 쌀의 생산자와 수요자는 조선의 만백성 전체이다(수많은 시장 참여자). 우리나라에서 재배되는 쌀인 만큼 모두 희고 찰지며(동질적인 재화), 올해 쌀농사가 잘되었는지 못되었는지는 모두가 알고 있다(완전정보). 쌀 가격이 한번 정해지면 모든 사람은 그 가격에 쌀을 거래한다(가격 순응자).

완전경쟁시장에서 생산량은 어떻게 결정될까?

A라는 제품의 시장이 완전경쟁시장이고(물론 현실에 완전경쟁시장은 없다), 가격이 1,000원이라고 해 보자. 완전경쟁시장에서 가격은 공급자가 정하는 것이 아니라 수요와 공급에 의해 시장에서 결정되고, 그에 따라 공급자들은 공급량을 결정한다. 그러므로 공급자가 가격을 올리면 수요자는 다른 제품을 선택한다.

완전경쟁시장에서는 공급자가 제품을 하나 더 공급한다고 해서 희소성이 떨어지는 것도 아니다. 이미 다른 공급자들이 무수히 생산하고 있으므로, 무한대+1은 결국 무한대일 뿐이기 때문이다. 따라서 B기업이 A제품의 생산량을 늘려도 가격은 여전히 개당 1,000원을 유지한다. 이때 수입은 '공급량×가격'이다. 그러므로 이윤을 늘리기 위해서는 공급량을 늘리는 방법밖에 없다.

▶ A제품의 시장이 완전경쟁시장이라고 가정할 때 한계이윤

	1개	2개	3개	4개
가격	1,000원	1,000원	1,000원	1,000원
총수입(총매출액)	1,000원	2,000원	3,000원	4,000원
한계수입	1,000원	1,000원	1,000원	1,000원
한계비용	750원	850원	950원	1,050원
한계이윤	250원	150원	50원	−50원

생산량 3개로 결정

규모의 경제가 이루어지는 지점을 넘어서 한계비용이 증가한다고 가정한 경우임

한계이윤 감소

한계수입은 생산량이 하나 더 늘어날 때의 수입 증가분을 말한다. 생산량을 1개에서 2개로 늘릴 경우 수입은 1,000원에서 2,000원으로 증가한다. 이때 수입의 증가분 1,000원이 한계수입이다. 완전경쟁시장에서 한계수입은 공급자가 몇 개를 공급하든 상관없이 가격과 동일하다는 것을 알 수 있다.

【퀴즈】 만일 한계비용이 앞의 표와 같다면, 이때 한계이윤은 얼마나 될까?
한계이윤은 생산량이 하나 더 늘어날 때 이윤의 증가분이다. 한계수입에서 한계비용(1개를 추가생산 할 때 드는 비용)을 빼어 계산한다. 표를 보면 1개 생산의 한계이윤은 250원, 2개는 150원, 3개는 50원인데, 4개의 경우 한계이윤이 −50원으로 오히려 줄어든다.

생산량 결정
한계이윤 ≧ 0
한계수입 ≧ 한계비용

기업은 '한계이윤이 0보다 크거나 같은 수준까지 생산'을 하거나, 혹은 '한계수입이 한계비용과 같거나 큰 수준까지 생산하는 경향이 있다.

•이론적으로 생산량은 한계수입과 한계비용이 같은 곳에서 결정된다. 그런데 앞 예의 경우 3.2개에서 한계수입과 한계비용이 일치한다고 하여 3.2개만 생산할 수는 없는 노릇이다. 따라서 이런 경우에는 한계수입이 한계비용보다 큰 점을 선택한다.
하지만 만약 앞의 표에서 단위가 1개가 아니라 100개라면 한계수입과 한계비용이 일치하는 지점, 즉 320개를 생산할 수 있을 것이다.

총이윤이 0보다 크다고 해서, 즉 현재 손해를 보지 않는다고 무조건 많이 생산하는 게 좋은 것은 아니다. 손해를 보지는 않지만 이윤이 3개만 만들 때보다 적어지는 경우가 있다. 그래서 경제학에서는 총이윤이 아니라 '한계이윤'을 더 중요시하고, 생산량 등을 결정할 때 판단기준 중 하나로 사용한다.

▶ **완전경쟁시장의 한계이윤**

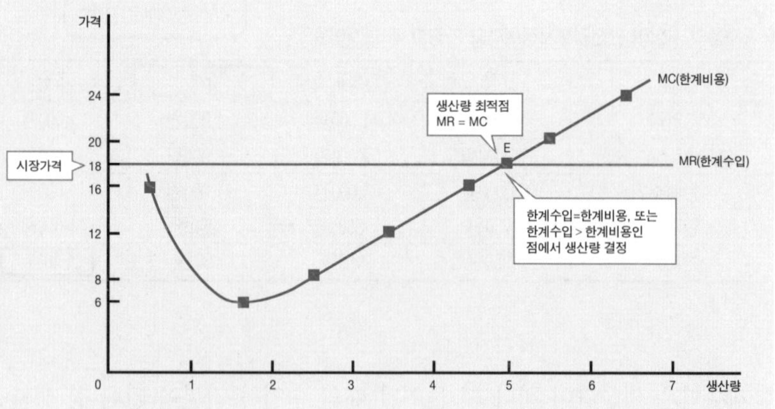

그래프에서 보듯이 완전경쟁시장에서는 기업이 당면하는 가격과 한계수입이 같다. 그리고 이때 한계수입과 한계비용이 같은 지점, 혹은 한계수입이 한계비용보다 큰 지점에서 생산량이 결정된다.

우리 옆의 경제학

대한항공이 미국에서 독점기업?

2007년 8월 미 법무부는 대한항공에 미 연방독점금지법(셔먼법)을 적용하여 3억 달러의 과징금을 부과했다. 당시 대한항공의 1년 영업이익인 약 5,000억원의 절반에 달하는 큰 액수였다.

그 무렵 우리나라 항공운수 시장은 대한항공과 아시아나가 90% 이상의 점유율을 보였으니, 대한항공이 국내에서 과점, 혹은 독점기업이라는 점은 이해가 간다. 하지만 외국 비행기와 항공사들이 즐비하고, 대한항공 사무실은 눈 씻고 봐도 찾을 수 없는 외국에서 미 연방독점금지법으로 처벌받게 되다니 이상하게 생각할 수도 있을 것이다.

대한항공이 처벌을 받은 것은 독점적 사업자라서가 아니라 기업 담합(카르텔)을 시도했기 때문이다. 당시 영국 브리티시에어웨이즈(BA)와 가격 담합을 해서 독점효과를 보았던 것이다.

USA TODAY · Home · News · Travel · Money · Sports · MV10

Travel » Today in the Sky · Flight Tracker · Flight Delays Map · Airfare Search · Airports

British Airways avoided fines that could have reached $900 million

AP file photo

British Airways, Korean air fined $300 million

Updated 8/23/2007 3:48 PM | Comment | Recommend

WASHINGTON (AP) — Two major airlines were fined $300 million apiece Thursday after admitting they conspired to fix prices on international flights and agreeing to help prosecutors investigate other airlines.

British Airways PLC, Britain's largest airline, and Korean Air Co., South Korea's national carrier, pleaded guilty to antitrust conspiracy charges. They acknowledged colluding with rivals over cargo rates and fuel surcharges, which were added to fares in response to rising oil prices. That meant higher costs for international shippers and passengers.

U.S. District Judge John D. Bates said the case "involved considerable commerce and reflected long-term and widespread conduct involving major airlines and players."

Both saw their potential fines reduced because they cooperated with Justice Department investigators. Korean Air's fines could have been twice as high and British Airways could have faced fines closer to $900 million, but the Justice Department and the judge credited the company with cooperating.

"Any anti-competitive behavior is to be condemned at British Airways or at other companies. It will not be tolerated and we remain vigilant in this respect," British Airways Chief Executive Willie Walsh said in a statement released after court.

Korean Air released a statement saying it was "committed to antitrust compliance" and was taking steps to make sure the conduct was never repeated. Neither company addressed the extent of its cooperation or how widespread the practice was in the industry.

Earlier this month, authorities in London announced $246 million in fines for British Airways in a parallel trans-Atlantic investigation. Both inquiries are ongoing.

Scott D. Hammond, deputy assistant attorney general for criminal antitrust issues, said the sentences proved that "those who violate the antitrust laws and seek to deny American consumers and businesses the benefits of competition will be held accountable."

E-mail | Print | RSS · Mixx it · Other ways to share: Digg · del.icio.us · Newsvine · Reddit · Facebook · What's this?

『USA 투데이』
2007년 8월 23일자 기사

대한항공뿐만 아니라 삼성, 하이닉스 등 대미 수출업체들이 줄줄이 연방독점금지법에 제소된 적이 있다. 2000년부터 5년 동안 100여 개의 기업들이 같은 이유로 미 연방법원에 제소되었다.

미 연방독점금지법은 매우 강력하다. 벌금은 담합으로 벌어들인 이익의 2배까지 물릴 수 있고, 임직원은 징역형으로 처벌하며, 제품의 직간접 소비자들은 피해액의 3배까지 배상을 청구할 수 있다. 이 법에 제대로 걸리면 10년 이상 온갖 소송에 시달려야 한다.

하지만 일부 경제학자들은 연방독점금지법이 오히려 경제적 효율성을 저해하고, 기업의 자율 경영을 방해한다는 의견을 내놓기도 한다. 일부 신자유주의 경제학자들은 연방독점금지법도 기업 규제의 하나로 판단한다. 이런 주장들이 조금씩 힘을 받으면서 미 연방독점금지법이 조금씩 힘을 잃어가고 있다는 지적도 있다.

그러나 독점금지법은 기업의 경쟁을 촉진시키고 소비자의 권익을 보장하기 위한 법률이다. 자본주의 경제의 활력은 경쟁에서 나오고, 이 경쟁을 가로막는 독점이나 카르텔은 강력히 처벌하겠다는 것이 미국 자본주의의 힘이기도 하다.

1. 세계적인 경영학자인 김위찬과 르네 마보안 교수가 주창한 기업의 경영혁신 전략으로, 발상의 전환을 통해 경쟁자가 없는 전혀 새로운 시장을 창출하는 것을 골자로 하는 이 전략은 무엇인가?

2. 다음 중 강남 성형시장의 특징이 아닌 것을 고르시오.
   ① 가격경쟁보다는 서비스 경쟁이 치열하다.
   ② 의사들의 성형 솜씨는 거의 유사하다.
   ③ 소비자의 다양한 기호가 만족되는 시장이다.
   ④ 가격이 조금 비싸다는 평가를 받는다.
   ⑤ 수요의 가격 탄력성이 비탄력적이다.

3. 영화 「뷰티풀 마인드」의 실제 주인공으로 과점시장을 분석하는 중요한 이론 체계(게임이론)를 정리한 수학자는?
   ① 존 내쉬 ② 데이비드 리카도 ③ 아이작 뉴턴
   ④ 밀턴 프리드먼 ⑤ 칼 마르크스

4. 일부 기업들이 더 높은 이윤을 올리기 위해 시장 출하량을 일정하게 고정하기로 합의할 때, 각 기업에게 주어지는 '할당량'을 뜻하는 이 단어는 무엇인가?
   ① 포인트 ② 디바이디드 ③ 카르텔
   ④ 퀀터티 ⑤ 쿼터

정답

1. 블루오션 전략
2. ⑤ 강남 성형시장은 수요가 가격에 비탄력적이라고 볼 수 없다. 파격할인을 하면 수요가 크게 늘어날 것이다.
3. ①
4. ⑤

5. 코카콜라 시장이 완전경쟁시장에 가까운 이유로 적절한 것을 모두 고르시오.
① 동네마다 편의점이 많고 편의점은 다 코카콜라를 판다.
② 편의점에서 파는 코카콜라 중 어느 콜라가 맛있을까 고민하지 않아도 된다.
③ 편의점은 인위적으로 코카콜라를 비싸게 혹은 싸게 팔 수 없다.
④ 코카콜라의 병에는 성분이나 칼로리에 대한 설명이 자세히 붙어 있다.
⑤ 코카콜라에 치아를 집어넣으면 일정기간이 지나면 사라진다.

6. 기업의 생산량 결정에 대한 설명으로 올바른 것을 고르시오.
① 기업은 평균수입과 평균비용이 같을 때까지 생산한다.
② 기업은 물건을 추가 생산할 때 드는 비용이 증가하지 않을 때까지 생산한다.
③ 기업은 한계수입이 한계비용보다 크다면 계속 생산한다.
④ 기업은 그 재화의 소비가 없어질 때까지 생산한다.

7. 국제 원유 거래에서 가격 기준이 되는 원유는 크게 3가지이다. 서부텍사스산 중질유(WTI), 북해산 브렌트유, (　　) 등으로 생산지역의 이름을 딴 것이다. 이들이 기준유가 된 것은 생산량과 거래량이 많으면서도 생산이 독점되어 있지 않고, 가격 형성 과정이 투명하기 때문이다. 우리나라 석유 도입량의 대부분을 차지하는 이 원유는 무엇일까?

8. 선물시장(future market)의 반대말은 무엇일까?

정답

5. ①, ②, ③, ④
완전경쟁시장은 무수히 많은 시장 참여자, 동질적인 재화, 공개된 완전정보, 가격 순응자 등 4가지 조건을 필요로 한다.
6. ③
7. 두바이유
8. 현물시장

9. 1884년 미국 월스트리트저널의 편집장인 찰스 다우(Charles H. Dow)가 처음 창안한 것이다. 뉴욕증권거래소에 상장되어 있는 주식 중에서 가장 신용 있고 안정된 30개 종목을 표본으로 시장가격을 평균하여 산출하는 주가지수로, DJIA라고도 하는 이 지수의 이름은 무엇인가?

10. 다음 중 한국전력공사와 그 생산품에 대한 설명으로 올바른 것을 고르시오.

① 누구든 언제든 생산할 수 있다.

② 한국전력공사는 시장가격과 추가 비용을 고려하여 전기 생산량을 결정한다.

③ 전기에 대한 시장 수요가 곧 한국전력공사의 상품에 대한 수요이다.

④ 단기적으로는 초과이윤을 얻을 수 있으나, 장기적으로는 유사 제품의 등장으로 초과이윤이 사라진다.

⑤ 물 묻은 맨손으로 만져도 아무런 지장이 없는 상품이다.

11. 다음 중 일반적으로 독점이 발생하는 요인이 다른 상품은?

① 전기 ② 수도 ③ 카지노 ④ 온천 ⑤ 담배

정답

9. 다우존스지수

10. ③

11. ④ 온천은 자연적 위치에 의해 독점이 된 경우이다.

5

경기순환과 정부정책을 읽어보자

경제주기는 사계절처럼 '호황기→후퇴기→불황기→회복기'로 주기적으로 순환한다.
우리나라는 이 주기가 약 50개월마다 한 바퀴,
미국은 약 61개월마다 한 바퀴씩 돈 것이 과거의 통계였다.
그렇다면 앞으로도 경기가 이러한 주기로 순환할까?
혹자는 일본과 유사한 부동산 거품과 인구구조를 안고 있는 우리나라도
더블딥이나 L자형 경기침체로 빠질 위험이 있다는데 과연 그럴까?
5장에서는 경기주기별로 정부의 재정정책, 한국은행의 금융정책을 해부해 보고,
각 정책들이 어떤 효과와 부작용을 가지고 있는지 분석해 본다.

001

경기는 왜 성장과 후퇴를 반복할까?

—경기순환

Let's Go 미국 경제는 2003년만 하더라도 경제성장률이 5%에 이르는 경기활황기에 있었다. 한편 2008년 초 장밋빛 전망에 취해 있던 우리나라 주식시장은 서브프라임 사태로부터 시작된 미국의 경기침체와 그로 인해 촉발된 세계 경제 위기로 인해 폭락했다. 그리고 금융위기 이후 7년 정도가 지난 2015년 5월, 미국의 다우지수는 사상 최고치를 경신해서 18,000포인트를 넘어섰다.

과연 그동안 미국과 우리나라 경제에 무슨 일이 일어난 것일까? 경기는 왜 '좋아졌다, 나빠졌다, 좋아졌다'의 순환을 반복하게 되는 것일까?

경기순환이란?

2015년 6월 둘째주 목요일, 우리나라 금융통화위원회는 기준금리를 1.75%에서 1.5%로 0.25%포인트* 인하했다. 경기침체에 대한 우려 때문이었다. 이로써 우리나라는 사상 최저 금리시대를 맞게 된다. 당시 미국 경기 회복세에 따라 우리나라의 경기도 차차 좋아질 것이라는 시각과, 장기불황의 늪에 빠질 수 있다는 시각이 팽팽하게 맞서던 시기였다.

* %포인트(%p) %와 %의 차이는 '%포인트'라고 한다. 6%와 7%의 차이는 1% 포인트다.

2008년 세계 금융위기의 여파가 계속되던 2009년 초, 우리나라 경제의 가장 큰 화두는 과연 경기가 언제 회복될 것인가였다. 전문가마다 전망이 달랐다. 짧게는 2009년 하반기에 경기가 회복될 거라고 주장하는 사람들도 있었고, 길게는 2~3년이 걸릴 것이라고 보는 사람들도 있었다. 일부 전문가들은 1920년대 미국 대공황과 같은 세계적인 장기 경기침체를 예측하기도 했다.

이렇게 각 경제상황에서 다양한 예측이 나오고, 많은 사람들이 경기동향에 관심을 갖는 것은 경기가 앞으로 가계 · 기업 · 정부의 경제상황에 큰 영향을 미치기 때문이다.

가계는 경기가 개선되어야 소득이 증가하여 소비를 늘릴 수 있고, 경기의 움직임을 잘 파악해야 소비와 저축, 투자 등 경제행위를 더 합리적으로 결정할 수 있다. 기업도 전체 경제, 또는 해당 산업의 경기동향을 미리 파악해야 수요를 올바르게 전망하고, 생산 및 시설 투자계획 등을 수립할 수 있다. 대기업마다 경제연구소를 가지고 있는 것은 이와 같은 이유에서이다. 정부도 국민경제의 안정을 위하여 항상 국내외의 경기동향을 사전에 파악하여 적절한 정책을 실시하려고 한다.

경기는 어떻게 변동하는가?

경기는 국민경제를 이루고 있는 생산 · 소비 · 분배의 총체적인 활동수준이라고 할 수 있다. 여기서 총체적 경제활동은 물건뿐만 아니라 노동과 금융, 외환을 포함하는 전체적인 경제활동을 말한다.

경제활동이 일정기간 활발하기도 하고 위축되기도 하는 현상을 '경기변동', 혹은 '경기순환'이라고 한다. 경기변동을 경기순환, 즉 경기가 돌고 도는 것으로 표현하는 것은 경제발전이 항상 순탄하지는 않고, 성장과 후퇴를 반복하며 이루어지기 때문이다.
미국 경제의 발전을 살펴보면, 실질GDP(국내총생산)의 총성장은 완만하게 이루어졌다. 하지만 194쪽의 그림을 보면 기간별 실질GDP 증가율은 상승과 하락을 반복한 것을 알 수 있다.

▶ 미국 실질GDP 및 실질GDP 증가율 단위: 조달러, % | 기준: 2000년 달러 가치 | 출처: FRB

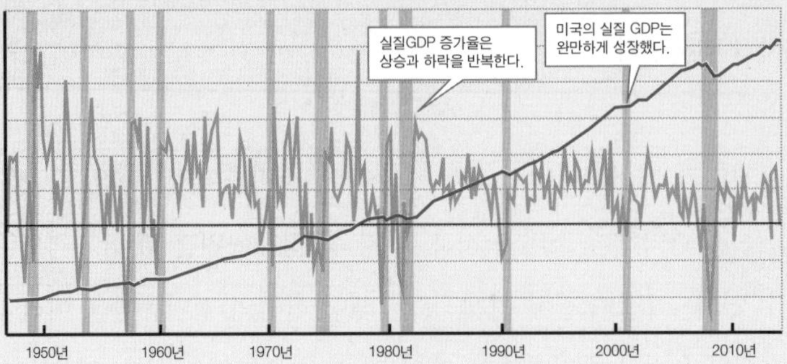

호황과 불황이 파도 모양으로 되풀이되는 경기변동은 일정한 주기를 두고 발생한다. 다음의 그림은 경기변동의 4단계 국면을 보여주고 있는데, 각 국면별 특징을 알아보자.

▶ 경기변동의 4단계

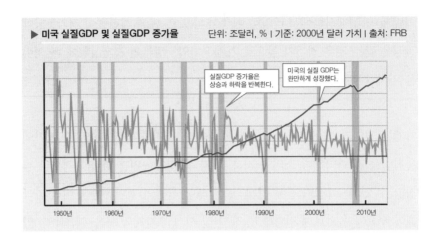

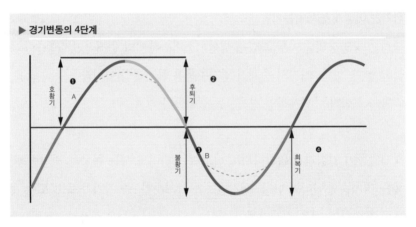

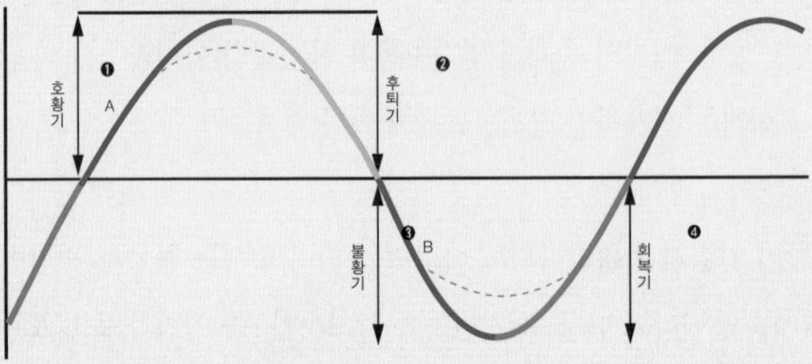

단, 경기변동의 각 단계별 특징은 대체로 그렇다는 것이지, 항상 그렇다는 것은 아니다. 예를 들어 195쪽에서 보듯이 불황기에는 자금 수요가 적어 금리가 낮은 특징이 있지만, 외환위기 때처럼 은행 부실이 문제가 될 경우 은행들이 자금을 유치하려 하기 때문에 금리가 높아지기도 한다.•

•현실경제와 관련된 이야기는 『경제기사의 바다에 빠져라』에서 상세히 설명한다.

❶ 호황기

모든 경제활동이 최고 수준인 상태로 가계의 소득이 증가하여 소비가 늘어나고, 기업은 판매호조로 생산량과 투자를 늘리며 주가가 상승하는 시기다. 한편 수요가 늘어남에 따라 물가는 상승하고, 노동 수요가 늘어남에 따라 임금이 오르며, 투자가 증가함으로써 저축률이 감소하여 금리가 상승한다.

생산	물가	소득	금리	실업	주가
최고	최고	최고	최고	최저	최고

❷ 후퇴기

경제호황으로 인한 물가와 금리 상승으로 경제활동이 위축, 둔화된 상태이다. 가계는 고물가, 고금리로 인해 소비를 점점 줄이고, 이에 따라 기업도 판매부진과 재고 증가, 고금리로 기업수지가 악화되어 투자를 줄인다.

생산	물가	소득	금리	실업	주가
감소	하락	감소	하락	증가	하락

❸ 불황기

소비와 투자가 모두 위축되면서 경기가 침체된 상태이다. '가계의 소득 감소→소비 감소→ 기업의 생산 감소→고용 감소'로 이어지는 악순환에 빠진다. 반면 가계의 소비 감소로 물가가 하락하고, 가계의 저축이 증가하며, 기업의 투자가 감소하면서 금리도 내려간다.

생산	물가	소득	금리	실업	주가
최저	최저	최저	최저	최고	최저

❹ 회복기

경제활동이 회복, 증가되는 시기이다. 저물가와 저금리로 인해 가계가 소비를 점점 늘리고, 기업도 생산량을 늘리며 투자를 다시 시작한다. 정부의 경기부양 정책, 기업의 신기술 · 신자원 · 신제품 개발, 해외수요 증대 등 내외의 경기유발 요인으로 경기하강이 끝나고 회복 국면에 돌입한다.

생산	물가	소득	금리	실업	주가
증가	중간	증가	상승	감소	상승

여기서 잠깐

우리나라의 경기순환 주기는?

우리나라는 통계청이 1981년 3월에 경기종합지수를 편제한 이래로, 1970년대 이후 기간을 대상으로 기준순환일을 공식적으로 측정하고 그 결과를 발표해 오고 있다. 통계청 발표에 의하면, 우리나라의 경기순환 주기는 약 50개월이며, 이중 확장기는 31개월, 수축기는 19개월로 확장기가 수축기보다 긴 것으로 나타났다.

▶ **우리나라의 경기순환 주기** 출처: 통계청

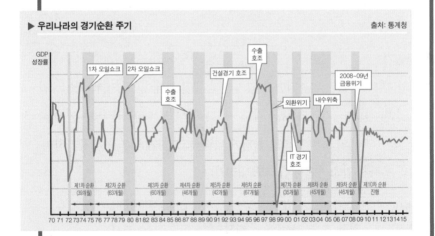

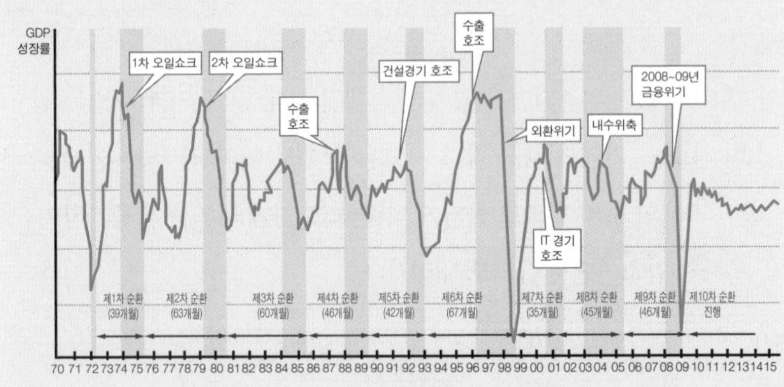

1970년대 이후 상승 국면이 가장 길었던 순환주기는 1975년 7월~1980년 9월까지의 제2순환 주기였다.
외국의 경우 제2차 세계대전 이후 미국의 경기 순환주기는 약 61개월로 우리나라에 비해 긴 반면, 일본은 약 50개월로 우리나라와 비슷하다.

경기가 회복기에 들어서면 기업은 설비투자를 확대하고, 민간부문은 소비와 지출을 늘림으로써 경기는 수축기의 반동작용과 함께 호황기를 맞이한다. 그런 후 호황기를 지나 다시 후퇴기로 흘러가는 흐름이 반복된다. 한 국가의 경기변동은 국제적으로 파급되기도 한다. 이런 현상은 자본주의 경제가 확립된 19세기 초 유럽에서부터 나타났으며, 2008년 미국의 부동산 경기침체도 세계 경제에 큰 영향을 미쳤다.

여기서 잠깐

미국 대공황의 파급 효과

미국 연방준비제도이사회 의장이었던 앨런 그린스펀은 2008년 경제위기가 100년에 한번 올까 말까 한 대위기라고 진단했다. 일부 언론들은 1920년대 미국 대공황 이후 최악의 경기침체가 될 거라고 했다. 과연 대공황은 어느 정도의 파급효과를 불러왔던 것일까?

- 대공황이 시작되기 전에 388이 고점이던 다우지수는 약 3년 만에 41포인트로 떨어졌다. 무려 90%가 하락한 것이다.
- 제조업, 특히 자동차와 건설업의 둔화로 실질GNP(국민총생산)는 29%나 감소하였다.
- 실직자가 3,000만 명이 넘었으며, 실업률이 25%까지 치솟아 경제활동인구 4명 중 1명이 실업자가 될 정도였다.
- 25,000개 은행 중 9,000개가 파산했고, 살아남은 은행들도 고객들이 현금을 다 찾아가려고(뱅크런) 해 큰 어려움을 겪었다.

이런 상황은 뉴딜정책이 있은 후 10년 동안 지속되었고, 주식시장은 25년이 지나서야 회복될 수 있었다. 참고로 외환위기 당시 우리나라는 국내총생산(GNP)이 5.5% 감소하고, 실업률이 약 6.8% 정도였는데도 매우 힘들었다.
여러분이 가진 펀드가 90% 가까이 폭락하고 실업자가 1,000만 명이 넘고, 경기회복에 20년 이상 걸린다면 어땠을까? 이로써 미국 대공황이 얼마나 엄청났는지 알 수 있다.

경기순환의 종류는?

U자형 경기순환

U자형 경기순환은 경기가 천천히 내려갔다가 올라가는 것이다. 가장 일반적인 흐름이다. 하지만 한번 저점으로 내려가면 회복되는 데 2,3년 이상 걸리기 때문에 국가와 서민 경제에 많은 고통을 준다. 그러나 모든 경기순환이 일반적인 U자형 경기흐름을 보이는 것은 아니다. 신기술 개발, 정부의 개입, 세계 경제의 환경 변화 등 내외적으로 경기에 영향을 미칠 수 있는 요인들이 많기 때문이다.

V자형 경기순환

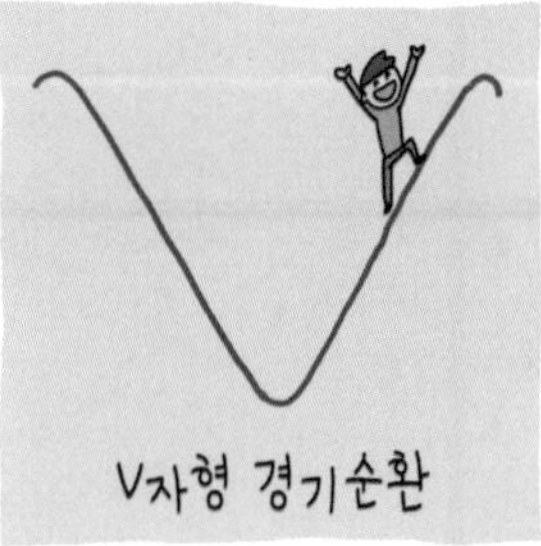

V자형 경기순환은 경기가 빠른 속도로 내려갔다가 빠른 속도로 회복되는 것이다. 일시적인 경제체질 변화나 급변하는 외부환경에 의해 경기불황이 발생하였다가 정부의 빠른 상황 대처로 급격하게 회복되는 경우이다. 우리나라 외환위기가 좋은 예이다. 1998년 우리나라는 IMF 구제금융을 받으면서 마이너스 성장에 무역적자를 기록했지만, 이듬해인 1999년 바로 플러스 성장에 무역수지 흑자로 돌아서면서 V자형 경기순환을 보였다.

W자형 경기순환

W자형 경기순환은 경기침체에서 회복이 될 듯하다가 다시 침체로 빠지는 것으로 '더블 딥', '이중침체'라고도 한다. 보통 경기침체기에 기업이나 정부가 일시적으로 생산량을 늘리거나 경기부양을 함으로써 잠시 경기가 살아나지만, 민간소비가 회복되지 않아서 다시 침체에 빠지는 것이다.

1990년대와 2000년대 초반 미국 경제가 침체 상황에서 경기부양으로 잠시 회복되는 듯하다가 다시 침체한 것이 좋은 예이다.

L자형 경기순환

L자형 경기순환은 W자형 경기순환보다 더 안 좋은 형태이다. 경기침체에 빠진 후 너무 오랫동안 회복되지 않는 경우이다. 1990년대 일본이 버블경제가 붕괴되어 장기적인 침체에 빠지면서 나온 개념이다.

경제에 거품이 계속 부풀어 오르다가 갑자기 꺼지면서 한번에 몰락한 것으로, 정부의 부적절한 대처로 경기침체가 더욱 심화된 경우이다. 10~20년 정도 매우 장기에 걸쳐서 구조조정을 완료했을 때에야 비로소 정상 유형으로 돌아온다. 일본은 이때 '일본의 큰 곳간'이라고 하던 대장성(우리나라의 기획재정부에 해당)을 아예 없앨 정도로 충격이 컸다. '잃어버린 10년'이란 표현이 원래 이 L자형 경기순환에서 나왔다.

경기변동은 이처럼 그 나라의 경제구조, 다른 나라의 경제상황, 정부의 대처에 의해 다양한 형태를 띠며, 많은 국가들은 되도록 경기변동의 폭, 특히 하강폭을 줄이려고 노력한다.

정부는 경기변동의 폭을 어떻게 줄일까?

경기변동의 폭이 크면 가계와 기업, 정부 모두에 큰 피해를 줄 수 있다. 과도한 경기활황은 물가와 금리 상승을 부추겨 가계와 기업에 압박을 주며, 시중에 넘치는 돈이 부동산 등으로 쏠릴 경우 자산 버블이 일어나 후에 더 큰 경기침체에 빠질 수 있다. 한편 경기침체가 지속되면 경제가 악순환의 고리에 빠질 수 있다. 그래서 정부는 인위적인 조치를 취해서라도 경기변

▶ 경기순환과 정부의 개입

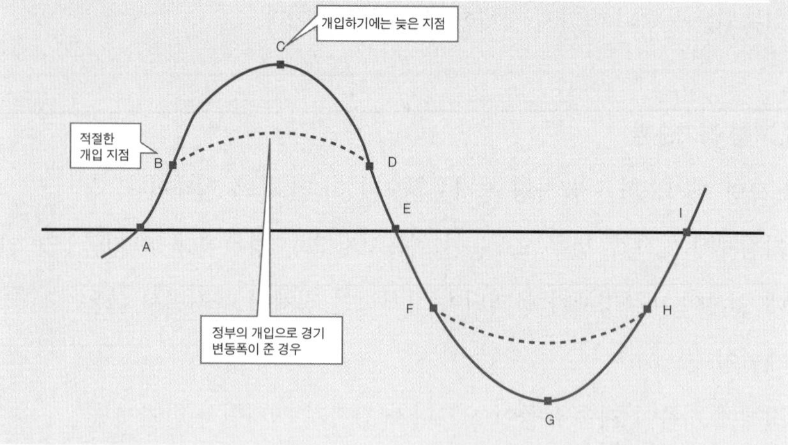

동의 폭을 줄이려고 한다.

만약 경기순환표가 다음과 같다면, 정부가 C점과 G점에 개입하면 경기흐름을 바꾸기에는 너무나 늦은 시점이다. 일반적으로 정부는 B점과 F점에 개입해서 ABDE, EFHI 점선 형태의 완만한 경기흐름을 탈 수 있도록 시도한다. 정부가 경기흐름을 조절하기 위해 어떤 형태로 개입하는지 알아보자.

❶ 정부는 경기과열을 방지하기 위해서 B점에서 개입을 한다. 경기가 과열 조짐을 보이면, 중앙은행이 기준금리 인상이나 채권 매각 등으로 시중에 있는 돈을 회수함으로써 수요를 억제시키려고 한다.[203, 210쪽]

❷ 경기가 침체될 경우 정부는 F점에서 개입한다. 소비를 높이기 위해 기준금리를 인하하거나 경기부양을 위한 토목 · 건축사업 등을 벌인다.[203, 210쪽]

정부는 경기과열과 경기침체를 방지하기 위해 경제부처 중심의 재정정책이나 중앙은행 중심의 금융정책을 펴는데, 이에 대해서는 뒤에서 자세히 다루도록 하겠다.

우리 옆의 경제학

일본의 L자형 경기침체

1990년대 초반까지 일본은 엄청난 호황을 누리고 있었다. 제조업의 호황으로 부국이 되었고, 뉴욕의 상징인 록펠러센터 등 미국의 주요 부동산, 영화사 등을 구입해 세계를 놀라게 했다. 일본의 부동산과 주식 가격도 크게 올랐다.
그러자 일본 국민과 기업은 너도나도 대출을 받아 투자에 뛰어들었고, 이는 엄청난 가격폭등을 불러왔다. 일본의 니케이지수는 38,000포인트까지 올랐고(2015년 현재 20,000포인트 내외), 부동산 버블이 정점이던 1990년 일본의 부동산 가치는 3,000조 엔(2경원)으로 미국 전체 부동산 가치의 4배에 달했다.

그런데 1990년대 초중반 부동산 거품이 급격히 빠졌으며, 이에 따라 기업과 금융기관이 부실화되고 내수침체로까지 이어지면서 기나긴 L자형 경기불황을 겪게 되었다. 과연 일본에서는 잃어버린 10년 동안 무슨 일이 일어났을까?

▶ 일본 부동산 가격 추이

일본 주택 가격지수: 1976년=100 | 출처: 일본 국토교통성

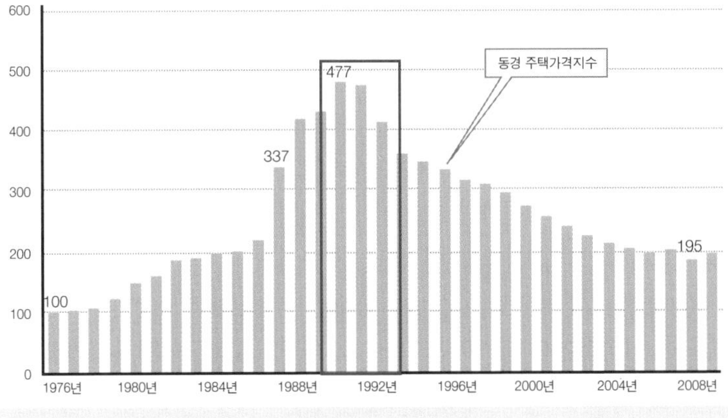

❶ 1980년대 초반, 미국은 1970년대부터 이어진 스태그플레이션을 해소하기 위해 고금리 정책을 펴기 시작했다. 시중의 돈줄을 옥죈 것이다. 이로 인해 인플레이션(지속적인 물가상승)은 잡을 수 있었지만 기업들이 큰 타격을 입었다. 이 기회를 일본이 잡은 것이다. 당시 일본은 수출이 연평균 18.2%씩 증가하면서 폭발적인 호황을 맞이했다.

❷ 일본 기업들은 큰돈을 벌어들였고, 금융기관들은 기업자금을 최대한 끌어들여 외형을 키웠다. 이 과정에서 일본 기업들은 부동산 투기 등 이른바 재테크에 열중하게 되었다. 은행들도 높아진 부동산 가격에 맞추어 더 많은 돈을 대출해주기 시작했다. 일본의 부동산 시장은 1985년부터 본격적으로 상승했는데, 도쿄와 나고야 등 주요 도시의 땅값은 4~5배 이상 올랐다.

❸ 그런데 부동산 붐으로 인해 주택가격이 너무 오르자, 서민들은 도시에서 쫓겨나 점점 교외로 밀려나게 되었고 불만이 팽배해졌다. 일본 정부는 주식과 부동산 시장이 모두 과열이라는 판단 아래 기준금리를 인상하고, 토지거래법을 만들어 강력한 규제를 시작했다.

❹ 고금리에 부담을 느낀 개인과 기업들이 부동산과 주식을 팔기 시작하면서 가격이 폭락했다.

❺ 부동산 가격의 폭락은 부동산 담보대출을 주로 취급하던 금융기관의 부도로 이어졌다.

❻ 주식가치의 폭락으로 몇몇 유명 증권회사들도 부도가 나기 시작했다.

❼ 1998년 불어닥친 아시아 금융위기로 인해 내수부진이 일어났으며, 일본의 경기침체는 장기화되었다.

그런데 일본이 '잃어버린 10년'을 겪은 가장 큰 원인 중 하나는 정부의 미숙한 대응이다. 일본 정부는 부동산 버블이 생길 때는 미리 손을 쓰지 않다가, 한참 급등한 후에야 비로소 토지거래법 등을 제정하고, 중앙은행이 기준금리를 인상했다.

일본 정부는 버블 붕괴 후에도 과감한 구조조정도, 화끈한 경기부양책도 실시하지 못했다. 특히 부실 금융기관과 건설업체들이 정부의 공공 건설투자 확대와 공적자금 투입에 힘입어 계속 연명했고, 이는 결국 금융기관 전체의 부실을 가져왔다. '부동산과 주식 버블 붕괴→금융기관 연쇄 도산→금융시장 불안→경기침체'. 1990년대 초 이후 일본의 '잃어버린 10년'이라는 장기불황은 그렇게 찾아왔다.

002

경기침체기, 정부의 재정정책

2008년 당시 경기침체와 관련해서 정부에서 추진하는 정책들이 많은 논란을 낳았다. 그중에 주요한 두 가지를 들면 건설사업을 통한 경기부양과 감세정책이다. 과연 이러한 노력은 경기를 회복하는 대안이 될 수 있을까?
경기침체를 극복하기 위한 정부의 재정정책에 대하여 생각해 보자.

Let's Go

경제에서 정부의 역할은?

초기 자본주의에서는 시장에서 모든 것을 해결할 수 있다고 보고, 정부의 역할은 최소한에 그쳐야 한다는 주장이 힘을 얻었다. 그러나 자본주의 시장경제에서 해결할 수 없는 빈부격차, 공공재, 독과점, 외부효과,[236쪽] 경기변동 등의 문제들이 점점 커지면서 시장의 신화는 무너져 갔다.
마침내 1929년 미국에서 대공황이 발생하면서 시장을 통해서 모든 것이 해결될 수 있다는 환상은 산산조각이 나버렸다. 그 이후 각 나라마다 정도의 차이는 있지만, 정부가 경제활동에 일부 개입하고 있다. 물론 아직 정부가 어느 정도의 역할을 해야 할지에 대해서는 논란이 있지만, 정부의 역할이 필요하다는 것은 부정할 수 없는 사실이다. 현대 자본주의 사회에서 정부의 역할은 다음과 같이 4가지로 구분할 수 있다.

자원 배분 기능

정부는 독과점이나 환경오염 등 자원이 비합리적으로 배분되거나, 경제주체 모두에게 피해를 줄 수 있는 행동을 규제를 통해서 바로잡아 나가는 역할을 한다. 그리고 국방과 교육, 수도, 전기 등 공공재를 직접 공급하기도 한다. 이를 '자원 배분 기능'이라고 하는데, 자원 배분을 위해서는 많은 비용이 필요하며 그 비용은 세금을 통해서 조달한다.[6장]

소득재분배 기능

정부는 빈곤과 지나친 소득불평등 문제를 해결하기 위해서 시장에 개입한다. 누진세 등 조세정책, 최저생계비 지급 등 사회복지 정책을 통해서 소득재분배 기능을 한다.[7장]

경제안정화 정책

호황기에는 물가와 금리가 크게 상승할 우려가 있고, 불황기에는 소득이 감소하고 실업률이 높아져 국민경제에 악영향을 미칠 수 있다. 그러므로 정부는 호황기와 불황기의 변동폭을 줄이려는 정책을 편다. 정부는 재정정책을 통해서 세금과 재정지출을 늘리거나 줄여 경기를 조절하려고 한다.

경제발전 정책 주도

박정희 정부 때의 경제개발 5개년 계획을 생각하면 된다. 경제발전 정책은 주로 선진국보다는 개발도상국에서 사용하는 정책이다. 정부는 기술발전을 위해 연구개발 투자를 늘리고, 교육기회를 확대하며, 도로, 항만 등 사회간접자본 투자를 늘려나가는 한편, 유망산업에 대한 세금 인하와 보조금 지급, 외국 상품에 대한 관세 부여 등의 정책을 통해 빠른 경제발전을 유도한다. 우리나라의 주력산업인 자동차, 철강, 조선 산업 역시 이와 같은 국가의 지원을 통해서 발전했다.

재정정책의 종류는?

재정정책은 정부가 경기를 안정시키거나 경제규모를 조정하거나 부양하기 위해 조세와 정부지출의 배분을 조절하는 정책을 말한다. 먼저 재정정책의 주요 수단인 조세정책을 살펴보자.

조세정책

조세정책은 세금을 거두는 규모와 방식을 조절하는 정책이다. 국가를 운영하기 위하여 재원을 확보하고, 부자에게 세금을 더 거두는 누진세, 상속세 등을 통해 빈부격차를 줄이기 위한 소득재분배 기능을 한다. 정부는 세금을 인상하여 시중에 넘치는 돈을 거두어들이거나, 세금을 인하하여 시중에 돈을 공급함으로써 경기조절 기능을 한다.203쪽

확장/긴축 재정정책

확장 재정정책은 정부가 세금을 많이 거두어 큰 규모의 재정정책을 펴는 것을 말한다. 풍부한 재정을 바탕으로 시장에 적극적으로 개입해서 빈부격차, 공공재, 경기변동 등의 문제를 해결할 수 있다는 장점이 있지만, 비효율적이고 방만한 정책이나 관료주의 팽창 등의 단점이 있다.

긴축 재정정책은 세금을 줄여 작은 규모의 재정정책을 펴는 것을 말한다. 시장에 모든 것을 맡김으로써 정부의 역할이 줄어들어 공공재의 공급이 축소되고, 복지정책이 약화되어 국민들의 삶의 질이 악화되는 문제가 발생할 수 있다.

흑자/적자 재정정책

1970년대 경부고속도로 건설은 당시 우리나라 재정으로서는 큰 적자를 보

는 엄청난 모험이었고 반대여론도 많았다. 정부는 산업발전을 위한 도로가 필요하기도 했지만, 건설경기를 활성화해서 내수를 일으키려고 반대 여론에도 불구하고 사업을 강행했다. 이처럼 정부가 재정을 집행하는 일은 공공재의 생산뿐만 아니라 새로운 고용창출로 소득재분배와 경기부양, 국가경제 발전을 위한 역할도 할 수 있다.

적자재정은 정부가 거두어들인 조세보다 더 많은 지출을 하는 것을 말한다. 그 반대의 경우를 '흑자재정'이라고 한다. 적자재정은 경기부양에 도움이 되지만, 국가의 채무가 늘어나는 등 정부의 재정을 취약하게 만들 수도 있다.

▶ **정부 재정정책의 영향**

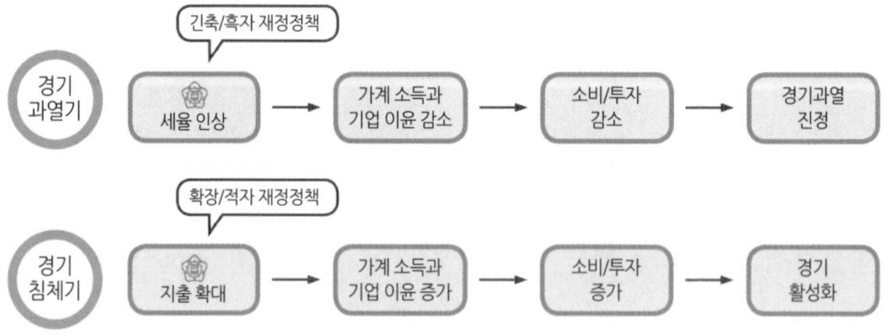

정부는 경기침체기에 어떤 정책을 펼까?

감세정책

세금을 줄이는 정책을 '감세정책'이라고 한다. 경기침체기에 정부는 세금을 감면(부담을 덜어주거나 면제함)해 줌으로써 가계의 가처분소득을 늘려주는 정책을 취할 수 있다.

만약 여러분의 소득이 300만원이고 세금이 30만원이면, 실제로 쓸 수 있는 돈은 270만원이고, 이것을 '가처분소득'이라고 한다. 그런데 세금을 10만원

깎아주면 가처분소득은 280만원이 될 것이고, 이때 깎아준 10만원을 소비로 연결시키겠다는 정책이다. 소비 활성화를 위해 세금을 돌려주는 '세금환급' 정책을 실시하기도 한다. 2008년에 정부는 경기 활성화를 위해 기름값에 부과되는 유류세를 환급해 주는 유가환급금 제도를 실시한 바 있다.

감세정책은 소비를 늘리는 데 어느 정도 도움이 되지만, 서민보다 부자들이 더 큰 혜택을 보므로[229쪽] 빈부격차를 심화시킬 수 있다. 게다가 세금 감면은 국가의 재정을 악화시키고 복지예산을 줄어들게 함으로써 국민의 삶의 질을 떨어뜨릴 위험이 있다.

확장/적자 재정정책

정부는 경기침체기에 사회간접자본 사업을 늘리거나, 경기부양 정책을 조기에 집행하는 등 재정정책을 씀으로써 고용률을 높이고 소비를 불러일으켜 경기침체에서 벗어나려고 한다. 지방 거점도시 건설사업, 뉴딜정책 등이 그 예이다. 이때 재정정책은 확장/적자 재정정책이다. 하지만 대규모 국가사업을 추진하기 위해 세금을 늘리면, 가계와 기업의 이익이 줄어들어 경기침체가 심화될 수 있으며 강력한 조세저항에 부닥치기도 한다.

토목공사 중심의 뉴딜정책은 만병통치약인가?

정부는 극심한 경기불황이 닥치면 각종 경기부양책을 내놓는다. 우리나라도 예외는 아니어서 2008년 금융위기 이후 2009~12년 22조원을 4대강 살리기 사업에 투입했다. 건설경기 활성화를 통해 경제를 살리려는 1930년대 미국의 뉴딜정책을 따라가려는 모습이었다.

건설경기 부양책은 경기침체를 벗어나는 데 어느 정도 효과가 있는 것이 사실이다. 그러나 과연 토목공사 중심의 뉴딜정책을 경기침체의 만병통치약이라고 할 수 있을까?

일본의 '잃어버린 10년'에서 배우는 교훈

먼저 건설경기 부양은 부동산 버블을 더욱 키울 수 있다. 2008년 세계 금융위기를 가져온 서브프라임 사태도 부동산 버블이 큰 요인이었다. 우리나라도 부동산 가격이 지나치게 높아 경제에 큰 부담이며, 부동산 경기가 급락하면 경기침체를 더욱 가속화할 수 있다. 이러한 상황에서 건설경기 부양은 자칫 부동산 버블을 유지시켜 가격 정상화를 방해할 수 있다.

일본은 1990년대 초반 경기침체를 건설경기 활성화로 극복하려다가 장기불황에 빠졌다. 이는 토목공사가 경기침체의 만병통치약이 아님을 분명하게 보여준다.

곰만 다니는 도로, 낚시만 하는 항구

건설경기를 위한 지나친 부양은 국가경제의 체질을 바꾸는 데 방해가 될 수 있다. 경제가 어려울수록 앞으로 10년, 20년 후에 우리나라가 먹고살아야 할 산업을 개발하는 데 힘써야 한다. 그런데 건설업은 기본적으로 고부가가치산업도 미래산업도 아니라는 점에서 명확한 한계가 있다.

일본은 무리한 건설경기 부양으로 곰만 다니는 도로, 낚시만 하는 항구를 만들어 전 세계로부터 비웃음을 샀다. 이처럼 미래를 내다보지 못하는 무리한 건설사업은 예산만 낭비하는 꼴이 될 수 있다.

빚을 빚으로 갚는 악순환

마지막으로 대규모 토목공사 정책에 필요한 자금조달도 문제다. 세금을 늘리면 오히려 내수경기를 위축시킬 위험이 있다. 세금을 늘리지 않고 경기를 부양하려면 국채를 발행하여 빚을 꾸어 와야 한다. 하지만 국가가 국채를 발행하여 자금을 마련하는 데도 한계가 있고, 국가의 빚인 국채는 결국 우리가 갚아야 할 돈이다. 게다가 대부분의 사회간접자본 투자는 자본회수가 늦고 큰 이익이 생기지 않는다. 이 경우 국채와 그 이자를 갚기 위해 다시 국채를 추가 발행하고 세금을 늘려야 하는 등 국가경제가 악순환에 빠질 수 있다.

물론 경기침체로 중소 자영업자와 일용노동자 등 서민층의 어려움이 한계에 이른 상황에서 정부로서도 마냥 손을 놓고 있을 수는 없을 것이다. 경기부양 효과가 크고 빠른 건설 부문에 집중적으로 투자하려는 것을 이해 못할 바는 아니다.

하지만 정부가 아무리 다급해도 건설경기 부양이 중심이 되는 뉴딜정책에 너무 의존해서는 안된다. 이런 정책을 쓰더라도 경기순환상의 변동폭을 완화하는 데 국한해야 한다. 마치 이것이 경제정책의 본류라고 착각해 매달리면, 전체 국가경제에 타격을 줄 수 있다.
경제정책의 정도(正道)는 성장잠재력을 높이고 경제주체들이 경쟁력을 갖추도록 함으로써 지속 가능한 성장을 이룰 수 있도록 지원하는 것임을 잊지 말아야 할 것이다.

003

경기침체기, 한국은행의 금융정책

Let's Go

경제뉴스

"한국은행은 6월 11일 금융통화위원회를 열어 기준금리를 현행 1.75%에서 1.5%로 인하했습니다. 이번 금리 인하는 최근 수출부진과 메르스 여파로 인해 경기불황의 골이 깊어질 것을 우려한 선제적 조치로 풀이됩니다." – 2015년 6월 11월

한국은행이 기준금리를 인하하거나 인상하면 텔레비전에서 주요 뉴스로 다루고 그 영향을 평가한다. 이는 금리 결정 등 한국은행의 금융정책이 국가·기업·가계에 미치는 영향이 크기 때문이다. 중앙은행의 금융정책에 대해 알아보자.

한국은행의 정책 목표는?

대다수의 국가에는 지폐와 주화를 독점적으로 발행하고 화폐량을 조절하며, 화폐제도의 운영에 책임을 지는 중앙은행이 있다. 미국은 연방준비은행(FRB; Federal Reserve Bank), 일본은 일본은행(Bank of Japan), 우리나라는 한국은행(Bank of Korea)이다.

우리나라의 중앙은행인 한국은행은 현재 정부 공식기관은 아니지만, 정부기관과 유사하게 무자본특수법인의 지위를 가지고 있으며, 한국은행 총재를 포함한 7명의 위원으로 구성된 '금융통화위원회'에서 주요한 금융정책을 결정한다. 외환위기 이후 한국은행은 정부 경제부처의 통제에서 조금씩 벗어나 경제성장 중심인 기획재정부에 맞서서 경제 안정화 정책에 중점을 두고 금융정책을 펼치고 있다.

통화량이 경제에 미치는 영향

금융정책을 이해하기 전에, 먼저 통화량이 경제에 미치는 영향을 살펴보자. 통화량은 시중에서 오가는 돈의 양을 말한다.

한국은행이 통화량을 증가시키면, 시중에 돈이 많아져 가계의 소득이 증가하고 이에 따라 소비가 늘어난다. 그러면 기업의 생산이 증가하며 이윤이 늘어나고, 투자가 활성화되어 주식과 부동산 가격이 상승한다. 결국 통화량이 늘어나면 대체로 소비와 투자가 증가하며 경기가 활성화된다.

하지만 통화량이 증가함에 따라 물가가 상승하여 화폐가치가 하락한다. 이로 인해 주식과 부동산 가격 상승에 대한 기대감으로 투자가 몰려 거품이 형성된다. 소비나 투자를 위한 돈의 수요가 많아지니 금리가 상승하고, 가계와 기업이 이자 부담을 느끼게 된다. 그러면 소비와 투자가 줄어들면서 기업의 채산성도 악화되어 경기가 침체된다. 이로 인해 자산의 거품이 터지고, 이는 경기침체를 더욱 가속화한다. 정리하면 다음의 그림과 같다.

▶ 통화량이 증가할 경우

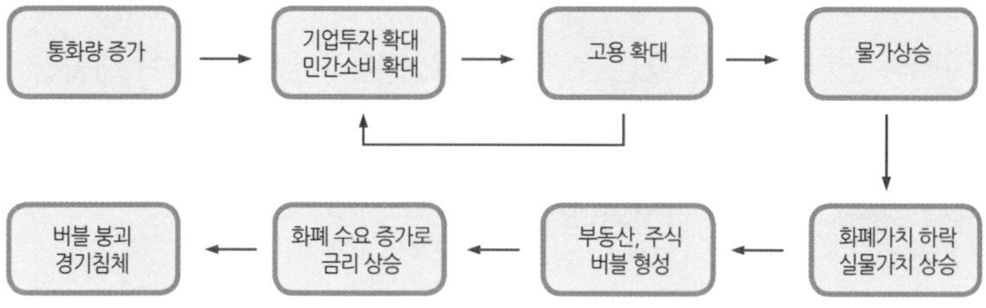

한국은행 등 중앙은행은 경제 안정화를 위해 통화량을 조절하여 경기흐름과 물가를 안정시키려고 한다. 중앙은행이 통화량을 조절하는 방법은 다음과 같다.

자급준비율로 통화량 조절하기

일반 은행들은 저축한 가계에 주는 예금금리(=수신금리)와 기업과 가계에 돈을 빌려주면서 받는 대출금리(=여신금리)의 차이를 통해 이익을 보는데, 이 두 금리 사이의 이익을 '예대마진'이라고 한다.

시중은행은 예금액 중 일부를 한국은행에 예치해 놓도록 규정되어 있다. 이를 '지급준비금'이라고 하며, 그 비율을 '지급준비율'이라고 한다. 예금액이 1조원인 은행의 지급준비율이 10%라면, 1,000억원은 대출을 하지 말고 보유하고 있어야 한다. 지급준비율은 시중은행이 예금자의 인출 요구에 응할 수 있도록 하기 위한 제도지만, 중앙은행은 지급준비율을 바꿈으로써 시중의 통화량을 조절할 수 있다.•

•현재 우리나라의 지급준비율은 예금의 성격에 따라 다른데, 대략 평균을 내면 약 3.9%이다.

지급준비율을 높이면

부동산, 주식가격이 지나치게 오르고 경기가 과열되면, 중앙은행은 지급준비율을 높여 시중 통화량을 줄이려고 한다. 예를 들어 지급준비율이 10%에서 15%로 오르면, 은행은 지급준비금으로 1,000억원이 아니라 1,500억원을 예치해야 한다. 이에 은행은 추가 대출을 줄이고 금리를 높여 대출을 억제하려고 한다. 그러면 시중의 통화량이 줄어들고, 자연히 소비와 투자가 감소하여 과열된 경기가 진정된다.

▶ **지급준비율을 높이는 경우**

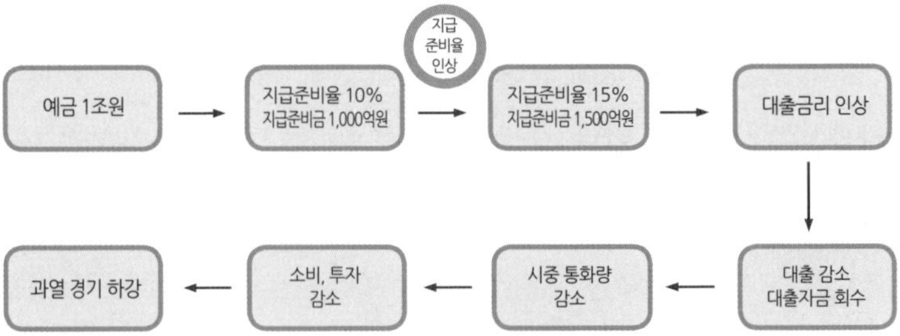

지급준비율을 낮추면

경기침체기에는 시중 통화량을 늘리기 위해 지급준비율을 낮춘다. 지급준비율을 10%에서 5%로 낮추면 은행은 1,000억원이 아니라 500억원만 지급준비금으로 예치하면 된다. 그래서 금리를 낮추고 기업과 가계에 대출을 늘리며 소비와 투자가 활성화됨으로써 경기가 활발해진다.

▶ **지급준비율을 낮추는 경우**

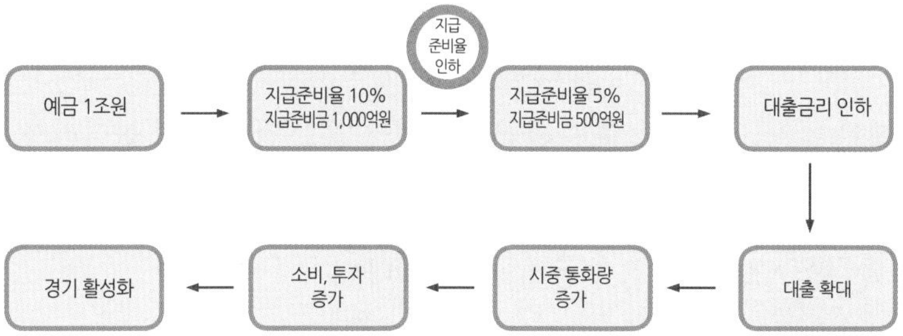

기준금리로 통화량 조절하기

한국은행은 일반 국민을 대상으로 계좌를 만들어 주는 등 영업활동을 하는 곳이 아니라, 시중은행을 대상으로 자금을 지원하거나 흡수해 전체적으로 통화량을 조절하는 역할을 한다.

한국은행은 예전에는 콜금리로 시중의 통화량을 조절했고, 2008년부터는 '7일물 환매조건부채권' 금리를 통해 시중 통화량을 조절하고 있다. 통화량을 조절하는 수단으로 사용하는 금리를 '기준금리', 또는 '정책금리'라고 한다. 여러분이 꼭 기억해야 할 금리다.

콜금리란 무엇인가?

일시적으로 자금이 부족한 금융기관이 다른 금융기관에 초단기로 자금을 빌려 달라고 하는 것이 '콜'(call)이며, 이같이 금융기관 간에 과부족 자금을 거래하는 시장을 '콜시장'이라고 한다. 보통 하루 정도의 초단기로 거래가 이루어지며, 이때 적용되는 금리가 콜금리이다.

예전에 한국은행은 매월 초 콜금리 목표치를 결정하고, 이 목표금리를 유지하기 위해 초단기 자금시장인 콜시장에서 콜자금의 수급을 조절했다. 한국은행이 콜자금을 많이 풀면 콜금리가 내려가고, 적게 풀면 콜금리가 올라가는 식이다. 그리고 시중은행은 '콜금리가 얼마냐'에 따라 장단기 시장금리 및 예금/대출 금리를 연동해서 운용했다.

그런데 한국은행에서 콜금리 목표치를 설정하고 시장에서 조절하자, 콜금리는 실제 시중의 자금 사정과 상관없이 하루 0.05% 정도의 변동폭 수준에서 고정되었고, 금융기관들이 금리 위험이 없는 콜자금을 조달해 이자가 더 높은 채권 등에 투자해 이익을 보는 경우까지 생겼다. 이에 한국은행은 2008년 3월부터 정책금리 수단을 콜금리에서 '7일물 환매조건부채권' 금리로 바꾸게 되었다.

환매조건부채권(RP) 금리란 무엇인가?

은행이나 기업은 자금이 필요할 때 채권을 발행해 자금을 조달한다. '환매조건부'라는 말은 일정기간 후 다시 사주겠다는 것을 전제로 판매하는 채권이란 뜻이다.
시장에 자금이 부족해져서 단기금리가 올라가고, 시장금리가 한국은행이 결정한 기준금리보다 높다고 가정해 보자. 이 경우 한국은행은 돈을 시장에 더 풀어서 단기금리를 낮출 필요가 있다고 판단할 것이다.
이런 경우 한국은행은 7일물 환매조건부채권으로 시중의 단기금리를 조절하려고 한다. 예를 들어 한국은행은 단기 금융시장에서 시중은행의 1,000억짜리 RP(7일물)를 매입하고, 시중은행에 1,000억원을 준다. 즉 자금을 푸는 것이다. 물론 일주일 뒤 시중은행은 1,000억원에다 고정된 기준금리를 더해 한국은행에 자금을 돌려주고 RP를 되돌려받게 된다. 시중은행 입장에서는 낮은 기준금리로 자금을 수혈받는 효과가 있는 셈이고, 한국은행 입장에서는 자금을 풀어 금리를 낮추는 기능을 한 셈이다.•

•현재 한국은행은 일주일에 한 번(매주 목요일)씩만 시장에서 RP(7일물)를 사거나 팔아 기준금리를 유지하고 있다.

▶ 시장의 단기금리가 기준금리보다 높으면

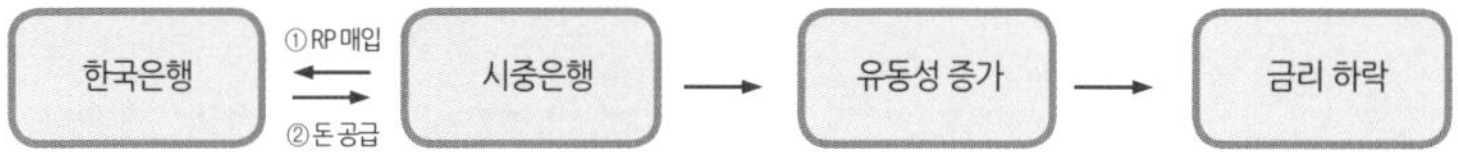

▶ 시장의 단기금리가 기준금리보다 낮으면

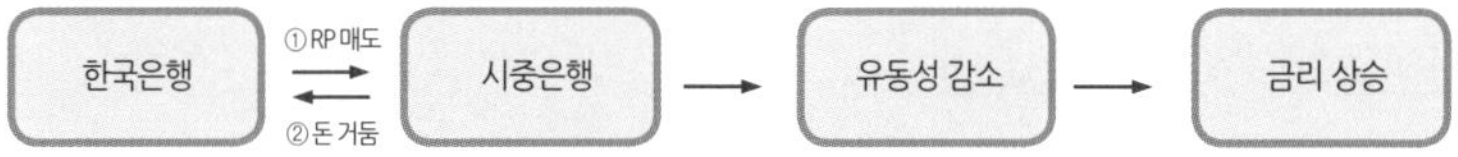

공개시장 조작으로 통화량 조절하기

채권은 정부, 공공단체, 은행, 회사 등이 필요한 자금을 빌리기 위해 발행하는 차용증서를 말한다. 이중에서 국가가 발행하는 채권을 '국채'라고 한다. 정부는 국가 운영 및 재정정책을 집행하기 위한 비용을 세금을 통해서 조달하지만, 확대재정과 적자재정을 집행할 경우 부족한 자금은 국채 등을 발행하여 빌리기도 한다. 한국은행은 정부가 발행한 국채를 매입하거나 매각함으로써 시중의 통화량을 조절하기도 한다.

한국은행이 국채를 매각하면

경기가 과열되면, 한국은행은 거품 붕괴를 우려해 시중의 통화량을 줄이려고 한다. 이 경우 국채를 매각한다. 만약 한국은행이 국채 10조원을 매각하면, 그 대금으로 시중자금 10조원이 한국은행으로 들어오며, 시중에는 그만큼 통화량이 감소한다. 시중에 돈이 적어지면 소비가 줄어들고 이에 따라 경기가 하강하여 안정된다.

▶ 한국은행이 국채를 매각할 경우

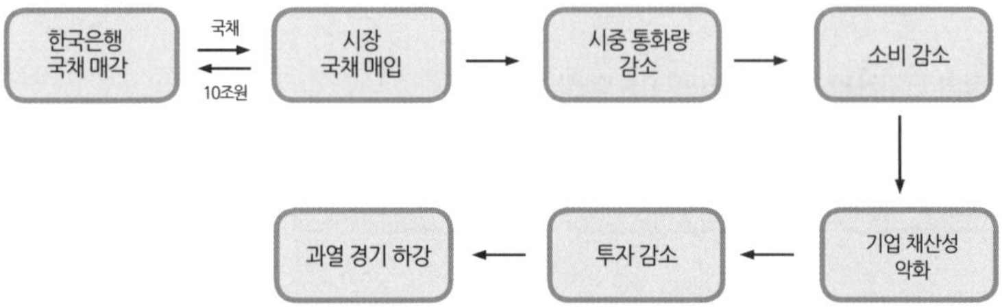

한국은행이 국채를 매입하면

경기불황기에 한국은행은 시중의 통화량을 늘리기 위해 국채를 사들인다. 한국은행이 국채를 10조원어치 매입하고 돈을 주면, 시중에는 그 10조원이 풀리게 된다. 그러면 통화량이 증가하며, 돈이 흔해지니 금리가 하락하고 투자와 소비가 늘어나 경기를 부양하는 효과를 가져온다.

▶ 한국은행이 국채를 매입할 경우

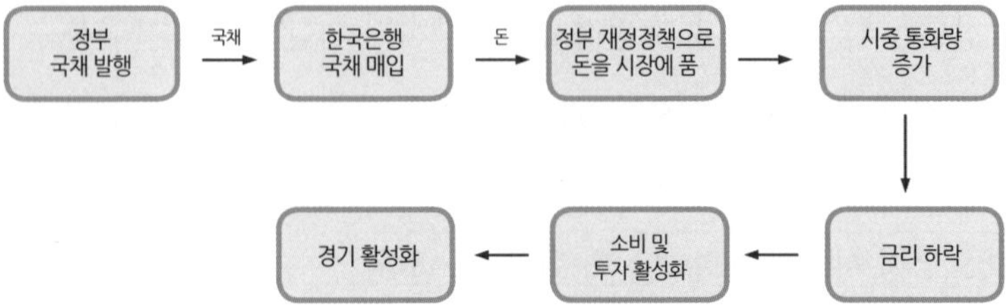

여기서 잠깐

어음과 채권

어음이란?

어음은 기업이 물건을 구입한 후 바로 대금을 결제하지 않고, 언제까지 대금을 지불하겠다고 대신 써 주는 약속 증서이다.

일반적으로 어음은 만기일에 지정은행에 제시하면 액면에 적힌 금액을 받을 수 있다. 만약 정해진 날에 어음 발행인의 계좌에 돈이 없을 경우에 "어음이 부도가 났다"고 한다. 정해진 시간에 돈이 없는 경우를 '1차 부도', 그 다음날 은행 업무 개시 전까지도 돈이 입금되지 않으면 '2차부도'라고 한다.

어음은 약속된 기간 전에는 돈을 찾을 수 없기 때문에 그 이전에 급전이 필요해지면 일정 부분의 이자를 제하고 현금으로 바꾸어야 하는데, 이를 '어음 할인'이라고 한다. 예를 들어 6월 30일이 만기인 3개월,100만원짜리 어음을 4월 1일에 현금화하려면 일정 이자(예를 들면 5%)를 제하고 95만원을 받을 수 있다.

채권이란?

채권은 발행기관에 따라 회사가 발행한 '회사채', 공공기관이 발행한 '공채', 정부가 발행한 '국채'가 있다. 공채와 국채를 합해 '국공채'라고 하며, 회사채와 국공채를 합해 '공사채'라고 한다. 채권은 어음과 다음과 같은 차이점이 있다.

- 채권은 돈을 빌리며 발행한 유가증권이다. 어음은 책 같은 물품을 판매한 대금으로 받지만, 채권은 돈을 빌려준 대신에 받는 것이다.
- 채권은 일반적으로 대기업이나 국가 등 믿을 수 있는 기관에서 발행하기 때문에 안전성이 높다. 물론 회사채의 경우 BBB 등급 등 위험성이 높은 것도 있다.
- 채권은 이율에 따른 이자소득과 시세차익에 따른 자본소득을 얻을 수 있다.
  3년 만기, 표면 금리 5%, 1억원의 채권의 경우를 보자.
  이때 구입자는 채권을 일정 정도 할인율을 적용받아 구입한다. 1억원 채권에 할인율 10%가 적용된다면 9,000만원에 구입하는 것이다.
  채권 구입자가 3년을 보유한 후 팔 수도 있고, 그 이전에 팔 수도 있다. 이전에 팔 경우 시장가격에 따라 할인율이 9%가 될 수도 있고, 11%가 될 수도 있다.
  이 경우 표면금리인 5%가 '이자소득', 할인율인 10%가 '자본소득'이다. 채권은 이처럼 이자소득과 함께 자본소득을 얻을 수 있는 장점이 있다.
- 채권은 어음에 비해 현금화할 수 있는 유동성이 크다. 어음은 시장에서 거래하기가 어렵지만, 국채, 우량 회사채는 채권시장에서 쉽게 거래할 수 있다.

채권은 만기와 수익률에 따라 주요한 투자자금의 운용수단으로 이용되기도 한다. 참고로 우리나라 자금시장에서 가장 큰 시장은 주식시장이 아니라 채권시장이다.

우리 옆의 경제학

양키, 사무라이, 불독, 그리고 아리랑 본드

양키, 사무라이, 불독, 아리랑. 각각 미국, 일본, 영국, 그리고 한국의 채권을 의미한다. 채권은 영어로 본드(bond)라고 한다. 예를 들어 양키본드는 미국의 채권시장에서 외국의 정부나 기업이 발행하는 달러화 표시 채권, 아리랑 본드는 한국의 채권시장에서 외국의 정부나 기업이 발행하는 원화 표시 채권을 말한다.

국채의 할인율과 가산금리

국채도 국가의 재정 상태에 따라 할인율이 각각 다르다. 미국의 국채는 부도가 날 확률이 거의 없기 때문에 가장 할인율이 낮다.

우리나라는 외환위기 당시 할인율이 25%까지 올랐던 적이 있다. 하지만 현재는 할인율이 3~5%대로 많이 낮아져 있는 상태이다. '국채의 할인율이 낮아졌다'는 것은 그만큼 우리나라 경제에 대한 시장의 신뢰도가 좋아졌다는 것이다.

각국 채권의 할인율 차이를 '가산금리'라고 한다. 가산금리는 미국의 신용평가기관인 무디스나 S&P(스탠더드 앤 푸어스)의 국가 신용평가에 민감하게 반응한다. '국채의 가산금리가 높다'는 것은 그 국가의 경제상황이 좋지 않다는 의미다.

미국 국채금리가 내리면 | 투자자들은 금리가 낮은 미국 국채를 팔고, 금리가 높은 우리나라의 국채에 투자할 것이다. 이는 어떤 영향을 줄까?

외국인들이 우리나라 국채를 사들이면, 달러 공급이 늘어나서 환율[398쪽]은 하락하고 원화 가치는 상승한다. 또한 외국인 투자가 늘어남에 따라 채권 가격과 주가가 상승한다. 채권을 사려는 사람이 많으니 채권 금리는 내린다. 단, 경제위기에는 미국 국채금리가 낮고, 우리나라 국채금리가 높아도 우리나라 국채를 사려는 사람이 없으므로 금리가 더욱 치솟게 된다.

미국 국채금리가 오르면 | 우리나라 채권의 매력이 상대적으로 떨어진다. 이에 따라 외국인들은 미국 국채를 사기 위해 우리나라의 채권과 주식을 팔며 이로 인해 채권금리가 오르고 주식시장은 내린다. 한편 외국인들이 원화 자산을 팔아 달러로 바꾸어 나가므로 달러 수요가 늘어나 환율이 상승하게 된다.

004

총수요와 총공급을 어떻게 늘릴까?

Let's Go

우리나라 경제가 어떻게 돌아가는지에 대해서는 누구나 얼마간의 관심을 가지고 있을 것이다. 국가경제가 어려우면 그 영향이 바로 자기 자신에게 온다는 것을 외환위기 때 이미 겪어 보았기 때문이다.
그럼, 재정정책과 금융정책을 넘어서 과연 국가경제 전체는 어떤 원리에 의해서 돌아가고 있는지, 총수요와 총공급 이론을 통해서 살펴보자.

총수요와 총공급이란?

우리나라의 경제는 어떻게 구성되어 있고, 어떤 요인에 의해 움직이는지 어떻게 알 수 있을까?
가계 · 기업 · 정부 등 모든 경제주체들의 수요를 전부 모으면 국가 전체의 총수요를 알 수 있다. 그리고 그 수요를 충족시키기 위해 경제주체들이 만드는 재화나 서비스를 모으면 그 나라의 총공급을 알 수 있다.
경제학에서는 국민경제의 모든 주체들이 소비와 투자를 목적으로 사려는 재화와 서비스를 모두 합친 것을 '총수요'라고 한다. 또한 한 나라의 경제주체들에게 공급하는 재화와 서비스를 모두 합한 것을 '총공급'이라고 한다.

한 나라의 모든 수요를 합한 총수요는 무엇으로 구성될까?
볼펜이 필요한 경우를 생각해 보자. 민수가 집에서 볼펜을 쓰기 위해서 사는 경우(민간소비), 영수가 회사 돈으로 회사에서 쓰기 위해 사는 경우(민간투자), 정부가 가난한 사람들에게 나누어 주기 위해서 사는 경우(정부지출),

그리고 마지막으로 수출을 위해서 사는 경우(수출)를 들 수 있다. 결국 총수요는 민간소비와 민간투자, 정부의 정책 집행을 위한 지출(정부 소비, 정부 투자), 그리고 수출의 합이라고 볼 수 있다.

▶ 한 국가의 총수요 구성

총수요 = 민간소비 + 민간투자 + 정부지출(정부 소비, 정부 투자) + 수출

총공급은 국내에서 생산되는 모든 재화를 나타내는 GDP(국내총생산)에 그 국가에서 수입한 것을 합한 것이다.

▶ 한 국가의 총공급 구성

총공급 = GDP(국내총생산) + 수입

▶ 균형 실질GDP와 균형 물가수준은 어떻게 결정될까?

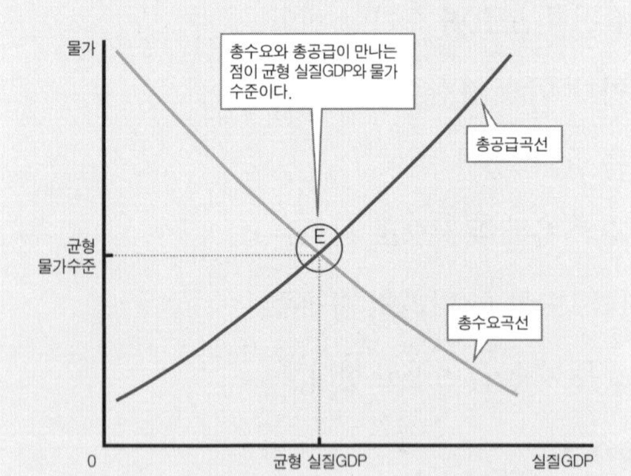

총수요곡선과 총공급곡선도 수요곡선 및 공급곡선과 모양이 같다. 그리고 한 나라의 수요를 맞추기 위해 공급되는 모든 것, 즉 총공급은 '실질GDP+수입'으로 표현할 수 있다. 총수요와 총공급 사이에 형성되는 것이 '물가'라고 볼 수 있다. 그래서 총수요곡선과 총공급곡선은 옆의 그림과 같은 모양이고, 우리는 이 그래프를 통해서 국가경제의 흐름을 이해할 수 있다.

총수요를 늘리는 요인은?

국가의 총수요를 늘리거나 줄이는 요인은 무엇일까?
개인 수요는 가계의 소득과 재산, 앞으로의 수입에 대한 기대, 세금, 금리 등에 영향을 받는다. 기업 수요는 제품의 소비량이나 경기전망, 금리에 영향을 받는다. 정부는 국내 경기상황이나 정책방향에 따라서 수요를 조절한다. 또한 총수요는 국외 상황에도 영향을 받는데, 예를 들어 미국과 중국의 경기가 침체되면 총수요 중 하나인 수출량이 크게 줄어들 수 있다. 이처럼 총수요는 여러 가지 요인에 의해 변할 수 있으므로, 각 수요 요인을 살펴보면 국가경제를 좀더 잘 이해할 수 있다.

디플레이션기에 총수요는?

다음과 같은 뉴스가 나왔다면 총수요는 어떻게 변한 것일까?

경제뉴스

"올해 실적부진으로 대부분의 기업이 연말 보너스를 지급하지 않고, 임금은 소폭 인상에 그치거나 동결할 예정입니다. 이는 가계부채가 1,000조원이 넘는 상황에서 가계의 가처분소득 감소로 이어져 소비가 더욱 줄어들 것으로 예상됩니다." — 2014년 12월

뉴스에서 본 것처럼 가계는 물가상승으로 인해 가처분소득이 감소되면 소비를 줄인다. 그에 따라 기업도 생산량과 투자를 줄이기 때문에, 민간소비와 민간투자가 동시에 줄어드는 총수요의 감소를 불러온다. 그러면 실질 GDP는 줄어들고 물가는 하락할 것이다.
'총수요가 줄어든다'는 것은 경기가 침체되었다는 것으로, 이런 상태가 되면 민간 경제주체들은 불황에 대비해서 소비를 더욱 줄인다. 그러면 총수요는 갈수록 줄어들고 물가는 갈수록 하락하게 될 것이다. 이러한 현상을

경제학에서는 '디플레이션'(deflation)이라고 한다.

디플레이션은 흔히 'D의 공포'라고도 한다. 경기침체로 인해 소비가 감소하면 침체에 대한 두려움이 커진다. 그러면 소비가 더욱 감소되고, 그로 인해 경기침체가 더욱 심화되는 악순환을 불러온다. 그래서 정부는 경기침체의 악순환에서 벗어나기 위해 앞에서 배운 재정정책이나 금융정책을 사용하게 되는 것이다.

금리를 인하하면 총수요는?

그럼, 다음 뉴스는 무엇을 의미하는 것일까?

경제뉴스

"한국은행은 기준금리를 기존의 1.75%에서 1.5%로 인하했습니다. 한국은행은 최근의 수출 저조와 경기불황 우려로 인해 어쩔 수 없는 조치라고 설명했습니다."

– 2015년 6월

경기침체기에 한국은행이 기준금리 인하를 단행하는 이유는 무엇일까?

한국은행이 기준금리를 인하하면 시중은행의 금리가 따라서 하락한다. 그러면 가계와 기업의 소비와 투자가 활발해져 총수요가 증가할 가능성이 있다. 여기에 정부에서 건설사업 등 경기부양책을 추가로 시작하면, 정부 지출이 증가함에 따라 총수요가 더욱 늘어날 것이고, 실질GDP도 증가하면서 경기는 점점 회복될 가능성이 있다.

하지만 이러한 조치는 물가상승을 가져올 위험이 있다. 그러므로 물가안정을 정책의 최우선으로 하는 한국은행이 '물가상승을 각오하고서라도 기준금리를 인하한다'는 것은, 경기가 그만큼 침체되어 있음을 보여주는 증거이기도 하다.

총공급을 늘리는 요인은?

국가의 총공급은 다른 나라 제품과의 가격경쟁이 변동 요인이 될 수도 있다. 삼성전자와 소니, 현대차와 도요타처럼 국가경제에서 큰 비중을 차지하는 기업의 실적은 총공급에 영향을 미칠 수 있다. 그리고 생산원가도 총공급에 영향을 준다. 생산원가가 오르면 비용이 증가하므로, 이때 총수요가 늘어나지 않는다면 총공급이 줄어들 수밖에 없기 때문이다.

총공급이 줄어들면?

다음의 뉴스를 통해서 총공급의 변화가 경제에 어떤 영향을 미치는지 살펴보자.

경제뉴스

"OPEC의 감산 소식 및 이란에 대한 미국의 군사제재가 시작될 기미가 보이면서 원유 가격은 1배럴당 80달러에서 100달러로 폭등하였습니다. 정부는 이로 인해 경기침체가 더욱 심화될 것을 우려하여 긴급 대책회의를 진행 중에 있습니다." – 2008년

국제 유가가 오르면 대부분의 산업에서 생산원가가 상승하고, 이에 따라 기업은 생산량을 줄인다. 이로 인해 총공급과 실질GDP가 감소한다. 그러면 경기침체가 올 뿐만 아니라 물가도 상승한다.

일반적으로 경기침체기에는 소비가 둔화되기 때문에 물가도 하락한다. 그런데 이처럼 경기가 침체됨에도 불구하고 물가가 상승하는 경우가 있는데, 이를 '스태그플레이션'이라고 한다.

스태그플레이션 상황에서는 가계의 소득은 감소하는데 물가는 상승한다. 그래서 가계의 가처분소득이 더욱 줄어든다. 월급은 300만원에서 250만원으로 줄었는데, 쌀값, 반찬값 등 물가가 10% 이상 오른다면 소비 여력이 줄

어들어 이중고를 겪을 수밖에 없다. 그러면 가계는 소비를 자꾸 줄이게 된다. 기업의 입장에서는 소비가 자꾸 줄어드는데 생산원가는 갈수록 높아지니 수익구조가 악화될 수밖에 없다. 그러나 스태그플레이션의 가장 무서운 점은 국가의 재정정책과 금융정책으로도 쉽게 해결할 수 없다는 점이다.

스태그플레이션의 2가지 대응법

총공급의 감소로 스태그플레이션이 발생했을 때, 다시 말해 '경기침체'와 '물가상승'의 이중고에 시달릴 때, 대응법은 다음의 두 가지이다.

❶ 정부가 경기침체를 극복하기 위해서 경기부양 정책을 쓰는 방법이다. 그런데 이 경우 총수요가 증가하여 경기부양의 효과를 얻을 수 있지만, 물가는 더욱 오르게 되어 서민들이 큰 고통을 받게 된다.

❷ 정부가 고물가를 잡기 위해 기준금리를 높이는 등의 방법으로 시중 통화량을 줄이는 것이다. 그런데 이 경우 기업이 투자를 줄이게 되어 경기는 하강하고 총수요는 감소한다. 시중의 통화량이 줄어들어 물가는 하락하지만, 실질GDP가 더욱 감소하여 경기침체가 더욱 심화될 위험이 있다는 것이다.

정리해 보자. 총공급 감소로 인한 스태그플레이션이 닥치면 정부와 중앙은행은 재정정책과 금융정책으로 '경기침체'와 '물가'를 동시에 잡으려고 하지만 여의치 않고 어려움에 처하게 된다.

스태그플레이션의 해결은 불가능한가?

스태그플레이션은 총공급을 늘려야 해결할 수 있다. 하지만 이것이 쉽지 않다. 총공급이 늘어나면 물가가 떨어지면서 실질GDP가 늘어나게 되고, 이에 따라 실업률이 낮아지고 경기도 살아나서 효과를 얻을 수 있다. 그런데 총공급이 늘어나려면 가계의 소비가 증가해야 한다. 하지만 경기침체기에는 수요가 쉽게 늘어나지 않는다. 그렇다면 스태그플레이션을 극복하는 방법은 무엇이 있을까?

기술혁신

가장 좋은 방법은 생산과 관련된 기술혁신을 이루는 것이다. 기술혁신이 이루어지면 생산원가가 낮아져서 총공급을 늘릴 수 있다. 그러면 물가가 낮아지는 동시에 실질GDP를 늘릴 수 있다. 무엇보다 기술혁신은 새로운 수요를 창출할 수 있고, 그 분야에서 독점적인 공급을 하게 됨으로써 국내 총공급을 크게 늘릴 수 있다.

각국은 앞으로 세계를 이끌어 나갈 신사업에 집중적으로 투자하고 있고, 우리나라도 생명공학이나 로봇 등 미래를 이끌어 나갈 신사업에 집중적으로 투자하고 있다. 기술혁신은 신사업 개발로 고용효과까지 얻을 수 있다는 점에서 경제문제 해결에 최고의 대안이 될 수 있다.

원가절감 — 손쉽게 비용을 줄이는 임금 삭감이 대안인가?

기술혁신이 당장 이루어지지 않는다면, 최소한 생산원가라도 절감해야 한다. 하지만 대부분의 자원을 수입해서 쓰는 우리나라에서는 이 또한 쉽지 않다. 그중에 기업에서 가장 일반적으로 쉽게 통제하는 것이 바로 노동자의 임금이다.

임금 상승은 기업의 생산비용을 늘려 총공급 감소를 불러온다. 그래서 기업은 임금 인상을 막거나 인상률을 낮추려 하고, 상황이 더 안 좋을 때는 구조조정을 통해 인건비를 줄이려고 한다. 그러나 임금 삭감은 생산성 악화를 가져올 수도 있다. 오히려 적절한 임금을 보장해 주는 것이 직원들의 사기를 높여 생산성을 향상시킬 수 있다. 아울러 가계의 소비가 활성화되어 임금 인상이 경기침체 상황에서 활력소로 작용할 수도 있다.

감세정책이 경제성장을 가져온다고? —공급주의 경제학

미국의 경제학자인 래퍼(Arthur Laffer)는 감세정책이 기업과 노동자의 투자와 근로의욕을 향상시킴으로써 기술혁신을 이룰 수 있다는 이론을 주장했다. 이것은 '래퍼 곡선'(Laffer curve)이라고 알려진 세율과 조세수입 간의 관계를 나타내는 간단한 그림에 함축되어 있다.

▶ 세율과 조세 수입의 관계를 보여주는 래퍼 곡선

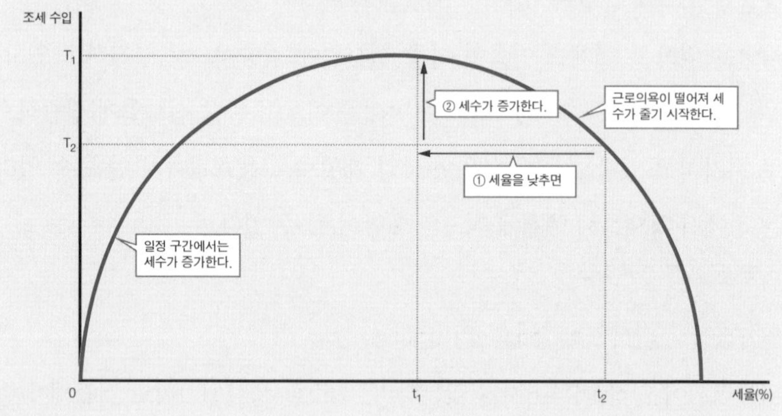

만약 어떤 사람이 1년에 1억원을 버는데 소득세율이 90%라면 9,000만원을 소득세로 내야 할 판이다. 소득세가 너무 높으면 근로의욕이 떨어진다. 그가 일을 하지 않는다면 정부는 그로부터 소득세를 전혀 징수할 수 없을 것이다. 즉 세율을 인상하면 세수가 일정 구간까지는 증가하지만, 세율이 너무 높아지면 근로의욕이 떨어져 조세 수입의 변화율이 감소세로 돌아선다는 것이다. 그것을 그래프로 나타낸 것이 바로 래퍼 곡선이다.
래퍼 곡선은 경제학자인 래퍼가 워싱턴 시의 한 레스토랑에서 정치인 몇 사람과 식사를 하며 대화를 하다가 아이디어를 떠올려 냅킨에 그린 것으로 전해지고 있다.

래퍼는 세율을 낮추면 조세 수입을 늘릴 수 있다고 주장했다. 무엇보다 감세정책을 펴면 노동자의 가처분소득이 늘어나서 근로의욕이 향상되고, 기업의 투자가 활성화되며, 기술혁신이 일어날 수 있고, 궁극적으로는 총공급이 늘어나서 스태그플레이션을 극복할 수 있다고 생각했다. 이처럼 감세정책을 통해서 생산자에게 동기를 부여함으로써 기술혁신과 경제성장을 이룰 수 있다는 이론을 '공급주의 경제학'이라고 한다.

미국이 겪은 스태그플레이션과 공급주의 경제학

정부의 적극적인 재정정책으로 경기침체를 극복할 수 있다는 이론은 1970년대 말 위기를 맞게 된다. 1979년 11월, 이란 대학생들이 미국 대사관을 점거한 인질 사건은 전 세계의 석유 공급처인 페르시아만 일대를 전쟁위기로 몰아넣었고, 1년 사이에 국제 유가는 4배나 상승하였다. 유가 상승에 따라 미국은 경기가 침체되는 와중에 물가는 폭등하는 최악의 스태그플레이션을 겪게 된다.
1980년에 취임한 레이건 대통령은 대공황 이후 최악의 경기침체를 극복하기 위해 기존의 재정정책을 버리고, 공급주의 경제학을 받아들여 감세정책을 기반으로 한 경제정책을 편다. 레이건 대통령의 경제정책을 '레이거노믹스'라고 한다.

레이거노믹스의 가장 큰 흐름은 작은 정부와 감세정책을 통한 생산성 향상이다. 레이건은 조세감면이 장기적으로 경제성장을 촉진시키는 요인이며, 근로소득세 인하는 기업의 노동 공급을, 이자소득세 인하는 저축을, 금리 및 법인세 인하는 기업의 투자를 증가시켜 결국 경제성장이 촉진될 것이라고 생각했다. 또한 래퍼의 이론을 적극적으로 받아들여 감세가 기술혁신을 일으킴으로써 총공급을 늘려 스태그플레이션을 해결할 수 있다고 생각했다.

사실 공급주의 경제학이라는 용어는 1970년대에 생겼지만, 공급주의 경제학의 기반에는 애덤 스미스의 시장 중심의 자유주의 이론이 있다. 그리고 공급주의 경제학은 최근까지 세계 경제를 주도했던 신자유주의 이론의 기반이 되기도 했다.

여기서 잠깐

수출이 왜 총수요에 들어갈까?

총수요는 국내에서 소비하려고 하는 재화와 서비스의 총합이다. 그런데 왜 국내에서 소비하지 않는 수출이 총수요에 들어갈까?

만약 미국에서 누군가가 현대차를 구입했더라도 우리나라에서 생산한 것이 팔린 것이므로, 국내에서 팔린 것과 같이 취급하기 때문이다.

반면 수입이 총공급에 들어가는 이유는, 우리나라 사람이 샤넬 향수를 구입했더라도, 프랑스에서 만든 것이 우리나라에 들어온 것이므로 총공급이라고 할 수 있다.

우리 옆의 경제학

감세정책을 바라보는 또 다른 시각

우리나라 정부는 2008년 극심한 경기침체기에 근로소득세 및 양도소득세, 법인세 인하 등의 감세정책을 실시했다. 공급주의 경제학에서 말하는 경기부양 효과를 노리기 위한 것이라고 볼 수 있다.

당시 이명박 정부는 우리나라가 세율이 높은 편이어서 소비와 투자가 저조하므로, 감세정책으로 소비와 투자를 활성화해서 경제성장을 이끌 수 있다고 주장했다. 그 무렵 정부의 발표에 따르면, 법인세 인하 등이 포함된 감세정책으로 연간 경제성장률이 약 0.6%포인트 상승할 것이라고 예상했다.

우리나라의 조세부담률은 얼마?

그런데 우리나라의 세율이 과연 높은 수준일까? 결론을 말하면, 다른 선진국에 비해서 세율이 비슷하거나 낮은 편이다.

우리나라의 조세부담률은 2014년 기준 17.8%로 일본(16.7%)이나 미국(18.9%)과 비슷하지만, 영국(28.4%), 프랑스(28.3%), 캐나다(25.9%), 덴마크(47.1%)에 비하면 한참 못 미치는 수준이다(다른 나라는 2012년 기준).

전 세계적으로 조세부담률은 감소하는 추세에 있지만, 당시 우리나라의 적극적인 감세정책은 조세부담률을 이보다 더 떨어뜨릴 것으로 예상할 수 있었다.

감세정책과 정부의 재정적자

이와 같은 상황에서 감세정책은 필연적으로 재정적자를 초래한다. 정부의 재정적자는 궁극적으로 세금의 인상이나 국채의 추가 발행을 불러올 수밖에 없다. 그런데 국채를 많이 발행하면 가치가 떨어져 사려는 측이 줄어들므로 표면금리를 높여야 한다. 과도한 국채 발행은 결국 세금으로 갚아야 하므로 바람직하지 않다.

미국에서 래퍼 곡선의 실패

1980년대 미국은 이론상으로 거론되던 감세정책을 적극적으로 시행했다. 래퍼 곡선에 따르면, 감세정책이 경기를 회복시켜 세수가 늘어나야 한다. 하지만 실제로 해보니 오히려 세수가 감소했다.

이 와중에 미국은 국방비도 증가하여 재정적자에 시달리게 되었다. 미국 정부는 재정적자를 줄이기 위해 달러를 많이 발행했다.
하지만 결국 달러의 과잉 유동성이 세계 경제의 위기를 불러오는 한 원인이 되었다.

게다가 감세정책은 분명 노동자와 기업의 세금을 줄여줌으로써 가처분소득을 늘려주는 역할을 하지만, 래퍼가 지적한 것처럼 그것이 근로의욕을 높이는가에 대해서는 아직 구체적으로 규명되지 않았다.

무엇보다 감세정책의 가장 큰 피해자는 서민층일 수밖에 없다. 소득세와 재산세를 인하하면 소득세율이 높은 상위층에 혜택이 많이 돌아간다. 서민, 특히 소득세를 거의 내지 않는 빈민들에게는 큰 효과가 없다. 게다가 줄어든 세수를 간접세 등에서 충당하게 될 경우 서민들의 세금부담이 오히려 증가할 수 있다. 또 복지예산 등의 감소로 빈민층의 삶이 더욱 악화될 우려가 있다.

1980년대 감세정책이 미국 경기회복의 기반이 되었다?

하지만 감세정책의 대표적인 실패 사례로 종종 지적되는 미국의 1980년대 정책은 이후 경기회복을 위한 기반이 되었다는 평가도 나오고 있다. 즉 낮은 세율 및 규제 완화가 경제의 체질 개선에 도움이 되었다는 것이다.
따라서 감세정책이 단기적으로도 효과를 보려면, 기업과 소비자들의 비관적인 경기 전망을 바꿀 수 있어야 할 것이다. 세금 외에 기업들의 투자를 저해하는 요소는 없는지, 소비자들이 지갑을 닫은 또 다른 이유는 없는지 찾아보고, 정책의 불확실성을 제거해야 할 것이다. 그리하여 기업과 소비자가 경기회복에 대한 믿음을 가지고 투자와 소비를 늘리기 시작하면, 경기회복이라는 성과를 거둘 수 있을 것이다.

우리 옆의 경제학

한국이 일본보다 유가 상승에 취약한 이유

우리나라는 GDP가 세계 13위(2014년 기준, IMF)이며, 하루 245만 배럴의 석유를 수입한다. 한편 GDP 규모가 우리나라보다 3배 이상 큰 일본은 하루 340만 배럴의 석유를 수입한다(2013년 기준). 그런데 유가가 상승할 때 받는 타격은 우리나라가 훨씬 크다. 왜냐하면 우리나라는 경제규모가 일본의 1/3에 불과하지만, 석유 소비량은 2/3나 되는 매우 석유 의존적인 산업구조를 가지고 있기 때문이다.

우리나라는 석유를 100% 수입에 의존하고 있다. 또한 2013년 에너지경제연구원의 조사에 의하면, 우리나라의 해외 에너지 의존도는 95.7%이며, 에너지 소비 규모도 빠르게 증가하고 있다.

우리나라의 5대 산업인 반도체, 자동차, 조선, 석유화학, 철강 중 반도체를 제외한 4대 산업이 많은 석유와 에너지를 필요로 하는 것이다. 그래서 부품산업과 고부가 가치산업 중심인 일본보다 유가 상승에 타격을 더 크게 받을 수밖에 없다.

세계 인구의 40%를 차지하는 중국과 인도가 본격적으로 산업발전을 시작하게 된다면, 석유 소비는 큰 폭으로 증가할 것이고 유가는 상승 압력을 받을 수 있다.
중국은 산업발전에 필요한 자원을 확보하기 위해 아프리카에 엄청난 투자를 하고 있으며, 심지어 경제가 어려운 국가에 2005년 이전의 채무를 탕감해 주었다. 중국뿐만 아니라 일본과 미국, 유럽 등 선진국들도 아프리카와 서아시아에서 적극적으로 자원외교를 펼치고 있다.

1. '잃어버린 10년'이라고 불리는 1990년대 일본의 경기침체, 2008~09년 미국발 금융위기는 모두 부동산의 '이것' 때문에 시작되었다고 볼 수 있다. 경제성장이나 경기호황은 실물 부문의 정상적인 움직임을 반영하는 것이 보통인데, 특수한 조건에서 경기 국면이 실물 부문의 움직임과 괴리되어 실제보다 과대 팽창되는 경기 상태를 부르는 용어는 무엇인가?

2. 1960년대 이후부터 2000년 이전까지 우리나라 경제성장률이 마이너스(−)를 기록한 해가 딱 두 해가 있었다. 몇 년과 몇 년이었을까?

3. 미 상무부는 2008년 4분기 GDP성장률이 −6.2%로 떨어지고, 실업률은 7.6%까지 치솟았다고 발표했다. 세계 역사상 최악의 경기침체로 불리는 미국 대공황 때의 공식 실업률은?

① 8% ② 14% ③ 24% ④ 34% ⑤ 44%

4. 일반적으로 '2분기 연속 마이너스 성장'을 기록하면 경기침체로 규정한다. 그런데 이러한 '경기침체가 두 번 연이어 계속된다'는 뜻으로, 2분기 연속 마이너스 성장이 끝나고 잠시 회복 기미를 보이는 듯하다가 다시 2분기 연속 마이너스 성장으로 추락하는 것을 뜻하는 용어는 무엇인가?

5. 일본처럼 경기가 침체된 후 회복되지 않고 지속되는 경기순환 모형을 알파벳 모양을 따서 '(　　) 자형 경기침체'라고 한다.

6. 다음 중 경기가 침체할 때 기획재정부에서 할 수 있는 일이 아닌 것은?

① 예산의 조기집행
② 추가경정예산의 확보
③ 적극적인 기준금리 인하 정책
④ 확장재정 추구
⑤ 세율 인하를 통한 국민가처분소득의 증가

정답

1. 버블경제, 거품경제
2. 1980년(오일쇼크), 1998년(IMF 외환위기)
3. ③
4. 더블 딥(double dip)
5. L
6. ③ 기준금리 인하 정책은 한국은행의 정책수단이다.

7. 확장 재정정책은 소득과 소비지출을 늘리며, 총수요가 추가적으로 증가한다. 예를 들어 정부지출을 1달러 늘였더니 수요가 2달러가 늘었다면, 이를 무슨 효과라고 하는가?

8. 1950년대 미국에서 인플레이션 논쟁이 있을 때, 물가와 실업률 사이에 역의 관계가 있다는 사실을 발견하고, 물가안정과 완전고용의 2가지 정책목표를 동시에 달성할 수 없다고 주장한 사람은?

9. 1987년 이래 미 연방준비제도이사회(FRB) 의장을 4번 역임하였으며, 1970년대 초 이후 28년 만의 최저 실업률, 29년 만의 재정흑자 및 고성장을 이끈 인물로 평가받았으나, 나중에는 2008년 금융위기의 원인 중 하나라는 비판을 받고 있는 이 사람은 누구인가?

10. 미국 자본시장에서 외국인이 발행 · 판매하는 미국 달러화 표시 채권, 일본의 채권시장에서 외국의 정부나 기업이 발행하는 엔화 표시 채권의 이름을 올바르게 짝지은 것은?

① 양키 본드—벚꽃 본드 ② 양키 본드 — 사무라이 본드
③ 랜드마크 본드—사무라이 본드 ④ 랜드마크 본드 — 벚꽃 본드

11. 국제 금융시장의 기준금리로 활용되며, 국제 금융의 중심지인 영국 런던에서 우량은행끼리 단기자금을 거래할 때 적용하는 금리이다. '런던 은행 간 금리'의 머리글자를 따서 부르는 이 금리는?

① 콜금리 ② 리보금리 ③ 가산금리 ④ 국제금리 ⑤ 리버금리

12. 중앙은행이 경기침체시 일반적으로 취하는 정책을 올바르게 짝지은 것을 고르시오.

① 기준금리 인하—지급준비율 인상—국공채 매입
② 기준금리 인상—지급준비율 인상—국공채 매입
③ 기준금리 인하—지급준비율 인상—국공채 매각
④ 기준금리 인하—지급준비율 인하—국공채 매입
⑤ 기준금리 인하—지급준비율 인하—국공채 매각

정답

7. 승수효과.
일정량의 투자 증가가 얼마만큼의 소득 증가를 가져오는가를 밝히는 이론으로, 케인스 경제학의 주요 이론이다.
8. 필립스 9. 앨런 그린스펀
10. ② 11. ② 리보금리(London Inter-bank Offered Ratio)는 런던 은행 간 단기금리이다.
12. ④ 일반적으로 중앙은행은 경기가 침체될 때 시중 통화량을 늘리는 정책을 취한다.

13. 다음 중 총수요에 포함되지 않는 것은 무엇인가?

① 민간소비　② 민간투자　③ 정부지출　④ 국민소득　⑤ 수출

14. 2009년 우리나라 예금금리 인하폭은 외환위기 이후 10여 년 만에 최고치를 기록했다. 2008년 중반 연 7%대를 넘던 은행권 정기예금은 완전히 자취를 감추었고, 3%대 예금상품도 찾아보기 힘들어졌다. 이렇게 금리가 하락하면 물가와 국민소득은 각각 어떻게 될까?

① 물가상승—국민소득 증가　② 물가상승—국민소득 감소
③ 물가하락—국민소득 증가　④ 물가하락—국민소득 감소
⑤ 물가 변함 없음—국민소득 변함 없음

15. "2009년 2월 환율이 1500원 선까지 치솟아, 외환위기 이후였던 1998년 3월 이후 최고치를 경신했습니다."

이 뉴스를 들은 승엽이는 처음에 '수출상품의 가격경쟁력이 높아져서 경기가 풀리겠구나' 생각했다. 하지만 뒤늦게 고려하지 않은 변수들이 많다는 것을 깨달았다. 환율이 상승하면 물가와 국민소득은 각각 어떻게 될까?

① 물가상승—국민소득 증가　② 물가상승—국민소득 감소
③ 물가하락—국민소득 증가　④ 물가하락—국민소득 감소
⑤ 물가상승—국민소득의 증감 여부는 알 수 없다.

16. 고물가, 저성장 상태인 스태그플레이션이 발생했을 때 정부는 총수요를 어떻게 조절해야 할까?

① 총수요를 증가시킨다.　② 총수요를 감소시킨다.
③ 총수요 조절 정책을 사용할 수 없다.

정답

13. ④ 국민소득은 총공급에 포함된다.
14. ① 일반적으로 금리가 내리면 소비와 투자가 늘어나서 생산이 증가하고 물가도 상승한다.
15. ⑤ 환율 상승 → 수출 증대 → 총수요 증대 → 국민소득 증가. 그러나 수입 원자재의 가격이 상승하여 총공급은 감소하고, 물가는 상승하지만 국민소득은 물가상승 수준에 따라 달라질 수 있다.
16. ③ 스태그플레이션 때 총수요 증가 정책을 쓰면, 국민소득은 늘어나지만 가뜩이나 높은 물가가 더 상승한다. 총수요 감소 정책을 쓰면 반대로 물가는 잡히지만 경기침체가 심화되어 국민소득이 더욱 줄어든다. 결론적으로 스태그플레이션 상황에서는 '총수요 조절 정책'을 사용할 수 없다.

6

시장의 실패에 정부는 어떻게 개입하나?

애덤 스미스의 '보이지 않는 손'이 모든 걸 해결해 줄까?
'최소의 비용으로 최대의 효과'라는 광고문구 뒤에는
우리의 삶을 파괴하는 환경오염 문제가 독버섯처럼 자란다.
정부는 이러한 외부불경제 문제를 어떻게 해결해야 할까?
공공재의 무임승차자 문제는 어떻게 해결해야 할까?
독과점 시장의 폐해를 막기 위해 최고가격제를 시행하면 어떤 일이 생길까?
최저가격제는 어떤 외부효과를 일으키며,
정부가 어떤 대안을 가지고 있어야 할까?
시장의 실패와 그에 대응하는 정부의 전략을 살펴봄으로써
시장과 가격에 대한 이해도를 높여 보자.

001

외부효과가 뭐지?

Let's Go 정부의 경제정책이 발표되었을 때, 이로 인해 생기는 외부효과가 무엇일까를 생각해 보는 것은 경제상황을 예측하는 데 매우 중요하다. 외부효과에 대해서 살펴보자.

외부경제를 늘리는 방법

외부효과란 어떤 경제행위를 했을 때 의도하지 않은 결과로 인해 다른 사람이 피해, 혹은 이득을 얻게 되는 것을 말한다. 이를테면 경기 활성화를 위해 기준금리를 인하했을 때, 의도하지 않게 가계부채가 크게 늘어 위험이 증가하는 것도 외부효과라고 할 수 있다. 이러한 부정적 외부효과가 생기면 시장은 자원을 효율적으로 배분할 수 없으며, 이는 시장실패의 주요한 원인이 된다.

외부효과는 '외부경제'와 '외부불경제'로 나눌 수 있다.

외부경제는 어떤 경제적 행위에 대하여 의도하지 않게 '이득'이 발생하는 경우이다. 예를 들어 숯을 팔아 수익을 얻기 위해 나무를 심고 가꾸는 숯 공장이 있다고 하자. 그런데 숲이 조성되자 공기가 정화되고 생태계가 살아나서 인근 마을에 관광휴양지가 조성되는 경우가 있다. 숯을 만드는 기업으로 인해 인근 마을에 긍정적 외부효과, 즉 외부경제가 생긴 것이다.

그러나 숯 공장 입장에서 보면, 숯으로 얻는 수익이 너무 작다는 판단이 생기면 더 이상 나무를 심지 않게 될 것이다. 이런 식으로 긍정적 외부경제가 생기는 경우는 실제 시장경제에서 그리 많지 않다. 외부에 긍정적인 효과가 생기는 것을 고려하면서 기업활동을 하는 경우는 매우 드물기 때문이다.
숯 공장의 예를 계속 들어보면, 나무를 직접 키워서 긍정적 외부경제를 만들기보다는, 그냥 싼 값에 나무를 사는 것이 이득이라면 더 이상 나무를 심지 않을 것이다.

숯 공장은 이익을 위해 나무를 심고 가꾸지만, 숲이라는 외부경제를 가져온다. ©Ales Kri ec

시장은 이처럼 긍정적 외부경제를 가지는 상품을 사회에서 필요한 양보다 더 적게 생산하는 경향이 있다. 그래서 정부는 이런 재화의 공급량을 늘리기 위한 조치를 취하는 경우가 많다. 즉 시장이 사회적으로 바람직한 공급량을 생산하도록 유도한다. 예를 들면 숯 공장이 나무를 많이 심도록 정책적으로 유도하는 것이다. 외부경제를 높이는 방법은 다음과 같다.

❶ 수요를 늘려 시장이 공급을 늘리도록 유도한다. 예를 들어 숯의 수요를 늘려 숯 공장이 나무를 계속 심도록 하는 것이다. 하지만 수요를 지나치게 늘리면 가격이 크게 오르는 역효과가 생길 수 있다.
❷ 다른 하나는 공급을 늘리는 방법이다. 정부는 보조금 지급이나 조세감면 등을 통해 생산자가 공급량을 늘리도록 유도한다. 숯 공장에 보조금을 주거나 세금을 깎아주어 계속 나무를 심도록 하는 것이다.

외부불경제를 억제하는 방법

외부경제와는 반대의 개념인 외부불경제는 부정적인 외부효과이다. 즉 어떤 사람이 경제적 행동을 했을 때 다른 사람에게 부정적인 효과를 끼치는 것을 말한다.
대표적인 예가 오염 배출 기업이다. 과거에 필름을 생산하기 위해서는 오염물질과 악취라는 부정적인 외부효과가 발생했다. 만약 아무런 규제가 없다면, 기업은 오염정화 시스템은 갖추지 않은 채 생산량을 늘리는 것에 급급할 것이고, 환경에는 훨씬 더 치명적인 피해를 입히게 될 것이다. 이러한 외부불경제는 외부경제와는 반대로 시장에서 필요로 하는 것보다 더 많은 양이 생산되고 있기 때문에 문제가 되는 경우가 많다. 이때 정부는 사회에 바람직한 공급량에 비해 과대생산 되고 있는 재화의 공급량을 줄이려고 한다. 그 방법을 살펴보자.

❶ 수요를 감소시켜 과대생산 되는 재화를 줄이는 방법이다. 그런데 수요를 줄이는 것은 현실적으로 몹시 어렵다.
❷ 공급을 줄여서 과대생산 되는 재화를 줄이는 방법이다. 정부는 주로 이 방법을 사용한다.

그렇다면 정부가 외부불경제를 통제하기 위해 과대생산 되는 공급량을 줄이는 방법은 무엇이 있을까?

첫째, 세금을 부과하는 방법이다.
세금을 부과하면 생산비용이 증가하여 공급자는 생산을 줄일 것이고, 자연스럽게 재화의 양이 줄어든다. 예를 들어 자동차가 너무 많이 생산, 소비되면 교통체증과 환경문제를 심각하게 발생시키게 된다. 이를 막기 위해 각종 세금을 부과해 적정한 생산규모를 유지하고자 한다.

둘째, 처음부터 생산량을 규제하는 것이다.
상한선을 그어놓고 그 이상 생산하는 것을 법적으로 금지하는 경우이다. 가장 대표적인 예는 오존층에 치명적인 해를 끼치는 것으로 알려진 '프레온가스'의 생산을 아예 금지시킨 것이다.

셋째, 외부불경제 자체를 시장 안에 포함시키는 방법이 있다.
본래 외부효과란 재화의 생산에 따른 결과가 다른 사람에게 미치는 영향이기 때문에 이 결과는 시장에서 조절될 수가 없다. 그렇지만 몇몇 방법을 통하여 이러한 재화들을 시장으로 포함시킨다면 자동적으로 조절이 될 것이다.
이러한 시장적 조절방식으로는 최근 크게 각광받고 있는 '탄소 배출권'이 있다. 온실가스를 줄여야 한다는 것에 대해서는 이견이 없지만, 이를 직접적으로 규제해서 부작용을 낳기보다는 온실가스 자체를 비용화하여 그 가격을 산정하게 만드는 것이다.
탄소 배출권 시장이 형성되지 않았을 때는 탄소저감장치를 설치하라고 강요했다. 하지만 기업 입장에서는 비용만 들어갈 뿐이고 어떤 이득도 얻지 못하기에 적극적이지 않았다. 그런데 이제 탄소 배출권 시장이 형성되면, 비용절감 차원에서라도 적극적으로 탄소 배출을 줄이려는 노력을 기울이게 되는 것이다.

외부불경제를 사적으로 해결할 수 있을까?

외부불경제의 가장 대표적인 예는 바로 환경오염이다. 재화를 생산하고 소비하는 과정에서 생기는 환경오염은 아무도 책임지지 않는다. 오염물질은 다른 사람에게 피해를 주지만, 정작 기업은 특별한 방해만 없다면 오염을 계속 발생시키면서 자기의 이득만 극대화하는 것이 경제적으로 합리적인 행동이 된다.

결국 정부가 환경오염에 대해 적극 나서지 않는다면 문제는 점점 심각해질 뿐이다. 그래서 정부는 환경오염을 방지하기 위해 환경부담금을 받기도 하고, 공장을 지을 때 환경보호를 위한 여과장치를 설치하지 않은 기업에는 설립허가를 내주지 않는 등 환경오염 예방을 위해 많은 노력을 하고 있다.

만약 정부의 개입이 없다면 어떻게 될까?

오염 배출 기업 인근에서 고통받고 있는 주민들은 힘든 소송을 걸거나, 그마저도 힘들다면 결과가 매우 불투명한 시위밖에는 방법이 없게 된다.

외부불경제는 이처럼 사적인 해결이 매우 힘들다. 기업 입장에서는 가장 이기적이고도 합리적인 선택을 한 것이고, 피해자로서는 최소한 '경제적'으로는 맞설 방법이 거의 없기 때문이다. 불매운동 정도가 고작이겠지만, 수출기업 같은 경우라면 주민들의 불매운동쯤은 코웃음을 칠 것이다.

여기서 잠깐

탄소 배출권 거래

최근 탄소 배출권이라는 새로운 상품이 등장했다. 탄소 배출권은 각 나라에서 배출할 수 있는 이산화탄소의 양을 수치화하여 명문화한 것이다. 각 나라의 환경상태나 정화능력을 보고 자체적으로 해결할 수 있는 정도의 양을 탄소 배출권으로 준다. 각 나라는 물건을 생산할 때 배출하는 이산화탄소의 양을 이 배출권에 따라 조절해야 한다.

만일 국토에 나무가 없고, 이산화탄소 정화 능력이 떨어져 탄소 배출권을 얼마 받지 못한다면 어떻게 해야 할까?

정화능력을 키워야 하지만, 그때까지 정화능력이 풍부한 다른 나라에서 탄소 배출권을 사 올 수도 있다. 이것이 바로 외부효과를 시장으로 내부화한 것이다. 탄소 배출권의 본래 목적은 환경오염 방지지만, 그 외부효과로 탄소 배출권 거래시장이 열린 것이다.

우리 옆의 경제학

대체에너지 개발의 외부효과는?

세계 각국은 대체에너지 개발에 큰 힘을 쏟고 있다. 이미 태양광 발전은 어느 정도 대중화되고 있으며, 자동차회사들은 수소 자동차 개발에 주력하고 있다.

최근에는 옥수수 등에서 채취한 에탄올을 자동차 연료로 사용하기 위한 연구가 진행중이다.

미국 위스콘신-매디슨대학 연구진은 사과 등 과일에서 추출한 과당을 연료로 전환하는 데 성공했고, 잡초 등에서 바이오 연료를 추출하는 연구를 마친 곳도 있다. 또 실리콘밸리에서는 녹조류에서 연료를 추출하는 등의 청정기술(GT; Green Technology) 연구가 한창이다. 부시 대통령은 미국의 '석유 중독'을 해소하기 위해 바이오에너지 개발 등을 통해 중동산 석유 수입량을 25% 수준으로 감축하겠다고 밝힌 바 있다.

EU(유럽연합)도 2020년까지 바이오에너지 비중을 20%까지 확대할 계획이다. 이밖에 일본과 중국도 대체에너지 개발에 관심을 가지고 뛰고 있다.

대체에너지 개발의 외부경제

대체에너지 개발은 어떤 긍정적인 효과를 가져올까?

첫째, 석유 연료로 인해 오염된 대기를 정화해서 환경을 개선시킬 수 있다.

둘째, 태양광 발전기술은 경제적으로 낙후된 지방에 도움이 된다. 태양광 발전이 상용화되면 낙후된 농촌지역에 발전량이 늘어나며, 이 경우 남은 전기를 대도시에 팔아 경제적 이익을 얻을 수 있다.

대체에너지 개발의 외부불경제

대체에너지 개발이 긍정적인 외부효과만 일으키는 것은 아니다. 최근 에탄올 연료가 주목받으면서 원료인 옥수수의 가격이 폭등하고, 이는 가난한 나라의 식생활에 부정적인 영향을 미쳤다. 그리고 옥수수 가격이 폭등함에 따라 다른 곡물가격도 상승하여 전 세계적인 곡물파동이 일어날 수도 있다.

002 공공재의 무임승차자를 어쩌지?

Let's Go 공공재는 일반 사람들이 공동으로 사용하는 물건이나 시설로서 도로, 항만, 교량, 공원 따위를 말한다. 공공재는 돈을 내지 않고도 누구나 사용할 수 있다. 그러다 보니 주로 국가에서 공급하게 되는데, 이 과정에서 공급이 부족한 경우가 많다. 또한 고액 세금 체납자, 병역 기피자 등 국민의 의무를 다하지 않는 사람들도 그 혜택을 누리는 폐단이 있다.

공공재가 무엇이고, 국가가 공공재를 효과적으로 공급하기 위해 어떤 일을 하는지 알아보자.

공공재의 성격은?

공공재는 일반인들이 공동으로 사용하는 도로, 항만, 공원 등을 말한다. 경제학에서 보는 공공재는 무엇인지, 그 성격을 알아보기 위해 먼저 재화나 서비스의 경합성과 배제성에 대해 살펴보자.

경합성과 배제성

'경합성'은 두 사람 이상이 동일한 재화 한 단위를 소비할 수 없다는 것을 의미한다. 즉 내가 하나의 재화를 소비하면, 다른 사람은 그 재화를 사용할 수 없다. 예를 들어 내가 A아파트에 전세계약을 맺으면, 다른 사람은 그 아파트에 전세계약을 맺을 수 없다.

'배제성'은 대가를 지불하지 않으면 그 재화를 소비하지 못하게 막을 수 있다는 것으로, 주로 가격이라는 장벽을 친다. 돈의 지불 여부를 통해서 재화에 대한 접근을 통제하는 것이다.

재화는 경합성과 배제성을 기준으로 사적재화, 자연독점, 공유자원, 공공재로 구분할 수 있다.

	경합성	배제성
사적재화	○	○
자연독점	X	○
공유자원	○	X
공 공 재	X	X

첫째, '사적재화'는 보통 우리가 소비하고 생산하는 재화이다. 돈을 내지 않으면 가질 수 없고(배제성), 내가 사용하면 다른 사람이 사용할 수 없다(경합성). 자동차, 아파트, 컴퓨터, 술 등 우리 생활에 필요한 대부분의 재화가 여기에 포함된다.
둘째, '자연독점'은 배제성은 있으나 경합성이 없는 재화이다. 최근 많이 사용하는 동영상 강의를 생각하면 쉽게 이해할 수 있다. 동영상 강의는 한 사람이 강의를 보고 있더라도 다른 사람도 얼마든지 동시에 접속해서 볼 수 있으므로 경합성이 없다. 하지만 돈을 내지 않으면 사용할 수 없다는 배제성은 가지고 있다.
셋째, '공유자원'은 경합성만 있고 배제성이 없는 재화이다. 바다에 사는 물고기나 산에서 나는 나물 등이 그 예가 될 수 있다. 이러한 재화는 사용하고 나면 다른 사람은 사용할 수 없는 재화여서 경합성은 있다. 반면 누구나 돈을 내지 않고도 사용할 수 있어서 배제성은 없다.
넷째, '공공재'는 경합성과 배제성이 모두 없는 재화이다. 다른 사람과 동시에 사용할 수 있으며 돈을 낼 필요도 없다. 국방, 치안 등이 좋은 예이다.

무임승차자 문제를 어떻게 해결할까?

공공재는 경합성과 배제성이 없다. 두 사람 이상이 동일한 재화 한 단위를 소비할 수 있으며(비경합성), 대가를 지불하지 않고도 사용할 수 있다(비배제성). 그런데 공공재는 배제성이 없기 때문에 효율적인 자원분배가 이루어지지 않는 현상, 이른바 무임승차자(free rider)가 생긴다. 예를 들면 국방은 사람을 가려서 제공하는 서비스가 아니며, 국민의 의무를 충실히 하지 않은 사람도 그 혜택을 누릴 수 있다.

그런데 공공재 역시 명확하게 구분되지는 않는다. 치안은 우리나라에서 비배제성(국민 모두에게 무상으로 제공), 비경합성(한쪽이 소비한다고 해서 다른 쪽에서 소비하지 못하는 일은 없음)을 가진 공공재이다. 하지만 만약 체납자의 범죄신고를 무시한다면 배제성을 가지므로 자연독점이 될 수 있다.

공공재는 대부분 국가에서 공급하기 때문에, 합리적인 소비자라면 무상으로 사용할 수 있는 공공재를 돈을 주고 구입하지 않을 것이다. 그러나 무임승차자가 문제가 되는 경우, 다른 방법으로 공공재를 공급하는 방법을 모색하기도 한다. 그 방법은 3가지이다.

첫째, 기부금을 통한 공공재 구입이다. 공공도서관이나 과학연구 등에서 자주 쓰는 방법인데, 공공재를 필요한 만큼 충분히 공급하기 힘들다는 한계가 있다.

둘째, 공공재로 혜택을 보는 사람들에게 일정 비용을 강제할 수도 있다. 예를 들어 마을공원을 설치할 때 주민들이 돈을 일부 분담하는 것이다.

셋째, 국가가 강제로 조세를 거두어 무상으로 공급하는 방법이 가장 일반화되어 있다. 이 경우 공공재를 통해 국민들이 얻는 효용과, 공공재를 제공할 때 드는 비용이 만나는 지점에서 공급량이 결정될 것이다.

여기서 잠깐

도로는 항상 공공재일까?

고속도로는 돈을 받는 대신에 길이 막히지 않기 때문에 목적지까지 빠르게 갈 수 있는 수단이다. 배제성은 있지만 경합성은 없는 상황으로 볼 수 있다.

그런데 고속도로가 명절 때 꽉 막힌다면 경합성이 생긴다. 이 경우 고속도로는 비용을 내지 않으면 사용할 수 없는 배제성을 가지는 동시에, 내가 소비를 하면 다른 사람은 소비할 수 없는 경합성도 가지게 되어 '사적재화'가 된다.

반면에 일반도로는 사용료를 내지 않아도 되어 배제성이 없다. 하지만 길이 좁고 사용하는 사람이 많기 때문에 경합성이 있어서 '공유자원'이라고 볼 수 있다. 그러나 심야에는 도로 이용자가 극히 적기 때문에, 내가 그 도로를 사용해도 다른 사람이 같이 사용하는 데 아무런 지장이 없다. 따라서 심야의 일반도로는 경합성이 없다고 볼 수 있다. 이 경우 경합성과 배제성이 모두 없으므로 '공공재'가 된다.
이렇듯 재화는 당시에 띠고 있는 성질에 따라 사적재화가 될 수도 있고, 공공재가 될 수도 있는 등 특성이 유동적으로 바뀔 수 있다.

공공재로 돈을 번다고?

시장에서 팔리는 재화는 대부분 사적재화이다. '사적재화'는 누구나 만들어 팔 수 있고, 돈을 내지 않으면 가질 수 없는 배제성이 있다. 또 내가 하나의 재화를 소비하면, 다른 사람은 그 재화를 사용할 수 없는 경합성도 가지고 있다. 이러한 사적재화는 이미 많은 기업들이 시장에 공급하고 있으므로 나만의 경쟁력을 갖추기가 힘들다.

그러나 공공재는 항상 공급이 부족하다. 국가에서 의무적으로 공급하기 때문에 생산량은 한정되어 있으나, 무임승차자 등으로 인해 소비량이 많기 때문이다. 이러한 공공재를 돈을 내어야 이용할 수 있는 상품으로 만든다면 큰 이득을 얻을 수 있을 것이다.

치안은 국가에서 대부분 맡아서 하고 있지만, 에스원세콤, 현대시큐리티, ADT캡스 등은 돈을 낸 사람들만이 이용할 수 있는, 즉 배제성이 있는 특별한 보안 시스템 서비스를 판매하고 있다. 택배 서비스도 마찬가지이다. 우체국에서 소포 서비스를 제공하지만, 조금의 편리성을 덧붙여 택배나 해외특송 서비스를 판매하는 기업들이 많다.

이와 같이 독점적인 성격을 가진 공공재의 모자란 부분을 보완하여 배제성을 갖추면, 이익이 큰 사업 중 하나가 될 가능성이 크다.

003 독과점, 정부가 가격을 통제할까?

Let's Go 우리나라 세제시장은 4개 업체가 시장의 90%, 밀가루시장은 3개 업체가 75%, 설탕시장은 3개 업체가 100%, 정유시장은 4개 업체가 98%를 장악하고 있다.
한국소비자원이 발표한 국제가격 비교에 따르면, 이들 제품의 가격은 아시아 주요국은 물론 선진 7개국(G7)보다도 비싼 경우도 있는 것으로 나타났다. 업체들은 국내시장 규모나 유통구조상 어쩔 수 없다고 반박한다. 이래저래 억울한 것은 소비자들이다. 여기에서는 왜 이런 현상이 일어나는지 경제학적으로 살펴보자.

독과점시장에서 가격은?

독과점에 대해 알아보기 전에 먼저 시장의 종류를 살펴보자.
시장은 크게 경쟁시장과 비경쟁시장으로 나눌 수 있다. '경쟁시장'은 자유경쟁이 이루어지는 시장으로, 시장의 진입과 퇴출이 자유롭고 시장이 가격을 결정한다. 비경쟁시장은 시장의 진입과 퇴출이 자유롭지 못하고 기업이 가격을 결정한다.
'비경쟁시장'은 다시 과점시장과 독점시장으로 나눈다.

과점시장

몇몇 상품 공급자가 담합하여 가격을 결정할 수 있다. 이러한 시장의 예로는 핸드폰, 정유회사 등이 있다. 과점기업들은 가격경쟁을 하기보다는 담합을 하여 기업 이윤을 높이려고 하는 경향이 있는데, 대표적인 예가 석유수출국기구 OPEC이다. 그러나 담합은 독과점금지법에 의해서 규제를 받으며 깨지기 쉽기 때문에 과점기업들은 서비스 경쟁이나 광고, 이미지 만들기에 주력한다. 정유시장을 그 예로 들 수 있다.

독점

하나의 상품 공급자가 가격을 결정할 수 있다. 독점은 나쁜 것으로 생각하기 쉽지만 긍정적 측면도 있다. 정부는 때때로 일부러 독점을 만드는데, 이때 쓰는 대표적인 방법이 '인허가 정책'이다. 독점을 허용하는 경우는 크게 2가지가 있다.

첫째, 정부는 공익성이 큰 경우 독점을 허용한다. 수도, 전기 등 수요의 가격 탄력성이 적으며 누구나 쓰는 공공재를 독점하는 경향이 있다. 과거 우리나라는 공기업 민영화 정책의 일환으로 '수도와 전기사업의 민영화' 논의가 있었지만, 거센 반발 여론으로 유보된 것도 공익성 때문이었다.

둘째, 정부는 규모의 경제를 위해 각종 인허가 정책, 보조금 정책 등을 이용해 독점을 허용한다. 대표적인 예가 포항제철(포스코)이다.

독점은 때로는 꼭 필요하지만 규제해야 할 경우가 많다. 독점기업이 가격을 결정함으로써 재화의 가격이 비싸지며, 경쟁이 없어서 비효율적이기 때문이다. 이에 정부는 독과점금지법을 만들어 시장이 효율적으로 작동되도록 감시한다.

최고가격제를 실시하면

독과점 현상이 발생하면 기업이 가격을 정하게 되므로 적정가격보다 비싸진다. 이때 정부는 어떻게 대응해야 할까?

최고가격제는 정부에서 최고가격을 정하고, 그 금액을 초과하여 거래하지 못하게 한 경우이다. 대표적인 예로 버스요금, 지하철 요금, 아파트 분양가 상한제, 대출의 법정 최고금리 제한 등을 들 수 있다.
그럼, 최고가격제의 특성을 알아보자.

첫째, 최고가격제는 수요자가 서민이나 사회적 약자인 상품에 적용된다. 정부는 사회적 약자를 보호하기 위해서 이런 재화들이 일정 가격 이상에서 거래되는 것을 막는다.
둘째, 최고가격제는 공평성을 추구하는 데 쓰이기도 한다. 예를 들어 핸드폰에 최고가격제를 도입하여 가격을 10만원 아래로 묶으면 더 많은 사람들이 저렴한 가격에 핸드폰을 살 수 있어 '공평성'이 증가될 것이다.
셋째, 최고가격제는 공급 부족을 예방한다. 가격을 묶음으로써 공급을 원활하게 하는 것이다. 이는 전시상황에 필수품을 공급하는 경우 등에 큰 효과가 있다. 비상시에 정부에서 쌀 10kg을 2만원으로 정하면 소비자들은 쌀을 좀더 원활하게 공급받을 수 있게 될 것이다.
하지만 최고가격제는 공급 부족을 단기적으로만 예방할 수 있다. 이 제도로 인해 공급자들은 이익이 감소되므로 투자 및 생산량을 줄인다. 그래서 장기적으로 보면 제품의 생산량, 특히 희소성이 높은 제품의 생산량이 줄어들게 되는 경향이 있다.

【퀴즈】 버스시장에서 최고가격제를 실시하면, 어떤 외부불경제가 발생할 수 있을까?
마을버스 요금이 500원이라면 50명이 타는데, 정부가 300원으로 최고가격제를 실시하면 70명이 타게 된다고 하자.
요금이 내려 수요자는 늘어났지만, 버스회사는 오히려 이익이 줄어들므로

40인승 대신에 30인승 버스를 운행하려고 할 수 있다. 이제 승객들은 버스에 타지 못하고 다음 차를 기다리거나 마을버스 이용을 포기하는 경우가 생길 수 있다.

▶ 버스요금에 최고가격제를 실시한 경우

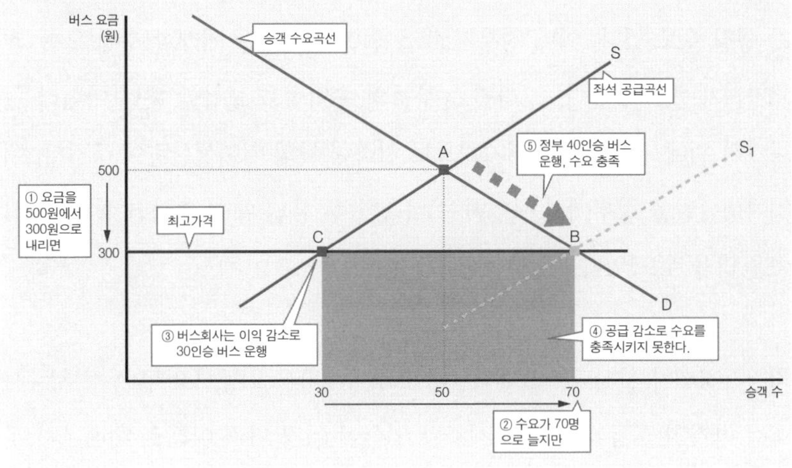

사회적 약자를 배려하기 위해 실시한 최고가격제가 오히려 그들에게 피해를 끼치게 된 것이다. 정부는 이를 막기 위해 선착순 제도나 배급제 등을 고려하지만, 이것이 모든 수요자를 충족시키는 것은 아니다. 이로 인해 '사회적 약자 보호'라는 정부의 의도가 무색해지기 때문에 이것도 완전한 해결책은 아니다. 또한 그 마을버스를 꼭 타야 하는 사람들은 300원 이상의 돈을 지불해서라도 버스를 탈 것이다. 이른바 '암시장'의 등장이다.

그렇다면 최고가격제로 인한 공급 부족을 어떻게 해결해야 하는가?

방법은 공급을 늘리는 것뿐이다. 정부가 40인승 버스를 더 운행하여 공급을 증가시키면 된다. 물론 승객의 일부는 민간버스를 타고, 일부만 정부 버스를 타면 정부가 적자를 볼 수 있다. 하지만 이는 사회적 약자를 위해 지출하는 돈으로 보아야 한다.

최저가격제를 실시하면

시장에 맡겼더니 가격이 너무 싸서 문제가 발생하는 경우도 있다.
가령 쌀농사가 풍년이라 공급이 대폭 늘어났다고 하자. 쌀은 가격이 싸다고 수요가 크게 증가하지는 않으므로, 농부들이 본전도 건질 수 없는 경우가 생길 수도 있다. 이때 정부가 쌀을 얼마 이하로는 거래할 수 없도록 '최저가격제'를 도입한다. 그러면 농부들의 수익성을 보장할 뿐만 아니라 균형가격 위에서 책정된 최저가격으로 인하여 쌀의 잉여생산량이 생긴다. 이 잉여생산량을 정부에서 구입하여 비축한 후 흉년 때 방출하면 쌀 가격 상승을 막을 수도 있다.

최저가격제가 실시되는 또 다른 대표적인 시장은 노동시장이다. 정부는 사회적 약자인 노동자를 위해 시간당 임금이 일정 가격 아래로 내려가지 못하도록 최저가격제(최저임금제)를 실시하고 있다.
시장에 맡기면 시간당 5,000원의 가격에 50명이 고용되겠지만, 정부가 최저가격제를 실시하여 6,000원으로 올리면 일하려는 사람(공급)은 70명으로 늘어난다.
그런데 기업은 임금 부담으로 50명이 아닌 30명만을 고용하려 한다. 이 경우 일자리를 얻으려는 경쟁은 치열해지고, 실업자가 늘어날 수도 있으며, 돈이 궁한 사람은 최저가격제보다 더 낮은 임금을 받고라도 일하려고 나설 수 있다. 이런 문제는 어떻게 해결할 수 있을까?
정부가 공공 부문에 일자리 수를 늘려서 고용하면 문제가 해결된다. 위의 경우 정부는 40명을 공공 부문에서 고용함으로써 지나친 실업률을 억제한다.

▶ **임금에 최저가격제를 실시한 경우**

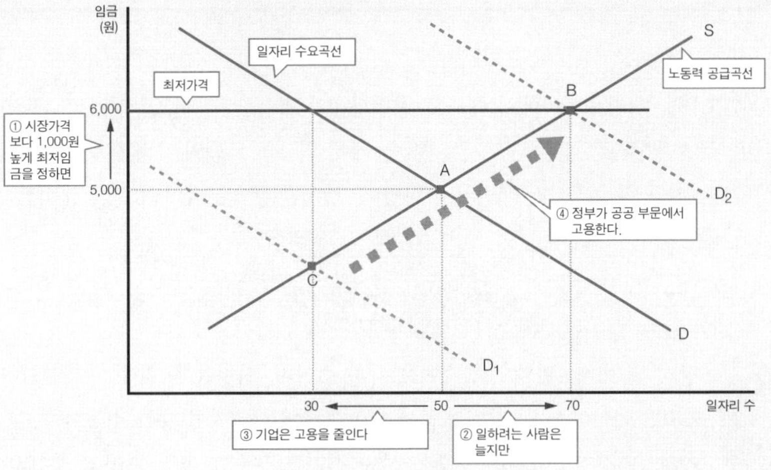

한편 최저가격제는 공급자가 수익성을 보장받기 때문에 효율성에 악영향을 미칠 수 있다. 예를 들어 국가가 자동차에 최저가격제를 도입해서 수익성을 보호해 준다면, 자동차회사는 기술개발, 소비자 편의 등을 등한시하여 제품의 질이나 소비자의 만족도가 떨어질 가능성이 크다.

여기서 잠깐

독과점 문제의 딜레마

최근 국제 경쟁력 강화가 국가적인 화두가 되고 있다. 세계 일류기업들과 경쟁하려면 막대한 자본능력과 대규모의 판매조직을 갖추어야 한다. 특히 수출로 먹고사는 우리나라는 세계 일류기업들과 경쟁하기 위하여 기업들이 대형화될 필요가 있다. 고부가가치 선박을 만드는 조선회사나 자동차회사, 대형 화학회사 같은 경우에는 규모의 경제 때문에 독과점이 자연스럽게 형성되고, 또한 필요한 경우도 생겨난다.

반면 정부는 독과점의 병폐를 막기 위해 공정거래 풍토의 정착에 힘쓰며, 경제력 집중을 견제하고 있다. 이러한 정부의 정책은 기업의 대형화를 통한 국제 경쟁력 강화라는 정책목표와 충돌하기도 한다.

우리 옆의 경제학

캘리포니아는 왜 암흑천지가 되었을까?

2001년 1월, 캘리포니아에서 대규모 정전사태가 발생했다. 샌프란시스코, 새크라멘토, 로스앤젤레스 같은 대도시는 물론, 세계 최고의 두뇌와 육체가 몰려 있다는 실리콘밸리와 할리우드도 예외가 아니었다. 정전은 캘리포니아의 모든 분야를 혼란에 빠뜨렸다.

간략하게 보는 캘리포니아 정전사태 과정

당시 전 세계 6번째의 경제력을 가진 주이며, 최첨단 정보기술을 자랑하던 캘리포니아에서 왜 전기가 끊어지는 초유의 사태가 발생한 것일까?

첫째, 민간기업들끼리 경쟁을 하면 전기요금이 더 싸질 거라고 생각하여 공공재였던 전기의 공급을 민간기업에 맡겼다.

둘째, 민간기업들은 전력 공급시설을 늘리려 하지 않았다.(비용이 많이 드니까.)

셋째, 전력 소비는 증가하는데 공급시설은 확충되지 않았다.

넷째, 수요–공급의 원리에 따라 민간기업들은 전기요금 인상을 주장했다.

다섯째, 전기요금 인상 요구가 받아들여지지 않자 전기 공급을 중단했다.

여섯째, '경쟁으로 전기요금을 낮춘다'는 처음의 목표는 실종되었다.

캘리포니아 주정부는 2001년 전력위기 동안에도 발전시설이 부족하지 않았고, 발전용량도 충분했으며, 발전회사들이 발전시설을 인위적으로 폐쇄하여 전력 부족 사태가 벌어지도록 조작했다고 주장했다. 이들이 발전설비를 한꺼번에 정지하기로 담합했다는 의혹이 제기된 것이다.

자유경쟁시장에서 담합의 위험은 항상 존재한다. 발전회사들이 수리나 점검을 핑계로 일부 발전시설을 동시에 정지시키면, 시장에서는 잠시 동안 전력 부족 사태가 벌어지고 전기 도매가격은 치솟을 수밖에 없다. 캘리포니아 전력시장의 급격한 가격 상승은 이처럼 발전회사들의 담합에 가스 가격 상승과 강수량 부족이 더해져서 일어난 것이다. 섣부른 민영화와 전력시장 자유화는 캘리포니아와 같은 걷잡을 수 없는 혼란을 불러올지 모른다.

1. 경제학에서는 경제주체의 의도하지 않은 행위로 인하여 다른 경제주체가 손해 또는 이익을 보는 행위를 '외부효과'라고 한다. 다음 중 외부효과에 해당하지 않는 것은?
① 나무를 심었더니 숲이 우거져 홍수 피해가 줄었다.
② 올해는 이상기후로 인하여 농산물의 가격이 폭등하였다.
③ 염색공장을 차렸더니 물이 오염되어 물고기가 죽었다.
④ 정원을 가꾸었더니 지나가는 사람들이 좋아했다.
⑤ 종이컵을 사용했더니 매립 쓰레기가 증가하였다.

2. 애덤 스미스 이래 시장이 자원을 효율적으로 배분할 것이라는 강력한 믿음이 사회 전체에 뿌리 깊게 자리잡고 있었다. 그러나 차츰 시장이 효율적 배분에 실패하는 경우가 발생하게 되었고, 이를 '시장실패'라고 한다. 다음 중 시장실패에 해당하지 않는 것은?
① 빈부격차 심화 ② 외부불경제의 발생
③ 공공재의 부족 ④ 독과점의 발생

3. 제임스 딘이 주연한 영화 「이유 없는 반항」(1955년)에 나오는 자동차 게임으로, 한밤중에 도로의 양쪽에서 두 명의 경쟁자가 자신의 차를 몰고 정면으로 돌진하다가 충돌 직전에 핸들을 꺾은 사람이 지는 경기이다. 어느 한쪽이 양보하지 않을 경우, 양쪽이 모두 파국으로 치닫게 되는 극단적인 게임이론의 대명사가 된 이 게임의 이름은?
① 도그 게임 ② 캐츠 게임 ③ 호스 게임
④ 치킨 게임 ⑤ 앨리펀트 게임

4. 어떤 재화나 서비스, 주로 공공재를 소비하면서도 비용을 지불하지 않고 편익을 취하려는 행위를 지칭하는 용어는?
① 공공재론 ② 세이의 법칙 ③ 님비 현상
④ 무임승차론 ⑤ 불가지론

정답

1. ② 홍수 등의 자연재해는 경제주체가 의도한 행위가 아니다.
2. ① 빈부격차는 자원이 효율적으로 배분될수록 더 나타난다.
3. ④
4. ④

5. 아메리카에 도착한 백인들은 유럽의 소보다도 덩치가 2배나 큰 버팔로가 엄청나게 많은 것을 보고 미친 듯이 사냥을 했고, 버팔로는 머지않아 멸종위기에 처했다. 이처럼 자신의 사용으로 인해 다른 사람이 쓸 수 있는 자원이 고갈된다는 사실을 고려하지 않기에, 공유자원을 시장에 맡겨두면 남용되어 모두에게 피해가 돌아가는 현실을 지적하며 게릿 하딘이 붙인 용어는?

① 공유지의 비극 ② 소유지의 비극 ③ 공유의 종말
④ 소유의 종말 ⑤ 노동의 미소

6. 2016년 최저임금제를 적용받으며 편의점에서 아르바이트를 하는 태연이의 시간당 임금은 얼마인가?

① 5,200원 ② 5,580원 ③ 6,030원
④ 6,810원 ⑤ 10,000원

7. 강마에는 아침에 출근하기 위하여 마을버스를 15분, 전철을 30분, 버스를 25분 탄다. 그나마 정부가 버스와 전철의 요금에 제한을 두어 참으로 다행이라고 생각한다. 강마에를 편하게 만든 이 제도의 이름은?

① 가격파괴제 ② 가격기준제 ③ 최고가격제
④ 최저가격제 ⑤ 요금제한제

8. 2015년 시골에서 벼농사를 짓고 있는 수민 씨는 걱정이 하늘을 찔렀다.

"이 놈의 세상! 아무리 일해도 돌아오는 것은 빈주먹뿐이 아니던가?"

그러자 이장이 말했다.

"그래도 희망을 가지게. 그나마 정부가 (   ) 제도를 시행하고 있지 않은가?"

다음 중 (   ) 제도에 해당하는 것을 모두 고르시오.

① 추곡수매제도 ② 보조금지급제도 ③ 공공비축제도
④ 추곡매매제한제도 ⑤ 자유방임제도

정답

5. ①
6. ③ 2016년의 최저임금은 시급 6,030원이다.
7. ③
8. ②, ③ 보조금 제도는 비료, 농기계 구입 시의 보조금, 쌀 직불금 등이 있으며, 공공비축제도는 정부가 쌀 재고를 유지하기 위해 일정 분량의 쌀을 사고파는 행위이다.

7

경제 파악 1

— 소득분배 지표의 안쪽

GDP나 1인당 GDP가 높다고 잘사는 나라일까?
7장에서는 GDP, 1인당 GDP, 로렌츠 곡선, 지니계수 등을 통해
소득분배의 불평등도에 대해 살펴본다.
OECD 국가 중에서 소득분배율이 가장 높은 스웨덴과 우리나라 사이에는
조세정책에서 어떤 차이가 있는지도 알아보자.

001

1인당 GDP가 높으면 국민이 잘사는 나라?

Let's Go 흔히 미국은 부유하고 소말리아는 빈곤하다고들 한다. 그런데 한 국가의 경제력은 무엇을 기준으로 비교할 수 있을까?
과연 1인당 GDP는 그 나라 국민들의 생활수준을 제대로 보여주는 것일까? 우리나라는 부가 평등하게 분배되고 있을까? 국민의 생활수준과 부의 편중화 정도를 알 수 있는 경제지표에 대해 살펴보자.

▶1인당 GDP 단위 : 달러 | 2014년 | 출처 : IMF

순위	국가	달러
1	룩셈부르크	111,716
2	노르웨이	97,013
3	카타르	93,965
4	스위스	87,475
5	오스트리아	61,219
6	덴마크	60,564
7	스웨덴	58,491
8	산 마리노	56,820
9	싱가포르	56,319
10	미국	54,597
11	아일랜드	53,462
12	네덜란드	51,373
13	오스트리아	51,307
14	아이슬랜드	51,262
15	캐나다	50,398
16	필란드	49,497
17	벨기에	47,722
18	독일	47,590
19	영국	45,653
20	프랑스	44,538
21	뉴질랜드	43,837
22	아랍에미레이트	43,180
23	쿠웨이트	43,103
-	홍콩	39,871
24	이스라엘	36,991
25	브루나이	36,607
26	일본	36,332
-	EU(유럽연합)	36,268
27	이탈리아	35,823
28	스페인	30,278
29	바레인	28,272
30	한국	28,101

국민의 생활수준을 보여주는 1인당 GDP

GDP(Gross Domestic Product; 국내총생산)는 한 국가 내에서 생산된 생산물의 가치를 모두 합한 것이다. 보통 GDP를 국력의 척도로 삼는다. 그러나 GDP는 국가의 총 경제규모를 보여주는 것이기 때문에, 국민들의 생활수준을 이야기할 때는 GDP를 총 국민수로 나눈 1인당 GDP를 사용한다.

1인당 GDP는 여러 국가의 생활수준을 비교하는 절대적 기준으로 쓰인다. 일반적으로 1인당 GDP가 높은 국가는 국민들의 생활수준이 높고, 낮은 국가는 생활수준이 낮은 것으로 볼 수 있다. 2014년 우리나라의 1인당 GDP는 약 28,101달러다(IMF 통계 기준). 여기서 주의해야 할 점은 1인당 GDP는 달러로 표시하는 지표라는 것이다. 국민들의 소득이 조금 늘었더라도 환율이 상승했다면, 달러로 표시하는 1인당 GDP가 감소할 수 있다. 반대로 환율이 하락했다면 실제 증가한 소득보다 달러로 표시되는 1인당 GDP가 높게 나올 수도 있다.

현재 1인당 GDP가 가장 높은 국가는 벨기에·독일·프랑스 사이에 있는 작은 국가 룩셈부르크이다. 그러므로 1인당 GDP의 개념을 기준으로 할 때, 세계에서 가장 잘사는 나라는 룩셈부르크라고 할 수 있다.

소득분배의 불평등도를 보여주는 지표
– 로렌츠 곡선/10분위 분배율/소득 5분위 배율/지니계수

미국과 핀란드는 모두 1인당 GDP가 약 5만 달러로 비슷하지만, 1인당 GDP만을 가지고 두 나라 국민의 생활수준이 같다고 볼 수는 없다. 1인당 GDP는 단순히 GDP를 국민수로 나눈 것이어서, 소득이 사회의 각 계층에 얼마나 고루 분배되고 있는지 보여주지 못하기 때문이다.

각 나라 국민들의 빈부격차는 로렌츠 곡선과 이 곡선에서 파생되는 10분위 분배율, 소득 5분위 배율, 지니계수로 더 확실하게 파악할 수 있다.

로렌츠 곡선

로렌츠 곡선은 한 나라의 소득분배 정도, 즉 소득분포의 불평등도를 보여주는 곡선으로 '소득분배 곡선'이라고도 한다. X축은 소득 하위계층부터 상위계층으로 가면서 인구의 누적비율을 보여주며, Y축은 전체 국민소득에서 차지하는 누적 소득점유율을 보여준다.

소득 수준이 50%까지인 1~5분위가 전체 국민소득의 50%를 차지한다면, 완전평등 분배가 이루어진 것으로 로렌츠 곡선은 대각선이 된다. 이를 '완전평등선'이라고 한다. 반면 1~5분위가 전체 국민소득에서 겨우 20%만 차지한다면 이는 소득분배가 매우 불평등하다는 것을 알 수 있다.

▶ 소득분배 상태를 알 수 있는 로렌츠 곡선

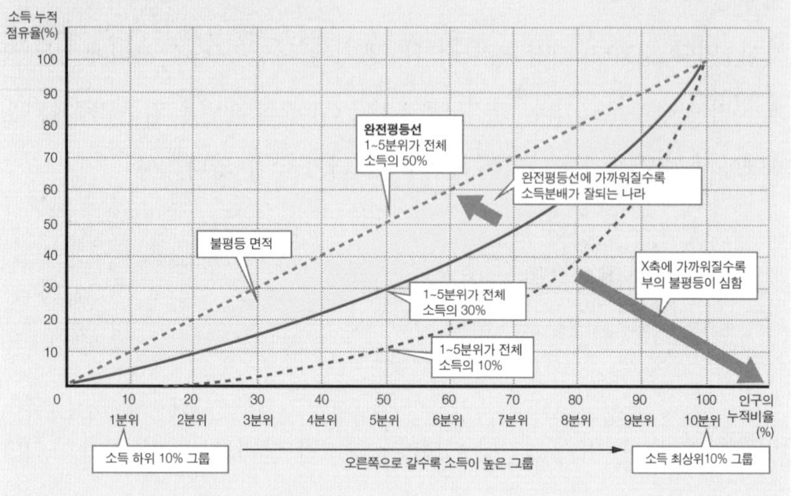

로렌츠 곡선이 직선에 가까울수록 소득이 평등하게 분배되는 것이며, 곡선이 많이 휠수록 소득분배가 불평등함을 보여준다. 완전평등선과 로렌츠 곡선이 이루는 면적을 '불평등 면적'이라고 하는데, 이 면적이 클수록 소득이 불평등하게 분배된다는 의미다.

로렌츠 곡선을 가지고도 소득의 분배 정도를 대략 알 수 있지만, 다른 여러 항목을 수치화할 때 분배의 불평등 정도를 좀더 정확히 알 수 있다.

10분위 분배율

'10분위 분배율'이란 소득 10분위별 분포에서 최하위 40%(1~4분위) 계층의 소득점유율을 최상위 20%(9,10분위)의 소득점유율로 나눈 값이다.

소득분배가 완전평등인 경우에는 당연히 하위 40%가 총소득의 40%, 상위 20%가 총소득의 20%를 가지기 때문에, 이때의 10분위 분배율은 40%/20%=2가 된다.

소득이 극단적으로 불평등하게 분배되는 경우라면, 최하위 40%는 소득이 없고(0), 최상위 20%가 전체 소득을 가지므로(100%), 10분위 분배율은 0/100%=0이다. 10분위 분배율을 간단한 수식으로 표현하면 다음과 같다.

$$10분위\ 분배율 = \frac{최하위(저소득층)\ 40\%의\ 소득점유율}{최상위(고소득층)\ 20\%의\ 소득점유율} = 0 \sim 2$$

0에 가까울수록 불평등 분배

2에 가까울수록 평등 분배

10분위 분배율의 최소값은 0이 되고, 최대값은 2가 된다. 그러므로 2에 가까울수록 소득이 평등하게 분배된다는 의미이다. 10분위 분배율을 보면, 소득 하위계층과 상위계층의 불평도를 쉽게 알아볼 수 있다. 보통 0.45 이상이면 균등분배, 0.35 미만이면 불균등 분배, 그 사이는 저균등 분배라고 한다.

소득 5분위 배율

소득 5분위 배율은 최상위 20%의 소득점유율을 최하위 20%의 소득점유율로 나눈 결과값이다. 만약 한 국가의 소득분배가 완전평등 하면 이 국가의 소득 5분위 배율은 20%/20%=1이 될 것이다. 반면 상위 20%가 소득을 독차지하고 있어(100%) 하위 20%의 소득이 하나도 없다면(0), 이 국가의 소득 5분위 배율은 100%/0=무한대가 될 것이다. 정리하면 소득 5분위 배율의 최소값은 1이고, 최대값은 무한대가 된다.

$$소득\ 5분위\ 배율 = \frac{최상위\ 20\%의\ 소득점유율}{최하위\ 20\%의\ 소득점유율} = 1 \sim 무한대$$

1에 가까울수록 평등 분배

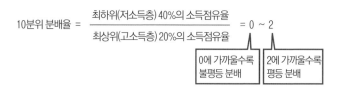

10분위 분배율과 소득 5분위 배율은 서로 역의 관계에 있다. 10분위 분배율은 값이 클수록(2에 가까울수록), 소득 5분위 배율은 그 값이 작을수록(1에 가까울수록) 소득의 분배가 평등한 상태라고 볼 수 있다.

10분위 분배율과 소득 5분위 배율은 최상위 20%와 최하위 20~40%의 소득점유율을 비교한 값이기 때문에, 하위계층과 상위계층 사이의 소득의 분배문제를 다룰 때는 유용하다. 하지만 국가의 전체적인 소득분배 상태를 보여주는 데는 부족한 점이 있다. 이를 해결하기 위해 사용하는 지표가 바로 지니계수이다.

지니계수

▶ 소득분배의 불평등도를 보여주는 지니계수

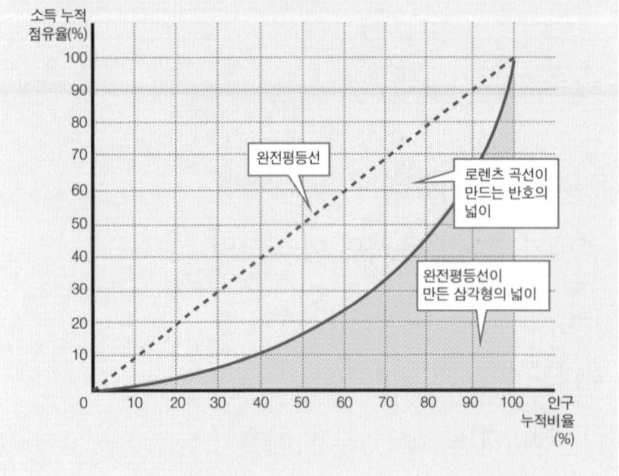

지니계수 역시 로렌츠 곡선을 사용하여 그 값을 구한다. 로렌츠 곡선은 소득분배가 완전히 평등한 상태일 때는 직선이 되며, 직각이등변삼각형의 모양이 나타난다. 이때의 넓이를 기준으로 실제 로렌츠 곡선이 나타내는 모형의 넓이와 비교하는 값이 '지니계수'이다.

일반적으로 로렌츠 곡선은 완전평등의 상태가 아니라면 곡선의 모양을 갖는다. 이 곡선과 평등상태의 직선이 이루는 반호의 넓이를 구한 다음, 완전평등선으로 만든 삼각형의 넓이와 비교한다. 이것을 '지니계수'라고 한다.

$$\text{지니계수} = \frac{\text{반호의 넓이}}{\text{삼각형의 넓이}} = 0 \sim 1$$

0에 가까울수록 소득분배 평등

완전평등선은 직선이기 때문에 반호가 생기지 않는다. 따라서 반호의 넓이는 0이고 지니계수는 0이 된다. 극단적으로 부가 불평등하게 분배되어 있을 경우, 반호의 넓이는 삼각형의 넓이와 같다. 이때 지니계수의 값은 1이다. 따라서 지니계수는 0부터 1 사이의 값으로 0에 가까울수록 소득분배가 평등하다는 것을 의미한다.*

* 지니계수가 같다고 해도 분배 형태가 다양할 수 있으므로, 우리나라는 소득 5분위 배율을 보조지표로 사용한다.

자, 이제 지금까지 살펴본 소득분배 지표를 정리해 보자.

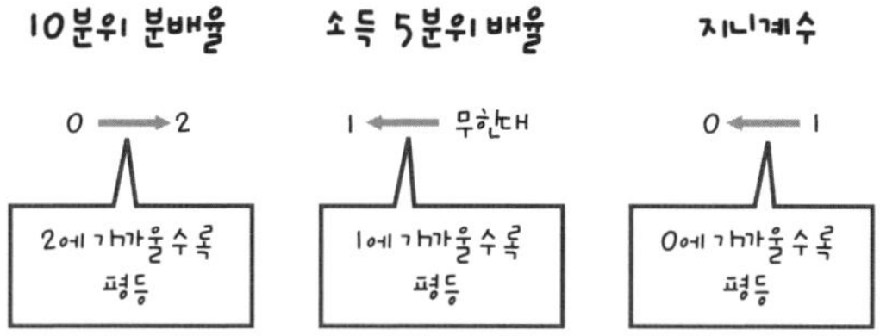

다시 지니계수 이야기로 돌아와 보자. 지니계수가 0.4를 넘으면 보통 불평등 정도가 심한 국가라고 본다. 2013년 미국의 지니계수는 0.4로 소득분배가 불평등하다고 할 수 있다. 우리나라는 1990년대에는 가처분소득 기준으로 지니계수가 0.28 정도였으나, 외환위기 이후 2000년대에 들어서 0.3을 넘어섰으며 2013년 0.302이다. 지니계수의 변화를 볼 때, 우리나라는 소득 불평등도가 점차 커지고 있다는 것을 알 수 있다.

하지만 시장소득(근로소득+사업소득+재산소득+사적이전소득)이나 가처분소득 지니계수만으로 사회적 불평등을 모두 설명할 수는 없다. 예를 들어 집 없이 월세를 사는 연봉 1억원의 A씨와, 연봉은 3,000만원이지만 경기도 인근 개발 예정지에 50억원의 상속 땅을 가진 B씨, 둘을 비교하면 어떠할까? 현재 시장소득이나 가처분소득으로 본다면 A씨가 월등하게 높은 생활을 할 것으로 보이지만, 순자산 규모를 기준으로 보면 완전히 다른 결과가 나올 수 있다. 2014년 우리나라의 순자산 지니계수는 0.596이다. 우리나라는 소득보다 '자산의 불평등'이 훨씬 심각한 상황이라는 의미이다.

우리나라의 국가 행복지수는 몇 위?

세계에서 가장 행복한 나라는 어디일까? 우리나라 국민들의 행복지수는 세계 몇 위일까? 그리고 사람들은 어떨 때 행복하다고 느낄까? 행복지수와 상관관계가 높은 변수는 무엇일까?

1인당 GDP, 행복도와 큰 상관관계

2013년 UN은 지난 3년 동안의 조사결과를 바탕으로 흥미로운 『UN 행복보고서』를 발표했다. 이 보고서는 국민들의 행복에 영향을 미치는 변수로 크게 6가지를 선정했다. 1인당 국민소득, 사회적 지지(social support), 건강한 삶의 기대수명, 인생의 선택에 대한 자유, 관용의식(기부 여부), 부패 등이다.

조사에 따르면, 국가별 행복지수에서 행복도와 상관관계가 매우 높은 것은 1인당 국민소득과 사회적 지지였다.

▶국가별 행복지수 출처 : UN 행복보고서(2013)

순위	국가	행복지수
1	덴마크	7.693
2	노르웨이	7.656
3	스위스	7.650
4	네덜란드	7.512
5	스웨덴	7.480
6	캐나다	7.477
7	필란드	7.389
8	오스트리아	7.369
9	아일랜드	7.355
10	호주	7.350
17	미국	7.082
19	룩셈부르크	7.054
22	영국	6.883
25	프랑스	6.764
26	독일	6.672
41	한국	6.267
42	태국	6.221
43	일본	6.064

실제로 국가별 행복지수의 최상위권은 1인당 국민소득이 높은 덴마크, 노르웨이, 스위스, 네덜란드 등이었다. "가난이 문으로 들어오면 사랑은 창으로 도망친다"는 독일 속담도 있지 않던가.

사회적 지지—도움을 요청할 사람이 있는가?

하지만 단순히 소득만이 행복의 지표는 아니었다.

실제로 영국 신경제재단의 또 다른 국가별 행복지수 조사결과에 의하면, 1인당 국민소득이 높지 않은 코스타리카, 도미니카 같은 나라들이 상위권을 차지한다.

UN의 행복지수 조사에서도 '사회적 지지' 항목이 행복도와 높은 상관관계가 있는 것으로 나타났다. 이 변수는 "만일 당신이 큰 어려움에 처했다면 도움을 요청할 사람이 있는가?"라는 질문으로 측정되었다.

이밖에 건강한 삶의 기대수명, 인생의 선택에 대한 자유도 행복지수와 상관관계가 어느 정도 있는 것으로 나타났고, 관용의식과 부패는 행복지수와 상관관계가 약한 편이었다.

우리나라의 행복지수는 고작 41위

UN의 보고서에 의하면, 북유럽 국가들이 행복지수가 높고, 우리나라와 일본은 경제력에 비해서 행복지수가 꽤 낮았다. 우리나라의 행복지수는 조사국 149개국 중에서 41위였다.

한편 OECD가 발표한 '2015 더 나은 삶의 지수'에서도 우리나라 사람들의 삶의 만족도는 조사국 36개국 중에서 29위로 나타났다. 특히 소득은 24위, 환경은 30위, 건강은 31위, 일과 삶의 균형은 33위로 나타났으며, 사회적 연계는 36위로 조사국 중 꼴찌를 기록했다.

특히 사회적 연계지수가 낮다

여기서 우리의 눈길을 끄는 것은 바로 '사회적 연계'(soical connections) 항목이다. 사회적 연계지수는 내가 어려움에 처했을 때 도움을 요청할 사람(친척, 친구, 이웃)이 있는지를 묻는 것인데, 우리나라 사람들은 72%만이 이런 사람들이 있다고 대답했다. 이는 OECD 평균인 88%보다 16%포인트나 낮은 수치였다.

UN의 조사결과에서도 우리나라 사람들은 '사회적 지지' 항목에서 낮은 수치를 보였다. 사회적 단절과 소외감이 심해지고 있음을 보여주는 것이라 씁쓸함을 금할 수 없다.

002

소득분배 효과를 높이는 조세정책은?

Let's Go

2015년 OECD는 회원국들의 소득불평등이 집계 이후 '최고치'라고 발표했다. 아울러 소득불평등의 심화가 세계의 경제성장을 가로막고 있다고 우려를 나타냈다. 소득불평등은 지난 20년 동안 세계 경제성장률에 약 5%포인트 감소의 악영향을 미쳤다는 주장이다.

부족한 세금은 어디서 충당하지?

OECD는 위험치에 다다른 소득 불평등을 개선하기 위해 일자리 질의 개선, 남녀 성별격차 해소를 제안하고, 무엇보다 정부가 부유층에 대한 세금을 통해 저소득층을 지원하는 소득재분배 정책을 펴야 한다고 주장했다.

그렇다면 우리나라의 조세제도는 빈부격차를 줄이는 소득재분배 구실을 제대로 하고 있을까? 우리나라 세금의 종류, 조세정책의 특징, 국민들이 더 행복한 나라가 되기 위해서는 어떤 조세정책이 바람직한지 살펴보자.

간접세는 소득재분배 효과가 전혀 없을까?

다미는 편의점에서 레모네이드를 샀는데, 원래 가격은 1,000원이지만 부가가치세 10%가 붙어 1,100원을 냈다. 부가가치세 100원은 소비자인 다미가 '부담'하지만, 편의점이 나중에 자기 가게의 이름으로 국세청에 납부(납세)한다. 이처럼 담세자(세금을 부담하는 자)가 납세자(세금을 내는 자)를 통하여 간접적으로 내는 세금을 '간접세'라고 한다. 간접세 중 부가가치세는 구매금액에 비례하여 10%로 일정하다. 이를 '비례세'라고 한다. 간접세의 특징을 살펴보자.

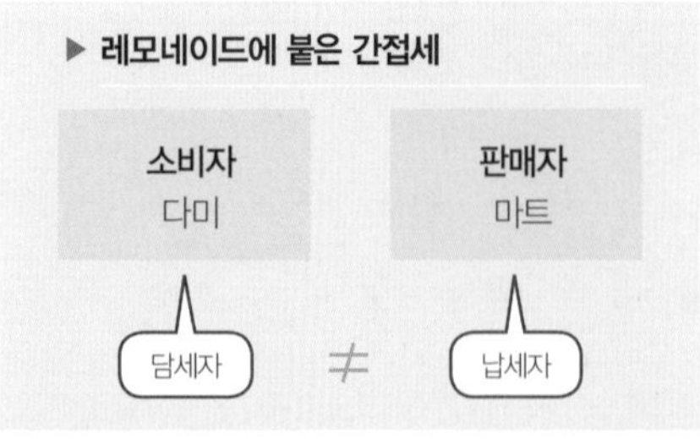

간접세의 특징

첫째, 간접세는 조세 전가성이 있다. 부가가치세 100원의 납세자는 마트지만, 실질적인 돈은 소비자인 다미의 주머니에서 나왔으므로 부가가치세가 소비자에게 전가된 셈이다.

둘째, 간접세는 이미 가격에 세금이 포함되어 있으므로, 조세저항이 적고 징세(세금을 거두는 것)가 편리하다는 장점이 있다.

셋째, 간접세는 소득이 적은 사람에게 상대적으로 조세 부담률이 크다. 이를 '역진성'이라고 한다. 월수입이 1,000만원이든 100만원이든, 라면 한 개를 사면 똑같이 부가가치세 10%를 내야 하므로 공평부담의 원칙에 어긋난다는 단점이 있다. 그래서 기초생활필수품에 대해서는 부가가치세를 면세하기도 한다.

부가가치세는 어떻게 매길까?

부가가치세(VAT; Value Added Tax)는 거의 모든 물건에 10%의 세율로 부과되는 세금으로, 우리나라 간접세 수입의 75% 가량을 차지한다. 개념적으로는 단계별 사업자가 각각 자신이 창출한 부가가치에 대한 세금을 납부하는 것이다. 현실에서는 공급가액 전체에 대한 부가가치세를 먼저 납부한 다음에, 구입가액에 대한 세금을 추후에 환급받는 절차를 밟게 된다.

예를 들어 봉제공장이 점퍼 1벌을 1만원에 소매상에 팔았다면, 봉제공장은 일단 가격의 10%인 1,000원을 부가가치세로 납부한다. 그런 다음 나중에 중간재(옷감) 구입가격이 3,000원이었음을 증명하는 영수증을 국세청에 제출하고, 옷감 구입가격의 10%인 300원을 국세청으로부터 환급받는다. 그러면 봉제공장은 그들이 창출해 낸 부가가치인 7,000원에 대해 10%인 700원을 세금으로 내므로 이중납세를 하지 않아도 된다.

소득재분배 효과가 있는 간접세도 있다고?

간접세 중 부가가치세는 소득재분배 효과가 없다. 부자든 가난한 사람이든 물건을 구입할 때 똑같이 10%의 세금을 내야 하기 때문이다. 하지만 '개별소비세'(특별소비세가 2008년부터 개별소비세로 이름이 바뀜)는 소득재분배 효과가 어느 정도 있다.

개별소비세는 사치성 소비품목에 더 높은 세율을 적용함으로써 10% 단일세율인 부가가치세의 역진성을 보완한다. 개별소비세율은 에어컨 · 온풍기는 가격의 20%, 프로젝션 TV와 PDP TV는 10%, 보석 · 귀금속 · 모피 · 골프용품 · 모터보트 등은 20%, 유흥주점은 10%이다. 자동차는 2,000cc 초과는 10%, 1,500~2,000cc는 7.5%, 1,500cc 이하는 5%이다. 그런데 에어컨이나 자동차 등은 과거에는 사치품이었으나, 현재는 일상적으로 사용하는 물품인데도 여전히 높은 개별소비세를 부과하고 있어 원래의 취지와 세금의 성격이 달라졌다는 비판의 목소리도 있다.

직접세는 왜 소득재분배 효과가 클까?

직접세는 소득세, 재산세, 상속세 등 주로 개인, 또는 개인 소유의 부(富)가 과세대상이 되는 조세이다. 간접세와 달리 담세자와 납세자가 일치하므로 조세 전가 효과가 없다.

직접세는 비례세인 간접세와 달리 누진세율을 적용한다. 우리나라의 소득세율은 2015년 현재 연소득 1,200만원 이하는 6%, 4,600만원 이하는 15%, 8,800만원 이하는 24%, 1억 5,000만원 이하는 35%, 그 위로 초과는 38%이다. 한류스타 배용준은 2005년 총 329억원의 수입을 거두어 이듬해 100억원에 가까운 소득세를 납부했다. 이처럼 소득이나 자산이 커짐에 따라 세율도 커지는 세금을 '누진세'라고 한다.

직접세는 부담자가 직접 조세 지출을 피부로 느끼므로 조세저항이 나타날 수 있다. 또한 사업자는 자진신고에 기초하므로 소득을 정확하게 파악하기 힘들어 세금 징수가 어렵다는 특징이 있다.

여기서 잠깐

우리는 간접세를 하루에 얼마나 낼까?

일반적인 직장인은 하루에 간접세를 얼마나 낼까?

세면(치약, 칫솔, 비누, 샴푸) 약 10~30원, 지하철을 이용한 출근은 약 130원, 4,100원짜리 담배 한 갑은 약 3,318원, 6,000원짜리 점심은 약 600원, 테이크아웃 커피 한 잔은 약 400원, 저녁 회식의 소주는 한 병에 약 866원, 택시비 1만원에 909원, 취침 전 세면에 또 10~30원이 지출된다. 모두 합해 약 7,000원이다.

여기에 자가용 출퇴근자는 휘발유 값에 더해진 간접세로만 하루에 약 3,900원을 낸다. 한 달(20일 기준)이면 7만 8,000원이다. 자동차로 인해 내는 개별소비세, 등록세 등을 빼고도, 자가용 출퇴근자는 한 달에 약 13만원의 간접세를 내는 것이다.

간접세는 여성이 더 적게 낸다?

여성은 남성에 비해 흡연·음주 비율이 낮다. 간접세율이 적용되는 술·담배의 구매빈도가 낮기에 여성의 간접세 납세 규모는 남성에 비해 적다.

게다가 화장품에 부과되었던 개별소비세는 향수 등 방향용 제품을 제외한 나머지 품목들에 대해 지난 2000년 1월부터 폐지되었다. 2004년 1월부터는 생리대에 부과되었던 부가가치세도 면세되었다.

하지만 여성은 의류 등의 소비주기가 짧은 편이기에 남성보다 간접세 납세액이 적다고 단언할 수는 없다.

소득 불평등도가 높은 나라

소득세·재산세·상속세·법인세 등의 직접세는 납세자의 부담 능력에 따라 세금이 부과된다. 일반적으로 직접세의 비중이 높은 것이 바람직한 조세체계로 알려져 있다. 또한 직접세는 조세 및 각종 사회보장제도 중에서 소득불평등 개선, 즉 지니계수의 개선 효과가 가장 큰 것(전체의 58%)으로 나타났다.

선진국의 경우 직접세와 간접세의 비중이 7대 3, 또는 8대 2 정도이다. 이에 반해 우리나라는 직접세의 비중이 1980년 32.9%에서 꾸준히 증가하여 현재 50%를 넘었지만, 선진국에 비해서는 턱없이 낮은 편이다.

부자 감세

지난 시기 이명박 정부는 소득세, 법인세, 종합부동산세 등 부유층이 주로 내는 직접세의 감세를 추진했다. 부유층의 세금을 줄이면 이들이 돈을 써서 투자와 소비가 활성화되고 경제가 살아난다는 것이다. 이른바 낙수효과를 주장한 것이다.
하지만 고소득자, 거액 자산가, 대기업에 혜택이 집중되는 부자 감세여서 양극화에 대한 우려가 높았다. 이들은 부자 감세는 경기부양 효과가 적고 국가의 재정만 악화될 것이라고 우려했다. 오히려 저소득층의 세금 부담을 더 줄여주는 것이 소비진작 효과가 더 크다는 주장이었다.

소득세의 비중은 낮고, 부가가치세 비중은 높고

우리나라 조세체계의 가장 큰 문제점은 세금이 많다거나 복잡하다는 것이 아니다. 전문가들은 소득에 따라 누진세율이 적용되는 소득세 비중은 매우 낮고, 부가가치세 비중이 너무 높다는 점을 가장 큰 문제로 지적한다.
복지국가로 손꼽히는 스웨덴은 개인소득세가 15.8% 수준인데, 우리나라는 고작 3.4% 수준이다. 스웨덴은 이러한 세금정책을 통해 소득 불평등도를 보여주는 지니계수가 조세 부과 후에 무려 100%나 감소했다. 즉 세금을 통해 평등한 사회를 이룬 것이다.
그러나 우리나라의 경우 세금에 의한 소득재분배 효과가 거의 없다. 조세연구원

▶ 조세정책의 소득재분배 효과(지니계수 변화율)

구분		재분배 전	재분배 후	변화율
스웨덴	1987	0.439	0.218	101.4%
핀란드	1987	0.379	0.209	81.3%
독일	1984	0.395	0.249	58.6%
노르웨이	1979	0.335	0.223	50.2%
영국	1986	0.428	0.303	41.3%
프랑스	1984	0.417	0.328	21.7%
네덜란드	1987	0.348	0.256	35.9%
호주	1985	0.391	0.292	33.9%
캐나다	1987	0.374	0.283	32.2%
스위스	1982	0.407	0.309	31.7%
미국	1986	0.411	0.335	22.7%
룩셈부르크	1985	0.28	0.237	18.1%
이탈리아	1986	0.361	0.306	18.0%
벨기에	1988	0.273	0.232	17.7%
한국	2000	0.374	0.358	4.5%
평균		0.38	0.272	39.7%

조세정책의 소득재분배 효과가 매우 높다.

조세정책의 소득재분배 효과가 매우 낮다.

자료 출처 : 소득분배 국제 비교를 통한 복지정책 방향, 유경준(2003), KDI

현진권 박사는 'OECD 국가 중에서 우리나라가 부의 불평등도가 가장 심각할 것'이라고 말한 바 있다.

직접세 감세로 인한 경기부양 효과와 그로 인한 양극화 심화, 모두에게 좋은 나라가 되기 위해 어떤 정책이 필요할까?

안타깝게도 우리나라의 간접세 비중은 빠르게 높아지고 있는 추세다. 일례로 2015년 담뱃값 인상과 더불어 담배에 붙는 세금 비중은 62%에서 73.7%로 올랐다. 휘발유의 세금 비중도 50.6%에서 57.7%로 높아졌다. 소주는 세금 비중이 53.1%에 달한다. 우리나라의 간접세 비중은 2007년 47.3%에서 2010년 약 52%로 눈에 띄게 높아지고 있다. 소득 불평등도를 낮추려면 직접세의 비중을 높여야 하는데, 그 반대로 가고 있는 셈이다.

▶ 1년 세금 비교

담뱃세	근로소득세	재산세

121만원	125만원	121만원
(1일 1갑)	(연봉 4,745만원)	(9억원 아파트)

▶ 연도별 간접세 수입액 추이

단위: 조원 | 출처: 기획재정부

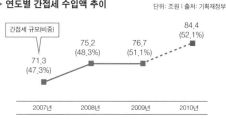

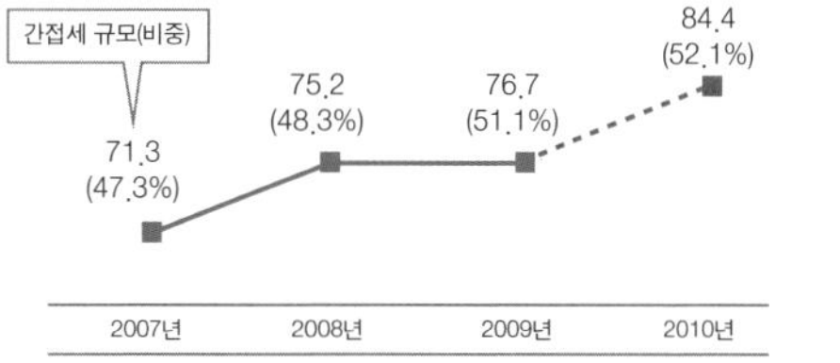

003

정부 예산안에 정책방향이 보인다고?

Let's Go 매년 여름이 되면 각 부처의 예산 담당자들은 땀을 흘리며 정부 예산을 총괄하는 기획재정부를 수도 없이 찾아다닌다. 예산안이 확정되는 가을이 되기 전에 부처마다 최대한 예산을 확보하기 위해 동분서주하는 것이다.

정부는 매 회계연도마다 '예산'을 편성하여 그해의 수입과 지출에 관한 계획을 세우고, 이 예산을 기초로 해서 여러 가지 재정활동을 한다.

정부 예산안의 기본적인 경향을 보면, 한 나라의 국정운영이 어느 곳을 향할지 가늠할 수 있다. 정부의 예산을 들여다보며, 정책의 방향을 가늠하는 방법을 살펴보자.

정부의 재정은 어떻게 구성될까?

정부 예산과 재정

기획재정부는 각 부처에서 올라온 예산안을 조율한다. 보통 당정협의를 거쳐 국무회의의 의결과 대통령의 승인을 받아 회계연도가 시작되기 90일 전인 10월 2일까지 국회에 제출한다. 국회 의결을 거치면 1년 동안 나라의 살림에 필요한 경비가 확정된다. 이를 '세출 예산'이라고 한다. 이를 뒷받침하기 위하여 확정하는 국가 수입을 '세입 예산'이라고 한다. 그리고 세입 예산과 세출 예산을 통틀어 '예산'이라고 한다.

정부의 수입 및 지출 활동을 '재정'이라고 한다. 재정이란 곧 나라의 살림살이다. 즉 정부가 1년간 얼마만큼의 돈을 어떻게 거두어(재정수입) 어디에, 얼마나 사용(재정지출)하느냐를 정부의 '재정활동'이라고 한다. 정부는 재정활동을 통해 다음과 같은 기능을 한다.

첫째, 정부는 재정활동을 통해 국민경제의 안정과 발전을 도모한다(경기조절).

둘째, 잘사는 사람과 못사는 사람 간의 소득 격차를 줄인다(소득재분배).

셋째, 자본이나 노동력 같은 생산자원을 바람직한 산업 분야로 투자한다(자원배분).

정부의 재정은 국민들이 납부한 국세 수입을 주요 재원으로 한다. 그밖에 보유자산의 매각, 국공채 발행 등으로도 충당한다. 정부의 재정활동은 국민들이 낸 세금을 기반으로 이루어지며, 나라 경제에 막대한 영향을 미치므로 미리 계획을 세워 효율적으로 운용해야 한다.

▶ 정부 재정의 구조

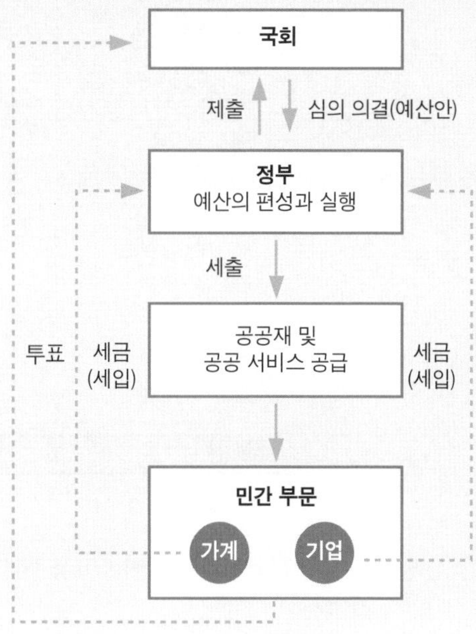

정부 예산안을 보면?

다음의 표는 기획재정부 홈페이지에 있는 주요 분야별 세출 예산을 정리한 것이다. 이 예산표를 통해 정부의 정책방향을 알아보자.

❶ 2015년 예산안은 375조 4,000억원으로 전년보다 5.5%(19조 6,000억원)가 증가한 것이다. 이는 2009년 이후 가장 높은 증가율이다. 기획재정부는 침체된 경제에 활력을 불어넣기 위해 재정지출을 크게 확대한다고 밝혔다. 그런데 세입 여건이 좋지 않아 재정적자가 커질 우려가 있다는 문제제기가 있었다.

▶ **우리나라 예산의 주요 분야별 배분안**　　기준 : 2015년 | 출처 : 기획재정부

구분	2014년	2015년	증가율
보건 · 복지 · 교육	106.4	115.7	8.7%
교육(교부금 제외)	50.7(9.8)	52.9(13.5)	4.4(37.4)%
문화 · 체육 · 관광	5.4	6.1	13%
환경	6.5	6.8	5.5%
R&D	17.8	18.9	6.4%
산업 · 중소 · 에너지	15.4	16.4	6.8%
SOC	23.7	24.8	4.7%
농림 · 수산 · 식품	18.7	19.3	3.1%
국방	35.7	37.5	4.9%
외교 · 통일	4.2	4.5	6.7%
공공질서 · 안전	15.8	16.9	7.3%
일반 · 지방행정 (교부세 제외)	57.2(21.6)	58(23.1)	1.4(7.4)%
예산안	355.8	375.4	5.5%

❷ 보건 · 복지 · 고용 예산이 전년보다 8.7%가 늘어났다. 다른 항목들에 비해 크게 늘어난 것은 사실이다. 하지만 여전히 부족한 편이다. GDP에서 차지하는 복지지출의 비중을 보면, OECD 평균은 21.6%인데, 우리나라는 10.4%(2014년 기준)에 불과하다. 그래도 그나마 2015년에는 보건 · 복지 · 고용 예산이 총예산의 30%를 넘겼는데, 이는 65세 이상 노인들을 위한 기초연금의 시행이 큰 영향을 미쳤다.

❸ 정부는 증세 없는 복지를 하겠다고 하지만 이것은 난센스다. 예를 들어 증세를 하지 않고, 국채를 발행해 재원을 마련해서 복지에 썼다고 하자. 세금으로 거둔 돈은 아니지만 이는 언젠가는 국민의 세금으로 갚아야 할 빚이다. '증세 없는 복지'라고 하지만 사실상의 증세를 하고 있는 셈으로 볼 수 있다. 연말정산의 공제 항목 몇 개를 빼면, 근로소득세율을 올리지 않더라도 세금을 더 많이 걷게 된다. 세율을 올리지 않았다고 증세가 아니라고 볼 수는 없는 것이다.

우리 옆의 경제학

2050년 우리나라의 재정지출을 예상한다

골드만삭스, 2050년 우리나라 1인당 GDP세계 2위 예상?

2007년 3월 골드만삭스는 고개가 갸우뚱해지는 「세계 경제전망 보고서」를 발표했다. 이 보고서에 따르면 우리나라는 2050년이 되면 1인당 GDP가 9만 294달러로 뛰어올라 미국에 이어 세계 2위를 기록할 것이라는 내용이었다. 세계 2위라니! 얼마나 반가운 소식인가.

그러나 조금만 더 깊이 들여다보면 웃지 못할 이유가 숨어 있는 걸 발견할 수 있다. 우리나라는 출산율의 급격한 저하로 2050년에는 인구가 크게 줄어든다는 것이다. 결국 전체 GDP는 크게 늘지 않더라도, 인구 감소로 1인당 GDP가 높아지는 꼴이 된다는 예측이다.

미래의 재정위기를 경고하는 IMF 보고서

IMF는 2008년 초 발간한 「한국의 중장기 재정위기」에 대한 보고서에서 "한국은 세계에서 유례를 찾기 힘들 정도로 빠르게 고령화가 진행되고 있어 중장기적으로 재정위기에 빠질 가능성이 높다"며 "대처가 늦을수록 성장률 하락, 정부 채무 급증, 재정 건전성 악화 등의 부작용이 커질 것"이라고 지적했다.

IMF의 글로벌 재정 예측 모델(GFM)로 모의 실험한 결과, 우리나라의 생산가능인구(15~64세) 대비 65세 이상 고령인구 부양비율이 2005년 13%에서 매년 가파르게 높아져서 2050년에는 약 65%에 이를 것으로 전망했다. 2005년에는 생산가능인구 7.7명이 고령자 1명을 부양했지만, 2050년에는 1.5명이 1명을 부양해야 한다는 것이다.

S&P의 국가신용등급 보고서

세계적인 신용평가회사인 S&P는 2006년 「고령사회와 국가 신용등급」이라는 보고서를 통해 2005년에 GDP 대비 7.3%인 우리나라의 고령화 관련 재정지출이 2020년 10.5%, 2030년 15.8%, 2050년 20.1%로 늘어날 것으로 예상했다.

2005~30년 고령화 관련 재정지출은 8.5%포인트 증가하여 같은 기간 32개국의 평균 증가폭인 4.2%포인트의 2배에 이를 것으로 전망했다. 2005~20년 증가폭인 3.2%포인트도 조사대상 평균(2.0%포인트)보다 훨씬 높다.

고령화와 출산율 감소로 인해 성장잠재력(잠재성장률)[293쪽]이 갈수록 위축되고, 사회복지 분야 지출은 계속 늘려갈 수밖에 없는 상황이다. 전문가들은 재정지출을 줄이거나 세금을 더 걷지 않는다면, 국가채무 규모가 위험한 수준까지 커질 수 있다고 예상했다.

2025년 재정적자가 GDP 대비 24%에 이른다면, 국가 신용등급이 투기등급으로 떨어질 것이다. 우리나라가 재정파탄 위기를 맞지 않으려면, 지금부터 정부의 지출 규모를 줄이고, 소득세, 법인세, 부가가치세 등 세수를 늘리며, 국민연금 보험료를 인상하는 등 추가적인 연금개혁을 서둘러야 한다고 경고했다.

▶ 우리나라의 고령화 관련 예상 지표

단위: % | 조사대상: 32개국 | 출처: 스탠더드앤드푸어스(S&P)

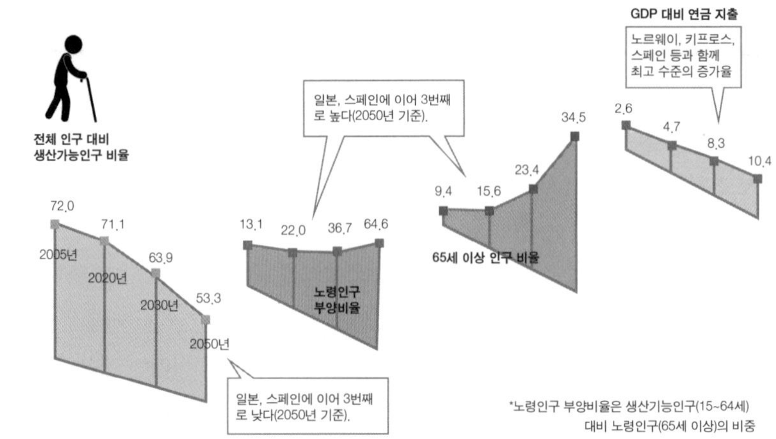

*노령인구 부양비율은 생산가능인구(15~64세) 대비 노령인구(65세 이상)의 비중

경제학 센스 퀴즈

1. 편의점에서 최저임금을 받으며 아르바이트를 하는 선국은 한 달 수입을 거의 식료품비로 소비한다. 반면 태균은 소득에서 차지하는 식료품비의 비중이 매우 작고 문화생활비를 많이 지출한다. 저소득층일수록 가계지출 중 식료품비가 차지하는 비율이 높다는 것을 무슨 법칙이라고 하는가?

2. 2004년 기준으로 미국에는 약 3,700만 명의 빈곤층이 있다. 이는 미국 총인구의 약 12.7%인데, 빈곤율이 가장 높은 집단과 낮은 집단을 차례대로 쓰시오.
   ① 백인집단
   ② 흑인집단
   ③ 남미계 집단
   ④ 남편 없는 여성 가장 집단
   ⑤ 결혼한 가구 집단

3. 소득분배의 불평등도를 보여주는 지표로, 이 곡선과 대각선 사이의 면적의 크기로 나타낸다. 가로축은 소득 하위층부터 상위층으로 누적 백분비를 나타내고, 세로축은 소득금액의 누적백분비를 나타냄으로써 얻어지는 이 곡선의 이름은 무엇일까?

4. 다음 중 지니계수가 가장 낮은 나라는 어디인가?

① 스웨덴	② 일본	③ 호주
④ 미국	⑤ 중국	

5. 소비세 중 하나로 사치품에 붙는 세금은 무엇일까?

정답

1. 엥겔의 법칙
2. ④ 빈곤율이 가장 높은 집단, ⑤ 빈곤율이 가장 낮은 집단
3. 로렌츠 곡선
4. ①
5. 개별소비세(특별소비세)

6. 다음 중 직접세에 대한 설명이 아닌 것을 고르시오.

① 조세 전가 효과가 없다.

② 누진세가 대부분을 이룬다.

③ 조세저항이 크다.

④ 조세의 역진성이 크다.

⑤ 상속세나 양도세가 해당된다.

7. 대한민국 국민들이 1년 365일 중 세금액에 해당하는 돈을 벌기 위해 일하는 날짜는 얼마나 될까? 2008년 기준으로 국민순소득 대비 조세부담율은 약 25%이다. 대한민국 국민들의 세금 해방일은 몇 월 몇 일일까?

8. 2015년 우리나라 정부 예산은 약 얼마였을까?

① 280조원 ② 305조원 ③ 310조원

④ 356조원 ⑤ 375조원

9. 2015년 우리나라 정부는 어디에 세금을 가장 많이 사용했을까?

① 방위비 ② 교육비 ③ 보건·복지·고용비

④ 연구개발비 ⑤ 일반행정비

정답

6. ④ 역진성이 큰 세금은 간접세이다.

7. 국민순소득 대비 조세부담율이 25%이면, 세금을 벌기 위해서 일하는 기간은 3개월이다. 그러므로 4월 1일이 세금 해방일이다.

8. ④ 2015년 정부 예산은 약 356조원이다.

9. ⑤ 2015년 최초로 보건·복지·고용 예산이 총 예산의 30%를 넘었다.

8

경제 파악 2

— 국민소득과 경제성장률 지표의 안쪽

경제뉴스에 자주 나오는 GDP, GNP는 어떤 의미를 가지고 있을까?
GDP의 착시현상, 유용성과 한계를 같이 살펴본다.
우리나라 경제성장률이 2%이면, 왜 '마이너스 성장'이라고 하는지 그 내면을 들여다본다.
또한 실질 구매력 지표인 GDI와 GNI를 살펴보면서
우리나라 경제의 실질적인 성장률을 가늠해 보자.
더불어 기업경기실사지수, 소비자동향지수 등
경제뉴스에 자주 나오는 체감 경기지표들에 대해서도 살펴보자.

001

GDP와 1인당 GDP를 맹신하지 말라고?

─ 국민소득의 개념과 측정

Let's Go 국제수지, 외환보유고, 자동차 생산량 등 여러 가지 경제지표를 보면, 한 나라의 경제력이나 국민들의 생활수준을 파악할 수 있다. 그러나 이러한 지표들은 국민경제의 한 부분만을 보여주는 것에 불과할 뿐, 종합적으로 보여주는 지표가 필요하다. 그중에서 가장 대표적인 것이 바로 GDP(국내총생산)와 GNP(국민총생산)이다.

하지만 GDP와 GNP가 정말 그 나라의 경제규모를 정확히 보여줄 수 있을까? 또한 1인당 GDP와 1인당 GNP는 정확히 그 나라 국민의 생활수준을 보여줄 수 있을까? 이제 우리네 살림살이가 얼마나 나아졌는지, 국민의 생산과 소득을 가늠하는 지표들을 살펴보자.

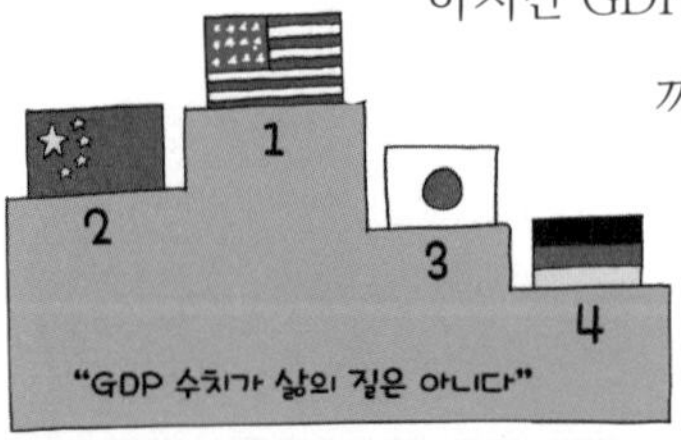

국가의 경제규모를 보여주는 GDP와 GNP

GDP(국내총생산; Gross Domestic Product)는 '한 나라 안에서 일정기간(보통 1년)에 새로 생산한 재화와 서비스의 부가가치, 또는 모든 최종재의 값을 화폐 단위로 합산한 것'으로, 국민경제 전체의 생산수준을 파악하는 데 쓰는 지표이다.

이때 실제로 조사된 지역 내에서 생산된 모든 재화와 서비스의 총량을 그냥 단순히 물건 단위로 측정하기가 어렵기 때문에, 보통 이 재화와 서비스의 가치를 환산한 다음에 원화, 특히 '달러' 표시로 나타낸다.

GDP는 '국내총생산'이라는 말에서 알 수 있듯이, '한 국가의 국경선 안에서' 새롭게 생산된 것만 계산한다. 중간생산물이나 중고품 거래는 포함되지 않는다. 즉 지갑을 만들기 위해 생산된 가죽이나 몇 년 전에 생산되어 거래된 자동차의 가격은 포함하지 않는다.

GDP(국내총생산)가 지리적인 면에서 테두리를 가두었다면, GNP(국민총생산; Gross National Product)는 생산하는 주체의 국적을 중심으로 총생산량을 측정하는 것이다. GNP는 한 나라의 국민이 일정기간(보통 1년) 동안 얼마나 많은 재화와 서비스를 생산했는지를 보여준다.

GNP에서 왜 GDP로 바뀌었을까?

과거에는 국가의 경제규모를 나타낼 때 GNP를 많이 사용했다. 1980년대 이전에는 한 국가 내에서 그 나라 국적의 기업이 국민들을 고용해 생산하는 것이 대부분이었기 때문에, 국민총생산인 GNP가 한 나라의 경제지표가 되는 것에 문제가 없었다.

하지만 세계화가 진행되고 다국적기업이 늘어나면서 생산의 주체가 우리 국민이 아닐 수도 있고, 우리 국적의 기업이 외국의 총생산에 더 보탬이 되는 경우도 증가했다. 예를 들어 대우자동차는 2000년 부도를 맞았고, 현재는 한국GM이 되었다. 한국GM의 현 소유주는 미국의 GM(제너럴 모터스)사다. 그러나 한국GM은 한국에서 생산을 하여 한국 시장과 해외시장에서 판매를 하고 있다. 즉 생산자와 구매자가 대부분 한국인인 것이다. 한국GM이 더 많이 생산하고 더 많이 판매하면 우리나라의 총생산이 늘어나게 된다. 그래서 최근에는 GNP(국민총생산)는 거의 사용하지 않고, GDP(국내총생산)를 국가의 경제규모를 보여주는 지표로 활용한다.

【퀴즈】 미국 LA다저스에서 뛰는 류현진과 우리나라에서 근무하는 외국인 근로자 블랑카 중 우리나라의 총생산에 더 기여하는 사람은 누구일까?
답은 블랑카이다. 류현진은 연봉을 받아 미국 차를 사고 미국에서 스테이크를 먹지만, 블랑카는 우리 삼촌이 영업하는 슈퍼마켓에서 컵라면을 사 먹는다. 마찬가지로 한국GM에서 근무하는 사람은 김갑동이지만, 현대자동차 알라바마 공장에서 일하는 사람은 미국인 데이비드이다. 우리에게 더 중요한 것은 이제 GNP가 아니라 GDP이며, 지금은 대부분의 국가가 GDP를 사용하고 있다.

【퀴즈】 현재 세계에서 GDP가 가장 높은 나라는 어디일까?
미국이다. 물론 EU 모든 국가들의 GDP를 합치면 미국보다 높다. 하지만 EU는 아직 하나의 나라로 미국과 비교할 수 없다. 한때 미국은 전 세계 GDP의 30%를 차지했지만 현재는 약 22%의 점유율을 보이고 있다. 2위는 중국으로 미국의 60% 수준이며, 3위는 일본인데, 미국과 약 3.7배 정

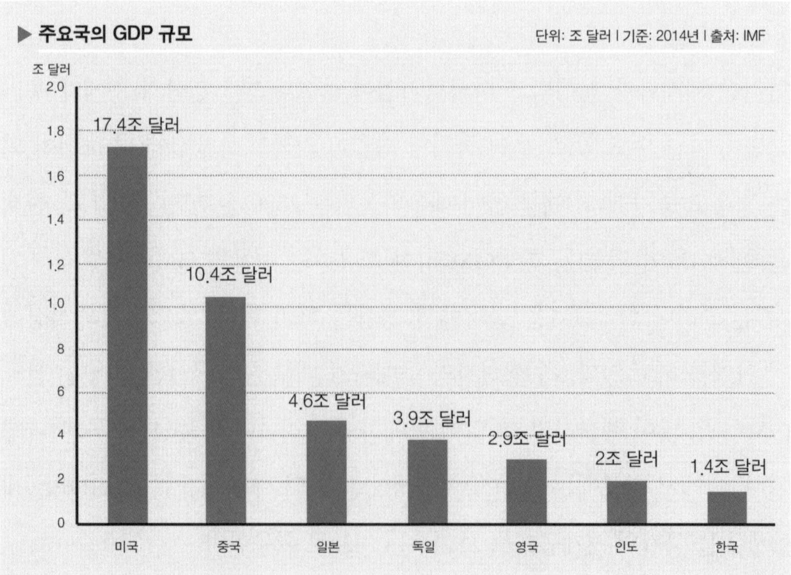

도의 격차를 보이고 있다. 이 지표를 봐도 미국이 세계 경제에서 차지하고 있는 비중을 알 수 있다. OECD 통계에서 2014년 기준으로 우리나라는 GDP 순위에서 13위를 유지하고 있다. 이처럼 각국의 경제력을 비교할 때는 GDP와 그 순위를 기준으로 삼는다.

GDP의 측정방법은?

GDP를 측정하는 방법은 두 가지가 있다. 하나는 생산단계에서 생기는 부가가치의 합을 구하는 방법, 또 하나는 최종생산물의 가치로 계산하는 방법이다.

쌀의 생산과정을 통해 GDP를 어떻게 측정하는지 살펴보자. 측정방법을 단순하게 알아보기 위해 종묘회사는 빈손에서 출발하여 볍씨를 만들었고, 농부는 쌀 생산에 볍씨만 사용했고, 쌀과자 생산에도 쌀만 들어간다고 가정하자. 그리고 모두 1년 동안 우리나라에서 생산된 것이라고 가정하고, 이제 GDP를 측정해 보자.

먼저 각 단계별 부가가치의 통합으로 GDP를 구해 보자. 종묘회사는 빈손에서 출발하여 볍씨를 100에 팔았으니 종묘회사에서 생산된 부가가치는 총 100이다. 그리고 농부는 볍씨(이제 볍씨는 중간생산물)를 사서 400에 팔았

▶ **GDP 측정방법 연습하기**

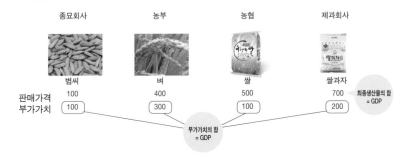

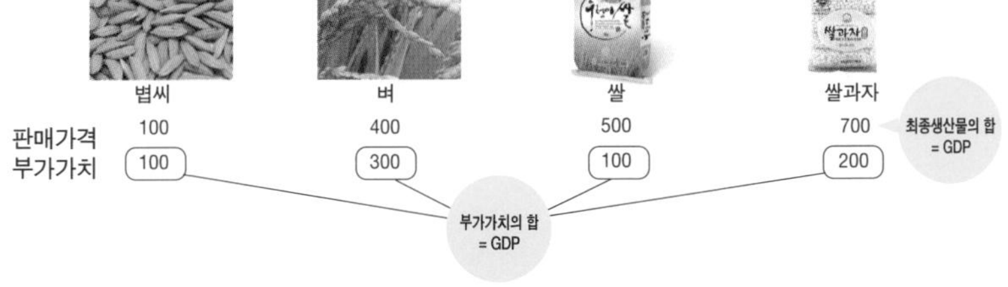

으니 부가가치가 300, 농협은 쌀을 보관하면서 100, 제과회사는 200의 부가가치를 만들었다. 그래서 국내총생산인 GDP는 700이다. 여기에서 살펴보았듯이 사실 생산단계에서 생기는 부가가치의 총합으로 GDP를 구하는 방법은 복잡하다.

일반적으로 GDP는 최종 생산된 재화의 가치의 총합으로 계산한다. 앞에서는 쌀과자의 가격인 700이 GDP이다. 볍씨, 쌀은 모두 중간생산물이므로 계산할 필요가 없다. 그냥 정부의 입장에서는 쌀과자의 가격만 계산하면 쉽게 GDP를 계산할 수 있다.

여기에서 조심해야 할 것은 농협에서 쌀을 제과회사가 아니라 최종소비자에게 팔았다면, 그가 쌀을 가지고 밥을 해 먹는 순간 쌀은 중간재가 아니라 최종생산물이 된다는 점, 그런 경우 GDP에 500이 합산된다는 점이다.

삼면등가의 법칙

이제 개개인의 생산과 소비활동이 어떻게 국가 전체의 GDP가 되는지 알아보도록 하자. 다음은 국가경제의 순환모형이다.

▶ **국가경제의 순환모형**

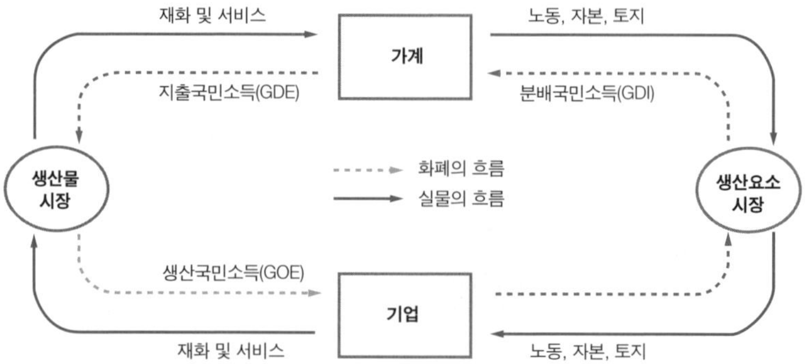

앞의 그림에서 볼 수 있듯이, 가계에서 재화와 서비스를 구입하기 위해 지출한 금액과 기업의 매출액, 그리고 기업이 생산하기 위해 지불한 가격과 가계의 수입은 모두 같다. 이를 '삼면등가의 법칙'이라고 하는데, 한 국가 내에서 GDP를 측정하는 방법으로 3가지가 있음을 보여준다.

▶ 삼면등가의 법칙

국내총생산 (GDP) = 국내총소득 (국내총배분) = 국내총지출 (국내총소비)

그러나 기업의 판매량이나 생산요소 시장의 구입량, 구입가격을 제대로 측정하기 어렵기 때문에, 보통 지출 부문에서 국가의 GDP를 측정하곤 한다. 국내 총지출은 '가계소비+기업투자+정부지출+순수출'로 나타낼 수 있다.

▶ 국내총지출의 구성

국내총지출 = 가계소비 + 기업투자 + 정부지출 + 순수출

또 재미있는 것은 한 나라 안의 '임금+이자+이윤+지대'를 더해도 GDP가 나온다는 것이다. 왜냐하면 '임금+이자+이윤+지대=국내총분배'이기 때문이다!

명목GDP와 실질GDP

명목GDP의 착시현상

앞에서 살펴본 것처럼 GDP는 그해에 생산된 물건을 그해의 가격으로 놓고 계산해서 측정한다. 이를 '명목GDP'라고 한다. 그러나 명목 GDP의 경우에 물가가 급격하게 올랐을 때, 실제로 생산된 재화나 서비스가 같거나

줄더라도 물가상승으로 인해 GDP가 증가한 것으로 나올 수가 있다. 예를 들어 2016년에 생산된 재화와 서비스가 전해와 같더라도, 1년 동안 물가가 10% 상승하면 명목GDP는 10% 증가해서 마치 생산량이 늘어난 것처럼 보인다. 그러면 그 나라의 경제가 1년 동안 발전했다는 잘못된 결론을 도출할 가능성이 있다.

명목GDP는 보통 각국의 경제력을 비교하는 데 유용하게 사용되지만, 한 국가의 GDP가 각 연도에 실제로 얼마나 증가하였는지를 분명하게 알려주지 못하는 것이다.

실질GDP

명목GDP의 이러한 한계 때문에, 특정 연도를 기준연도로 정해놓고, 그해의 가격으로 계산한 '실질GDP'를 사용한다.

실질GDP는 과거의 특정 연도를 기준으로 한 가격을 사용한다. 즉 2015년과 2016년에 각각 생산된 재화와 서비스를 모두 기준연도인 2010년의 가격으로 계산하면, 1년 동안에 생산이 얼마나 더 증가했는지를 알 수 있다.

예를 들어 2015년 반도체를 100만개 생산했고 시장에서 1개에 1만원에 거래되었다면, 그해 명목GDP는 100억원이다. 2016년에 생산량은 100만개로 같은데, 반도체의 시장가격이 2만원으로 올랐다고 해 보자. 기준연도는 2010년, 당시 반도체 가격은 5,000원이라고 해 보자.

2016년 명목GDP는 200억원으로 전년에 비해 2배가 된다. 하지만 기준연도의 시장가격으로 평가되는 실질GDP는 2015년 50억원, 2016년 50억원으로 전년과 같다. 물가상승 때문에 명목GDP와 실질GDP가 차이가 난 것이다. 그래서 이 둘의 비율을 계산해 보면, 기준연도에 비해 물가가 얼마나 올랐는지 간단하게 알아볼 수 있다. 303쪽 GDP 디플레이터 참조

실질GDP의 유용성

명목GDP가 전적으로 물가상승 때문에 증가했다면 국민들의 생활수준은 나아지지 않았을 것이다. 사람들은 생산량 증가로 소비나 투자를 할 수 있는 재화나 서비스가 많아졌을 때 효용(만족감)을 느끼는데, 생산량이 늘지 않았기 때문이다.

반면 실질GDP는 물가변동을 반영하여 최종생산물의 총량을 기준연도의 가격으로 산출한다. 즉 생산량에 기준연도의 시장가격을 곱해서 계산하므로 가격변동은 제거되고 생산량 변동만을 반영한다. 따라서 실질GDP가 명목GDP에 비해 실제적인 경제규모, 또는 국민들의 생활수준을 더 잘 반영한다고 할 수 있다.

GDP와 1인당 GDP를 맹신하면 안 되는 이유

GDP는 한 나라 안의 전반적인 경제활동 수준과 소득규모를 파악하는 지표이다. 보통 세계 여러 나라들의 경제규모를 서로 비교하기 위해서 사용한다. 그런데 국가별 생활수준을 비교할 때는 어떤 지표를 쓸까? 전체 GDP를 인구수로 나눈 1인당 GDP를 이용한다. 예를 들어 중국은 전체 GDP의 규모는 우리나라보다 크지만, 1인당 GDP는 약 7,589달러(2014년 기준, IMF) 수준으로 우리나라(28,101달러)보다 낮다. 따라서 중국인의 생활수준은 우리나라 사람보다 낮다고 할 수 있을 것이다.

GDP와 1인당 GDP는 국민의 생활수준을 정확히 나타낼 수 있을까? IMF의 자료에 의하면 2007년 프랑스의 1인당 GDP는 약 2만 달러, 일본은 4만 달러 초반이었다. 그렇다고 당시 일본 국민의 생활수준이 프랑스 국민보다 높았다고 할 수 있을까?

상대적 빈곤은 외면

GDP와 1인당 GDP는 그 나라의 경제규모와 국민의 생활수준을 알아보기 위한 지표이다. 하지만 이 지표들이 높아도 분배가 매우 불평등하다면 그 나라 국민들의 전반적인 생활수준은 나쁠 수 있다.

한 명만 '왕부자'이고 나머지는 모두 지독하게 가난한 나라도 GDP와 1인당 GDP가 높게 나올 수 있다. 즉 1인당 GDP는 절대적 빈곤에 대한 지표는 되지만, 상대적 빈곤은 전혀 보여주지 못한다. 그러므로 7장에서 살펴본 로렌츠 곡선, 10분위 분배율, 소득 5분위 배율, 지니계수를 같이 고려해야 국민의 삶의 질을 좀더 알 수 있는 것이다.

GDP 수치가 곧 삶의 질은 아니다

GDP가 높은 국가라도 노동시간이 지나치게 길다면 국민들의 생활수준은 좋지 못할 것이다. OECD 국가 중 최고 노동시간을 자랑하는 우리나라는 1인당 GDP 수치에 비해 삶의 질이 높다고 보기 어렵다. 또한 어린이들이 차밭에서 일을 하는 국가와, 무상의료와 무상교육을 하는 국가는 1인당 GDP가 같더라도 국민들의 삶의 질은 서로 다를 것이다.

지하경제와 가사노동 외면

GDP와 1인당 GDP의 결정적인 약점은 시장에서 거래된 재화와 서비스만 계산한다는 것이다. 따라서 지하경제 및 가사노동은 전혀 고려하지 않는다. 지하경제는 암시장, 밀거래 등만이 아니라 신고하지 않는 소득은 모두 지하경제에 포함된다.

또 주부의 가사노동도 GDP에 전혀 포함되지 않는다. 가사노동은 시장에서 거래되는 서비스가 아니고, 가계에서 소비되는 서비스이기 때문이다. 그동안 주부의 가사노동을 시장가격으로 계산하려는 시도는 많이 있었지만, 아직까지 확실한 측정방법이 없기 때문에 가사노동은 계속해서 GDP 계산에 포함되지 않고 있다.

시장에서 거래된 재화와 서비스는 무조건 계산

GDP는 '시장에서 거래된 재화와 서비스'를 기준으로 삼는다. 만약 질병이나 교통사고가 늘어 병원 치료비가 증가했더라도, 어쨌든 새로운 서비스가 시장에서 거래되었으므로 GDP가 증가한 것으로 계산된다. 마찬가지로 환경오염 처리비용이나 성형수술 비용도 GDP에 포함된다.
이제 GDP가 매우 높지만 불행한 나라를 상상해 보자.

> 거리는 온통 오염으로 가득차 있어서 모든 사람들이 값비싼 개인용 공기정화기가 달린 산소마스크를 쓰고 다닌다. 사람들이 운전을 거칠게 해서 교통사고가 자주 일어나 거리마다 견인차들로 붐빈다. 오로지 외모만으로 서로를 평가하므로 성형외과 예약은 1년치가 밀려 있다. 거리에는 온통 성형 중독자, 아니면 교통사고 환자, 아니면 소송을 담당하는 변호사와 의사들로 가득차 있다.

영화 「배트맨」 시리즈의 한 장면

멋진 신세계인가? 아니면 조지 오웰의 소설 「1984」인가? 영화 「배트맨」에 나오는 고담시인가? 그건 모르겠지만, 틀림없는 것은 1인당 GDP는 무척 높은 국가일 것이다.

유형, 무형의 자산 무시

【퀴즈】 A씨는 소득이 1,000만원, B씨는 500만원이다. 과연 잘사는 사람은 누구일까?

언뜻 보면 A씨 같지만, 정답은 '알 수 없다'이다. A씨가 소득은 높더라도 빚이 3억원이고, B씨는 자산이 3억원이라면 이야기가 달라지기 때문이다. 즉 GDP는 유형의 자산과 무형의 자산을 측정하지 못한다. 지하자원이 많은 나라, 문화자산이 풍부한 나라를 제대로 평가하지 못한다. 그러나 더 중요한 점은 이러한 한계에도 불구하고, 현재 GDP와 1인당 GDP는 한 나라의 경제규모와 국민의 생활수준을 파악하는 데 가장 많이 쓰이는 경제지표라는 점이다.

여기서 잠깐

우리나라의 지하경제 규모는?

우리나라 지하경제의 규모는 GDP의 약 25~30%로 추정된다. 이는 OECD 국가들이 GDP 대비 6~8%인데 비하면 엄청나게 큰 규모라고 할 수 있다.
만일 신용카드 거래가 더욱 활성화되어 국민들이 떡볶이 5,000원어치도 카드로 결제한다면 GDP의 규모는 점점 더 커질 것이다. 실제로 2008~09년 자영업자들이 몰락함에도 불구하고, 그것이 경제지표에 잘 반영되지 않은 이유에는 신용카드 거래의 활성화가 큰 몫을 했다는 평가가 있다.

녹색 GDP

기존의 GDP 통계는 생산활동의 결과로 발생하는 환경오염 같은 부작용을 반영하지 못한다는 한계가 있다. 산업화가 진전되면서 오염물질이 많이 배출되고 지구온난화와 같은 심각한 문제가 발생하여 국민의 후생수준이 떨어지더라도, GDP에는 이러한 비용이 차감되지 않는다. 이러한 문제를 해결하기 위해서 우리나라를 비롯한 여러 나라에서는 기존 GDP 통계에 환경손실에 따른 비용을 차감하는 '녹색 GDP'(Green GDP)를 측정하기 위해 많은 노력을 기울이고 있다.

미시경제학과 거시경제학

경제현상을 관찰하고 분석하는 경제학은 크게 '미시경제학'(microeconomics)과 거시경제학'(macroeconomics)으로 나눌 수 있다. '미시'(micro)는 어떤 현상을 마치 현미경으로 들여다보듯이 분석한다는 뜻이고, '거시'(macro)는 어떤 현상을 크게 전체적으로 본다는 말이다. 말하자면 미시는 숲속의 '나무'를, 거시는 나무로 이루어진 '숲' 전체를 보는 것이다.

미시경제학

미시경제학은 경제주체, 즉 가계 · 기업 · 정부 중에서 가계와 기업의 행동양식, 그리고 그것과 관련된 경제현상에 초점을 둔다.

기본적으로 모든 경제주체는 '합리적'이며, 가계는 '효용 극대화', 기업은 '이윤 극대화'를 추구한다는 기본 관점을 바탕으로 각종 충격(재화의 가격 및 소득변화, 생산요소의 가격 변화, 조세나 보조금 등)이 발생했을 때, 그들의 행동이 어떻게 이루어지는지를 분석한다. 이는 곧 경제주체가 주어진 상황에 따라서 어떤 경제적 행동을 할지에 대한 의사결정을 분석하는 것이라고도 할 수 있다.

거시경제학

거시경제학은 '경제 전체의 움직임', 즉 각 개인과 기업의 행동이 서로 작용하여 경제 전체에서 어떤 수준의 성과를 가져오는지 분석한다.

우리가 뉴스에서 흔히 듣는 GDP, 물가, 통화, 정부지출, 환율, 국제수지 등이 거시경제학의 주요 주제들이다. 거시경제학에서는 이러한 거시경제지표가 어떻게 형성되고, 경제에 충격(수요 증가, 유가 상승 등)이 발생했을 때 이러한 지표들이 어떻게 변화되는지 그 양상을 연구한다.

일반적으로 경제학 원론은 미시경제학과 거시경제학을 엄격하게 분류하여 서술하고 있으나, 필자는 현실 경제에 대한 이해가 학문적 분류보다 우선한다는 관점에서 엄격하게 분류하여 서술하고 있지는 않다.

002

경제성장률이 2%인데 왜 마이너스 성장?

— 국민소득과 여러 가지 경제지표

Let's Go 경제성장률이 얼마나 되어야 우리는 행복할까?

항상 근면성실하게 일하면 경제가 발전하는 것일까? 허리띠를 졸라매고 절약해서 저축을 많이 하면 경제성장에 도움이 될까? 그리고 국가가 경제성장을 하면 우리의 삶의 질은 좋아지는 것일까?

경제성장을 측정하는 여러 가지 경제지표에 대해 살펴보자. 지속적인 경제성장을 위해서는 어떤 노력을 기울여야 하는지, 그리고 진정한 경제발전이란 무엇인가를 고민하기 위한 디딤돌을 만들어 보자.

실질소득의 변화를 보여주는 GDI와 GNI

GDP(국내총생산)와 GNP(국민총생산)가 '생산'을 기준으로 산출한 지표라면, 국민소득 삼면등가의 법칙에 의해 소득지표로도 국민소득을 알 수가 있다. 국민의 실질소득 변화를 보여주는 지표를 살펴보자.

국민의 구매력을 보여주는 GDI(국내총소득)

실질GDI(국내총소득; Gross Domestic Income)는 한 나라 안에서 생산활동을 통해 발생하는 소득의 실질 구매력을 보여주는 소득지표이다. GDP 성장률은 다른 나라와의 거래에서 적용되는 수출가격지수와 수입가격지수의 변화, 즉 교역조건의 변화를 반영하지 못한다는 단점이 있다. 하지만 실질 GDI는 교역조건 변화에 따른 실질무역손익을 반영한 것이어서 국내의 구매력을 더 현실적으로 보여준다.

작년에 100달러를 벌다가 올해 150달러를 벌게 된 A씨가 있다고 하자. A씨는 소득이 50% 증가한 것이다. 하지만 물가가 50% 올랐다면, 지출이 늘어나 가처분소득이 증가하지 않은 것이다. 이를 GDP에 적용해 보면, 명목GDP는 50%가 증가했지만, 실질GDI(국내총소득)는 증가율이 0%로 전혀 늘지 않은 셈이다.

A씨를 이제 '국가'로 바꾸어 생각해 보자. 유가가 급등하면, 수입단가가 크게 오르고 채산성이 악화되지만, 유가 급등으로 세계 경제가 가뜩이나 어려워진 상태이므로 수출가격을 인상할 수 없다. 이처럼 수입단가가 수출단가에 비해 큰 폭으로 상승하는 것을 '교역조건 악화'라고 한다.

교역조건이 악화되면 수출물량이 같더라도, 그 돈으로 수입할 수 있는 양이 줄어들어 국민들의 실질소득이 감소한다. GDP는 이러한 교역조건의 변화를 반영하지 못한다. 하지만 실질GDI는 이를 반영하기 때문에 한 나라의 구매력을 더 실제적으로 보여주는 것이다.

실질 구매력을 보여주는 실질GNI(국민총소득)

GNP(국민총생산)에서 교역조건 변화에 따른 실질무역손익을 반영한 것을 실질GNI(국민총소득)라고 한다. 실질GNI는 생산활동을 통해 발생하는 소득의 실질구매력을 나타내는 소득지표이다.

옆의 기사는 2008년 3분기의 경우 원자재 가격 상승에 따른 교역조건 악화로 실질GNI가 3.7% 감소해 외환위기 이후 최악을 기록했다는 소식이다.

> 2008년 12월
>
> **실질GNI, IMF 이후 최악**
>
> 2008년 3분기 실질GNI(국민총소득)가 외환위기 이후 최악의 수준으로 떨어진 것으로 나타났다. 원자재 가격 상승에 따른 교역조건 악화가 직접적인 요인이다.
>
> 한국은행이 발표한 3분기 자료에 따르면, 실질GNI는 전기 대비 3.7% 감소해 1998년 1분기(-9.6%) 이후 최악을 기록했다. 그만큼 국민들이 느끼는 체감경기는 물론 실질소득이 떨어졌다는 것을 의미한다.

경제성장률은 왜 실질GDP가 기준이지?

2015년 7월

경제성장률 2%대 우려

이달 들어 한국은행과 민간 경제연구소들은 올해 우리나라 경제성장률이 2%대에 머물 수 있다는 전망을 속속 내놓고 있다.
지난해 말 정부는 올해 경제성장률을 3.8%로 전망했지만 수출 악화와 메르스, 가뭄의 여파로 경기침체에 대한 우려가 확산되고 있다. 연구소들은 이대로 가다가는 저성장의 늪에 빠질 수 있다며, 7월 들어 추가경정예산의 빠른 집행을 요구하고 있다.

한 나라의 경제성장을 이전과 비교하기 위해서는 '물가변동'의 영향을 없애고, 실제로 소비할 수 있는 재화나 서비스의 수량을 측정해야 한다. 그래서 경제성장률은 GDP에서 물가상승분을 뺀 실질GDP로 계산한다.

만약 한국은행이 2014년 경제성장률을 3.4%로 발표했다면, 이는 실질GDP가 2013년에 비해 3.4%만큼 증가했다는 것이다. 명목GDP가 기준이 아니라 실질GDP가 기준인 것이다. 경제성장률을 구하는 공식을 살펴보자.

$$\text{경제성장률} = \left(\frac{\text{금년도 실질GDP} - \text{전년도 실질GDP}}{\text{전년도 실질GDP}} \right) \times 100$$

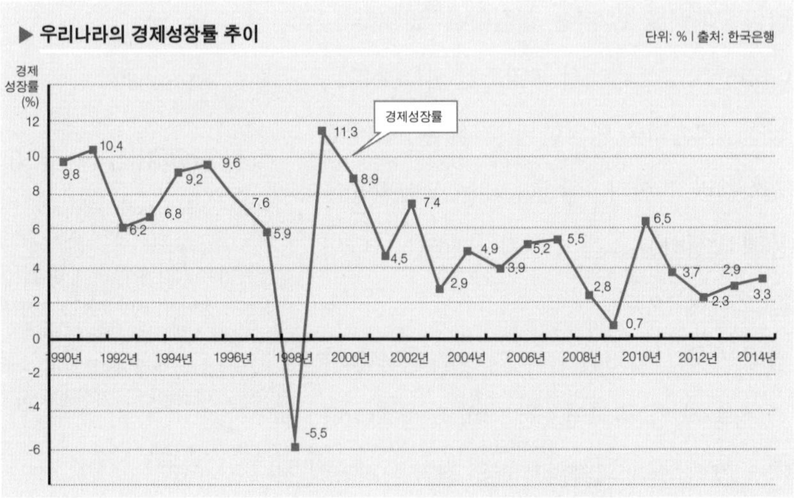

여기서 잠깐

우리나라의 잠재성장률은 얼마?

잠재성장률은 노동과 자본 등의 생산요소를 정상적으로 완전히 사용하여 달성할 수 있는 성장률, 또는 인플레이션을 가속화하지 않고 달성할 수 있는 성장률을 의미한다.

경제성장률과 잠재성장률의 관계

경제가 잠재성장률 정도의 성장세를 보인다면, 경기가 나쁘지 않다고 할 수 있다. 경제성장률이 잠재성장률보다 높다면 경기가 좋다고 할 수 있다. 반면 경제성장률이 잠재성장률보다 낮다면 경기가 좋지 않다고 할 수 있다.

주의할 점은 경제성장률의 높고 낮음을 평가할 때 잠재성장률과 비교할 필요가 있다는 것이다.

2015년 7월

과연 경기가 바닥을 치고 올라올까?

한국은행은 올 경제성장률 전망치를 2.8%로 하향 조정했다. 이는 잠재성장률인 3% 중반보다 한참 낮은 것으로 사실상 마이너스 성장으로 볼 수 있다. 시장은 본격적인 회복은 내년 중순은 되어야 가능할 수 있을 것으로 전망했다.

경제성장률 = 잠재성장률 → 경기가 나쁘지 않다

경제성장률 > 잠재성장률 → 경기가 좋다.

경제성장률 < 잠재성장률 → 경기가 나쁘다.

일반적으로 잠재성장률은 경제가 성숙해짐에 따라 노동 및 자본의 양적 투입이 정체되면서 낮아진다. 우리나라의 잠재성장률은 3% 중반으로 낮아진 것으로 알려져 있다. 만일 우리나라의 경제성장률이 2%를 기록한다면, 이는 잠재성장률을 밑도는 수치로 사실상 '마이너스 성장'을 하고 있는 것으로 볼 수 있다.

우리나라 경제가 처한 또 하나의 문제는 저출산과 고령화로 인해 장기적으로는 잠재성장률이 크게 하락할 것으로 예상된다는 점이다. 기획재정부는 인구가 감소하는 시점이 되면 노동과 자본 투입량이 줄어들기 때문에, 잠재성장률이 추락하여 2030년에는 1%대가 될 것으로 보고 있다.

경제성장률이 높아졌는데, 내 소득은 왜 요지부동?

언론과 정부에서는 매년 경제성장률이 몇 % 높아졌다고 발표하지만, 일반 국민들이 피부로 느끼는 경기상황과는 차이가 나는 경우가 제법 있다. 왜 이런 현상들이 일어날까? 먼저 지표경기와 체감경기부터 알아보자.

지표경기는 GDP 증가율, 실업률 등과 같이 객관적인 통계로 평가한 경기를 말한다. 반면 체감경기는 사람들이 피부로 느끼는 경기이다.

체감경기는 기업경기실사지수, 소비자동향지수

체감경기를 나타내는 대표적인 지표로는 기업경기실사지수와 소비자동향지수가 있다. 기업경기실사지수(BSI; Business Survey Index)는 기업가들이 현재 및 앞으로의 경기를 어떻게 보는지를 보여주는 지표이고, 소비자동향지수(CSI; Consumer Survey Index)는 소비자들의 경기에 대한 판단을 보여준다.

전체 응답자 중 전기에 비하여 경기가 호전되었다고 답한 비율에, 악화되었다고 답한 비율을 뺀 다음 100을 더해 계산한다. 예를 들면 긍정과 부정의 응답이 각각 70%와 30%라면, 70에 30을 차감한 다음 100을 더해 140이 된다. 공식으로 나타내면 다음과 같다.

$$\text{기업경기실사지수} = \left(\frac{\text{경기호전 응답 기업수} - \text{경기악화 응답 기업수}}{\text{전체 조사 기업수}} \right) \times 100 + 100$$

$$\text{소비자동향지수} = \left(\frac{\text{경기호전 응답 가구수} - \text{경기악화 응답 가구수}}{\text{전체 조사 가구수}} \right) \times 100 + 100$$

기업경기실사지수(BSI)와 소비자동향지수(CSI)의 일반적인 기준은 100이다. 따라서 이들 수치가 100이 넘으면 기업이나 소비자가 각각 경기를 긍정적으로 보는 것이고, 그렇지 않으면 부정적으로 평가한다고 볼 수 있다.

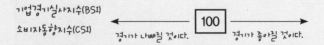

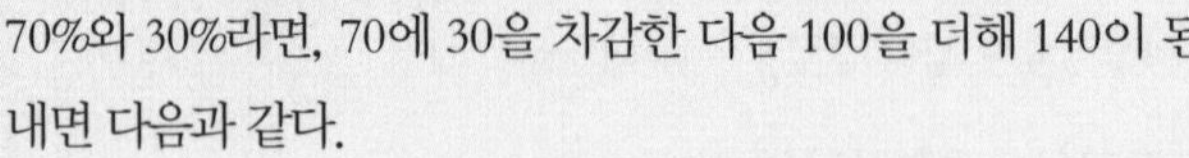

기업경기실사지수나 소비자동향지수는 '기업가나 소비자의 의견'을 조사하여 만든 통계이므로 객관적인 통계와 다를 수밖에 없다. 또한 이들 체감 경기지표는 조사대상이나 조사 당시의 경제상황에 따라 지표가 실제 이상으로 크게 변동하기도 한다.

지표경기와 체감경기가 다른 것은 경제주체도 다양하고 각 경제주체가 처한 여건이 다르기 때문이다. 특히 양극화 현상은 이러한 차이를 확대시키는 요인이다.

체감 경기지표에는 왜 실질GNI가 더 유용할까?

GDP(국내총생산)는 우리나라 영토 안에서 이루어진 경제활동을 집계한 것이고, 실질GNI(국민총소득)는 우리나라 국민들이 한 경제활동을 기준으로 집계한다. 따라서 국민들이 피부로 느끼는 체감경기는 GDP보다 실질GNI와 더 밀접한 관계가 있다.

한편 실질GNI를 계산할 때는 교역조건(수출가격지수/수입가격지수) 변화에 따른 실질무역손익을 반영하게 된다. 즉 교역조건이 악화되면 수출 1단위로 수입할 수 있는 재화의 양이 줄어들기 때문에 실질소득도 감소한다.

2008년 원유, 옥수수, 밀 등 수입 원자재의 가격이 상승한 반면, 반도체나 IT 등 수출상품의 가격은 하락하여 교역조건이 악화되었다. 그래서 우리나라의 실질GNI와 GDP의 격차가 커졌다. 이에 따라 국민들의 실제 소득수준은 경제가 성장한 것만큼 향상되지 못했다.

실질GNI는 체감경기를 얼마나 반영할까?

실질GNI가 GDP보다 국민들이 느끼는 체감경기를 더 잘 반영하는 지표이긴 하지만, 이 역시 정확할 수는 없다.

먼저 국민소득은 개인이 마음대로 쓸 수 있는 소득, 즉 개인가처분소득(PDI; Personal Disposable Income)과는 다르다. 국민소득은 기업이나 금융기관, 정부, 개인 등 국민경제를 구성하고 있는 '모든 경제주체'들이 일정기간 벌어들인 소득을 모두 포함하고 있다. 다시 말해 국민소득이 2만 달러라고 각 '개인'의 평균소득이 2만 달러라는 의미는 아니다.

특히 우리나라는 개인가처분소득(PDI)이 GNI에서 차지하는 비중이 59.2%에 불과하다. 이는 미국(73.1%), 일본(63.7%)보다 낮은 수준이다. 그래서 국민(모든 경제주체)과 개인인 내 소득의 괴리가 다른 국가들에 비해 크다고 볼 수 있다.

1. 다음 중 GDP에 들어가는 것을 모두 고르시오.

① 성형수술 한 의사의 수입 ② 교통사고를 처리한 청소용역 업체의 수입
③ 암시장에서 매매된 금괴 판매상의 수입 ④ 어머니가 파출부로 나가서 빨래하고 번 수입
⑤ 올해 주식시장에서 상승한 시가총액 ⑥ 올해 상승한 부동산 가치 평가액
⑦ 매연저감 장치를 개발해서 판매한 회사의 수입

2. 다음 중 2014년 기준 우리나라보다 경제규모가 작은 나라를 모두 고르시오.

① 호주 ② 캐나다 ③ 브라질 ④ 인도 ⑤ 멕시코

3. "경제성장률이 3%임에도 불구하고, 국민 체감 GDP인 (　　)는 −1%"

이것은 국민소득의 3가지 측면 중에서 지출을 강조한 것으로, 한 나라의 국민이 일정기간 생산활동에 참여하여 벌어들인 소득의 합계이다. 실질적인 국민소득을 측정하기 위해 교역조건의 변화를 반영하고 실질무역손익을 나타내는 것으로, 체감 GDP라고 불리는 이 지표는?

① GNP ② GOP ③ GNI ④ NNP ⑤ NPI

4. 영철 씨는 올해 우리나라의 경제성장률을 구하려고 한다. 다음 중 필요한 자료를 모두 구하시오.

① 올해 명목GDP ② 전년도 명목GDP ③ 올해 실질GDP
④ 전년도 실질GDP ⑤ 소비자물가 상승률

5. 경제성장률, 실업률, 수출입 등과 같이 객관적인 통계로 평가한 경기를 '지표경기'라고 하고, 기업경기실사지수(BSI), 소비자동향지수(CSI)처럼 사람들이 주관적으로 판단하고 느끼는 경기를 보여주는 것을 '(　　　　) 경기지표'라고 한다.

정답

1. ①, ②, ⑦ GDP에 선정되는 품목은 반드시 시장을 통과해야 하며, 자산의 가치는 평가하지 않는다.
2. ①, ⑤
3. ③ GNI는 원자재 가격이나 환율 등락까지 반영한 실질 국민총소득이다.
4. ③, ④ 경제성장률 = (금년 실질GDP−전년 실질GDP)/전년 실질GDP×100
5. 체감

9

경제 파악 3

— 물가와 실업률 지표의 안쪽

정부가 발표하는 소비자물가와
시장에서 느끼는 장바구니 물가는 왜 이렇게 차이가 날까?
공식 실업률은 체감 실업률과 왜 차이가 날까?
9장에서는 소비자물가지수와 생산자물가지수 속의 숨은 의미를 파악해 보자.
또한 인플레이션, 디플레이션,
통화량 변화로 인한 영향을 살펴보자.
아울러 실업률의 이면, '고용 없는 성장'이 가져오는
구조적 실업에 대한 대안도 같이 생각해 보자.

001

물가지수를 바르게 해석하는 방법은?

Let's Go "통계청이 발표한 소비자물가 동향에 따르면, 국제유가 급등의 영향으로 6월 소비자물가는 지난해 6월에 비해 5.5% 급등했다. 이는 1998년 11월(6.8%) 이후 처음이다. 소비자물가는 올해 들어 1~3월 3%대 후반에 머물다 4월 4.1%, 5월에는 4.9%까지 치솟는 등 점차 상승률이 커지고 있다."

위에서 보듯이 2008~09년 물가가 많이 올랐다. 하지만 많은 사람들은 일상생활에서 체감하는 물가상승률은 정부가 발표한 공식 물가상승률보다 훨씬 높다고들 했다. 정부가 발표하는 물가지수와 체감 물가지수가 이렇게 차이를 보이는 이유는 무엇일까? 다양한 물가지수와 그 의미, 그리고 물가지수를 바르게 해석하는 방법을 살펴보자.

단순물가지수와 종합물가지수

물가지수는 물가가 오르내림에 따라 소비생활에 어떤 영향을 주는지 종합적으로 측정하기 위한 지표이다. 우리나라에서는 통계청이 각종 물가지수를 작성한다.

물가지수를 정확하게 작성하려면, 모든 재화와 서비스의 가격변동을 조사해야 하지만 현실적으로 불가능하다. 그래서 정부는 매년 1월 1일을 기준으로 품목을 정한 후 표본을 선정하여 조사한다. 예를 들어 컵라면이 2015년 1월 1일에 1,000원, 2016년 1월 1일에 1,300원이라면, 컵라면의 물가지수는 전년도 대비 30% 상승한 것이다. 이때 전년도의 물가지수(2015년 1월

1일)는 기준이 된다고 해서 '기준시 물가지수', 비교하고자 측정하는 시기의 물가지수(2016년 1월 1일)는 '비교시 물가지수'라고 한다. 수식으로 표현하면 다음과 같다.

$$\text{물가지수} = \frac{\text{비교시 물가지수} - \text{기준시 물가지수}}{\text{기준시 물가지수}} \times 100$$

단순물가지수의 한계

통계청에서 물가를 파악하기 위해 라면과 책, 핸드폰 3가지 품목을 선정하여 조사했다고 해 보자. 이때 각각 물건값을 모두 더해 얼마나 변했는지 보는 것을 '단순물가지수'라고 한다. 그런데 단순물가지수는 계산하기 편하지만, 한 국가의 물가상승률을 구하는 데 치명적인 오류가 있다.

예를 들어 라면, 김밥, 김치, 휴대폰 등이 2배로 오른 경우, 서민들은 생필품 물가가 크게 올라 고통스럽지만, 물가지수는 조금밖에 상승하지 않는다.

하지만 자주 구매하지 않는 비싼 물건값이 크게 상승한 경우에는 물가지수가 크게 오른다. 실제로는 자주 쓰는 생필품 가격이 생활에 더 큰 영향을 미치는데 말이다. 그래서 소비량에 가중치를 주는 종합물가지수를 통해 물가를 측정한다.

종합물가지수가 뭐지?

종합물가지수는 '소비빈도'와 '소비량'에 따라 '가중치'를 적용하여 구한 물가지수이다. 종합물가지수를 구하는 방법을 알아보자.

다음의 표는 구매빈도에 가중치를 주어 종합물가지수를 산정한 예이다. 라면은 550번, 책은 30번, 핸드폰은 2번 구입하는데, 일반적으로 싸고 많이 구입하는 생필품이 빈도수가 높다.

구분		라면	책	핸드폰	합계
2014년 기준 물가지수	가격	1,000	9,000	90,000	100,000
	가중치	550번	30번	2번	
	가격×가중치	550,000	270,000	180,000	1,000,000
2015년 변동 물가지수 ❶	가격	2,000	9,000	90,000	111,000
	가중치	550번	30번	2번	
	가격×가중치	1,100,000	270,000	180,000	1,550,000
2015년 변동 물가지수 ❷	가격	1,000	9,000	180,000	100,000
	가중치	550번	30번	2번	
	가격×가중치	550,000	270,000	360,000	1,180,000

물가상승률 55

물가상승률 18

라면 가격만 2배 오름

핸드폰 가격만 2배 오름

생필품인 라면의 값이 2배로 오른 ❶의 경우 가중치를 적용했을 때 물가상승률이 55%인 반면, 핸드폰 값이 2배로 오른 ❷의 경우 물가상승률은 18%이다. 생필품 가격이 오를 때 물가지수가 더 높게 나타나는 것이다. 이처럼 앞의 단순물가지수에 비해 종합물가지수는 체감물가에 더 근접한 결과가 나온다.

소비자물가지수

소비자물가지수(CPI; Consumer Price Index)는 물가가 소비생활에 어떤 영향을 주는지를 종합적으로 측정하기 위한 지표로, 가장 널리 이용되는 물가지수이다.

통계청은 전국 37개 도시의 대표 시장에서 26,000여 개 소매점포 및 서비스업체를 대상으로 재화 및 서비스의 가격을 조사하고, 약 10,500개 임대가구를 대상으로 집세를 조사한다. 가격변동이 심한 농축수산물은 월 3회, 공산품 및 서비스 품목은 월 1회 조사한다.

조사대상은 월평균 소비지출의 비중이 0.01% 이상인 품목이면서 동종 상품군의 가격을 대표할 수 있으며, 시장에서 계속 조사가 가능한 품목이다. 2015년 기준 품목수는 481개이다. 식생활품(쌀, 쇠고기, 계란, 배추 등), 주거생활품(전세와 월세), 의생활품(신사복, 숙녀복, 각종 내의, 구두 등), 생수, 이동전화료, 노트북 등이 포함된다. 그러나 세금, 사회보장비 등과 같은 비소비지출이나 저축, 유가증권, 토지 · 주택 구입비 등 재산 증식을 위한 지출은 제외하고 있다.

소비자물가지수를 작성하는 품목수와 기준시 물가지수는 2~3년 주기로 바뀐다. 그리고 각 품목은 소비자의 구매빈도와 소비량에 따라 가중치를 갖는다. 예를 들면 전체 가중치 1,000에서 주택 전세의 가중치는 92.8로 가장 크며, 휘발유 31.2, 월세 30.8 등이 가중치가 크다. 비교적 최근 추가된 이동전화료도 가중치가 33.9로 큰 편이다. 가중치가 큰 품목의 가격변동은 소비자물가지수에 크게 반영되며, 상대적으로 작은 품목은 작게 반영된다. 가중치는 소비 성향에 따라 매년 바뀐다.

나라마다 소비자물가지수의 구성 비율은 차이가 있다. 1인당 국민소득이 낮은 나라는 식료품의 비율이 높고, 높은 나라는 오락이나 교육, 주거 등의 비율이 크다. 일본은 생선회, 미국은 쇠고기, 프랑스는 와인의 비율이 높은 편이다. 다음은 우리나라의 소비자물가지수 추이를 보여준다.

▶ 우리나라의 소비자물가지수 추이

단위: % | 출처: 통계청

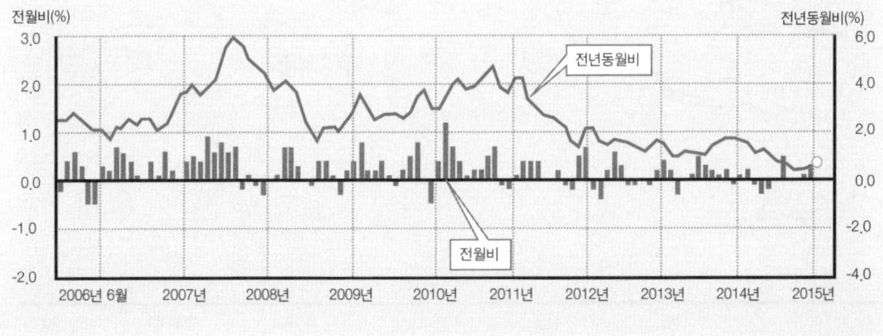

생산자물가지수와 GDP 디플레이터

생산자물가지수

소비자물가지수 외에도 경제 전체의 물가 변화를 추적하기 위해서 널리 이용되는 지수 중 하나가 생산자물가지수(PPI; Producer Price Index)이다. 생산자물가지수는 생산자가 구매하는 대표적인 재화와 서비스의 구매비용을 측정하는데, 철강, 전기, 석탄 등 원자재들이 포함된다. 간단히 PPI라고도 하며, 다른 말로 '도매물가지수'라고도 한다.

생산자물가지수는 1910년부터 한국은행에서 작성해 왔다. 조사대상은 상품과 서비스의 2개 부분으로 나누어지며, 농림수산품, 광산품, 공산품, 전력 · 수도 · 도시가스, 운수, 통신, 금융, 부동산, 리스 · 임대, 광고, 전문 서비스, 기타 서비스의 12개 대분류로 편성된다. 상품과 서비스는 월 1회, 농림수산품은 월 3회 조사하며, 지수 작성에 이용되는 가격은 제1차 거래 단계의 가격, 즉 국내 생산품은 부가가치세를 제외한 생산자 판매가격(공장도

▶ 우리나라의 생산자물가지수 추이

기준: 2010년=100 | 출처: 한국은행

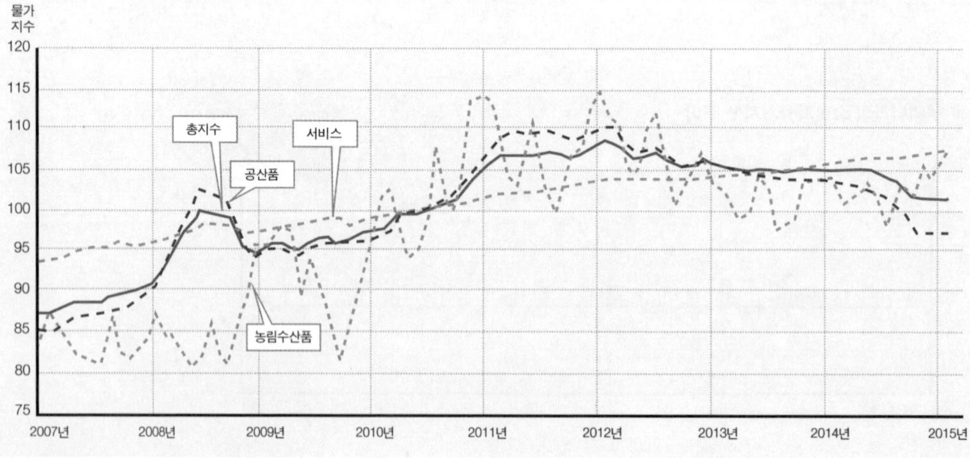

가격)을 기준으로 한다.

조사대상 품목은 국내 거래액이 상품은 모집단 거래액의 1/10,000(794개) 이상, 서비스는 1/2,000(102개) 이상의 비중을 가지고, 동종 품목의 가격 변동을 대표할 수 있는 품목으로 선정하며, 조사대상 품목의 경제적 중요도에 따라 가중치를 둔다. 현재 조사대상 품목은 896개이다.

가공단계별 물가지수

생산자물가지수는 소비자물가지수와 달리, 물건이 완성되기까지 거치는 중간상품의 물가를 모두 반영하기 때문에 물가를 산정할 때 중복 체크가 될 가능성이 크다.

예를 들어 햇반의 생산자물가지수 안에는 쌀과 그밖의 다른 재료들의 가격도 포함되어 있다. 즉 쌀 가격이 오르면 햇반의 가격도 상승하기 때문에 이중으로 물가지수에 반영되는 문제점이 있다. 그래서 한국은행은 '쌀 도정→쌀 가공→포장→판매'의 단계별 물가를 조사하는 '가공단계별 물가지수'를 따로 조사하여 발표함으로써 정확도를 높이려 하고 있다.

GDP 디플레이터

GDP 디플레이터는 명목GDP를 실질GDP로 나누어 산출한다. 가격변동을 직접 조사하여 산출하는 물가지수가 아니라, 명목GDP와 실질GDP를 가지고 사후적으로 계산하는 물가지수라는 의미에서 '은재적 물가지수'라고도 한다.

$$\text{GDP 디플레이터} = \frac{\text{명목GDP}}{\text{실질GDP}}$$

GDP 디플레이터는 GDP라는 상품의 가격 수준을 나타낸다고 할 수 있다. GDP추계(일부를 가지고 전체를 미루어 계산함) 시에는 생산자물가지수나 소

▶ **GDP 디플레이터 추이** 기준:2010년 | 출처:한국은행

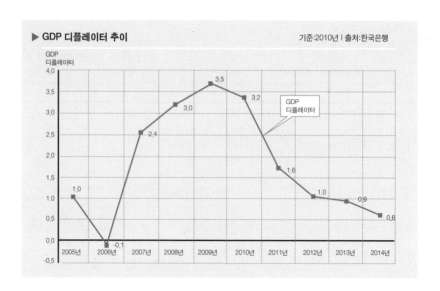

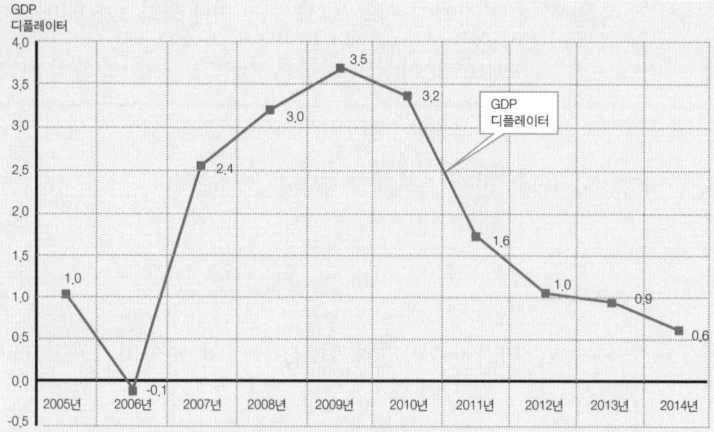

비자물가지수뿐만 아니라 수출입물가지수, 환율, 임금 등 각종 가격지수가 종합적으로 이용된다. 그러므로 명목GDP와 실질GDP를 이용하는 GDP 디플레이터는 이러한 다양한 물가지수와 가격지수를 포함하고 있다고 볼 수 있다. 그래서 GDP 디플레이터는 국민소득에 영향을 미치는 모든 물가 요인을 포괄하는 종합적인 물가지수라고 할 수 있다.

그런데 GDP 디플레이터는 GDP를 산출한 다음에야(통상적으로 다음해 3월쯤 이전 해의 GDP가 발표된다) 계산할 수 있기 때문에, 물가동향을 신속하게 파악하는 데 한계가 있고, 엄밀하게 말해서 물가지수라고 할 수 없다. 하지만 선진국들은 생산자물가지수나 소비자물가지수와 함께 GDP 디플레이터를 국민경제 전체의 물가수준을 나타내는 지표로 사용하고 있다.

소비자물가지수와 생산자물가지수, 어느 것이 먼저 오를까?

소비자물가지수가 더 빨리 오르는 이유

일반적으로 소비자물가지수와 생산자물가지수는 비슷하게 움직이지만, 소

비자물가지수가 생산자물가지수에 비해 더 빨리 오르는 경향이 있다.

소비자물가지수에는 서비스업이 차지하는 비중이 크고, 서비스업은 임금의 비중이 높다. 보통 임금인상에는 물가상승률이 반영되게 마련이다. '임금상승률=노동생산성 향상분+물가상승률'이기 때문에 임금상승률은 물가상승률보다 높은 경향이 있다. 그래서 서비스업의 비중이 큰 소비자물가지수가 더 빨리 오르게 된다.

생산자물가지수가 더 빨리 오르게 된 이유

하지만 소비자물가지수보다 생산자물가지수가 더 빨리 오를 때도 있다. 해외 원자재 가격이 급등하는 경우이다.

2007~08년 국제 곡물가격이 폭등했고, 특히 밀은 2.5배나 올랐다. 밀을 대부분 수입하는 우리나라는 밀가루의 생산자물가지수가 1년에 67%나 올랐으며, 이에 따라 빵과 라면 등 관련 상품의 가격이 덩달아 상승했다. 생산자물가지수가 이렇게 오르면 소비자물가지수가 상승한다. 재료비의 상승이 소비자물가지수 상승으로 이어지는 것은 곡물뿐 아니라 석유 등 다양한 상품에서 나타난다.

원자재 생산자들은 수요 증가를 감지하면 가격을 비교적 빨리 인상한다. 그래서 생산자물가지수는 소비자물가지수에 비해 인플레이션이나 디플레이션 압력에 신속하게 반응하는 경향이 있다.

이에 따라 생산자물가지수는 인플레이션에 대한 조기 경보로 간주되기도 한다. 기업이 생산계획을 세우는 데 참고할 수 있을 뿐만 아니라 소비자들이 물가를 예측하는 재료가 된다.

우리 옆의 경제학

공식 물가와 체감 물가, 왜 차이가 나지?

소비자물가지수를 측정하는 품목 481개 중에는 대입 전형료, 미주 왕복항공료 등 특별한 경우에 구입하는 것도 많다. 일반인들은 생필품이나 사치품이나 한 개의 품목으로 생각하기 때문에, 아무리 가중치를 부여하더라도 체감 물가지수와 실제 물가지수에 괴리가 생긴다.

또한 우리나라는 식료품의 75%를 수입하므로, 국제 곡물가격이 폭등하면 서민들의 체감 물가상승률이 더 높을 수밖에 없다. 반대로 원자재나 곡물가격이 안정되어 있으면 공식물가와 체감물가가 비슷하게 가는 경향이 있다.

생활물가지수는 장바구니 물가

통계청은 1998년부터 소비자물가지수의 보조지표로 '생활물가지수'를 만들어 일반 소비자물가지수와 생활물가지수의 괴리를 줄이려고 노력하고 있다.

일상생활에서 자주 구매하는 쌀, 두부, 라면 등 기본 생필품, 과일류 등 분기에 1회 이상 구입하는 생필품, 기성복, 운동화 등 가격변동이 민감한 품목 등 필수품 142종을 뽑아내어 산출하는데, '장바구니 물가지수'라고도 한다.

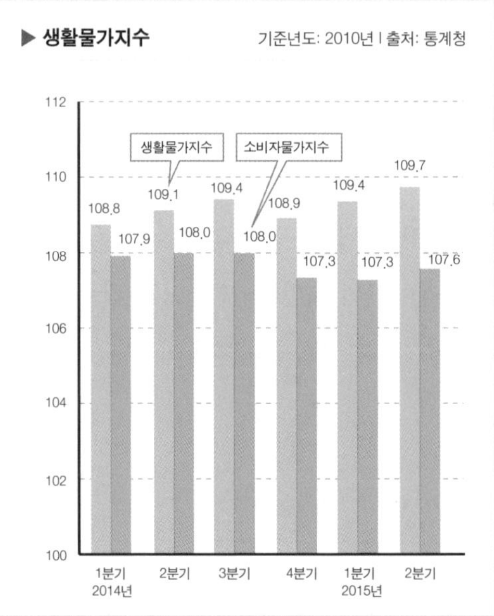

그런데 생활물가지수는 상품의 가격은 그대로인데 양이 줄어들거나, 같은 상품을 이름만 바꾸어 가격을 올리는 것 등을 반영하지 못한다.

한편 사람들은 자신에게 불리한 것을 더 오래 기억하는 속성이 있어서 가격이 오른 품목에만 주목하게 된다. 그러므로 정부가 체감 물가지수를 실제 물가지수에 반영하려고 노력해도 한계가 있을 수밖에 없다.

002

인플레이션은 왜 생기고, 어떤 영향을 줄까?

Let's Go

2015년 현재 세계 영화 흥행순위 1위는 제임스 카메론 감독의 「아바타」(2009)이다. 2위는 같은 감독의 「타이타닉」(1997)이다. 그런데 그동안 인플레이션으로 영화표값도 많이 올랐다. 또 과거에는 지금처럼 전 세계 배급도 원활하지 않았다.

그러면 '인플레이션 영향'을 제거하고, 북미 기준으로 보면 역대 흥행순위 1위는 무엇일까? 1939년 개봉한 「바람과 함께 사라지다」가 그 영광을 차지했다. 인플레이션 영향을 제거하니 결과가 이렇게 달라진 것이다. 이제 인플레이션의 원인이 무엇인지, 경제에 어떤 영향을 미치는지 알아보자.

인플레이션이란?

인플레이션(inflation)은 물가가 지속적으로 상승하는 것을 말한다. 이와 반대로 물가가 계속 하락하는 경우는 디플레이션(deflation)이라고 한다. 인플레이션이라고 모든 재화나 서비스의 가격이 오르는 것은 아니며, 평균적인 가격수준이 오른다는 의미이다.

1960년대 우리나라는 정부 주도의 경제성장 정책을 펴면서 물가상승률이 13.2%에 달했고, 오일쇼크로 1974년에만 기름값이 82%나 오르기도 했다. 2008년에도 유가와 환율 상승으로 소비자물가지수가 7%대까지 올랐다.

미국도 1970년대에 15%대의 물가상승률을 겪었다. 브라질은 1980년대부터 2003년 룰라 대통령이 집권하기 전까지 살인적인 인플레이션을 겪었는데, 1990년에는 물가상승률이 무려 3,000%에 달했다!

인플레이션의 원인과 종류

경제발전에 따른 인플레이션

국가경제가 발전하여 소득이 증가하면, 상품에 대한 수요가 늘어나고 물가가 상승한다. 예를 들어 소득이 증가하면서 자동차나 컴퓨터 등의 수요가 늘어나면, 이 과정에서 가격이 올라 인플레이션이 일어난다. 즉 장기적으로 경제발전은 소득수준의 향상을 불러오고 새로운 수요를 창출함으로써 인플레이션을 일으킨다.

정부의 경기부양 정책에 따른 인플레이션

한국은행이 경기침체를 막기 위해 금리인하 등의 금융정책, 정부가 감세, 건설경기 부양 등의 재정정책을 사용하면, 가계와 기업의 소비나 투자 등 수요가 증가하여 인플레이션이 된다. 이처럼 인플레이션은 경제발전이나 경기부양에 거의 따라오게 되는 필요악이라고 볼 수 있다.

그런데 경제발전이나 경기부양으로 인한 인플레이션이라면 긍정적인 요소가 있지만, 생산원가나 환율 상승 등 외부적 요인에 의한 인플레이션은 대개 국가경제에 큰 어려움을 가져온다.

생산원가의 상승으로 인한 인플레이션

국제 원자재 가격, 토지가격 등 생산원가의 상승은 인플레이션을 일으킨다. 제품가격이 많이 오르면 소비가 위축되고, 이에 국가의 총공급이 감소되면서 경기침체 상황에서 물가가 오르는 스태그플레이션이 될 위험이 있다.[5장]

환율 상승으로 인한 인플레이션

환율[12장]이 상승하면 수입품의 가격이 올라 물가가 상승한다. 만약 환율과 국제 원자재 시세가 같이 오르면 인플레이션은 더욱 심해진다.

예를 들어 원/달러 환율이 1000원, 유가가 1배럴당 30달러이면 원유 1배럴의 수입가는 3만원인데, 환율이 1500원, 유가가 60달러로 오르면 수입가가 9만원으로 무려 3배나 올라 물가가 급등하게 된다.

그런데 국제 원자재 가격과 환율 상승으로 인한 인플레이션은 정부에서 통제할 수 있는 정책이 거의 없다는 것이 문제이다. 5장에서 살펴보았듯이 스태그플레이션일 때는 재정정책, 금융정책이 별 소용이 없다.

독과점에 따른 인플레이션

독과점시장에서는 공급자가 가격을 마음대로 조절하여 물가에 악영향을 줄 수 있다.

전기나 수도가 민영화된 몇몇 나라의 경우, 일부 독점기업이 가격을 크게 올려 인플레이션 압력이 커진 예가 있다. 수도가 민영화된 필리핀은 수도요금이 400%, 영국은 450%로 올랐다. 하지만 대부분의 국가가 독과점을 금지하고 감시하므로, 실제로 독과점에 따른 인플레이션 요인은 많지 않다.

통화량 증가에 따른 인플레이션

가장 큰 문제를 일으킬 수 있는 것이 바로 통화량 증가에 따른 인플레이션이다. 시중 통화량이 급격히 증가하면 돈의 가치가 떨어지고, 이에 따라 재화와 서비스의 가격이 올라 인플레이션이 극심해진다. 그러면 통화량 증가에 따른 인플레이션을 좀더 살펴보자.

통화량 증가는 어떻게 인플레이션을 일으키는가?

정부는 경기침체기에 경기회복을 위해 여러 조치를 취한다. 그런데 금융정책보다 재정정책을 선호한다. 효과가 빠르기 때문이다. 하지만 재정정책에 필요한 자금을 세금으로 마련하면 조세저항이 생길 수 있으며, 소비가 줄어들어 오히려 경기침체를 심화시킬 수 있다. 그래서 정부는 재정정책을 위해 빚을 내는 방법을 택하는 경향이 있다. 바로 국채를 발행하는 것이다.

국채 발행은 어떻게 통화량을 늘리는가?

▶ 통화량이 대폭 증가한 경우

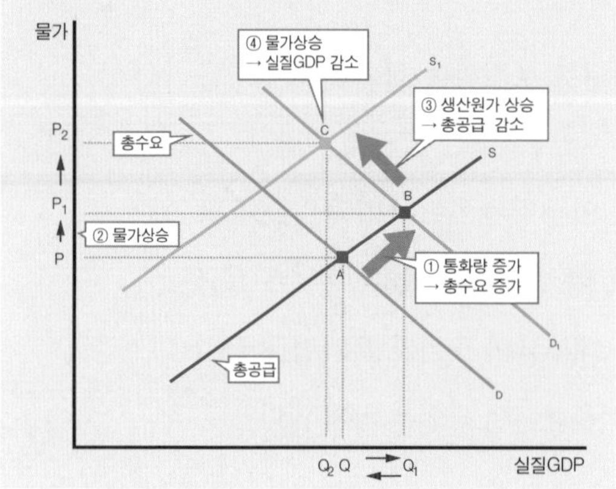

정부는 부족한 재정을 확보하기 위해 국채를 발행한다. 국채는 정부가 돈을 빌리기 위해 발행하는 채권이다. 한국은행이 이 국채를 매입하는 대신 돈을 주면 그만큼 시중 통화량이 늘어난다. 통화량이 늘어나면 가계와 기업이 더 활발히 소비와 투자를 하여 그만큼 총생산이 늘어나게 됨으로써 경기를 부양하는 효과가 있다(A→B).[5장]

그런데 늘어난 통화량으로 인한 총생산 증가는 일시적인 효과만 있을 뿐 원위치로 돌아온다. 왜냐하면 통화량이 늘어나면 소비와 투자가 증가하지만, 한편으로는 물가가 올라 생산비용도 늘어나 결국 총공급이 감소되기 때문이다. 그러면 총공급 곡선은 왼쪽으로 이동하고, 결국 실질GDP가 줄어든다(B→C). 이처럼 통화량을 늘림으로써 경기를 부양하는 정책은 일시적으로 총생산을 늘릴 뿐, 장기적으로는 인플레이션의 수범이 될 수 있다.

통화량 증가로 인한 인플레이션의 문제점

통화량 증가에 따른 인플레이션의 가장 큰 문제는 화폐가치의 하락이다. 일부 경제학자들은 인플레이션을 물가가 상승하는 것이 아니라, 중앙은행이 화폐 발행량을 늘리는 신용확대(팽창) 정책으로 인해 화폐가치가 하락하는 것이며, 물가상승은 화폐가치의 하락에 따르는 부수적인 효과라고 본다.

중앙은행이 화폐 공급량을 늘리면, 시중에 돈이 흔해져 돈의 가치가 떨어지고, 금리는 내리며, 주식, 부동산 등으로 돈이 몰려 가격이 오른다. 금리 하락과 부동산 등 실물가격 상승의 악순환이 반복되며 인플레이션이 일어난다. 이처럼 통화량을 늘리는 정부정책은 인플레이션을 일으킬 위험이 있다.

▶ **통화량 증가로 인한 인플레이션 과정**

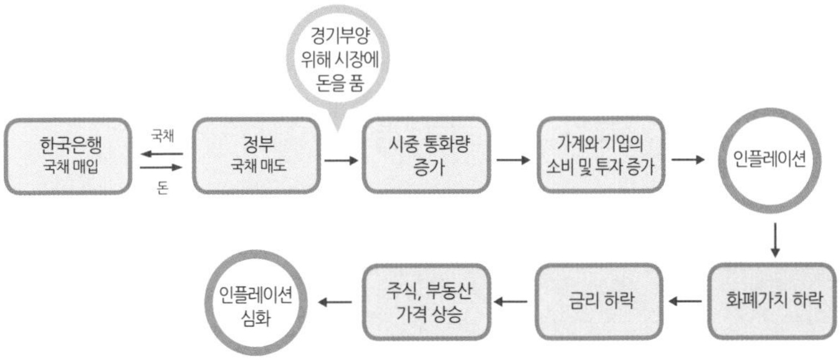

하이퍼인플레이션의 위험

극심한 경기침체에서 벗어나기 위해 중앙은행이 통화량을 늘리려고, 아예 화폐 발행량을 늘리는 경우도 있다. 그런데 윤전기를 돌려 돈을 '마구' 찍어낼 경우에는 걷잡을 수 없는 문제가 생긴다. 실제로 역사에서는 전쟁, 대규모 토목사업 등으로 재정적자가 큰 폭으로 증가했을 때, 화폐 발행량을 급격히 늘리다가 큰 낭패를 본 사례들을 찾아볼 수 있다.

1923년 독일. 청소부가 빗자루로 돈을 쓸고 있는데, 아무도 돈을 주우려고 하지 않는다.

제1차 세계대전에서 패전한 독일은 천문학적인 전쟁배상금과 전후복구비를 마련하기 위해서 지폐 윤전기를 마구 돌렸다. 그 결과 물가가 폭등을 거듭했다.
특히 1922~23년에는 물가가 하루에 16%나 오른 적도 있다. 1923년 7월 물가가 전년 대비 7,500배나 올랐고, 3개월 후에는 75억 배가 뛰었다. 그러자 기막힌 상황들이 발생했다. 빵을 사기 위해 짐수레에 돈을 싣고 가거나, 땔감이 부족해 아예 지폐 다발을 땔감으로 썼다는 이야기도 있다. 이런 엄청난 인플레이션을 '하이퍼인플레이션'(hyper-inflation)이라고 한다.

하이퍼인플레이션 상황에서는 사람들이 가치가 폭락하는 돈을 빨리 물건으로 바꾸려고 하기 때문에 실물가격이 더욱 올라가고, 이는 다시 인플레이션을 더욱 부추기는 악순환이 발생한다.

인플레이션의 승자와 패자

인플레이션은 서민과 기업 모두에게 고통을 준다. 그런데 예상치 않은 인플레이션으로 상대적으로 이득을 보는 측도 있고, 손해를 보는 측도 있다.

채권자는 손해, 채무자는 이득

인플레이션이 발생하면 돈을 빌려준 채권자는 갈수록 손해를 보고, 은행 등에서 돈을 빌린 채무자는 상대적으로 이득을 본다.
만약 갑돌이가 갑순이에게 5,000만원을 빌려준 사이에 물가가 2배로 올랐다면, 예전에는 5,000만원으로 에쿠스 1대를 살 수 있었지만 이제는 소나타 1대밖에 못 산다. 채권자인 갑돌이는 돈 가치가 떨어져 손해이고, 채무자인 갑순이는 빚 부담이 줄어들어 상대적으로 이득이다. 그래서 인플레이션 시기에 은행은 고정 대출금리보다 물가에 연동되는 변동 대출금리를 적용하려고 한다.

수입품 판매업자는 이득

만약 환율이 변동되지 않은 상태에서 국내 물가가 오르면 수입품 판매업자는 이득이다. 20만원에 들여와 30만원에 팔던 에어컨을 물가가 오르면 더 비싼 가격에 팔 수 있기 때문이다.

재테크 투자자들은 울고 웃고

인플레이션으로 실물자산의 가격이 오르기 때문에 부동산에 투자한 사람들은 이득이다. 하지만 예금자는 화폐가치가 떨어져 앉아서 손해를 보는 격이다. 또 매월 일정 연금을 받아 생활하는 사람들도 구매력이 줄어들므로 큰 타격을 받게 된다.

월급 생활자는 어떻게?

무엇보다 인플레이션의 최고 피해자는 월급생활자인 서민들이다. 물가가 크게 오르면 제품의 수요가 감소하고, 이에 따라 기업은 이익이 줄어들어 임금을 인상하지 않으려고 한다. 또 정부도 임금인상은 국가경제의 총공급을 감소시켜[5장] 물가상승을 더욱 부추긴다며 억제하려고 한다. 이처럼 물가는 오르는데 임금인상은 그에 못 미치니, 월급생활자는 구매력이 줄어들어 생활이 더욱 힘들어진다.

자영업자는 어떻게?

자영업자들은 물가가 올라 소비가 위축되면 가격을 올리기 힘들기 때문에 이익이 줄어든다. 매출 저조, 채산성 악화의 이중고를 겪게 된다. 인플레이션이 너무 심해지면 국가경제에 큰 타격을 준다. 실제로 하이퍼인플레이션은 국가 붕괴의 원인이 되기도 했다.

제1차 세계대전 이후 독일의 하이퍼인플레이션은 히틀러가 등장하는 빌미를 제공했고, 조선시대 말의 인플레이션(당백전337쪽 발행으로 생긴 인플레이션)은 대원군이 하야하는 계기가 되었다. 2003년 브라질의 정권교체도 인플레이션이 큰 원인이 되었다.

물론 낮은 수준의 인플레이션은 국가경제가 성장하면서 필연적으로 나타나는 과정이고, 생활수준의 향상을 가져올 수 있다. 그러나 인플레이션이 지속되면 서민들에게 큰 고통을 주고 빈부격차가 심해지므로, 각국은 안정적인 통화정책을 우선정책으로 삼고 있다.

여기서 잠깐

구두창 비용과 메뉴 비용

인플레이션이 지속적으로 발생하여 화폐가치가 자꾸 하락하면, 사람들은 되도록 현찰 보유를 줄이고, 물가상승률에 연동된 금리를 주는 금융상품을 찾아 돈을 예치한다. 그리고 필요할 때마다 돈을 찾느라 자주 은행에 드나든다. 이처럼 인플레이션으로 인해 거래비용이 증가하는 것을 '구두창 비용'(shoe-leather costs)이라고 한다.

인플레이션이 심할수록 고객은 은행 거래에 소비하는 시간이 많아지고, 은행도 필요 이상의 인원을 쓸 수밖에 없어 손해가 생긴다. 은행에 자주 다니느라 구두창이 닳는 것을 비유한 말이다.

한편 물가가 지속적으로 상승하면, 기업들도 물가가 오를 때마다 가격을 새로 표시하고, 마케팅도 바꾸는 등 추가비용을 지불해야 된다. 음식점 주인이라면 매번 메뉴판의 가격을 수정해야 할 것이다. 이처럼 물가의 지속적인 상승으로 인해 가격이 자주 바뀜으로써 발생하는 비용을 '메뉴 비용'이라고 한다.

구두창 비용과 메뉴 비용은 인플레이션이 가져오는 의도치 않은 외부효과의 대표적인 예이다.

여기서 잠깐

짐바브웨의 물가상승률 2,200,000%!

계란 3개에 1억 짐바브웨 달러. 2008년 남아프리카의 짐바브웨는 엄청난 하이퍼인플레이션을 겪었다. '미화 1달러=200억 짐바브웨 달러'일 정도로 화폐가치가 폭락했다.

화폐가치가 워낙 빠른 속도로 떨어지다 보니, 지폐에 '유통기한'을 표시할 정도였다. 짐바브웨 정부는 은행에서 하루 인출 금액을 1,000억 짐바브웨 달러(미화 약 5달러)로 제한했다. 이렇게 화폐가치가 땅에 떨어지면서 물가는 천정부지로 치솟아 연평균 물가상승률이 2,200,000%에 달했다.

짐바브웨에 하이퍼인플레이션이 일어난 이유는 독재자인 무가베의 경제정책 실패 때문이다. 외국인과 기업의 자산을 회수하려는 무리한 시도로 외국 자본이 빠져나갔고, 부족한 생필품을 수입으로 해결하다 보니 외환보유고가 바닥나고, 결국 기업들이 도산위기에 빠졌다. 짐바브웨 정부는 경제위기를 화폐를 발행하여 해결하려다가 문제를 증폭시킨 것이다.

한 시민단체 회장은 "돈이 있으면 오늘 쓰는 게 낫다. 왜냐하면 내일이면 그 가치가 5% 하락하기 때문이다"'라고 말했다.

은행, 슈퍼마켓에는 항상 긴 줄이 늘어섰고, 시간이 지날수록 슈퍼마켓에도 식료품과 같은 물품이 부족했다. 당시 짐바브웨 사람들은 땅바닥에 돈이 떨어져 있어도 웬만하면 줍지 않았다는데, 휴지조각이 된 짐바브웨 달러의 가치를 알 수 있다.

결국 짐바브웨는 2008년 8월에 리디노미네이션을 단행했다. 1조 짐바브웨 달러를 1짐바브웨 달러로 화폐의 액면가를 바꾸는 화폐개혁을 단행한 것이다.

우리 옆의 경제학

디플레이션의 악순환

COLUMNISTS
Martin Wolf
FT.com FINANCIAL TIMES
FT Home > Comment > Columnists > Martin Wolf

Front page
World
Companies
Markets
Markets Data
Managed funds
Lex
Comment
Opinion
Analysis
Columnists
Samuel Brittan
Christopher Caldwell
Clive Crook
Niall Ferguson
John Gapper
Jonathan Guthrie
John Kay
Jurek Martin
Wolfgang Munchau
David Pilling
Ingram Pinn
Gideon Rachman

'Helicopter Ben' confronts the challenge of a lifetime
By Martin Wolf
Published: December 16 2008 20:01 | Last updated: December 16 2008 20:01

Central banks may soon resort to their most powerful weapons against deflation: the printing press and the "helicopter drop" of money. It is a time for which Ben Bernanke, chairman of the Federal Reserve, has long prepared. Will this weaponry work? Unquestionably, yes: used ruthlessly, it will eliminate deflation. But returning to normality thereafter will prove far more elusive.

벤 버냉키를 돈을 뿌리는 헬리콥터에 비유한 2008년 8월 『파이낸셜타임스』 마틴 울프의 칼럼.

헬리콥터를 타고 공중에서 돈을 뿌려서라도 디플레이션을 막아야 합니다.”

2009년 미국 연방준비제도이사회 의장인 벤 버냉키가 백악관 경제자문위원으로 있을 때 한 말로, 그는 '헬리콥터 벤'이라는 별명을 얻었다. 달러를 많이 발행하면 달러 가치가 폭락할 위험이 크다. 그런데 왜 벤 버냉키는 2008년 금융위기 이후 계속 달러를 엄청나게 찍어 공급한 것일까?

인플레이션이 심화되어 자산가격의 버블이 감당할 수 없을 만큼 커지다가 꺼지기 시작하면, 빚을 갚지 못하고 파산하는 사람들이 생기고, '가계의 소비 감소→기업 이익 감소→가계의 소비 감소'의 악순환이 반복되다가 물가와 자산가치가 하락한다. 경기침체에 대한 두려움으로 가계의 소비는 더욱 줄어들고, 기업은 이익이 감소하고 부도위기에 내몰리며, 이는 또다시 가계의 소득 감소로 이어지는 경기침체의 악순환이 이어진다.

▶ 디플레이션의 악순환

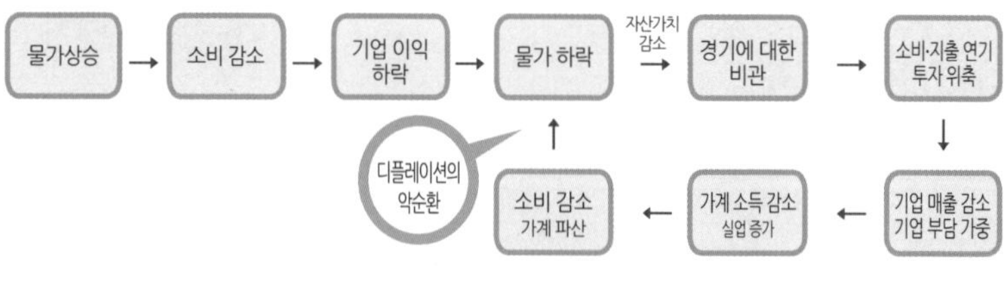

디플레이션은 재정정책과 금융정책만으로 극복하기에는 한계가 있고, 국가경제는 파산위기로 내몰린다. 그래서 미국과 버냉키는 인플레이션 압력에도 불구하고 돈을 풀어서 디플레이션의 악순환에 빠지는 것을 막으려고 한 것이다.

003

실업률 통계의 한계는?

Let's Go

"2015년 5월 실업률은 3.8%로 높지 않다. 그러나 주 36시간 미만으로 일하는 추가 취업 희망자 등 유사실업 상태에 놓인 사람들이 378만명에 달해 체감 실업률은 이미 11%에 이르고 있다."

우리가 주위에서 체감하는 실업률과, 통계로 잡히는 실업률은 차이가 있다. 왜 이런 차이가 생기는 것일까? 그것은 일반인이 생각하는 실업과 정부가 정의하는 실업이 다르기 때문이다. 경기흐름을 읽을 수 있는 주요 경제지표인 실업률에 대해 알아보자.

경제학에서 말하는 실업이란?

YTN HD
'사실상 실업' 300만 넘어…정부 통계 3배

실업은 '일할 능력'과 '일할 의지'가 있음에도 불구하고, 일을 하지 않거나 일자리가 없어서 갖지 못한 상태를 말한다. 웃긴 이야기지만 일정한 조건을 갖추어야만 정부가 인정하는 실업자가 된다. 어떤 조건을 가져야 정부가 말하는 실업자일까? 먼저 '노동가능인구'부터 알아보자.

노동가능인구

국제노동기구(ILO)에서는 노동가능인구를 15세 이상으로 정하고 있다. 그런데 15세 이상의 인구가 모두 일을 할 수 있는 것은 아니다. 형이 확정된 죄수, 소년원과 치료감호소 수감자, 현역군인, 공익근무요원, 의무경찰 등

은 제외된다. 이러한 조건을 제외한 사람들을 '노동가능인구'라고 하며, 노동력의 규모 파악 지수 중 가장 광범위한 개념이다. 노동가능인구는 크게 경제활동인구와 비경제활동인구로 나눌 수 있다.

▶ 우리나라의 실업자 정의

경제활동인구

노동가능인구 중에서 일을 하고 있거나, 일을 하기 위해 일자리를 구하는 사람을 '경제활동인구'라고 한다. 경제활동인구는 다시 '취업자'와 일을 하지 않고 있는 '실업자'로 구성된다.

비경제활동인구

일할 능력은 있으나 일을 하고 있지 않고, 앞으로 일자리를 구할 의사가 없는 사람을 '비경제활동인구'라고 한다. 일할 능력과 의지가 있는데 일자리를 못 구한 사람은 경제활동인구 중 '실업자', 일할 능력은 있으나 '의지'가 없는 사람은 '비경제활동인구'로 분류된다.

예를 들면 가정주부는 일할 능력은 있지만 굳이 일자리를 구할 의지가 없는 사람이므로 비경제활동인구에 속한다. 하지만 가정주부가 일자리를 구하고자 구직신청을 하면 경제활동인구가 되고, 일을 구하기 전까지는 실업자로 분류된다.

정리해 보자. 정부 기준에서 실업자는 경제활동인구 중 일을 하고 있지 않은 사람을 말한다. 실업률은 경제활동인구 중 실업자 비율로 구한다.

$$실업률 = \frac{실업자\ 수}{경제활동인구(취업자\ 수 + 실업자\ 수)} \times 100$$

실례를 통한 실업률 구하기

A도시의 실업률을 구하기 위해서 표본 100명을 추출하였더니 다음과 같은 조사결과가 나왔다. 이 도시의 실업률은 어떻게 구할까?

A도시의 실업률을 구하기 위한 기초 조사자료(표본 100명)

- 가정주부 : 10명
- 유치원생, 초등학생 : 10명
- 공무원 시험 대비 중인 고시생 : 5명
- 과외 아르바이트 대학생 : 2명
- 편의점에서 매일 5시간씩 아르바이트 하는 고등학교 졸업생 : 3명
- 취업 준비 학원에 다니는 학생 : 5명
- 공무원 퇴직 후 연금을 받아 생활하는 노인 : 10명
- 휴가 나온 현역 군인 : 5명
- 졸업 후 취직 전까지 하루 4시간씩 부모님의 가게일을 도와주는 청년 : 3명
- 공장에서 사고로 부상을 당해 입원해 있는 계약직 노동자 : 2명
- 일주일에 1시간씩 우유 배달을 하는 아주머니 : 2명
- S그룹 후문의 식당 주인과 직원 : 3명
- S그룹 본사 직원 : 10명
- S그룹 계약직 직원 : 5명
- 취업을 하기 위해 여기저기 이력서를 쓰는 대학생 : 10명
- 회사에서 정리해고 된 후 재취업을 포기한 사람 : 10명
- 직장을 그만두고 유럽여행 준비 중인 청년 : 5명

❶ 먼저 '노동가능인구'를 구해 보자. 유치원생, 초등학생 10명과 연금을 받는 노인 10명 등 20명을 제외한 80명이 노동가능인구이다.

➲ 노동가능인구 = 80명

❷ 이번에는 노동가능인구에서 비경제활동인구를 제외하여 '경제활동인구'를 구해 보자.

주부, 의무복무에 묶인 군인, 공무원 시험 공부를 하는 고시생(당장 취업을 할 생각이 없다), 취업을 위해 학원에 다니는 학생(취업 의지가 있다고 볼 수도 있으나, 당장 취업에 투입될 수 없다), 정리해고 된 후 재취업을 포기한 사람, 직장을 그만두고 유럽여행을 준비 중인 사람(현재 취업에 대한 의지가 없다고 본다) 등 40명은 비경제활동인구이다. 그러므로 노동가능인구 80명 중 40명을 제외한 40명이 경제활동인구이다. ➲ 경제활동인구 = 40명

❸ 이제 취업자를 구해보자. 정부는 취업자를 '일주일 중 수입을 목적으로 1시간 이상 일한 자'로 정의한다. S그룹 본사 직원, 계약직 직원, 식당 종사자, 과외를 하는 대학생, 편의점에서 일하는 고등학교 졸업생, 부모님 가게 일을 도와주는 청년, 입원한 계약직 노동자, 심지어 일주일에 1시간씩 운동 삼아 우유를 배달하는 아주머니도 취업자로 본다.

정부는 질병, 일기불순, 휴가, 노동쟁의 등의 사유로 잠시 휴직하고 있는 사람, 수입이 되지는 않더라도 가족이 운영하는 농장이나 사업체에서 일주일에 18시간 이상 일한 사람도 취업자로 간주한다. 결국 정규직 10명, 일시적으로 일을 하는 20명 모두가 취업자이다. ➲ 취업자 = 30명

❹ 정부가 인정하는 실업자는 여기저기 이력서를 내는 대학생 10명뿐이다.

➲ 실업자 = 10명

결국 계산해 보면 실업률은 실업자 수를 경제활동인구 수로 나눈 것이므로, 실업률은 10/40×100=25%이다.

공식 실업률의 한계

앞에서 조사한 A도시의 실업률은 수치상으로는 꽤 높지만(실제로 대공황 이후 선진국에서 22%라는 실업률이 나온 적은 없었다), 최소한 A도시의 주민들이 느끼는 체감 실업률보다는 낮은 수치이다. 왜냐하면 100명 중에서 제대로 된 일자리를 가진 사람은 S그룹 직원 10명, 식당 종사자 3명, 조금 더 넓게 보면 계약직 직원까지 포함해도 18명밖에 되지 않기 때문이다.
일반인들은 고시생, 재취업 포기자, 단기 아르바이트생도 실업자라고 볼 것이다. 이 경우 A도시 주민들이 보기에 어린이와 노인들을 뺀 노동가능인구 80명 중 실업자는 62명이다.

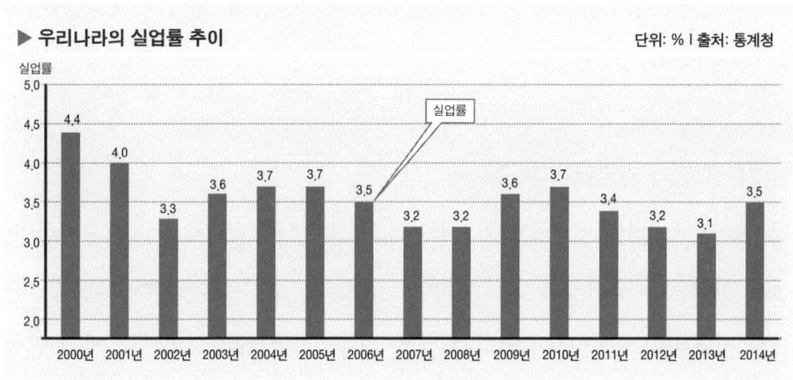

A도시 주민들의 체감 실업률은 77.5%(62/80×100)로 정부가 추산하는 실업률 22%와는 큰 차이가 있다. 이것은 정부가 비경제활동인구를 실업자로 보지 않고, 실업률 통계에 아예 포함하지 않기 때문이다. 하지만 이들 중 경제활동을 하고 싶지만 사회적 환경 때문에 포기하고 만 사람들도 있다.

게다가 일주일에 1시간 이상을 일한 자, 일자리를 구하지 못해 공무원 시험 공부를 하거나 하루 몇 시간 아르바이트를 하는 사람까지 취업자로 파악하는 것은 실업률을 지나치게 낮추려고 한다는 의혹을 살 가능성이 있다.

경제활동참가율 – 실제 취업자는 얼마?

정부도 공식 실업률 통계의 한계를 인정하고 보완적인 고용지표들을 발표하는데, 대표적인 것이 경제활동참가율*이다. 경제활동참가율은 노동가능인구에서 경제활동인구가 얼마인지 구하는 것으로, 실제 취업자가 얼마나 되는지 볼 수 있는 지표이다.

* **경제활동참가율** OECD의 경제활동참가율 평균은 67%이고, 우리나라의 경제활동참가율은 59%이다. 우리나라는 자영업자 비율이 32%로, OECD 평균인 15%의 2배를 넘는다.

$$\text{경제활동참가율} = \frac{\text{경제활동인구}}{\text{노동가능인구(경제활동인구 + 비경제활동인구)}} \times 100$$

A도시의 경제활동참가율은 노동가능인구 80명, 경제활동인구 45명이어서 56.25%(45/80×100)이다.

실업률 지표가 가르쳐 주는 것

정부에서는 실업률을 국가의 경제상태와 생산성을 측정하는 데 참고한다. 높은 실업률은 경기침체를 보여준다. 실업률은 물가를 예측하는 데에도 중요한 지표이다. 실업률이 낮다는 것은 일자리가 상대적으로 풍부하고 인력을 구하는 기업이 많다는 것이다. 이 경우 앞으로 임금이 오를 것이고, 이로 인해 물가가 상승할 것이란 점을 예측할 수 있다. 이처럼 실업률은 한 국가의 경제상황을 파악하는 데 중요한 지표인 만큼, 정부에서도 정확히 산정함으로써 국민들이 경제상황을 정확히 알 수 있도록 해야 할 것이다.

여기서 잠깐

공식 실업률을 보완하는 3가지 고용보조지표

공식 실업률은 우리가 실제 체감하는 실업률과는 격차가 너무 크다. 누가 봐도 실업자인데도 비경제활동인구로 분류되어 아예 통계에서 빠져 버리는 일이 많기 때문이다.

이는 단순히 통계의 신뢰성 문제에서 끝나지 않고 공식 실업률 통계에 의거해 만드는 정책의 헛발질을 양산해 낸다. 그래서 정부는 2014년 10월부터 3가지 고용보조지표를 만들어 함께 발표한다. 공식 실업률과 비교하며 보자.

$$\text{공식 실업률} = \frac{\text{실업자수}}{\text{경제활동인구}} \times 100$$

$$\text{고용보조지표 1} = \frac{\text{실업자수} + \overset{❶}{\text{시간관련 추가취업 가능자}}}{\text{경제활동인구}} \times 100$$

$$\text{고용보조지표 2} = \frac{\text{실업자수} + \overset{❷}{\text{잠재경제활동인구}}}{\text{경제활동인구} + \text{잠재경제활동인구}} \times 100$$

$$\text{고용보조지표 3} = \frac{\text{실업자수} + \text{잠재경제활동인구} + \text{시간관련 추가취업 가능자}}{\text{경제활동인구} + \text{잠재경제활동인구}} \times 100$$

① **시간관련 추가취업 가능자 |** 취업자 중에서 실제 취업시간이 주당 36시간 미만이면서 추가취업을 희망하고 추가취업이 가능한 사람

② **잠재경제활동인구 |** 잠재취업가능자+잠재구직자
잠재취업가능자는 비경제활동인구 중 지난 4주간 구직활동을 했으나 조사대상 주간에 취업이 가능하지 않은 사람, 잠재구직자는 비경제활동인구 중 지난 4주간 구직활동을 하지 않았으나 조사대상 주간에 취업을 희망하고 취업이 가능한 사람을 말한다.

2015년 7월 현재 경제활동인구는 약 2,730만명, 실업자는 약 100만명, 시간관련 추가취업 가능자는 약 55만명, 잠재경제활동인구는 약 175만명이다.

2015년 7월 정부가 발표한 공식 실업률은 약 3.7%이다. 그런데 고용보조지표 3으로 계산해 보면 약 11.3%이다. 고용보조지표가 우리가 느끼는 체감실업률과 더 가깝다고 볼 수 있다. 고용보조지표 3이 약 11.3%라는 것은, 우리 주위에서 10명 중 1명은 일을 하고 싶으나, 제대로 된 일자리가 없어 실업자이거나 임시방편으로 불안한 일자리에 머물고 있다는 것이다.

우리 옆의 경제학

우리나라의 청년 실업률은 정말 10%일까?

우리나라의 청년 실업률은 2015년 2월 11%로 외환위기 이후 15년 만에 최고치를 기록했다. 청년 실업률은 그해 상반기 내내 10% 정도에서 오르내렸다. 하지만 정말 우리나라의 청년 실업률이 10% 정도일까? 여러분도 주위를 둘러보면 그보다 높다는 느낌이 들 것이다.

우리나라의 실업 통계는 돈을 벌기 위해 일주일에 1시간만 일해도 실업자로 보지 않는다. 또 공무원 공부를 하는 이도 현재 취업 의사가 없다고 보아 실업자에 넣지 않는다. 하지만 우리가 느끼는 체감 실업률은 단기 아르바이트, 파트타임 등 불완전 취업자와 취업 준비생, 구직 단념자까지 포함한다.
통계청의 자료를 바탕으로 체감 실업률을 구해 보면 약 23%가 나온다. 하지만 현대경제연구원은 20대 체감 청년 실업률을 37.5%라고 발표한 바 있다.

대공황 이후 많은 국가의 실업률은 20%를 넘지 않았다. 이처럼 실업률 수치가 크게 증가하지 않는 것은 기본적으로 정부가 실업대책을 세웠기 때문이다. 하지만 높은 실업률에 따른 치열한 경쟁 때문에, 경제활동을 포기해 버리는 사람이 속출하여 실업률 통계에 잡히지 않기 때문이라고 해석할 수도 있다. 지금 우리나라 20대의 모습도 이와 비슷하다고 볼 수 있다.

▶ 체감 실업률의 범위

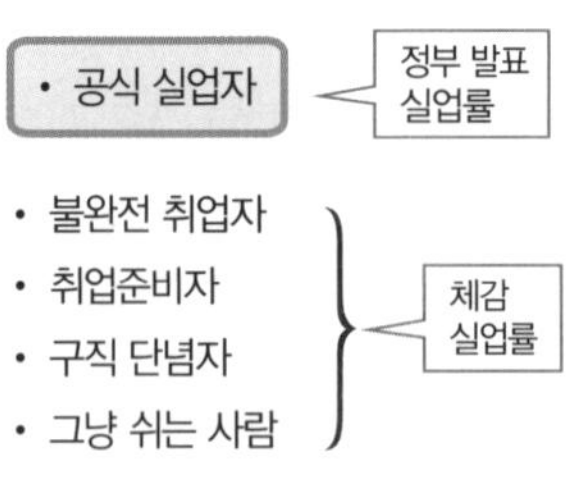

외환위기 이후 평생직장의 개념이 깨지고 안정된 일자리가 줄어드는 모습을 보는 청년들은 조급함을 느끼며 취업경쟁에 뛰어든다. 하지만 현실의 벽에 막혀 절망하고, 휴학이나 해외 어학연수, 군대, 대학원 등으로 취업 경쟁에서 도피하기도 한다. 또는 공무원 시험 열풍이 불면서 비경제활동인구로 대거 편입되어 버렸다. 그러나 이마저 쉽지 않자, 수많은 젊은이들은 결국 악조건의 비정규직으로 편입되고, 점점 88만원 세대가 되어가는 비극을 맞이하게 된 것이다.

004

불경기에는 마찰적 실업이 왜 줄어들까?

Let's Go

이태백, 사오정, 오륙도……. 외환위기 이후 실업 때문에 고통을 당하는 20대부터 50대까지의 고용상황을 함축적으로 표현한 단어들이다. 최근 20대의 경제적 상황을 가장 정확히 표현한 것은 우석훈 교수의 저서 제목인 '88만원 세대'일 것이다.

실업이 일반 서민들에게 얼마나 큰 관심사이자 무서운 것인지는 책을 읽고 있는 독자 여러분 스스로가 더 잘 알 것이다. 실업은 단지 일을 하지 못하는 문제가 아니라 한 사람의 미래이자 대한민국의 미래를 결정하는 문제이다. 앞에서 실업의 통계적인 문제를 살펴보았다면, 이번에는 실업의 종류를 통해 실업 문제의 본질을 바라보자.

모든 실업이 나쁜 것은 아니다 — 마찰적 실업

더 나은, 또는 자신에게 맞는 직장을 찾는 과정에서 발생하는 일시적 실업을 '마찰적 실업'이라고 한다. 사실 어느 정도의 마찰적 실업은 개인뿐만 아니라 국가경제에도 도움이 된다. 생산성을 높일 수 있고 기술혁신을 이끌 수 있기 때문이다.

어떤 사람들은 자신의 역량을 개발하기 위해 자발적으로 실업 상태에 들어간다. 그래서 한 국가의 실업률은 아무리 경기가 좋더라도 항상 0%보다는 크다. 그러나 경기가 좋지 않고 실업률이 높은 시기에는 좋은 일자리의 공급이 줄어들기 때문에 마찰적 실업은 감소한다.

겨울은 너무 추웠다 – 계절적 실업

계절적 실업은 계절적인 특성에 따라 발생하는 실업이다. 농부, 건설 노동자 등은 겨울이 되면 일시적인 실업 상태에 빠진다. 워터파크나 일반 관광지는 겨울에 계절적 실업이 많고, 스키장은 날씨가 따뜻해지면 계절적 실업이 많아질 것이다. 계절적 실업을 당하는 사람들은 대개 일용직이나 형편이 어려운 경우가 많아 실업이 큰 위기로 다가온다. 그래서 농부들은 비닐하우스 농사 등으로 계절적 실업을 극복하려 하고, 정부도 공공근로사업이나 농촌 가내공업 육성 등을 통해서 이들을 지원한다.

외환위기 때 뼈저리게 겪은 경기적 실업

경기적 실업은 경기가 좋지 않을 때, 주로 회사의 폐업이나 구조조정을 통해 이루어지는 실업이다. 마찰적 실업이나 계절적 실업은 어느 정도 긍정적이거나 중립적인 가치가 있지만, 경기적 실업은 뒤에서 살펴볼 구조적 실업과 함께 많은 사람들이 가장 두려워하는 실업에 속한다.

우리는 경기적 실업의 고통을 외환위기를 통해서 뼈저리게 겪었다. 당시 IMF는 우리나라에 구제금융을 제공하는 조건으로 구조조정과 부실기업 퇴출을 요구했고, 그 결과 외환위기 이전에 3.1%이던 실업률은 이듬해인 1998년에 7%로 치솟았다.

한편 외환위기 이후 실시된 노동시장 유연화 정책으로 인해, 기업은 구조조정을 위해 정리해고를 하거나 비정규직을 채용하기가 쉬워졌다. 근로기준법이 개정되면서 일정 요건만 구비하면 잘못이 없어도 직원을 해고할 수 있으며, 파견근로자법이 개정되면서 정규직은 줄어들고 임시계약직과 비정규직이 증가했다.

경기적 실업은 경기불황 때 일어나므로 재취업이 어렵고, 취업을 해도 고용조건이 더 열악해질 가능성이 크다. 사실 경기적 실업을 해결하는 방법은 경기회복뿐이지만, '실업자 증가→소비 위축→경기 위축→실업자 증가'의 악순환을 정책적으로 해결하는 것이 쉽지 않다. 그래서 각국은 경기적 실업 문제로 고심하고 있다.

고용 없는 성장 — 구조적 실업

구조적 실업은 산업구조나 사회환경 변화에 따라 노동력의 수요와 공급이 불균형을 이루면서 발생하는 실업이다.

구조적 실업의 가장 큰 원인은 기술발달이다. 산업혁명을 이끈 증기기관의 발명으로 가내수공업의 숙련 노동자들과 농부들은 단순 노무자로 전락했다. 기술발달에 따라 생산성이 향상될수록 일자리는 점점 기계로 대체되었다. 마르크스는 산업구조가 고도화될수록 기계에 비해 노동력의 비중이 줄어들고, 그에 따라 실업이 늘어난다고 주장했다.

1970년대 우리나라의 주요 산업이던 봉제산업은 투자비용 대비 고용효과가 매우 컸다. 하지만 반도체산업은 고도의 기계와 기술이 필요하므로 투자비용 대비 고용효과가 크지 않다. 예를 들어 봉제산업의 노동 대 자본 비율이 1이라면, 반도체산업은 0.1로 기술이 발달할수록 가치 생산에서 노동력이 차지하는 비율이 낮아진다.

▶ 경제 부문별 취업유발계수

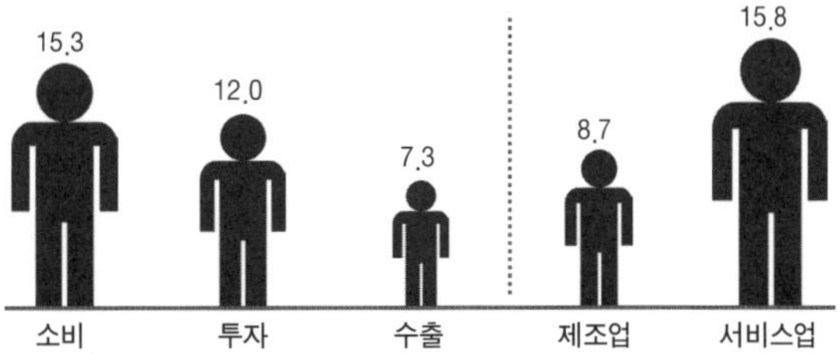

다음은 한국은행에서 작성한 산업별 취업유발계수이다. 취업유발계수는 10억원을 투자할 때 직간접적으로 만들어지는 일자리의 수를 의미한

다. 취업유발계수가 8이라면, 10억원 투자에 고용이 8명 발생한다는 것이다. 우리나라의 취업유발계수는 2000년 21.9에서 10년 만인 2010년 12.9로 크게 떨어졌다. 전 산업 분야에서 떨어졌으나 농림어업, 서비스업, 제조업, 건설 부문의 낙폭이 컸다. 산업수준이 고도화될수록 부가 노동력이 아닌 기술 및 설비에 의해 창출되고, 선진국일수록 임금이 비싸다. 기업은 가능한 고용을 기피하고, 기술로 해결해도 이익이 남지 않는 단순 노동자 자리밖에 남지 않게 된다. 즉 '고용 없는 성장'이 이루어지는 것이다.

사실 구조적 실업은 보통 인력개발 및 기술교육을 통한 재교육으로 해결해야 한다. 그러나 자본주의가 발달할수록 좋은 일자리가 점점 줄어들 수밖에 없어서 재교육만으로 구조적 실업을 해결하는 데는 한계가 있다.

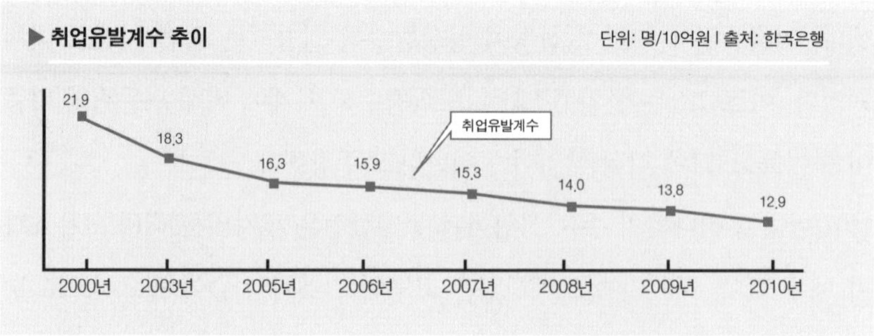

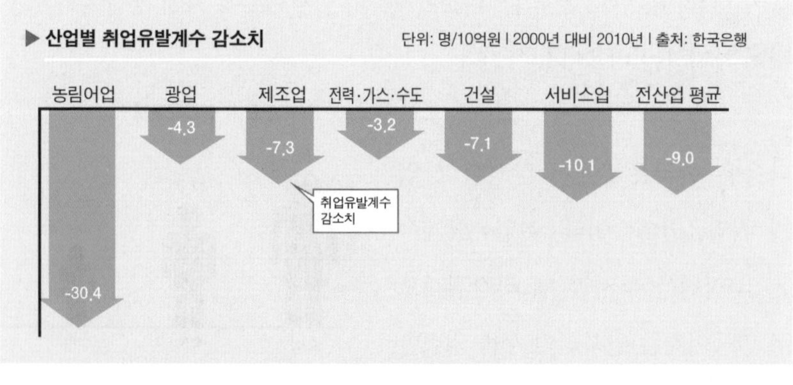

우리 옆의 경제학

88만원 세대, 700유로 세대, 그리고 니트족

2008년 12월 8일, 그리스의 한 소년이 경찰의 시위진압 과정에서 사망하는 사고가 발생했다. 처음에 공권력에 대한 항의로 시작된 시위는 점차 정부의 부정부패, 무능력, 높은 실업률과 빈부격차 등 정권에 대한 불만으로 이어져 정권퇴진을 부르짖는 반정부 시위로 발전했다. 성난 민심의 중심에는 700유로 세대가 있다.

그리스의 700유로 세대

그리스도 우리나라처럼 치열한 입시경쟁을 통해 대학에 진학하지만, 졸업해도 청년 실업률이 25%이며, 취업이 되어도 임금이 낮고 고용이 불안정한 비정규직인 경우가 많아 700유로(약 130만원) 정도의 보수만이 기다릴 뿐이다. 이 젊은이들을 시위로 내몬 것은 단지 낮은 임금뿐만은 아니었다. 앞으로도 상황이 나아질 것이 없다는 현실에 대한 분노의 표현이자, 밝은 미래를 향한 몸부림이었다.

우리나라의 88만원 세대

2007년 무렵 우리나라의 비정규직 평균 임금인 117만원에 20대 임금비율 74%를 곱해서 나왔다는 88만원. '88만원 세대'로 불리는 20대는 젊음을 만끽할 여유도 없이 토익과 성적, 인턴 등 열심히 준비해 왔지만, 남겨진 것은 대부분 비정규직 일자리였다. 산업의 고도화, 고용 없는 성장, 노동시장의 유연화로 좋은 일자리는 줄어들고, 30대 경력직을 원하는 구인 풍토는 남은 희망마저 자꾸 앗아간다.

20대가 비전이 없다면 우리나라의 미래도 없다. 게다가 신자유주의 체제가 심해질수록 경쟁은 더욱 격화될 것이다. 20대, 30대 초반에 사회 진입에 실패한 이들은 앞으로 살아갈 6,70년 동안 비정규직과 실업의 공포에 시달릴 위험이 있다.

일본의 니트족

일본에서는 학교에 다니지 않고, 직업교육도 받지 않고 취업을 포기해 버린 니트족(NEET; Not in Education, Employment, or Training)이 늘어나면서 사회문제가 되고 있다. 우리나라도 점점 경쟁이 심화되면서 니트족이 늘어나는 추세에서 과연 20대에게 필요한 것은 무엇인가? 이 사회는 그 해답을 기성세대에게 묻고 있다.

1. 사근이는 학교 숙제로 2005년 기준 소비자물가지수 조사품목 중 아래의 5가지를 조사해 갔는데, 이중에서 한 가지는 예전에는 포함되었으나 최근 빠진 것이다. 무엇일까?

① 찜질방 사용료 ② 전자계산기 가격 ③ 대입학원 수강료
④ 가족관계등록부 발급료 ⑤ 대리운전비

2. 다음 중 소비지출이 많음에도 불구하고 소비자물가지수 조사품목에 들어가지 않는 것은 무엇일까?

① 생수 가격 ② 이동전화료 ③ 컴퓨터 가격
④ 주택구입비 ⑤ 학원비

3. 실질 국민소득을 구하기 위해 국민소득을 추계한 다음 사후적으로 계산되는 종합적인 물가지수로, 명목GDP를 실질GDP로 나누어 산출하는 것은 무엇일까?

4. 2008년 화폐가치가 폭락하고, 1년 동안 물가가 2,200,000%가 오르는 등 하이퍼인플레이션을 겪은 나라는 어디일까?

① 나이지리아 ② 파라과이 ③ 짐바브웨
④ 아일랜드 ④ 헝가리

5. 우리나라는 1953년에 100원을 1환으로 바꾸는 화폐개혁을 했으며, 1962년에는 10환을 1원으로 바꾸는 화폐개혁을 단행했다. 이와 같이 화폐의 단위를 바꾸는 것을 일컫는 경제학적 용어는 무엇일까?

① 밸류하이퍼 ② 이벨류에이션 업
③ 리디노미네이션 ④ 머니 익스체인지

정답

1. ② 소비자물가지수 대상 품목은 2, 3년에 한 번씩 바뀐다. 전자계산기는 2005년에 제외되었다.
2. ④
3. GDP 디플레이터
4. ③
5. ③

6. 인플레이션 상황에서는 화폐가치가 하락하므로, 사람들은 현찰 보유를 줄이고, 물가상승률을 반영하는 금리를 주는 투자상품에 돈을 예치한다. 그리고 필요할 때마다 돈을 찾아 쓰다 보니, 은행에 자주 다니게 되는 상황을 비유한 것으로, 인플레이션 상황에서 화폐를 더 적게 보유하기 위해 드는 비용을 무엇이라고 하는가?

① 유리 비용 ② 거울 비용 ③ 구두창 비용
④ 마우스 비용 ⑤ 재떨이 비용

* 다음은 A국가의 실업률을 조사하기 위해 표본 추출한 100명을 설문조사한 결과이다. 다음 표를 보고 물음에 답하시오.

- 아이를 키우는 가정주부 10명
- 공무원 시험 공부하는 고시생 10명
- 취업 준비 학원에 다니는 학생 10명
- 직장 그만두고 일하기 싫어서 놀고 있는 사람 10명
- 회사에서 해고된 후 재취업을 포기한 사람 10명
- 취업하려고 여기저기 이력서를 내는 대학생 10명
- 취업 전까지 부모님 가게를 도와주는 사람 10명
- 일주일에 1시간씩 우유 배달을 하는 사람 10명
- S그룹 본사 직원 10명
- S그룹 비정규직 10명

7. A국가의 실업자는 몇 명인가?

① 10명 ② 30명 ③ 50명 ④ 80명 ⑤ 90명

정답

6. ③

7. ① 일할 능력과 의지가 있지만 일을 갖지 못한 사람은 취업을 위해 이력서를 쓰는 대학생 10명뿐이다.

8. A국가의 취업자는 몇 명인가?

① 10명 ② 20명 ③ 30명 ④ 40명 ⑤ 50명

9. A국가의 실업률은 몇 %인가?

① 20% ② 40% ③ 50% ④ 80% ⑤ 90%

10. A국의 경제활동인구는 몇 명인가?

① 10명 ② 20명 ③ 30명 ④ 40명 ⑤ 50명

11. A국가의 경제활동참가율은 몇 %인가?

① 20% ② 40% ③ 50% ④ 80% ⑤ 90%

12. 우리나라의 88만원 세대처럼 그리스에서도 저임금에 시달리는 젊은 세대를 비판적으로 지칭하는 용어가 있는데, 무엇일까?

① 100유로 세대 ② 300유로 세대 ③ 700유로 세대
④ 900유로 세대 ⑤ 미니 유로 세대

13. 어떤 사람이 더 나은 직장을 찾기 위해 직장을 옮기는 과정에서 잠시 일을 쉬는 경우, 다음 중 어느 실업에 해당할까?

① 경기적 실업 ② 미스매칭 실업 ③ 구조적 실업
④ 계절적 실업 ⑤ 마찰적 실업

정답

8. ④ 일주일 중 수입을 목적으로 1시간 이상 일한 사람은 모두 취업자이다. S그룹의 정직원 및 비정규직, 우유 배달 아줌마, 부모님 가게를 도와주는 사람까지 포함된다.

9. ① 실업률=실업자/경제활동인구(취업자+실업자)이므로 10/50=20%

10. ⑤ 취업자 40명, 실업자 10명이므로 경제활동인구는 모두 50명

11. ③ 경제활동참가율=경제활동인구/노동가능인구이므로 50/100=50%이다. 노동가능인구는 15세 이상, 65세 이하

12. ③ 13. ⑤

10

화폐와 금융을 알아보자

화폐는 어떻게 생겨났을까?
통화량이 급격히 늘어나고, 돈의 회전속도가 빨라지면 어떤 일이 생길까?
흥선대원군이 경복궁을 중건하기 위해 당백전을 무분별하게 발행했을 때,
어떤 일이 일어났는지는 현 시대에도 중요한 참고가 된다.
기축통화는 무엇이고, 달러는 어떻게 기축통화가 되었을까?
우리 삶에 직접적인 영향을 미치는 돈 이야기를 해 보자.

001

포로수용소에서 담배가 어떻게 화폐 역할을 했을까?

— 화폐의 기능과 정의

Let's Go 미 공군 쉐프턴은 제2차 세계대전에 참전했다가 포로수용소에 수감되었다. 포로들은 이곳에서 받은 보급품 중에서 쓰고 싶지 않거나 쓰지 않는 물건들은 서로 교환하기를 원했다. 그래서 담배를 거래의 수단으로 사용하기 시작했고, 담배를 많이 가진 사람은 원하는 물건과 서비스(이발 등)를 다른 사람에게서 구매할 수 있었다.

「제17포로수용소」의 영화 포스터. 제2차 세계대전 때 포로수용소에도 경제활동이 있었고, 담배가 화폐 역할을 했다.

1954년에 빌리 와일더 감독이 제작한 「제17포로수용소」는 제2차 세계대전 당시 포로수용소에서 벌어지는 탈출 스토리를 그린 영화다. 놀랍게도 포로수용소 안에도 경제활동이 있었고, 주요 매개수단은 담배였다. 그 수용소에서는 담배가 화폐였던 것이다. 자, 이제 현실 경제와 밀접하게 연관된 화폐의 기원과 기능, 발달과정을 살펴보자.

화폐는 '사람들이 재화와 서비스를 구입하기 위해 통상적으로 사용하는 몇 가지의 자산'을 말한다. 각국의 주화나 지폐만이 아니라 금화, 은화, 물물교환 시대에 사용하던 면, 쌀, 조개껍데기 같은 것도 화폐이다.

화폐는 그것을 사용하는 사람들 사이에서 재화, 서비스 구입의 매개수단으로 인정하는 암묵적인 '합의'가 있어야 한다. 우리나라에서 원화가 화폐로 인정받는 것도, 미크로네시아에서 Rai라는 돌이 화폐로 통용되었던 것도 '사회적 합의'가 있었기 때문이다.

【상황 1】 시계를 돌려 원시시대로 돌아가 보자.

철수는 돌망치를 잘 만들었지만 식량을 충분히 얻는 법을 알지 못해서 항상 배가 고팠다. 순이는 야자열매를 잘 땄지만 딱딱한 껍질을 깨느라 매번 고생이었다. 철수는 순이에게 돌망치를 만들어 주는 대신 야자열매 3개를 얻었다.

물물교환은 이렇게 상품과 상품을 교환해서 필요를 충족시키는 행위이다. 화폐가 없던 원시시대에는 물물교환을 통해 각자가 원하는 것을 얻을 수 있었다. 그런데 물물교환이 증가하면서 몇 가지 단점도 나타났다.

첫째, 서로 원하는 상품이 정확히 일치하지 않으면 거래가 되지 않았다.

둘째, 각 상품의 가치가 정해져 있지 않으므로 교환비율이 일정하지 않았다. 철수는 돌망치 하나로 야자열매 3개를 바꾸기 원했는데, 순이가 하나만 주려고 했다면 문제가 생겼을 것이다.

셋째, 물물교환을 하려는 상품의 휴대성과 이동성이 떨어져서 직접 들고 다니기 불편한 경우가 있었다.

【상황 2】 다음날 또 배가 고파진 철수는 순이에게 다시 돌망치와 야자열매를 바꾸자고 했다. 순이는 이제 돌망치는 필요없었고 항아리를 가지고 싶었다. 이에 머털도사는 조개껍데기를 주워 와 철수에게 3개, 순이에게 3개를 주었다. 그리고 사람들은 돌망치는 조개껍데기 2개, 야자열매는 1개 식으로 상품의 교환가치를 정했다. 이제 철수는 조개껍데기 1개를 주고 야자열매를 샀고, 순이는 그 조개껍데기 1개를 가지고 다른 사람에게서 항아리를 샀다.

여기서 조개껍데기는 '화폐', 머털도사는 '은행'의 역할을 하는데, 이처럼 화폐는 '교환의 기준'을 제시함으로써 사람들이 경제활동을 원활하게 할 수 있도록 한다. 화폐는 다음과 같은 기능을 한다.

교환의 매개수단

화폐는 물물교환의 번거로움을 줄이기 위해 탄생했다. 교환을 원활하게 하기 위한 매개수단으로 구매에 대한 지불 기능을 한다.

회계의 단위

물물교환 경제에서는 가격을 매기기가 매우 힘들다. 쌀 한 섬의 가격은 닭과 교환한다면 10마리, 호미는 5개, 화초장은 1개 식으로 매우 복잡해질 수밖에 없다. 재화와 서비스가 무궁무진하고, 같은 것이라도 질이 다르므로, 물물교환 경제에서 일관성 있게 물건의 가치를 계산하는 것은 거의 불가능하다. 화폐는 복잡한 가격체계에 일괄적인 법칙을 부여함으로써 거래의 편익을 도모하고 장부정리 등 회계 작업을 원활하게 한다.

가치의 저장수단

조개껍데기, 곡식, 육류 등 저장성이 나쁜 물품은 시간이 지날수록 경제적 가치를 저장할 수 없으며, 어느 시점에는 거래 자체가 불가능해진다. 그러나 화폐는 내구성 있는 소재로 만들기 때문에 이런 문제가 없다.

당백전이 '땡전'이 된 이유

하이퍼인플레이션 시기에 돈을 수레에 싣고 가는 독일인들.

제1차 세계대전 직후 독일은 재정적자에서 벗어나려고 무분별하게 돈을 찍어내어 극심한 하이퍼인플레이션을 겪었다. 머리를 깎으려면 수레에 돈을 싣고 가야 했고, 빵 하나가 수천 마르크씩 했다.
물가가 시간 단위로 올라서 공장 노동자들은 임금을 일급, 심지어 오전, 오후로 두 번 나누어 받았다. 아내들은 점심 때 공장 앞에서 기다리고 있다가 오전 임금을 건네받으면, 가격이 오를까 봐 식료품을 사기 위해 시장으로 달려갔다. 당시 독일의 인플레이션율은 1년에 100,000,000%를 기록했다.

흥선대원군은 집권 이후 경복궁 중건과 군비 증강에 국력을 쏟았다. 경복궁 중건은 엄청난 재정이 필요했다. 무리한 공사로 인해 국고가 텅 비자 나온 임시 타개책이 당백전 발행이었다.
당백전은 액면가가 당시의 통화였던 상평통보의 100배였지만, 실제로 들어간 구리는 상평통보의 5,6배에 불과했다.
당백전 발행 초기에 7,8냥이던 쌀 한 섬의 가격이 1,2년 사이에 약 6배 폭등하였다. 또 상평통보를 녹여 당백전의 위조화폐를 만드는 일이 성행했다. 이로 인해 조선 왕조는 재정적자를 해결하기는커녕 오히려 물가폭등과 체제의 위기까지 맞게 되었다.

중앙은행의 가장 중요한 역할 중 하나는 물가안정을 위해 통화량을 조절하는 것이다. 흥선대원군 때 중앙은행이 있었다면, 아니 적어도 물가안정과 통화량에 대한 약간의 지식이 있었더라면, 조선 말기의 경제상황은 지금 우리가 역사책에서 배우는 것과 상당히 다른 양상을 보였을 것이다.
가진 돈이 없을 때 "땡전 한 푼 없다"고들 하는데, '땡전'은 당백전에서 비롯된 말이다. 가치가 뚝 떨어진 "당백전조차 없다"는 말이 회자되다가 '백' 자가 누락되어 '당전'으로 변하고, '당'을 센소리로 발음하면서 '땡전'이 되었다고 한다.

002

우리는 달러 발행량에 왜 웃고 우는가?

— 화폐와 금융

Let's Go

지폐와 은행의 발명은 인류 역사에서 혁명적인 사건이었다. 지폐, 그리고 지폐를 만든 은행의 등장은 개인, 기업, 국가 간 거래를 편리하게 만들며 자본주의 발달에 크게 기여했다. 그리고 금융업은 이제 한 국가의 기간산업이 될 정도로 위상이 높아졌다.

여기에서는 지폐와 은행, 그리고 명목화폐의 등장을 살펴볼 것이다. 나아가 금본위제, 브레턴우즈 체제의 등장과 붕괴 등 역사를 통해서 달러가 어떻게 세계의 중심 화폐가 되었고, 위상이 어떻게 변하고 있는지 살펴볼 것이다.

화폐는 어떻게 발달하였는가?

물품화폐

최초의 화폐는 물품화폐였다. 기원전 16세기 무렵 중국 남부에서는 근해에서 쉽게 잡을 수 없는 조개껍데기를 화폐로 사용하였다. 그 외에도 근대적인 경제체계가 틀을 갖추기 이전까지 곡물, 옷감, 가축, 무기 등 물품화폐가 생활 속에 널리 사용되었다. 예를 들어 우리나라의 대동법은 세금을 미곡으로 거두게 했는데, 당시 공식화폐인 상평통보가 있었지만 현물징수를 했던 것이다.

비교적 현대에도 일부 환경에서는 물품화폐가 사용되었는데, 제2차 세계대전 때 포로수용소나, 화폐가치가 불안정하였던 러시아에서 담배가 화폐 역할을 한 것이 대표적인 예이다.

금속화폐

물품화폐는 보관이나 이동이 쉽지 않고 공급이 제한적이라는 단점이 있다. 그래서 엽전, 금화, 은화 등 금속화폐가 등장했다. 금속화폐는 물품화폐에 비해 소액거래를 위해 세분화, 표준화할 수 있으며, 휴대가 편하고 내구성이 좋다는 장점이 있다. 최초의 동전은 기원전 6~7세기 터키 지방의 리디아 왕국에서 사용한 일렉트론 코인으로 알려져 있다.

법화

금속화폐는 채광과 제련기술 등의 한계로 원활한 공급이 힘들다는 단점이 있다. 그래서 경제가 복잡해짐에 따라 금속화폐를 대신할 새로운 화폐가 필요했으며, 그 결과 등장한 것이 법화(fiat money)이다.

법화는 지금 우리가 주로 사용하는 화폐(지폐)로, 그 사회에서 화폐로 인정하지 않는다면 사실 종이조각에 불과하다. '법화'라는 이름은 법이 화폐로 지정하지 않으면 가치가 없다는 의미에서 비롯되었다.

은행은 어떻게 탄생하였는가?

골드스미스노트와 은행의 탄생

중상주의 시대에 시장에서는 금화와 은화뿐만 아니라 진주, 다이아몬드 등 귀금속이 화폐로 유통되었다. 상인들은 귀금속의 품질과 함량을 보증하고 교환하는 전문가가 필요했다. 전문가들은 '뱅크'라는 환전대 위에서 작업을 했는데, 여기에서 Bank(은행)라는 말이 나왔다.

현대적인 의미의 은행은 17세기 영국의 골드스미스(금 세공사)들로부터 시작되었다. 당시 사람들은 금을 골드스미스에게 맡기고 지급 보증서인 '골드스미스노트'(금 세공사 어음)를 받았다. 골드스미스노트는 보관과 유통이 편

15세기 플랑드르 화가 쿠엔틴 마이세스의 「환전상과 그의 아내」. 환전상이 동전의 무게를 달고 있다.

해 각종 금전 거래에서 금 대신 사용되었다. 또한 이들에게 이 노트를 가져와 금으로 바꾸어 달라고 요구하는 사람은 많지 않았다. 그러자 이들은 보관 중인 금보다 훨씬 많은 양의 골드스미스노트를 발행하여 이자를 받고 사람들에게 빌려주기 시작했다. 거래가 활성화되자, 이제 이들은 금을 맡긴 사람들에게 보관료를 받지 않고 오히려 이자를 주기 시작했다. 이것이 바로 은행의 시작이다.

가짜돈, 지폐의 등장

금화는 새로운 금광이 발견되지 않는 이상 화폐의 양이 증가하지 않는다. 그래서 자본가는 화폐의 양만큼 물건을 만들고 토지를 구입하고 월급을 줄 수밖에 없고, 노동자들도 제한된 월급을 받을 수밖에 없다. 당시 한 나라의 경제활동은 그 나라가 가진 금의 양에 좌우되었다. 그러나 가짜돈(보유한 금보다 많이 발행한 골드스미스노트, 이후 지폐)이 증가하자, 자본가는 생산과 투자를 활발하게 하고 더 많은 노동자를 고용했다. 이는 소비 증가로 이어지고 다시 생산이 활발해지는 선순환을 일으켰다.

화폐의 총량이 증가하자, 은행들이 부를 쉽게 축적하는 부작용을 낳았다. 하지만 가짜돈은 사회발전에 필요한 혈액인 돈을 수혈해 주는 효과가 있다. 이것은 서구사회가 17세기 이후 폭발적으로 성장할 수 있는 기반을 제공했다. 산업혁명 이후 전 세계가 유례없이 폭발적으로 성장한 것에는 금융업의 '가짜돈'들이 기여한 바를 부인할 수 없다.

지폐가 탄생하면서 화폐도 실질화폐와 명목화폐로 나뉘게 되었다. '실질화폐'는 화폐 자체의 가치가 시장에서 거래되는 가치와 같은 화폐를 말한다. 금화가 그 예이다.

반면 '명목화폐'는 화폐에 쓰인 액면가로 거래되는 화폐이다. 화폐의 실제적인 가치는 없으며, 사회 구성원들의 합의에 의해 거래된다. 지폐나 골드스미스노트가 그 예이다.

금본위제도의 등장과 후퇴

본위제도(standard system)는 금은 등 기준자산을 근거로 화폐의 가치를 정하고 유지하는 제도이다. 예를 들어 금본위제라면 그 나라는 금 보유량만큼 화폐를 발행한다.
본위제도의 기준자산에는 금과 은이 번갈아 사용되다가, 1816년 당시 세계경제를 이끌던 대영제국이 금본위제를 채택하자 다른 나라들 역시 이 제도를 받아들였다. 금이 화폐로 주목받는 것은 시간이 지나도 그 가치가 없어지지 않기 때문이다. 세계 경제위기 때 금값이 오르는 것도 금이 안정적인 투자자원이기 때문이다.
금본위제 국가는 국내에서는 자국 화폐를 사용하고, 다른 나라와의 거래에서는 금으로 결제한다. 총통화량은 반드시 국가의 금 보유량에 맞춘다. 즉 금본위제에서 세계 각국은 자연스럽게 금에 의해 통일된 고정환율제[400쪽]를 시행한다. 예를 들어 금 1g이 한국에서는 1,000원, 미국에서는 10달러라면, 금본위제에서 원/달러 환율은 1000원=10달러로 고정된다.

첫째, 금본위제에서는 국가 간의 교역에서 일방적인 경상수지[385쪽] 흑자나 적자가 오랫동안 지속될 수 없다. 한 국가가 경상수지 적자가 생길 경우 금이 해외로 유출되고, 이에 따라 국내 통화량이 줄어들면서 화폐가치가 상승하며, 자산의 가치는 하락해 물가가 떨어지면서 디플레이션이 발생한다. 그러면 수출상품의 가격경쟁력이 생겨 수출이 잘된다. 이로써 경상수지 적자는 흑자로 전환되고, 유출되었던 금은 다시 국내로 유입된다.
대규모의 경상수지 흑자가 난 경우에는 반대로 결국 다시 균형을 찾으므로, 국가 간 교역은 안정적으로 서로가 감당할 수 있을 정도의 인플레이션과 디플레이션을 반복하며 유지된다.

둘째, 금본위제는 새로운 금광이 발견되지 않는 이상 대규모 화폐 발행이 어렵다. 이것은 장점인 동시에 단점이 될 수 있다. 장점은 화폐 공급량이 적으면 인플레이션이 일어날 확률이 적다는 것이고, 단점은 임금도 계속 낮게 유지되므로 소비가 활성화되기 어렵다는 것이다.

금본위제의 이러한 단점이 문제가 될 때는 언제일까? 공황이 닥쳐서 소비와 생산이 모두 위축되고 시중에 자금 공급이 절실할 때이다. 이럴 때 금본위제에서는 정부가 쓸 수 있는 해결책이 별로 없다.
미국의 루스벨트 대통령은 1929년 대공황의 위기를 극복하기 위해 금본위제를 폐기했다. 언제나 금으로 교환할 수 있는 '태환 화폐제도'에서 금으로 교환이 안 되는 '불태환 화폐제도'로 바꾼 것이다. 금본위제를 폐기하고 일반인의 금 소유를 금지하는 무지막지한 법을 만들어 시행했으며, 그것을 바탕으로 무제한의 통화 발행을 통한 경제위기 탈출을 시도했던 것이다.

달러는 어떻게 기축통화가 되었나? — 브레턴우즈 체제의 출범

유럽의 국가들은 양차대전으로 승전국이든 패전국이든 많은 자원을 소모했다. 그래서 44개 연합국 대표들은 1944년 7월 미국 뉴햄프셔 주의 브레턴우즈에서 통화 금융회의를 열었다. 당시 각국 통화의 가치가 불안정했고, 너도나도 수출을 늘리기 위해 자국 통화의 가치를 떨어뜨리려고 했다.• 이 회의에서는 이를 시정하고 국제무역 확대와 환율 안정, 국제수지 균형 등을 맞추기 위해 논의했다. 회의의 결론으로 '순금 1온스=35달러'로 고정하고, 다른 나라의 통화는 달러에 대하여 고정환율을 결정했다. 그리고 이 통화제도를 관장하는 기구로 IMF와 IBRD(세계은행)를 출범시켰다. 이 브레턴우즈 협정으로 미국 달러가 기축통화가 된 것이다.

당시 미국은 세계에서 가장 빠르게 성장하는 공업대국으로, 유럽에서 필요한 물자의 대부분을 공급하던 '세계의 공장'이었다. 그에 걸맞은 경제력과 생산체제, 막대한 금 보유량을 가지고 있었다. 덕분에 엄청난 채무에 시달리던 서방 국가들로부터 견제를 받지 않고 달러가 기축통화(국제 간의 결제나 금융거래의 기본이 되는 화폐)가 될 수 있었다.

• 자국화폐의 가치를 떨어뜨리면, 수출가격을 낮출 수 있어서 수출에 유리하다.

국제교역에서 금 대신 달러로 결제하게 되자, 미국은 세계 무역에 필요한 달러를 공급하는 역할을 하게 되었다. 미국이 찍어내는 달러의 양에 따라 각국은 디플레이션(지속적인 물가하락)과 인플레이션(지속적인 물가상승)을 겪었다. 이것은 곧 미국의 경제에 다른 나라의 경제가 연동될 수 있다는 의미이다. 브레턴우즈 체제의 출범으로 전 세계적인 경제권력은 미국의 손에 들어가게 되었다.

달러의 딜레마—브레턴우즈 체제의 붕괴

기축통화국인 미국의 딜레마

달러가 기축통화가 된 것은 당시 미국이 전 세계 GDP의 50%를 차지하고, 전 세계 금의 70%를 보유했을 정도로 세계 최강국이었기 때문이다. 그런데 달러가 기축통화가 되면서 미국은 새로운 딜레마에 빠졌다.

미국의 국내 경제와 세계 경제의 발전이 대립되는 상황이 온 것이다. 미국의 국제수지[384쪽]가 흑자면 달러가 급격히 미국으로 유입되고, 전 세계에서 달러 통화량이 줄어들게 된다. 즉 미국이 경제발전을 지속하면 세계 경제는 어려움을 겪는다. 반대로 세계 경제가 발전하면, 미국은 들어오는 달러보다 해외로 유출되는 달러가 많아진다. 그러면 세계 경제는 발전하지만, 미국은 무역적자가 커진다.

브레턴우즈 체제의 종말

세계 경제발전과 미국의 이익이 대치되는 미묘한 상태를 유지하던 중, 미국의 태도가 극적으로 바뀌는 상황이 발생했다. 바로 미국과 소련으로 대표되는 자본주의와 공산주의의 대립, 즉 냉전의 시작이었다. 미국은 서유럽과 세계 각국의 공산화를 막기 위해 엄청난 원조와 군사비용을 지출하고, 그 비용을 달러를 찍어 충당했다.

미국의 재정적자는 베트남 전쟁 이후 더욱 심해졌고, 달러 통화량이 너무 늘어나 달러 가치가 급락했다. 이에 달러 보유국들은 1970년부터 미국 은행에 달러를 금으로 바꾸어 달라고 요구했다. 이로 인해 미국의 금 보유량은 반년 만에 1/3이 줄어들었다. 결국 1971년 닉슨 대통령은 베트남 전쟁으로 인한 재정적자 등을 이유로 들어 브레턴우즈 협정을 파기하고, 달러를 금으로 교환해 주지 않겠다고 선언한다.

이제 달러는 불환화폐, 즉 금으로 바꾸어 주지 않는 화폐가 된 것이다. 미국은 금의 제약으로부터 벗어나자, 국채를 마구 발행하면서 달러를 무분별하게 찍어냈다. 이로써 미국은 본격적으로 '쌍둥이 적자' 체제로 들어가게 된다. 레이건 대통령 때부터 심화된 쌍둥이 적자는 30년 가까이 지속되어 2008년 금융위기의 한 원인이 되었다.

여기서 잠깐

신용카드는 화폐일까?

미래의 화폐로 전자화폐를 꼽는 사람들이 많다. 전자화폐는 화폐가 어떤 실체를 띠지 않고 장부상의 숫자로만 존재하는 경우를 의미한다. 네이버페이, 직불카드 등이 전자화폐의 예이다.

하지만 신용카드는 화폐와는 성격이 조금 다르다. 신용카드는 화폐를 즉시 교환하는 게 아니라 지불 능력을 믿고 결제를 잠시 미루는 것이다. “나는 1만원을 갚을 능력이 있는 사람이니 믿고 결제를 미루어 주면 11월 초에 갚겠다”, 즉 외상 수단인 셈이다. 그러므로 신용카드는 화폐가 아니며, 따라서 통화량을 계산할 때 신용카드 사용액은 넣지 않는다.

금 모으기 운동과 외환보유고

금은 현대에도 화폐가치를 가지고 있으며, 국제 거래에서 공식적으로 통용된다. 또한 외환보유고에 포함되며 국부의 수준을 가늠하는 척도 중 하나다.

외환위기 당시 금 모으기 운동은 장롱 속에 있는 금을 팔아 달러를 벌어오자는 의미도 있었지만, 금 자체가 외환보유고에 포함되기에 한국은행의 금 예치는 외환보유고를 늘리는 일이었다. 금 모으기 운동으로 당시 200톤의 금을 모았고, 제2의 국채보상운동, 혹은 물산장려운동이라는 평을 들었다.

2015년 5월 말 현재 우리나라 외환보유고는 3,715억 달러이고, 약104톤(47억 9,000만 달러)의 금을 보관 중이다. 금 모으기 운동 때 모았던 200톤의 대부분은 종합상사를 통해 수출했다고 한다. 현재 외환보유고의 금은 영국은행에 보관 중이다. 외환보유고로 인정되는 금은 국제 규격을 맞춘 금괴여야 하는데, 이를 GDB(Golden Delivery Bar)라고 한다.

단적으로 말하면 금 모으기 운동은 외환위기 당시 외환보유고 증가에 즉각적인 도움은 되지 못한 셈이다. 대부분의 금을 외국에 팔았고, 한국은행이 보관하던 금도 2004년 GDB로 정련될 때까지 외환보유고로 인정받지 못했기 때문이다.

참고로 뉴욕 연방준비은행, 스위스은행, 영국은행 등이 외환보유고의 금을 보관해준다. 제2차 세계대전 이후 유럽 국가들이 전쟁 피해를 입지 않은 이들 국가의 은행에 앞다투어 금을 맡겼기 때문이다. 우리나라도 과거에 뉴욕 연방준비은행에 외환보유고의 금괴를 보관한 적이 있다.

003

은행제도와 자본시장법

Let's Go 미국의 경우 은행은 크게 3종류로 나눌 수 있다. 중앙은행 격인 연방준비제도이사회(FRB)와 상업은행, 투자은행이 그것이다. 좀 단순화해서 설명하면, 상업은행은 고객예금을 받아 단기대출을 해서 안정적인 수익을 얻는 은행이고, 투자은행은 고위험, 고수익의 주식, 채권, 파생금융상품에 투자하는 은행이다. 그리고 중앙은행은 '은행의 은행'으로 화폐 발행, 통화정책 등의 일을 한다. 우리나라에는 과거에 투자은행이 없었는데, 앞으로 아시아의 금융 허브가 되기 위해서는 미국식 투자은행 시스템을 하루빨리 도입해야 한다는 주장이 힘을 얻어 자본시장법이 2009년 2월부터 시행되었다. 여기에서는 중앙은행, 상업은행, 투자은행의 기능에 대해 살펴보자.

중앙은행은 왜 생겼나?

일반은행과 중앙은행 중 무엇이 먼저 생겼을까?

서양에서 일반은행은 금 등 자산을 보관해 주고, 증서로 은행권(bank note)과 어음을 발행하면서 생겼다. 그런데 각 은행마다 은행권이 다르다 보니 거래할 때 교환이 번거로웠다. 은행이 망하면 은행권이 휴지조각이 되어 국가적 혼란을 초래하기도 했다. 이에 은행을 감독하고 거시경제정책[289쪽]을 수행할 기관이 필요하게 되었고, 이에 따라 중앙은행이 생겨났다.

중앙은행은 왜 기획재정부와 마찰이 생길까?

먼저 중앙은행이 무슨 일을 하는지 알아보자.

첫째, 중앙은행은 '발권은행'으로 한 국가의 화폐를 발행한다. 경우에 따라서는 화폐를 직접 찍어내는 기관과 중앙은행이 분리된 경우도 있다. 하지만 대부분 중앙은행의 발권 요청에 따라 화폐가 발행되므로, 중앙은행은 발권은행이라고 할 수 있다. 우리나라는 한국은행의 발권 요청에 따라 한국조폐공사에서 화폐를 찍으며, 발행된 화폐는 시장에 유통되기 전까지 한국은행에 보관된다.

둘째, 중앙은행은 발행한 화폐를 시장에 유통시키며, 시장 상황에 따라 '통화량을 조절'한다. 경기가 과열되거나 물가상승의 우려가 있으면, 시장에서 거래되는 화폐를 거두어들여 시중 통화량을 줄인다. 반면 경기가 후퇴할 기미를 보이면, 시장에 화폐를 더 공급하여 안정적인 성장을 꾀한다. 이를 위해 중앙은행은 지급준비율, 기준금리, 공개시장 조작 등 금융정책을 수행한다.[5장]

셋째, 중앙은행은 '은행의 은행'으로서, 일반은행에 예금 입출금 업무, 긴급자금 대출업무 등을 한다.

넷째, '정부의 은행'으로서, 조세수입 관리와 국채 발행을 통한 자금 지원, 외국환 관련 업무와 외환보유고 관리, 국가경제 연구와 통계 작성 등 다양한 업무를 하고 있다.

중앙은행의 궁극적인 목표는 통화량을 조절하여 물가를 안정시키는 것이다. 이는 경기부양을 목표로 하는 기획재정부와 마찰을 빚기도 한다. 경기호황이 되려면 시장에서 거래가 활발해야 하므로, 기획재정부는 화폐를 더 공급하여 통화량을 늘리고 싶어한다. 하지만 중앙은행은 화폐 공급에 따른 물가상승을 우려하므로 두 기관 사이에 마찰이 생긴다. 이명박 정부 초기 기획재정부가 수출 증대를 위해 고환율 정책을 취하자, 한국은행이 불편한 심기를 드러냈던 이유가 여기에 있다.

우리나라의 통화량은 얼마?

통화량은 개인과 은행 등 민간이 보유하고 있는 유동자산, 즉 현금뿐만 아니라 유동화하기 쉬운 자산의 양이다. 흔히 현금으로 바로 바꿀 수 있으면 '유동성이 크다'라고 한다. 주요 통화지표 4가지를 알아보자.
통화지표는 시중에 돈이 얼마나 풀렸는지를 보여줌으로써, 앞으로 경제상황이나 자산의 가격변동을 예측하는 데 매우 중요한 경제지표이다.

M1(협의통화)

가장 유동성이 큰 통화지표이다. M1(협의통화)은 현금과 요구불예금으로 구성된다. 요구불예금은 보통예금처럼 은행에 요구하면 언제든지 현금으로 바꿀 수 있는 예금을 말한다.

M2(광의통화)

M2(광의통화)는 M1(협의통화)에 만기 2년 미만의 정기예금, 정기적금 등 약간의 이자만 포기하면 쉽게 현금화할 수 있는 금융상품을 말한다. 만기 2년 미만의 외화예금도 M2에 포함된다.

Lf(금융기관유동성), L(광의유동성)

Lf나 L은 유동성이 작은 통화지표이다. Lf(금융기관유동성)는 은행에서 취급하는 만기 2년 이상의 예금이나 대출금 등을 포함한다.

L(광의유동성)은 Lf(금융기관유동성)에 국채, 회사채, 기업어음 등을 포함한 통화지표이다.

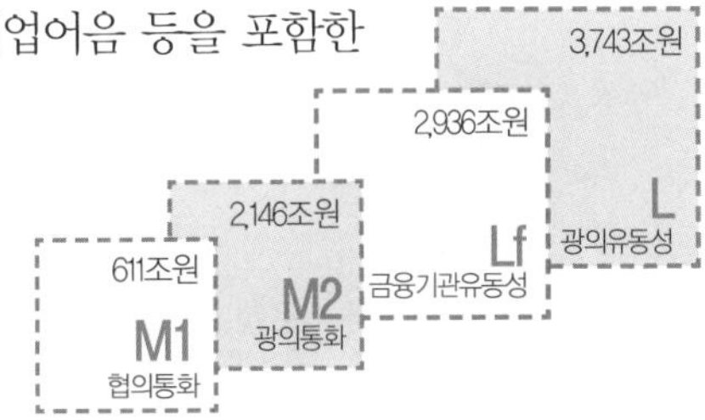

2015년 4월 말 기준 통화지표

우리나라의 통화량은 얼마?

한국은행이 발표한 자료에 따르면, 2015년 4월 말 기준 M1(협의통화)은 약 611조원, M2(광의통화)는 약 2,146조원, Lf(금융기관유동성)와 L(광의유동성)은 각각 약 2,936조원과 약 3,743조원이다. 어마어마한 돈이지만, 2015년 국가 예산이 376조원이고, 그 외 대기업과 은행, 주식시장 등에서도 수백, 수천억원 규모의 거래가 일어난다는 점을 감안하면, 우리나라의 통화량이 수천조원이라는 것은 납득할 만하다.

우리나라에는 왜 엄밀한 의미의 상업은행이 없을까?

상업은행

상업은행(CB; Commercial Bank)은 예금을 바탕으로 단기대출을 하는 은행이다. 영국의 은행 분업주의(상업은행과 투자은행 분리) 전통에서 비롯되었다. 상업은행의 주요 업무는 예금을 받고 그를 바탕으로 수표, 어음 등 지급수단을 관리하는 것이다. 상업은행은 보통예금과 당좌예금만을 취급하며 송금이나 금고 제공 등의 업무도 한다.

우리나라에서는 상업은행을 '일반은행'이라고도 한다. 우리나라는 상업은행과 투자은행을 구분하지만, 은행 겸업주의를 채택하고 있기 때문에 상업은행에서도 정기예금(적금), 장기융자 업무도 하고 있다. 그래서 우리나라의 상업은행(일반은행)은 엄밀한 의미에서 상업은행이라고 볼 수 없다. 그러나 경제가 발전하면서 금융시장과 은행 업무가 더욱 복잡해지고 다양해졌으므로, 전 세계적으로도 상업은행과 투자은행의 구분이 점점 모호해지고 있다.

투자은행

투자은행(IB; Investment Bank)은 상업은행이 담당하지 않는 주식, 채권 등을 다루며, 장기 산업자금을 취급한다. 요즘은 투자은행의 외환 및 주식 딜러 등이 고객의 자금을 가지고 투자를 통해 수익을 올리기도 한다.
우리나라는 상업은행이 채권투자 상품을 거래하지만 주식은 다룰 수 없었다. 이에 반해 투자은행은 증권 발행시장에서 기업과 투자자를 연결시켜 주며, 기업의 증권을 일부, 혹은 전부 인수한 뒤 이를 투자기관이나 개인투자자에게 파는 방식으로 증권시장의 매개체 역할을 해왔다.
주요 투자은행으로는 미국의 모건스탠리, 골드만삭스, 씨티은행, 독일의 도이체방크, 홍콩의 HSBC 등이 있다. 2007년까지만 해도 미국에는 골드만삭스, 메릴린치, 모건스탠리, 리먼브라더스, 베어스턴스 등 5대 투자은행들이 건재했으나, 서브프라임 모기지 사태와 2008년 금융위기를 겪으면서 지금은 모건스탠리와 골드만삭스만 남아 있다.(메릴린치는 뱅크오브아메리카에, 베어스턴스는 JP모건과 통합되었고, 리먼브라더스는 파산했다.)

자본시장법은 금융시장을 어떻게 바꿀까?

우리나라는 종금사(종합금융사)와 증권사 등이 투자은행의 기능을 일부 담당해 왔지만, 엄밀한 의미에서 투자은행다운 투자은행은 없었다. 이는 우리나라 금융시장이 실물시장에 비해 발전이 더딘 요인 중 하나였다. 그래서 정부는 2009년 2월부터 '자본시장과 금융투자업에 관한 법률'(이하 자본시장법)을 시행하고 있다.

이전 금융법 체계

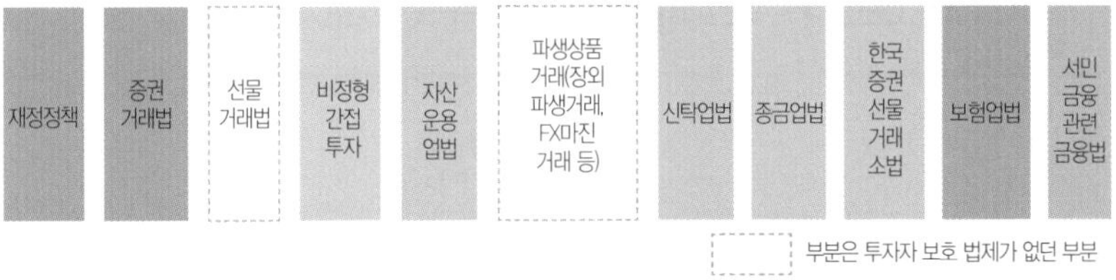

*비정형 간접투자 : 상법상 익명조합, 민법상 조합, 유한회사 등 당시 간접투자 관련 법률에서 허용되지 않는 기구를 이용한 간접투자

↓ 통합

통합 후 금융법 체계

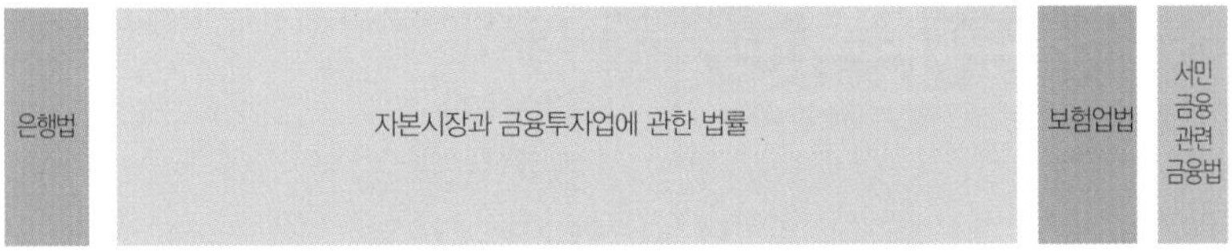

우리나라의 금융시장은 크게 은행, 보험, 투자, 기타 부문으로 나눈다. 예전에는 회사, 부문별로 법이 제정되어 있었는데(증권, 선물, 자산운용, 신탁업, 종금업 등), 투자 부문을 총괄하는 자본시장법의 시행으로 금융시장의 효율성이 높아질 것이며, 특히 투자 부문에 많은 영향을 줄 것으로 예상된다.

첫째, 예전보다 훨씬 다양하게 변형된 금융상품을 개발할 수 있는 길을 열어놓았다.

둘째, 예전에 증권사는 주식에 관련된 업무만 취급했지만, 이제는 주식뿐 아니라 선물 등 모든 투자상품에 대한 중개업을 할 수 있다.

셋째, 겸업을 허용하여 투자업무의 범위를 확대했다.

넷째, 투자자 보호 규정은 투자자에게 설명 의무를 강화하고, 요청하지 않은 투자권유를 규제하는 등 투자자의 손실을 막기 위해 제정되었다.

자본시장법의 시행으로 우리나라도 증권사, 투자자문회사, 종금사 업무 등을 모두 아우르는 대형 투자은행이 생길 것으로 예상된다. 이를 통해 기업은 자금을 좀더 쉽게 조달하고, 금융시장이 더욱 발전할 것으로 기대된다.

우리 옆의 경제학

리먼브라더스의 파산이 주는 교훈

Visit WSJ.com to See Our New Look and Features

THE WALL STREET JOURNAL.

AIG, Lehman Shock Hits World Markets

Focus Moves to Fate of Giant Insurer After U.S. Allows Investment Bank to Fail; Barclays in Talks to Buy Core Lehman Unit

AIG Faces Cash Crisis As Stock Dives 61%

2008년 금융위기 당시의 『월스트리트저널』

2008년 중반 산업은행은 세계적인 메가 은행으로 발전하기 위해 대형 투자은행인 리먼브라더스를 인수하려고 시도했다. 그러나 문제는 리먼브라더스의 부채 규모와, 보유한 파생금융상품의 건전성이었다.

당시 리먼브라더스는 장부 추정액으로 약 50조원의 채무를 지고 있었다. 장부에 기록되지 않은 채무까지 합치면 채무액이 엄청날 것으로 추측되었다.
또한 그들이 가지고 있던 파생금융상품과 증권 중 상당수는 서브프라임 모기지와 관련되어 있었다. 즉 부동산 버블기에 신용등급이 낮은 사람들에게 무분별하게 주택담보 대출(서브프라임 모기지)을 해 주었는데, 이 대출을 채권화하여 판 파생금융상품을 많이 가지고 있었다. 그래서 리먼브라더스는 서브프라임 사태의 피해를 크게 받았으며 회생 가능성도 적었다.

2008년 금융위기에는 대마불사(大馬不死; 바둑에서 연결된 여러 개의 바둑점인 대마는 죽지 않는다는 격언)의 원칙이 깨어졌다. 대형 투자은행들이 속속 무너졌으며, 특히 미국의 5대 은행 중 그나마 살아남은 것은 골드만삭스와 JP모건에 불과했다.
물론 투자은행이 무분별한 투자와 단기이익에 대한 집착으로 금융위기의 한 요인이 된 것은 사실이다. 하지만 상업은행은 대출 및 담보 문제에 보수적일 수밖에 없어서 기업과 경제회생에 필요한 대규모 자금을 조달하기 어렵다. 그런 면에서 투자은행의 역할이 필요하다.
지난 금융위기 때 투자은행의 몰락은 금융 버블이 꺼지고, 금융시장이 더욱 튼튼하게 바뀌어 가는 성장통의 과정으로 볼 수 있다.

1. 금은 외환보유고일까?

① 외환보유고이다. ② 외환보유고가 아니다.

2. 신용카드는 화폐일까?

① 화폐이다. ② 화폐가 아니다.

3. 국가적인 행사가 있을 때 국가는 기념주화를 발행한다. 우리나라도 1986년 아시안게임, 1988년 올림픽게임 때 기념주화를 발행했다. 기념주화를 거래에 이용할 수 있을까?

① 있다. ② 없다.

4. 우리나라는 은본위제가 실시된 적이 있을까?

① 있다. ② 없다.

5. 소재의 가치가 서로 다른 화폐가 동일한 명목가치를 가진 화폐로 통용되면, 소재 가치가 높은 화폐(good money)는 유통시장에서 사라지고 낮은 화폐(bad money)만 유통되는 현상을 일컫는 법칙이다. "악화가 양화를 구축한다"는 이 법칙은 무엇일까?

① 레몽의 법칙 ② 그레샴의 법칙 ③ 샤토의 법칙

④ 베네치안의 법칙 ⑤ 원의 법칙

6. 흥선대원군은 세도정치 60여 년 동안 추락한 왕실의 위엄을 되살리고자 경복궁 중건사업을 벌이게 되었으나, 막대한 재정부족을 겪자 이를 타개하기 위해 당시 화폐인 상평통보의 100배 가치를 가지는 화폐를 발행하였다. 그 화폐의 이름은?

정답

1. ① 외환보유고는 달러뿐만 아니라 외국환(엔, 유로), 금도 포함된다.
2. ② 신용카드는 결제를 일정기간 미루는 외상수단으로 화폐로 분류하지 않는다. 통화량 계산에도 빠진다.
3. ① 아시안게임 때 발행했던 3만원 기념주화는 순금 1온스로, 금으로 녹이기만 해도 40만원 이상의 가치가 있다.
4. ① 3일 천하로 끝나긴 했지만, 갑신정변 당시 개혁 강령에 은본위제가 있었다.
5. ② 6. 당백전

7. 제2차 세계대전 이후 세계 경제질서를 재편하기 위해 미국이 주축이 되어 출범한 체제이다. 달러 가치를 금과 일정한 수준으로 유지하고(1온스당 35달러), 다른 나라들은 달러를 기준으로 고정환율제(변동폭 상하 1% 이내)를 유지한다는 것이다. 이 체제의 이름은?

① 멕시코시티 체제 ② 사우스 다이아몬드 체제 ③ 유네스코 블록 체제
④ 브레턴우즈 체제 ⑤ 마스코 티퍼 체제

8. 1971년 베트남 전쟁으로 인한 재정적자 확대 등을 이유로, 달러를 금으로 교환해 주겠다던 브레턴우즈 협정을 파기해 버린 미국의 대통령은 누구인가?

① 포드 ② 카터 ③ 닉슨 ④ 레이건 ⑤ 오바마

9. 다음에 들어갈 한 글자를 쓰시오.

( )본위제의 장점으로는 다음 두 가지를 들 수 있다. 첫째, ( )본위제는 과도한 지폐 발행으로 물가상승을 일으킬 수 있는 정부나 은행의 힘을 제한한다. 둘째, ( )본위제에서는 각국이 고정환율제를 채택해 국제무역에 명확성이 부여된다.

10. 한국은행과 거래하는 기관을 모두 고르시오.

① 정부 ② 기업 ③ 공기업 ④ 시중은행 ⑤ 개인

11. 2015년 8월 현재 한국은행이 정한 기준금리는 1.5%이다. 기준금리는 한국은행 총재가 아니라 이 위원회에서 결정한다. 통화 신용정책을 수립하고 한국은행 운영에 관한 주요 사항을 결정하는 정책결정 기구는 무엇일까?

정답

7. ④ 8. ③ 9. 금
10. ①, ④ 한국은행은 은행의 은행이자 정부의 은행이다.
11. 금융통화위원회

11

가계와 기업을 살펴보자

연말정산과 소득세 신고 때마다 소득 구분에 자신이 없어 전전긍긍하지는 않는가?
근로소득, 사업소득, 재산소득, 이전소득 등 복잡한 소득을 구분할 줄 알면
경제지식을 얻을 수 있을 뿐만 아니라 실생활에도 도움이 된다.
또한 근로소득세 감세정책이 실제로 어떤 의미를 가지고 있으며,
어떤 외부효과를 불러일으키는지 알아보자.
아울러 공기업과 민간기업, 주식회사의 역사와 의미, 상장회사와 비상장회사,
'창조적 파괴'의 기업가 정신을 역설하는 슘페터의 혁신이론에 대해서도 살펴보자.

001

가계의 소득 구분하기

Let's Go 십여 년 전만 하더라도 일반인들의 소득은 정규직으로 회사에서 받는 월급, 장사를 해서 버는 돈 등 대체로 단순했다. 하지만 요즘은 투잡족도 많아졌고, 가계 소득도 아르바이트비, 예금이자, 주식 배당금, 펀드 수익, 부동산 임대료, 기초생활보조금, 연금 등 매우 다양해졌다.
가계 소득이 어떻게 구성되는지를 알면, 경제지식을 얻을 수 있을 뿐만 아니라 실생활에도 도움이 된다. 여기에서는 가계 소득의 구성에 대해 살펴보자. 아울러 정부의 근로소득세 감세정책이 어떤 장점이 있고, 또 어떤 예기치 않은 외부효과를 가져오는지 알아보자.

경상소득

경상소득은 일을 해서 받는 대가, 자산가치가 증가함으로써 버는 돈 등 일상적인 경제활동을 통해 정기적으로 얻는 소득을 말한다. 경상소득은 근로소득, 사업소득, 재산소득, 이전소득으로 나누어 볼 수 있다.

근로소득 | 근로소득은 노동의 대가로 받는 소득을 말한다. 회사에서 받는 월급뿐만 아니라 일용직 노동자나 아르바이트생의 임금 등도 근로소득에 포함된다. 전자를 '일반 근로소득', 후자를 '일용 근로소득'이라고 한다. 그리고 월급뿐만 아니라 휴가비나 판공비, 자녀 장학금 같은 급여성 대가도 근로소득에 포함된다.

사업소득 | 사업소득은 스스로 경영을 하여 얻는 소득을 말한다. 장사뿐만 아니라 농어업, 건설업, 학원 같은 교육서비스업, 의료업 등 다양한 서비스업종과 소설가나 가수, 작곡가, 전문 직종 강사 등의 소득도 사업소득에 포함된다.

▶ **2015년 A씨(40세) 가족의 경상소득**

근로소득	남편 월급	4,800만원
사업소득	부인 인세 수입	500만원
재산소득	오피스텔 임대료	700만원
	은행 이자	200만원
	주식 수익	−500만원
	펀드 수익	−1,200만원
이전소득	부인 실업수당	720만원
경상소득 합계		5,220만원

재산소득 | 재산소득은 자산을 통해 얻는 소득을 말한다. 은행이자, 주식 및 펀드 수익, 부동산 임대료 등이 그 예이다.

이전소득 | 임금, 이자, 임대료, 이윤 등의 소득 형태가 아니라, 생산에 직접 기여하지 않고 개인이 정부, 기업 등으로부터 받는 수입이다. 실업수당, 생활부조금, 연금, 유족원호금 등이 포함된다.

비경상소득

비경상소득은 퇴직금이나 로또 당첨금처럼 예상치 못한 소득이나 임시 소득을 말한다. 상속재산이나 스포츠대회 상금, 상여금, 연예인의 광고 출연료도 비경상소득에 들어간다.

그러나 임시거나 예상치 못한 소득이라고 모두 비경상소득에 들어가는 것은 아니다. 일용직 건설노동자는 비록 비정규적으로 돈을 벌지만 경상소득자로 분류한다. 비경상소득을 구분하는 중요한 기준은 '일상적 경제활동'을 통한 소득인지 여부이다. 퇴직금이나 상속재산은 일상적 경제활동을 통해 얻는 소득이 아니어서 비경상소득, 일용직이나 단기 아르바이트는 일을 해서 버는 소득이므로 경상소득이다.

복잡한 소득 구분하기

실제 경제생활에서는 소득의 종류를 구분하기 쉽지 않다. 한 사람이 근로소득자이자 사업소득자가 될 수 있고, 심지어 직업이 같은 사람도 상황에 따라 근로소득자, 또는 사업소득자일 수 있다. 소득을 뚜렷하게 구분하는 방법을 몇 가지 살펴보자.

첫째, 고용, 또는 이와 유사한 계약에 의하여 노동력을 제공하고 받는 소득은 그 이름이나 지급방법이 달라도 근로소득에 해당한다.
둘째, 독립된 자격으로 노동력을 제공하고 일의 성과에 따라 지급받는 금액은 사업소득 중 사업서비스업 소득에 해당한다.
셋째, 고용관계를 판단하는 기준은 노무 제공자가 업무나 작업을 거부할 수 있는지, 시간 및 장소의 제약을 받는지, 업무에서 구체적인 지시를 받는지, 복무규정의 준수 의무가 있는지를 종합적으로 조사하여 판단한다. 쉽게 말해 자유롭게 돈을 벌었으면 사업소득, 그렇지 않고 얽매어 있으면서 벌었으면 근로소득이다.

예를 들어 농부나 어부는 사업소득자이지만, 만약 땅주인이나 선주로부터 임금을 받고 일한다면 근로소득자이다. 학원강사가 원장에게 월급을 받고 정해진 시간에 정해진 학생들을 가르치는 종합반 강의를 한다면 근로소득자이고, 특정 학원에서 가르치더라도 자신의 이름을 보고 강의를 신청한 단과반 강의를 한다면 사업소득자이다. 만약 학원강사가 평일 낮에는 재수생 종합반, 평일 저녁이나 주말에는 단과반 강의를 한다면, 그는 근로소득이자 사업소득자이다. 투잡이 늘고 있는 요즘은 근로소득자이자 사업소득자인 경우가 많다.

우리 옆의 경제학

근로소득세 감세정책의 양면성

근로소득세는 국가 재정의 가장 안정적인 소득원이다. 2008년 정부는 근로소득세 감세정책을 발표했다. 세금을 줄임으로써 근로자의 실질소득을 증가시켜 경기를 부양하겠다는 의지였다.
기획재정부의 자료에 따르면, 이 조치로 연소득 4,000만원인 근로자는 2009년 27만원, 2010년 38만원, 같은 소득이면서 4인 가구의 가장은 2009년 47만원, 2010년 53만원의 세금을 감면받게 되었다.

서민 입장에서는 근로소득세가 줄어든 만큼 여유가 생기는 것이고, 실제로 어느 정도 소비 증가를 가져왔다. 하지만 이러한 근로소득세 감세정책이 장점만 있는 것은 아니다. 다음의 표를 보자.

▶ 소득세율 인하에 따른 가구 형태별 근로소득세 감소 효과

1인 가구

단위: 만원 | 기준: 결정세액

구분	2009년				2010년			
총급여	개정 전	개정 후	증감액	증감율	개정 전	개정 후	증감액	증감율
2,000만원	23	18	△ 5	△ 19.8%	23	18	△ 5	△ 19.8%
4,000만원	228	201	△ 27	△ 11.7%	228	190	△ 38	△ 16.6%
6,000만원	534	489	△ 45	△ 8.4%	534	460	△ 74	△ 13.8%
8,000만원	964	906	△ 59	△ 6.1%	964	858	△ 106	△ 11.0%
1억원	1,442	1,365	△ 77	△ 5.3%	1,442	1.299	△ 143	△ 9.9%

고소득자일수록 감세 혜택이 크다.

4인 가구

구분	2009년				2010년			
총급여	개정 전	개정 후	증감액	증감율	개정 전	개정 후	증감액	증감율
2,000만원	10	5	△ 5	△ 51.3%	10	5	△ 5	△ 51.3%
4,000만원	169	121	△ 47	△ 28.0%	169	115	△ 53	△ 31.7%
6,000만원	474	409	△ 65	△ 13.7%	474	385	△ 89	△ 18.8%
8,000만원	873	781	△ 93	△ 10.6%	873	738	△ 135	△ 15.5%
1억원	1,351	1,240	△ 111	△ 8.2%	1,351	1.179	△ 172	△ 12.7%

근로소득세 감세정책의 외부효과

당시 근로소득세 감세정책으로 정부의 조세수입이 약 10조원에서 20조원 줄어들었다. 정부는 줄어든 재정수입을 메우기 위해 국채를 발행하거나 다른 세금을 올려야 했다.

국채 발행은 국가가 빚을 지는 것이므로, 나중에 갚아야 할 돈이며, 통화량을 증가시켜 물가를 상승시킬 수 있다. 또는 부족한 재정수입을 메우기 위해 다른 세금을 더 거두어야 한다.

국가가 세수를 늘리기 위해 선택할 수 있는 가장 쉬운 방법은 조세 저항이 적은 간접세를 올리는 것이다. 그런데 유류세, 주세, 부가가치세 등 간접세는 부자나 서민이나 똑같이 내야 하는 세금이다. 우리나라의 간접세 비율은 약 50%로 OECD 국가 중 가장 높은 편이다. 간접세 인상은 서민들에게 더 큰 부담을 줄 것이다.

정부가 세금이 잘못 쓰이는 곳을 찾아서 재정지출을 줄이면 다행이다. 하지만 정부가 교육, 복지 분야의 지출을 줄이면 서민층은 더 큰 어려움을 겪는다. 우리나라의 복지 지출은 GDP 대비 10%대로 OECD 국가의 평균인 21%에 한참 미치지 못하는 실정이다.

근로소득세의 감세율은 소득이 적은 사람일수록 높다. 이처럼 감세율을 기준으로 보면 서민들에게 이득인 것 같지만, 금액 면에서 보면 고소득층일수록 더 많은 혜택을 본다. 4인 가구 기준 2009년에 연봉이 2,000만원인 사람은 5만원, 1억원인 사람은 111만원의 세금을 덜 냈다. 한 국회의원은 국정감사에서 감세 혜택의 88%가 소득 상위 10% 계층에 집중된다는 분석을 내놓은 바 있다.

002 경제학에서 합리적인 소비란?

Let's Go

필자는 어렸을 때, 집과 학교에서 수없이 절약하라는 말을 들었다. 당시만 하더라도 소비의 미덕은 절약이었고, 사람들은 물건을 아껴 쓰지 않고 필요 이상의 비싼 것을 사는 것을 죄악시하기도 했다.
그러나 최근에는 경기침체로 '절약의 역설'이라는 말이 널리 퍼지면서 무조건적인 절약은 좋지 않고, 적당한 소비가 합리적인 것으로 인식되고 있다.
합리적인 소비에 대해서 알아보고, 비합리적인 소비가 왜 발생하고, 사회에 어떤 영향을 미치는지 살펴보자.

무엇이 합리적인 소비인가?

경제학에서 말하는 합리적 소비란 무엇인가?
경제학에서 '합리적 소비'는 최소 비용으로 최대 효과를 내는 것이다. 즉 한계효용을 극대화하고, 기회비용을 최소화하는 소비를 말한다. 예를 들어 찐빵, 음료수, 과자 중 찐빵을 먹는 것이 가장 기회비용이 작고(기회비용 최소화), 500원짜리 찐빵을 4개가 아니라 3개 먹는 것이 만족감이 가장 크면(한계효용 극대화), 1500원으로 찐빵 3개를 사 먹는 것은 합리적인 소비이다. 또한 합리적인 소비는 계획적인 소비여야 한다.
정리해 보자. 합리적인 소비는 최소 비용으로 최대 효과, 즉 한계효용을 극대화하고 기회비용을 최소화하되 계획적인 소비를 하는 것이라고 정의할 수 있다.

"샤넬을 하나도 가지고 있지 않은 여성은 패션의 승리자가 될 가망이 없다."
– 미국 패션 잡지 『하퍼스 바자』

합리적인 소비와 바람직한 소비

합리적 소비와 헷갈릴 수 있는 말 중에 '바람직한 소비'라는 말이 있다. 합리적인 소비는 '개인'의 이익을 극대화하는 데 비중을 두는 반면, 바람직한 소비는 '모든' 경제주체들에게 이익이 갈 수 있는 공동체적인 측면을 더 중시한다.

합리적 소비는 때로는 바람직하지 못한 소비가 될 수도 있다. 예를 들어 독과점이나 부동산 투기는 이익을 극대화한다는 점에서 합리적인 소비가 될 수 있지만, 대부분의 경제주체에게 피해를 준다는 점에서 바람직한 소비라고 볼 수는 없다.

비합리적인 소비란?

'과소비'는 필요 이상의 양이나 적정 수준 이상의 질을 갖춘 상품을 소비하는 것이다. 1년 전에 산 자동차를 최신형 자동차로 교체하는 것, 월급과 맞먹는 돈을 술값으로 내는 것, 형편에 맞지 않는 명품을 구입하는 것 등 과소비의 예는 수없이 많다.

때로는 합리적인 소비처럼 보이는 것도 과소비일 수 있다. 미래의 위험을 대비하는 보험은 합리적인 소비지만, 만약 보험을 과도하게 들었다면 합리적인 소비라고 할 수 없다. 과소비는 가계경제의 균형을 무너뜨릴 수 있다.

'모방소비'는 자신의 가치관이나 상황과 관계없이 다른 사람을 따라 소비하는 것이다. '3초 백', '5초 백'이라는 말이 있다. 그만큼 흔히 볼 수 있다는 뜻인데, 명품에 대한 모방소비의 예이다. 유행에 민감한 우리나라에서 모방소비는 흔히 볼 수 있는 현상이다.

'충동소비'는 필요하지 않고 구매계획도 없었는데, 가격이나 디자인, 포장 등에 이끌려 무의식적으로 소비하는 것인데, 이것도 비합리적인 소비다.

비합리적인 소비를 왜 할까?

편승효과(밴드왜건 효과)

사람들에게는 나보다 나은 사람, 또는 대부분의 사람들이 하는 것을 따라 함으로써 동질감을 느끼고 싶어하는 심리가 있다. '편승효과'는 '남이 하니까 나도 한다'는 식의 의사결정을 말한다. '밴드왜건 효과'(bandwagon effect)라고도 한다.

밴드왜건(서커스 등의 악대차)이 연주하면서 지나가면, 사람들이 모여들기 시작하고, 이처럼 몰려가는 사람들은 본 이들이 무엇인가 있다고 생각하고 무작정 뒤따르면서 군중이 더욱 불어나는 것에 비유하여 붙인 이름이다. 처음에 삐삐나 핸드폰, 컴퓨터와 초고속 인터넷이 어떻게 보급되었는지 생각한다면 이러한 현상을 쉽게 이해할 수 있을 것이다.

과시효과

사람들은 대중과 동질감을 느끼고자 하는 심리가 있긴 하지만, 나의 존재를 알리고 주목받고 싶어하는 것이 더 일반적인 심리라고 할 수 있다. 물질의 가치를 희생하고서라도 타인에게 인정받는 기쁨을 누리려고 하는데, 이를 '과시효과'라고 한다. '전시효과', '시위효과'라고도 한다. 명품 열풍은 과시효과의 대표적인 예이다.

과시효과는 개인뿐만 아니라 공동체에도 영향을 미친다. 소득수준이 높은 도시지역과 낮은 농촌지역이 접촉하면, 농촌 사람들은 도시의 생활양식을 따라 소비성향이 높아진다. 이런 현상은 텔레비전, 영화, 신문 등으로 인해 선진국과 개발도상국 사이에서도 일어난다. 전시효과로 인해 소비성향이 커지고 이에 따라 저축률이 저하될 수 있으므로 개발도상국에서 문제가 되고 있다.

스노브 효과

밴드왜건 효과나 과시효과에 반발하여 자신만의 차별성을 가지려는 심리를 '스노브 효과'(snob effect)라고 한다. 스노브(snob)는 우리말로 '신사인 체하는 속물'이란 뜻으로 '속물효과'라고도 한다. 상표가 있는 옷을 거부하고 자신들끼리 알아볼 수 있는 옷과 액세서리를 추구하는 보보스족, 또는 흔히 오타쿠라고 하는 마니아들이 이에 속한다.

의존효과

소비자의 수요가 자신의 생각이 아니라 생산자의 광고 · 선전 등에 의존하여 이루어지는 현상을 '의존효과'라고 한다. 성능이 비슷하더라도 중소기업보다 대기업 제품을 선호하는 이유는 무엇일까? 애프터서비스의 차이도 있겠지만 광고, 기업 이미지 등에 의한 의존효과도 큰 영향을 미친다.

투기효과

투기효과는 장래의 투기적 이익을 얻고자 하는 욕구가 소비수준에 영향을 미치는 것을 말한다. 재개발 소식에 덩달아 부동산을 구입하는 것이 투기효과에 의한 소비라고 볼 수 있다.

비합리적 소비는 결국 자신이 가진 돈과 자원을 심리적인 만족과 바꾸는 것이라고 볼 수 있다. 심리학자인 매슬로우가 말한 것처럼, 생물학적 욕구와 안전에 대한 욕구가 충족되면, 사람들에게 인정받고 싶어하는 욕구가 생긴다. 그런 점에서 사실 어느 정도의 비합리적 소비 자체가 나쁘다고 볼 수는 없다. 그러나 인간의 욕구가 무한하고 통제하기 어렵다는 면에서 비합리적 소비는 매우 위험한 측면을 가지고 있다. 2003년 우리나라의 카드대란 사태가 그 예이다.

결국 합리적 소비를 위해 가장 중요한 것은 자기만의 소비 철학을 세우는 것이다. 나에게 진정 필요한 것이 무엇인지, 내가 가진 것으로 최대의 만족을 누릴 수 있는 선택이 무엇인지, 앞으로 더 큰 만족을 위해서 무엇을 준비해야 되는지에 대한 자기만의 관점이 있어야 한다. 그리고 충동구매를 유발하는 것들을 되도록 멀리하고, 소비를 통해 자신을 나타내려 하기보다는 자신의 진정한 가치를 높일 수 있는 자기계발에 투자해야 한다.

여기서 잠깐

'지름신'이라는 말의 심리적 메커니즘

인터넷 카페나 블로그에 가면 지름신이 임해서 어쩔 수 없이 샀다는 글과 함께 이른바 지른(?) 물건의 사진이 올라온다. 신세대의 소비를 표현하는 현상 중 하나인 지름신을 인터넷 사전은 다음과 같이 정의한다.

지름신[-神]

[명사] 사고 싶은 게 있으면 앞뒤 가리지 않고 바로 사버리는 사람이 믿는 가상의 신. 예쁜 물건이나, 기능이나 질적인 면에서 상당히 우수한 제품을 볼 때 멀쩡하던 사람의 정신상태에 무작위로 강림하여 일시적이고 강력한 뽐뿌 현상을 일으키는 가상의 실체(뽐뿌: 10대들의 은어. 더 좋은 물건을 사고 싶은 욕구)

사실 지름신이라 불리는 충동구매 현상은 신세대에게만 있는 것은 아니고, 홈쇼핑을 보는 어머님과 야근에 지쳐서 인터넷 쇼핑몰에 잠시 들른 아버님에게도 임하고 있다. 실제로 홈쇼핑 매출이 가장 많을 때는 가사일이 한가한 오전 9시~11시와 오후 5시, 7시이고, 인터넷 쇼핑몰은 심야 시간에 소비가 많다. 그리고 물건을 지르고 나서 이들은 생각한다. 이게 다 우리 가족을 위한 것이라고, 나는 열심히 일했으니까 이 정도는 보상받을 수 있다고.

지름신이란 이름으로 활동하는 실체는 다름 아닌 '충동구매에 대한 자기 합리화 기제'라고 볼 수 있다. 굳이 필요하지는 않지만 마음에 드는 제품을 충동구매 한 후 자신의 의지가 아님을 스스로 합리화하기 위해 '신'(神)이란 단어를 동원하게 된 것이다. 후회나 반성보다는 자기 합리화를 하게 되는 심리적 메커니즘 현상이다. 즉 사람들은 물건을 구매할 때 새로운 것을 얻는다는 기쁨과 함께, 돈을 잃게 된다는 고통을 동시에 느끼기 때문에 불안과 후회의 고통을 감소시키기 위해 자신의 행동을 지름신의 탓으로 돌리는 것이라고 볼 수 있다.

비합리적인 소비는 반드시 나쁠까?

| 베블런 효과의 양면성

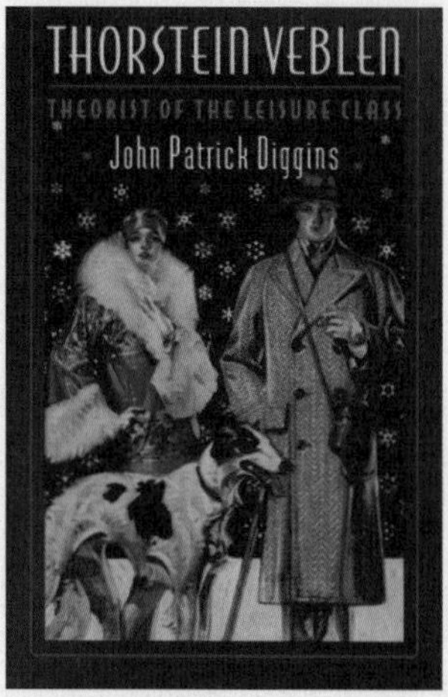

베블런의『유한계급론』을 다룬 디긴스의 책표지

미국의 사회학자이자 사회평론가인 소스타인 베블런(Thorstein Bunde Veblen)은 상류층의 명품 소비 현상을 사회학적으로 분석하여 이론화하였다. 그는 1899년에 출간한『유한계급론』에서 "상층계급의 두드러진 소비는 사회적 지위를 과시하기 위하여 지각 없이 행해진다"며 물질 만능주의를 비판했다. 그리고 상류층은 성공을 과시하고 허영심을 만족시키기 위해 사치를 일삼는다고 꼬집었다.

베블런은 이러한 현상의 원인을 "확실한 신분제도가 없는 현대의 대중사회에서 누가 더 잘사는지, 누가 우월한지를 명확히 판별하기가 어렵기 때문에, 소비행동을 통해 자신을 표현하고 과시하고 싶은 경향이 있다"고 말했다.

과시욕이나 허영심을 채우기 위해 고가의 물품을 구입하는 사람들 덕분에 물건의 값이 오를수록 수요가 오히려 증가하는 현상을 '베블런 효과'(veblen effect)라고 한다. 베블런 효과는 비합리적 소비를 유발하고 계층 간의 갈등을 일으킨다는 점에서 좋지 않은 현상임에는 틀림없지만, 반드시 그렇지만은 않은 양면성도 가지고 있다.

대공황과 세이의 법칙

대공황 이전의 경제이론은 "공급은 수요를 창출한다"는 세이의 법칙이 지배했다. 물건을 생산하기만 하면 수요가 어떻게든 생길 것이라고 생각했기 때문에, 기업가들은 물건을 최대로 생산하고자 노력했다. 그러나 세이의 법칙은 대공황 때 무참히 깨졌고, 기업가들은 초과공급으로 인한 대공황을 두려워하게 되었다.

1933년 이후 기업의 생산성은 급속도로 향상되었지만, 전 세계적인 경기침체는 있을망정 대공황은 오지 않았다. 그 원인을 여러 가지로 해석할 수 있지만, 어떤 사람들은 상류사회의 등장이 한 요인이라고 주장한다.

베블런 효과에 대한 또다른 견해

일반적으로 사람들은 물건을 사면 그 가치를 사용하여 용도가 끝난 후에 다시 구매(소비)한다. 하지만 상류층은 재화의 가치가 아니라 이미지를 소비하기 때문에 소비회전이 훨씬 빠르다.
예전에는 자동차를 구입하면 폐차 직전까지 탔지만, 상류층은 산 지 1년밖에 안 되어도 신형 자동차로 바꾸는 경우가 있다. 최상위층뿐만 아니라 서민들도 핸드폰이 고장나지 않았는데도 최신형으로 바꾸는 소비행태를 보이기도 한다.

이제는 상류층뿐만 아니라 일부 중산층, 서민층들도 제품의 가치만이 아니라 이미지를 소비한다. 그래서 제품회전이 빨라져 소비가 활성화되었고, 이로 인해 초과공급에 의한 대공황이 다시 일어나지 않았다는 주장이다. 어떻게 보면 사치품을 좋아하는 베블런 효과는 경제를 이끌어 가는 원동력이 될 수 있다는 것이다. 그런 점에서 베블런 효과를 마냥 나쁜 것으로 비판할 수만은 없을 것이다.

003

기업의 종류 구분하기

Let's Go 우리가 일반적으로 알고 있는 삼성이나 LG, SK 같은 민간 대기업 말고도, 한국전력공사나 코레일 같은 공기업도 있고, 손톱깎이로 유명한 쓰리세븐 같은 중소기업, 그리고 인터넷 쇼핑몰에서 유통을 통하여 이익을 얻는 11번가 같은 회사도 있다.

기업은 사회가 필요로 하는 재화와 서비스를 생산하고, 국민들의 소득 원천이 된다. 기업이 어려워지면 국민들이 얼마나 많은 고통을 받는지는 외환위기 때 충분히 겪었던 일이다. 그래서 우리 일상생활과 연관된 기업에 대해 이해하는 것은 경제현상을 이해하는 것 못지않게 중요한 일이다.

공기업

민간이 소유하는 기업은 민간기업(사기업), 국가가 소유하여 운영하는 것은 공기업이다. 공기업은 전기나 수도, 도로와 같이 시설과 운영에 거대자본이 투입되지만 이익회수가 느리거나 거의 불가능한 사업, 값이 오르면 서민생활에 큰 타격이 되는 사업을 주로 한다.

공기업은 기업적인 성격과 공익적인 성격을 동시에 가지고 있다. 그래서 공기업의 기업적인 성격을 강조하는 측은 공기업도 이윤추구가 목적이 되어야 하며, 그렇지 않으면 방만한 사업운영으로 손실을 일으킬 수 있다고 주장한다. 그래서 일부 국가는 재정압박 문제로 인해 수도, 도로, 철도, 체신 등의 민영화 사업을 완료했거나 진행하고 있다. 반면 공기업의 공익적인 성격을 중요시하는 측은 공공복지가 주목적이어야 한다고 주장한다.

행정기업, 공공기업체, 공사 공동기업

공기업은 행정기업과 공공기업체로 나눈다. 행정기업은 코레일이나 우정사업본부처럼 국가나 지방자치단체가 운영자금은 전액 투자하고 경영도 직접 한다. 공공기업체는 한국토지주택공사나 KDB산업은행처럼 국가가 운영자금을 투자하지만 경영에 직접 관여하지 않기 때문에, 국가로부터 경영의 자주성이 어느 정도 확보된 기업을 말한다.

공사 공동기업은 사기업과 공기업의 결점을 배제하고 장점만을 취하는 것을 목적으로 한다. 국가나 지방자치단체가 기존 민간기업에 출자하여 경영지배에 참가하는 경우와, 반대로 공기업에 개인의 출자를 허락하는 경우, 또는 기존의 공기업과 사기업의 합동으로 설립되는 경우 등이 있다. 민자고속도로나 인천국제공항고속도로, 지하철 9호선 같은 컨소시엄이 그 예이다.

인천국제공항고속도로는 공사 공동기업의 형태로 만들어졌다.

민간기업

국가가 아닌 민간이 소유하는 기업을 민간기업(사기업)이라고 한다. 민간기업은 소유와 경영의 주체가 개인이냐, 단체냐에 따라서 개인기업과 공동기업으로 나눈다.

개인기업

개인이 출자하고 경영과 소유가 일치되는 기업을 '개인기업'이라고 한다. 개인기업은 가장 고전적인 기업 형태로, 기업의 설립과 폐업이 쉽고 소유주가 직접 경영에 참여한다. 그래서 경영의 비밀유지 및 경영환경에 따라 의사결정을 신속하게 내릴 수 있다는 장점이 있다. 그러나 기업이 커지면 개인의 경영 능력으로 운영하는 데 한계를 느끼게 된다. 독단적인 경영으로 실수를 할 확률이 그만큼 높아진다. 무엇보다 개인기업은 자금조달이 어려워 큰 기업으로 성장하는 데 한계가 있다.

공동기업

공동기업은 각각의 재화와 재능을 가진 사람들이 모여 만든 기업을 말한다. 어떤 사람은 토지를 제공하고, 어떤 사람은 노동력을 끌어모으며, 어떤 사람은 자본을 투자하고, 또 다른 사람은 경영을 함으로써 기업을 만들고 운영한다. 우리가 일상적으로 대하는 대부분의 기업은 공동기업이라고 할 수 있다. 공동기업의 형태는 복잡해서 법률적으로 구분하기도 한다.

소수 공동기업

공동기업은 소수 공동기업과 다수 공동기업으로 구분할 수 있다. 소수 공동기업은 2명 이상의 공동 출자자가 공동 소유자로 기업을 운영하며, 합명회사, 합자회사, 유한회사, 민법상의 조합, 익명조합으로 분류할 수 있다.

합명회사

합명회사(general partnership)는 2명 이상이 공동으로 출자하고, 회사의 채무에 대해서 연대 무한책임을 지는 회사이다. 따라서 정관에 다른 규정이 없는 한 사원은 회사를 대표하는 권한을 가진다. 개인기업과 비슷하며 주로 혈연과 인연을 통해서 이루어진다. 의사결정 및 지분 분양도 모든 회원의 동의가 있어야만 진행된다. 사원의 기업 경영에 대한 참가를 강화함으로써 마치 개인기업의 공동경영과 같은 형태를 가진다. 가족적 결합의 색채가 짙다.

합자회사

합자회사(limited partnership)는 합명회사처럼 2명 이상의 공동출자로 만든 회사지만, 경영부실 때 책임을 지는 유한책임 직원이 있다는 점이 다르다. 만약 A, B, C가 합자회사를 차렸다면, 회사가 망하면 자신의 지분율만큼 책임을 진다. 합명회사에서 지분을 확대하기 위해 합자회사를 설립하는 경우가 많다.

유한회사

합자회사에서 확대되어 2인 이상 50명 이하의 유한 책임사원으로 구성되는 회사를 '유한회사'(private company)라고 한다. 19세기 말 영국과 독일에서 시작되었다. 사원들이 출자액을 내고 그 출자액만큼 책임을 지며, 경영에 적극적으로 의견을 낼 수 있다. 자신의 자본이 투자된 만큼 열심히 일하면 그만큼 성과를 얻을 수 있다는 것이 장점이다. 주식회사보다 설립이나 조직 절차가 간편하여 중소기업에 적합하다고 볼 수 있다.

우리나라 상법에서 유한회사는 사원 50명 이내, 총자본금은 1,000만원 이상으로 제한하고, 결의권은 출자 좌수에 따르며, 지분을 타인에게 양도할 경우에는 사원총회를 거쳐 승인을 얻어야 한다.

주식회사

일반적으로 사람들이 가장 많이 접하는 공동기업은 주식회사이다. 주식회사는 다수 공동기업의 대표적인 형태이다.

주식회사의 탄생과 특징

대체로 네덜란드와 영국에서 식민지 개척을 위해 만들어진 동인도회사를

암스테르담에 있던 네덜란드 동인도 회사의 조선소.

주식회사의 기원으로 본다. 신대륙과의 무역은 큰 이익을 남길 수 있었지만, 막대한 비용, 거친 항해의 위험에 대한 대응, 머나먼 항해를 효율적으로 수행할 수 있는 선장이라는 3가지 조건을 충족시켜야 했다.

동인도회사는 투자하면 몇 십, 몇 백 배로 보상해 주겠다는 약속 증서인 주식, 투자금액 안에서 책임지는 유한 책임제도, 선장에게 항해의 전권을 위임하는 소유와 경영 분리 등을 통해 이 3가지 문제를 해결했다. 동인도회사의 모습은 지금의 주식회사와 매우 흡사하다. 산업혁명 이후 기업에 대규모 자본이 더욱 필요해지면서 보편화되었다. 주식회사의 특징을 알아보자.

대규모 자본 조달을 위한 주식 발행

주식회사는 증권시장을 통해 주식을 매각, 양도함으로써 기업 운영에 필요한 자금을 조달한다. 일반인들도 회사의 가치를 보고 주식을 매입함으로써 경영에 쉽게 참여할 수 있도록 만들었다.

출자자의 유한 책임제도

주주는 회사에 투자한 금액 한도 안에서 책임을 진다. 그러므로 주주는 안심하고 기업에 출자할 수 있고, 경영자는 자신감을 가지고 경영할 수 있다. 주식을 다른 사람에 넘기면 언제든지 주주의 지위를 그만둘 수 있다.

소유와 경영의 분리

한 회사의 주식은 많은 사람들, 때로는 수천, 수만 명이 가지고 있다. 주주가 모두 경영에 참여하는 것은 불가능하므로, 결국 기업의 소유주인 주주들은 전문 경영인에게 경영을 위임하게 되었다. 소유와 경영의 분리는 경영자가 주주의 이익을 위해 합리적으로 경영할 수 있는 장치가 되었다.

주식회사를 만들어 보자

여러분이 주식회사를 차린다고 생각해 보자.

먼저 회사 설립에 뜻을 같이하고 주식을 인수할 2인 이상의 발기인을 모집해야 한다. 발기인은 특별한 제한이 없고 경영주의 친구나 친척뿐만 아니라 법인, 외국인도 할 수 있으며, 미성년자도 부모의 동의가 있다면 발기인이 될 수 있다.

둘째, 회사의 조직과 활동에 관한 기본규칙인 정관을 작성해야 한다. 회사의 상호와 설립 목적뿐만 아니라 발행할 총 주식수와 한 주당 금액도 결정한다. 정관은 설립시에 발기인이 작성하여 전원 기명 · 날인(서명)하여야 하며, 작성된 정관은 공증인이 공증을 거친 후에 효력이 발생된다.

셋째, 정관을 작성하면 주식을 발행할 수 있는데, 먼저 발기인들이 주식을 얼마나 가질지 결정해야 한다. 그런 다음 발기인들이 주주를 모집해서 주식을 배분한다.

넷째, 주거래은행에 주금(주식과 관련된 금액)을 납부한다.

다섯째, 창립총회를 열어 이사진을 선출하고 이사회를 통해서 대표이사를 선임한다.

여섯째, 주식회사 설립 등기를 하면 회사의 구성이 마무리된다.

회사 설립에서 절차와 관련된 것은 법무사를 통해서 할 수 있지만, 설립 목적, 자본규모와 주식 발행수, 회사 조직을 어떻게 구성해 나갈지는 당신의 몫이다.

만약 발기인들이 주식을 적게 소유하는 대신 대규모 자본을 끌어들이고자 한다면, 주식 공개 모집을 통해서 자본을 조달할 수 있다.

주식회사의 출자자는 유한책임이다. 만약 총주식 100주 중 대표이사가 40주, 이사 3명이 각각 10주, 나머지 소액주주들이 30주를 가지고 있다면, 회사가 망하면 대표이사는 40주에 대한 금액만 책임지면 된다. 이사진도 회사 경영에 어느 정도 책임을 진다. 경영이 악화될 경우, 부장급 이하의 정규직 직원들은 함부로 해고할 수 없지만, 이사 이상의 임원들은 주주총회를 통해서 바로 다음날 해고할 수 있다. 그래서 부장에서 임원으로 바뀔 때는 일단 사직한 후 재입사 처리되고 계약직으로 일을 한다. 직위가 높은 만큼 많은 책임을 지며, 진급이 빠른 것이 꼭 축복이 아니라는 역설이 등장하는 이유이다.

상장회사와 비상장회사

주식회사가 부도가 나거나, 허황된 사업계획으로 주주를 모집하여 사기를 치면 주주들이 큰 피해를 입는다. 만약 이런 일이 자주 일어나면 주식투자를 회피하게 되어 기업과 국가경제가 위축될 수 있다. 그래서 정부는 일정한 자격조건과 재정 건정성을 갖춘 회사만이 시장에서 주식을 거래할 수 있게 한다.

상장회사

증권거래소가 공개적으로 주식을 거래할 수 있도록 허락한 회사를 '상장회사'라고 한다. 상장회사가 되려면 증권거래소에서 정한 상장자격을 갖추어야 한다. 우리나라는 납입 자본금 50억원 이상, 회사 설립 경과 연수 3년 이상, 총 발행주식 100만 주 이상, 상장법인 동업종 평균의 1.5배 미만의 부채비율, 공모 전 주당 자산가치가 액면가의 50% 초과, 모집 및 매출실적이 공개 후 자본금의 30% 이상, 계류 중인 소송사건이 없을 것, 최근 2기간(1년 결산 회사인 경우에는 1기간)에 연 1년 만기 정기예금 금리의 50% 이상 배당실적이 있고, 또한 이를 계속 달성할 가능성이 있을 것 등 매우 까다로운 조건을 거쳐야 상장을 할 수 있다.

비상장회사

상장자격을 갖추지 못한 회사를 '비상장회사'라고 한다. 비상장회사는 주식 발행을 통해 자본을 충당하기 힘들기 때문에, 대부분의 자금을 개인이나 발기인들의 주식에 의존하므로 사업을 확장하기 어렵다. 그래서 어떻게든 상장기업이 되어 사업을 확대하고자 하는 경우가 많다. 물론 자기자본만으로도 회사를 운영할 수 있고, 경영권을 안정적으로 유지하고 싶다면 비상장회사로 남기도 한다.

슘페터가 주장한 기업가 정신

슘페터는 경영자의 창조적 아이디어로 초과이윤을 창출하는 것의 중요성을 역설하며, 기업가는 '창조적 파괴'(creative destruction)를 이끌어 가는 사람이 되어야 한다고 주장했다. 그는 창조적 파괴, 또는 혁신을 위해 필요한 5가지 핵심 요인으로, 새로운 제품의 발명 및 개발, 새로운 생산방법의 도입 및 기술 개발, 새로운 시장의 개척, 새로운 원료 및 부품의 공급, 새로운 산업과 조직의 형성을 들었다.

예전과 다른 훨씬 질 좋은 물건, 혁신적인 고객 서비스, 감각적이고 강렬한 마케팅은 창조적 파괴의 결과물이고, 이러한 것에서 앞서간 기업만이 시장의 선두주자가 될 수 있다.

밀폐용기 업체인 락앤락도 중소기업에서 시작해 액체도 새지 않는 용기, 홈쇼핑과 입소문, 해외를 먼저 공략한 마케팅, 애프터서비스로 세계적인 밀폐용기 업체로 발돋움할 수 있었다. 락앤락뿐만 아니라 지금 각 시장의 선두기업에서는 창조적 파괴의 모습을 볼 수 있고, 이것은 기업가의 혁신을 통해 이루어진 것임을 알 수 있다. 그래서 기업가 정신은 경제가 어려운 때에 더욱 주목받고 있다.

창조적 파괴는 진정한 자본주의의 원동력인가?

슘페터는 고전경제학만으로는 자본주의의 역동성을 설명할 수 없다고 주장했다. 그는 자본주의에서 생산자는 이윤 극대화뿐만 아니라 창조적 기쁨, 정복의지, 사적왕국을 세우려는 꿈 등 다양한 동기에 의해 움직이는 존재라고 파악했다.

남들보다 앞서나갔을 때 얻을 수 있는 재화와 명예를 향한 동기가 혁신을 낳고, 부단한 창조적 파괴로 이어지면서 경기가 순환하고 자본주의가 발전한다는 것이다. 사실 자본주의, 아니 산업의 발전을 보면 이러한 혁신이 자본주의를 이끌어 왔음을 알 수 있다.

증기기관의 발명이 산업혁명을 이끌었고, 군사용 네트워크를 일상으로 가져온 인터넷이 정보혁명을 불러일으켰다. 운영체제인 윈도우를 기획하고 대중화한 혁명은 마이크로소프트의 빌 게이츠를 세계 최고의 부자 반열에 올려놓았고, 아이폰, 구글, 페이스북을 기획한 CEO들도 모두가 존경받는 기업가가 되었다. 그 원동력은 바로 창조적 파괴가 가져오는 결과물이었다. 이처럼 창조적 파괴의 결과물은 부의 획득뿐만 아니라 명예, 성취감 등이 너무나 크기 때문에, 사람들은 창조적 파괴를 시도하고 그 동력이 자본주의를 발전시키는 것이다.
창조적 파괴에 의한 혁신은 기업가뿐만 아니라 일반인들의 생활수준 향상에도 기여한다. 혁신이 중요한 이유는 혁신 자체보다는 오히려 이러한 혁신으로 인하여 발생하는 외부효과 때문이다.

슘페터의 대표저서로는 『경제분석의 역사』, 『자본주의 · 사회주의 · 민주주의』 등이 있다.

예를 들어 누군가가 돈을 벌기 위해 자동차 시동 리모컨을 발명했다고 하자. 처음에는 그 사람이 돈을 많이 벌겠지만, 그것을 따라서 만드는 사람들이 생기고, 경쟁에 의해 가격이 떨어지고, 결국 누구나 자동차 시동 리모컨을 갖게 되어 자동차를 더 편하게 사용할 수 있게 된다. 스마트폰과 컴퓨터, 초고속 인터넷, 수많은 포털 사이트들이 이런 과정을 통해 보급되어 우리의 삶을 더욱 편리하게 만들었다.

슘페터는 혁신을 발생시키는 자본주의가 다른 정체된 사회체제를 제치고 세상을 지배하게 된 것은 당연한 일이라고 한다. 그리고 지나친 경쟁으로 인하여 혁신이 더 이상 발생하지 않게 되면 자본주의의 멸망 역시 필연적이라고 한다. 마르크스가 평균 이윤율의 저하를 궁극적인 자본주의 붕괴의 토대로 보았다면, 슘페터는 혁신의 소멸을 자본주의 붕괴의 경제적 토대로 보았다.

다시 혁신으로 돌아가 보자.
혁신을 따라하는 인간의 행위는 외부효과를 발생시키는 긍정적인 역할을 하지만, 또 다른 문제를 가져온다. 예를 들어 정보화가 더욱 진행되면 혁신을 따라잡는 속도가 그만큼 빨라진다. 이에 따라 혁신을 하려던 사람들은 실망하고 의욕을 잃게 되어 창조적 파괴가 뒤처질 수 있다. 근래 많은 프로그램 개발업체들이 불법 복제 프로그램 때문에 망하고 개발을 포기하는 것은 이와 같은 현실을 반영하고 있다.

슘페터가 자본주의 체제의 전망을 긍정적으로만 보지 않은 것도, 어느 순간 혁신정신이 사라지면 자본주의가 동력을 잃고 멈출 수 있기 때문이다. 국가가 특허권이나 지적재산권을 보장하는 것도 기업가가 일정기간 창조적 파괴에 대한 보상을 받을 수 있도록 하기 위해서이다. 다만 전체 인류의 삶의 수준을 향상시키기 위해 특허권 등의 보상기간에 제한을 두고 있다.

여기서 잠깐

주식에 관한 몇 가지 진실

나는 주식을 본 적이 있다?

일반적으로 주식의 앞면에는 액면가가 씌어 있다. 하지만 일반인들이 주식을 구입할 경우 서류상으로만 거래가 이루어지며, 실제로 주식을 직접 매매하는 것은 아니다. 보통 주식회사는 주식을 발행함과 동시에 그 주식을 증권예탁원에 맡긴다. 그러므로 대부분의 사람들은 실제 주식을 보지 못한다.

삼성전자와 다음카카오 중 어느 주식이 비쌀까?

액면가가 비싼 주식이 더 가치 있는 것처럼 보이지만, 실은 그 주식의 발행액이 얼마냐에 따라 다르게 평가할 수 있다.
삼성전자 주식은 2015년 7월 1일 기준으로 129만 5,000원, 다음카카오는 13만 6,600원이었다. 삼성전자 주식의 발행가는 1주당 5,000원, 다음카카오는 500원이었다. 즉 당시 가격으로 비교했을 때, 삼성전자 주식은 259배가 오른 반면에 다음카카오 주식은 273배가 오른 것이다. 이러한 점을 비교해 보았을 때 삼성전자보다 다음카카오의 주식이 더 비싸다고 볼 수 있다.

내가 주식을 사면 기업에 직접 투자한 것일까?

흔히 주식을 구입하면 내가 그 기업에 직접 투자를 한 것이고, 그 기업의 경영에 직접적인 도움을 주는 것처럼 생각할 수 있다. 사실 전혀 틀린 말은 아니다. 하지만 예를 들어 삼성전자 주식을 구입했을 경우, 거의 대부분 다른 사람이 가진 주식을 구입했을 것이므로 삼성전자에 직접 투자한 것이라고 볼 수는 없다.

다만 어떤 회사의 발행주를 구입했을 경우에는 그 회사에 직접 투자했다고 볼 수 있다. 따라서 우리가 시장에서 삼성전자 주식을 매수한 것은 경제학에서는 '투자'가 아니라 '소비'로 본다.

한편 기술력은 있지만 자본이 부족해 사업을 확대할 수 없는 벤처기업이나 중소기업을 위해서 미국은 나스닥(NASDAQ), 우리나라는 코스닥(KOSDAQ) 시장을 만들어 주식을 거래할 수 있도록 하였다.

1. 은수네 집은 홍수로 큰 재산피해를 입어서 정부로부터 구호금을 매달 100만원씩 지원받게 되었다. 이 구호금은 다음 중 어떤 소득으로 구분할 수 있을까?

① 사업소득　② 재산소득　③ 이전소득

④ 무상소득　⑤ 비생산소득

2. 프로그래머인 재현 씨는 지난 7년 동안 모 IT기업에서 일을 하다가 유학을 결심하고 얼마 전에 퇴직하였다. 일반적으로 월급쟁이들이 받는 소득을 근로소득이라고 하는데, 재현 씨가 받은 퇴직금은 근로소득에 포함될까?

① 포함된다.　② 포함되지 않는다.

3. 경찰관으로 일하고 있던 영호 씨는 로또 1등에 당첨되어 18억원을 받았다. 영호 씨는 무슨 소득이 갑자기 증가하게 된 것일까?

① 비경상소득　② 사업소득　③ 재산소득

④ 이전소득　⑤ 무상소득

4. A사는 최소 비용으로 최대 효과를 얻기 위해 독재국가에 군사지원을 하고, 커피 노동자를 착취한다. A사의 커피를 사 먹은 용팔이는 경제학에서 말하는 합리적 소비를 한 것일까?

① 합리적 소비를 했다.　② 비합리적 소비를 했다.

정답

1. ③ 이전소득은 생산에 참여하지 않고 무상으로 얻은 소득
2. ② 근로소득은 일정한 기간에 정기적으로 받는 것이다.
3. ① 퇴직금, 복권당첨금 등은 일상적으로 받는 소득이 아니므로 비경상소득이다.
4. ① 최소 비용으로 최대 효과를 얻으면 합리적인 소비.
   합리적인 소비와 바람직한 소비가 반드시 일치하는 것은 아니다.

5. 스노브 효과란 '자신은 남과 다르다'는 차별성을 가지고자 하는 심리가 작용하는 효과이다. 다른 사람과 반대 방향으로 소비하거나 좀 튀어 보이려는 것을 말한다. 이는 어떤 동물의 행위를 빗댄 용어인데, 그 동물은 무엇인가?

① 고슴도치 ② 백조 ③ 잉어
④ 아메바 ⑤ 공작

6. 이 경제학자는 『유한계급론』이라는 저서에서 타인에게 부를 과시하기 위한 욕구가 소비수준에 영향을 미친다는 논리를 폈다. '속물효과'를 통해 소비의 계급성을 강조한 이 사회경제학자의 이름은 무엇인가?

① 랜드마크 ② 스터드 ③ 홀덤
④ 베블런 ⑤ 바카러

7. 「꽃보다 남자」의 F4 구준표의 인기가 높자, '구준표 헤어스타일'을 따라하려는 남자들이 많아졌다. 남들이 하니 나도 한다는 식의 의사결정 과정을 초래하는 효과를 말하는 것으로, 사람들이 무작정 뒤따르면서 군중들이 불어난다는 의미에서 붙여진 용어는?

8. 다음 중 주식회사의 특징이 아닌 것은?

① 소유와 경영의 분리
② 주식 발행을 통한 대규모 자본 조달
③ 유한 책임제도를 통한 위험 분산
④ 투자금에 다른 배당제도
⑤ 주식수에 따른 의사결정

정답

5. ②
6. ④
7. 밴드왜건 효과(편승효과)
8. ⑤ 주식회사의 의사결정은 주주의 권한을 위임받은 이사회를 통해서 결정된다.

9. 『하멜 표류기』로 유명한 하멜은 이 회사의 직원이었다고 한다. 1602년 네덜란드 암스테르담에 설립된 '세계 최초의 근대화 주식회사'는 다음 중 무엇일까?

① 마이크로소프트 ② 동인도회사 ③ 서인도회사
④ 남인도회사 ⑤ 동양척식주식회사

10. 역저 『자본주의, 사회주의, 민주주의』(Capitalism, Socialism, Democracy)를 출판하였으며, 혁신이론을 통해 자본주의의 붕괴 가능성을 예견한 경제학자는?

① 다니엘 헤이 ② 베블런 ③ 코즈
④ 슘페터 ⑤ 칼 마르크스

11. 2008년 미국발 금융위기는 기업가들에게 대공황 이후 최악의 경기침체가 될 것이라는 위기의식을 불러일으켰다. 기업들은 '혁신'을 통해 이 위기를 벗어나고자 한다. A~E 기업 중 '혁신'을 했다고 볼 수 없는 것은?

① A기업은 주력업종을 정보통신 분야로 바꾸었다.
② B기업은 경쟁회사들이 진출하지 않았던 해외시장 개척에 주력하였다.
③ C기업은 수요가 늘어나자 공장을 확장하여 생산량을 늘렸다.
④ D기업은 비싼 원자재를 대신하는 신소재를 개발하여 비용절감에 성공하였다.
⑤ E기업은 보수체계를 성과급제로 바꾸어 사원들이 더 열심히 일하고 창의력을 발휘하여 생산성이 높아졌다.

정답

9. ②
10. ④
11. ③

12

국제경제의 흐름을 읽어보자

우리나라는 생산능력에 비해 내수시장이 작고,
부존자원이 없어 원자재를 수입하여 가공한 뒤
수출하여 먹고사는 대외의존형 경제구조를 가지고 있다.
그래서 매일같이 뉴스에서 국제수지, 경상수지, 자본수지 등
대외거래와 관련된 여러 경제지표를 만나게 된다.
경상수지가 흑자가 되면 왜 자본수지가 적자가 나는지,
그 반대의 경우는 왜 생기는지 속시원히 파헤쳐 보자.
또한 자유무역협정(FTA)의 이론적 근거가 되는
비교우위론의 의미와 진실을 분석하고,
환율이 우리 경제에 미치는 영향도 총체적으로 살펴보자.

001

국제수지는 어떻게 구성될까?

Let's Go 경제기사를 읽다 보면 국제수지, 경상수지, 서비스수지, 자본수지 같은 말을 많이 접하게 된다. 대략 감은 오지만, 무슨 내용인지, 서로 어떤 관계가 있는지 생소하다.

경상수지가 적자면 방송, 신문 할 것 없이 다들 큰일이라고 난리들인데, 경제에 안 좋은 소식이라는 건 이해가 간다. 하지만 왜 경상수지나 국제수지에 따라 금리, 환율, 물가가 들썩이는지, 국제수지와 과자 가격 인상에 어떤 연결고리가 있는지 잘 모르는 경우가 많다.

수출 주도형 경제인 우리나라에서 국제수지에 대한 지식은 필수이다. 경제의 흐름을 읽을 때 필수지식인 국제수지에 대해 알아보자.

국제수지가 뭐지?

국제수지는 한 나라와 다른 나라 사이에 이루어지는 모든 경제거래를 체계적으로 기록한 것이다. 즉 일정기간 외국과의 거래에서 들어온 외화(수입)와 나간 외화(지출)의 차액이다. 그러면 먼저 퀴즈 하나.

【퀴즈】 국제수지는 흑자가 좋을까? 적자가 좋을까?

많은 경제문제가 적자에서 비롯되므로 국제수지도 흑자가 무조건 좋다고 생각하기 쉽다. 그러나 답은 '알 수 없다'이다. 개인의 가계부는 적자보다 흑자가 당연히 더 좋다. 하지만 국가 차원에서는 이야기가 조금 달라진다.

첫째, 국제수지 흑자는 국제무역 마찰을 일으킬 수 있다. 물론 대체로 적자보다는 흑자가 낫다. 그러나 한 나라에서 흑자가 많이 발생하면, 상대국은 적자를 본다는 것이다. 그래서 관세 인상, 검역 강화, 수입 억제 품목 지정 등의 조치를 취할 가능성이 높다. 미국 철강업계가 우리나라 등 신흥국가의 철강업계를 덤핑으로 WTO에 제소한 적이 있다. 엄청난 적자로 인해 사양산업이 되어가는 미국 철강산업을 보호하기 위한 조치였다.

둘째, 국제수지 흑자는 물가상승을 불러올 수 있다. 국제수지 흑자가 발생하면 국외로 나가는 달러보다 국내로 유입되는 달러가 많아진다. 수출업체는 수출대금으로 받은 달러를 원화로 환전하므로 시중의 통화량이 증가하면서 물가는 상승한다.[5장] 엄청난 국제수지 흑자를 기록하던 일본은 물가가 높았다.•

• 물론 물가가 국제수지에만 영향을 받는 것은 아니므로, 국제수지가 적자를 기록하는 나라도 다른 요인으로 인해 물가가 높을 수 있다. 이 예의 포인트는 국제수지 흑자가 높은 물가의 한 요인이라는 점이다.

경상수지가 뭐지?

국제수지는 크게 경상수지와 자본수지로 나눈다. 각 지표를 구성하는 단위를 자세히 살펴보자.

경상수지는 상업적 거래[경상(經常)은 상업 행위를 의미함], 즉 상품과 서비스의 거래 결과로 들어온 외화(수입)와 나간 외화(지출)의 차액을 말한다. 경상수지는 다시 상품수지, 서비스수지, 본원소득수지, 이전소득수지의 4가지로 나눈다.

상품수지

상품의 수출입 거래에서 생기는 국제수지로, 상품의 수출액과 수입액의 차액이다. 우리가 보통 '무역'이라는 말에 떠올리는 이미지를 생각하면 된다. 반도체 수출이 잘되면 상품수지가 흑자가 될 수 있고, 의류 수입이 늘어나면 상품수지가 적자가 될 수 있다.

▶ 우리나라의 국제수지표

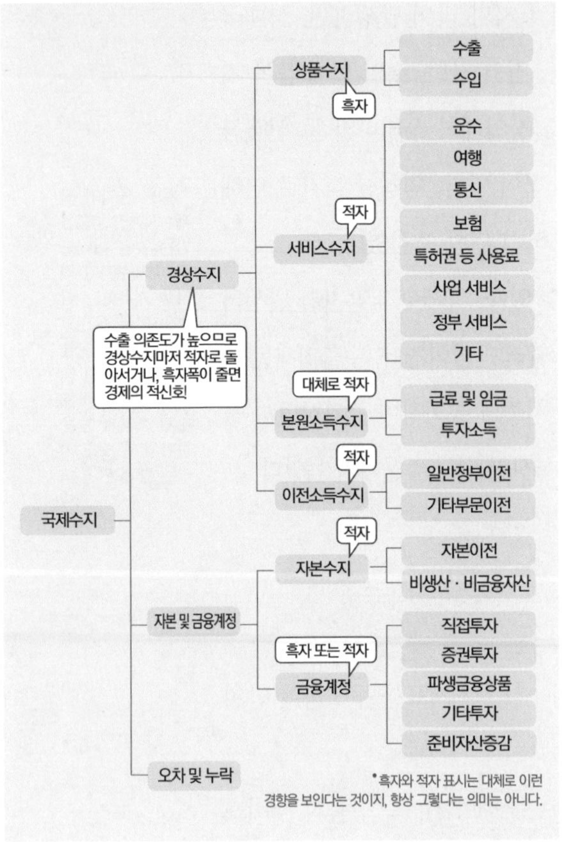

서비스수지

서비스의 수출액과 수입액의 차액이다. 대표적인 예로는 운수, 여행, 통신, 교육, 특허권 등 서비스 사용료를 들 수 있다. 외국인이 대한항공을 이용하면 운송서비스 수출에 해당한다. 해외여행, 해외유학에 드는 비용은 모두 서비스수지 적자로 잡힌다. 외국이 제공하는 여행, 교육 서비스를 수입해서 소비하는 셈이기 때문이다.

본원소득수지

본원소득수지는 외국과 거래에서 노동소득이나 투자소득으로 벌어들인 돈과 나간 돈의 차액을 말한다. 급료 및 임금, 투자소득수지로 구성된다.

급료 및 임금 | 우리나라 사람들이 해외에 나가 일을 해 받은 임금과, 외국인 노동자들이 우리나라에서 일을 해 받은 임금의 차액이다. 박지성 선수와 같은 운동선수가 많아지면 급료 및 임금 수지가 개선된다. 반대로 우리나라에서 일하는 외국인이 많아지면 급료 및 임금 수지는 적자를 기록한다.

투자소득수지 | 대외 금융자산, 또는 부채와 관련된 배당, 이자 등 투자소득의 수입과 지급의 차액을 말한다. 국민은행이 미국 GM사에 100억원을 빌려주고 받은 이자, 혹은 외국인이 삼성전자에 투자해서 받아간 배당금 등

이 투자소득수지에 해당한다. 주의할 점은 투자한 금액 자체는 투자소득수지로 계상하지 않고, 아래에서 살펴볼 자본수지로 분류한다는 점이다. 투자소득수지는 투자에 대한 이자, 배당금 등만을 계상한다.

이전소득수지

대가가 따르지 않는 국제거래 수지를 말한다. 무상원조, 해외 친인척에 대한 송금, 구호물자 등이 해당된다.

자본수지(자본 및 금융계정)가 뭐지?

자본수지는 국제거래에서 자본거래에 따른 수입과 지급의 차액을 말한다. 증권, 채권 등의 유가증권 매매 등이 이에 속한다. 자본수지는 몇 년 전부터 '자본 및 금융계정'으로 바뀌었다. 하지만 방송뉴스나 신문기사에서는 '자본수지'로 쓰는 경우가 많으니 둘 다 알아두면 된다. 자본수지는 자본수지와 금융계정으로 구성된다.

자본수지

금융계정수지 외의 자본거래를 포함한다. 특허권이나 상표권을 사고파는 것, 해외 이주비 등이 이에 속한다.

금융계정

해외에 대한 대출이나 투자, 혹은 차입이나 투자유치 등이 해당된다. 직접투자, 증권투자, 파생금융상품, 기타 투자, 준비자산증감으로 세분화할 수 있다. 국제수지의 종류는 이처럼 매우 복잡해 보인다. 하지만 사실은 매우 간단하며, 단지 회계상 기록을 위해 세세하게 분류할 뿐이다. 국제수지와 관련해 한국은행에서 작성한 앞의 표는 국제수지의 세부 항목을 이해하는 데 도움이 된다.

우리나라의 경상수지 살펴보기

상품수지

우리나라의 상품수지는 경제성장 이래로 흑자를 기록해 왔다. 우리나라는 제조업이 강한 나라로, 1970년대부터 상품의 제조와 수출로 성공한 나라이다. 특히 반도체(전자), 자동차, 화학, 조선, 철강은 수출의 효자 노릇을 하는 주력산업이다. 우리나라에서 1인당 GDP가 가장 높은 지역이 수도권이 아니라 조선산업이 발달한 남해와 거제도인 점도 이와 관련된다. 상품수지 이외의 경상수지 품목들은 거의 적자를 면치 못한다.

서비스수지

서비스수지는 여행과 교육을 생각하면 적자일 수밖에 없다. 서비스수지 중 여행수지는 해외 여행자가 우리나라를 찾는 외국인 관광객보다 많으므로 적자이다. 교육수지도 조기유학이 사회 이슈가 될 정도로 유학을 많이 가므로 적자이다. 우리나라에 익히 알려지지 않은 버지니아 공대도 한국인이 전체 학생의 5%라고 하니, 등록금을 1년에 3,000만원으로만 잡아도 몇 십억원 이상을 가져다준 셈이다. 그런 학교가 미국 전역에 수도 없이 많고, 대학뿐만 아니라 중고등학교도 계산한다면 우리나라 교육수지는 엄청난 적자를 보고 있는 셈이다.

2008년 11월

**경상수지 사상 최대 흑자,
자본수지 사상 최대 순유출**

지난 10월 경상수지가 사상 최대의 흑자를 기록했다. 유가 등 국제 원자재 가격이 폭락하고, 환율 급등으로 해외여행이 크게 줄면서 서비스수지 적자폭이 감소했기 때문이다. 그러나 은행들이 해외 차입금을 한꺼번에 상환하면서 자본수지는 사상 최대의 순유출을 기록했다.

▶ **우리나라의 경상수지 추이** 단위: 억 달러 | 출처: 한국은행

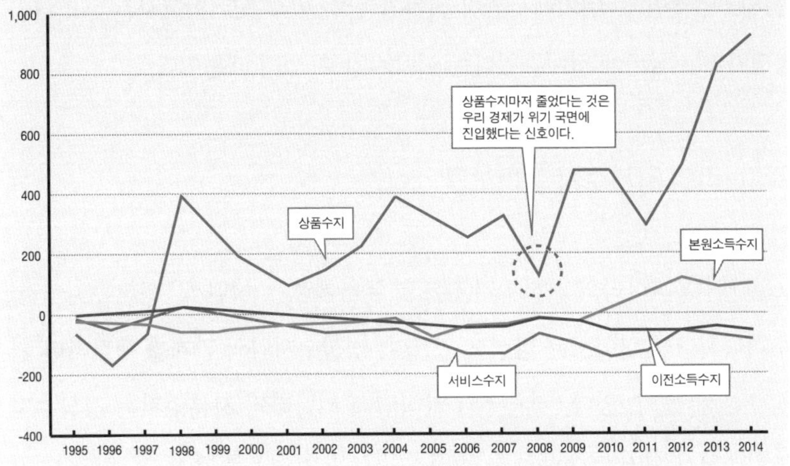

본원소득수지

우리나라의 본원소득수지도 외국인 노동자가 많아지는 추세상 적자 기조를 유지하고 있다. 물론 박지성 선수나 해외 주재원들처럼 세계를 무대로 뛰는 한국인이 늘어나고 있긴 하지만, 아직은 국내 외국인 노동자의 비율이 더 높다. 투자소득수지도 우리나라에서 해외투자로 벌어들인 돈보다 외국인들이 우리나라에서 벌어가는 돈이 더 많으므로 적자이다.

이전소득수지

이전소득수지의 경우, 우리나라는 이제 원조 수혜국이 아니라 원조를 하는 수여국의 위치에 있으므로 흑자를 기대하기 어렵다.

이러한 상황임에도 불구하고, 우리나라의 경상수지는 최근 줄곧 흑자를 유지해 왔다. 상품수지의 흑자폭이 워낙 커서 서비스수지, 본원소득수지, 이전소득수지 등 다른 경상수지 품목의 적자폭을 메울 수 있었기 때문이다.

그런데 만약 "우리나라의 상품수지 흑자폭이 줄어들었다"는 뉴스가 나오면

사람들의 신경이 곤두설 수밖에 없다. 흑자를 낼 수 있는 품목이 상품수지, 즉 제조업뿐인데, 여기에서까지 적자가 난다면 수출로 먹고사는 우리나라 경제가 위기국면에 접어들었다는 이야기일 수 있기 때문이다.

우리나라의 자본수지 살펴보기

그렇다면 우리나라의 자본수지(자본 및 금융 계정)는 어떨까? 자본수지의 항목 하나하나를 알아보는 방법도 있으나, 경상수지와의 관계를 생각하면 쉽게 추론해 볼 수 있다. 결론부터 말하면 우리나라의 자본수지는 경상수지와 반대로 움직이는 경향이 뚜렷하다. 다음의 그래프를 보자.

▶ 우리나라의 국제수지 추이 단위: 억 달러 | 출처: 한국은행

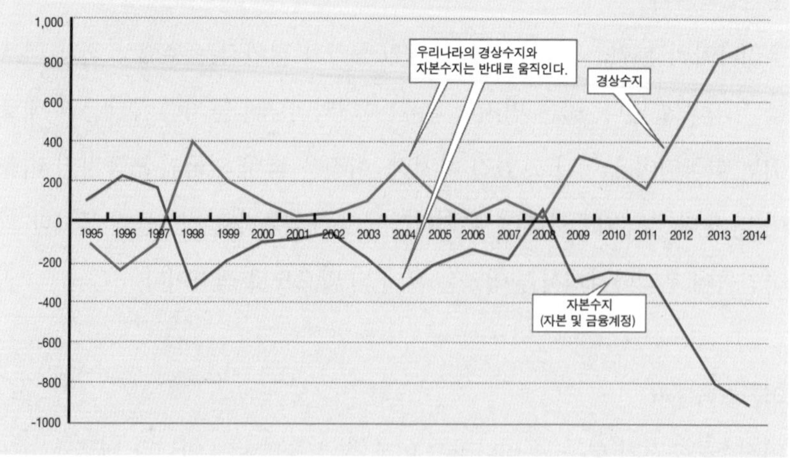

경상수지가 적자일 때, 자본수지는?

수출이 줄어서 외화를 못 벌어와도 원자재는 수입해야 하고(상품수지 흑자 감소, 또는 적자), 유학 비용도 송금해야 하고(서비스수지 적자), 국내에서 일한 외국인들이 임금을 받아 본국으로 송금하기 때문에(본원소득수지 적자)

달러 수요는 크게 줄지 않는다. 따라서 부족한 달러 공급을 맞추기 위해 해외에서 빌려와야 하므로 자본수지는 흑자가 된다.

▶ 경상수지가 적자일 때 자본수지

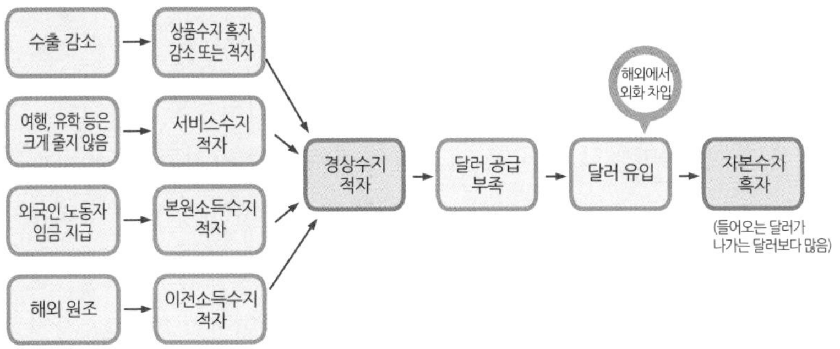

경상수지가 흑자일 때, 자본수지는?

수출이 잘되어 달러가 많이 들어오고(상품수지 흑자), 외국인들이 우리나라에 투자하려고 오므로 외화가 많이 유입된다. 또 달러를 원화로 환전하면서 통화량이 증가해 물가상승 압력이 커진다. 이를 막기 위해 국가는 남는 외화를 외국에 빌려주거나 미국 국채 등에 투자하게 된다. 따라서 자본수지는 적자를 보인다.

▶ 경상수지가 흑자일 때 자본수지

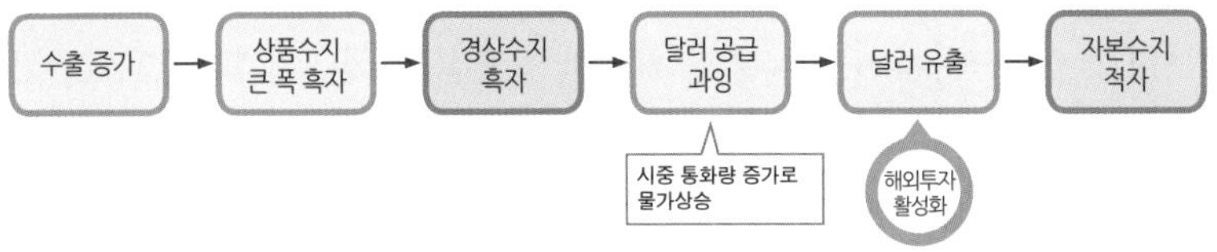

물론 자본수지에도 금융계정 등 각 항목이 있으므로 위 논리가 항상 성립하지는 않으나, '일반적'으로는 경상수지와 자본수지는 '반대'의 행보를 보인다고 알려져 있다.

002

비교우위론을 항상 적용할 수 있을까?

Let's Go

1. 한국은 냉장고를 잘 만들고, 미국은 쌀을 많이 생산한다. 그러면 한국은 냉장고, 미국은 쌀 생산을 특화한다면 우리에게 장기적으로 이득일까?
2. 한국은 배를 잘 만들고, 미국은 제약 분야에 우위를 가지고 있다. 그러면 한국은 조선산업, 미국은 제약산업을 특화하여 거래하는 것이 우리에게 장기적으로 유리할까?
3. 한국은 반도체를 잘 만들고, 미국은 세계 최고의 미사일 기술을 가지고 있다. 한국은 반도체, 미국은 군수품을 만드는 기술을 특화하여 무역을 하면 우리에게 장기적으로 유리할까?

우리나라는 미국, 유럽, 중국 등과 FTA(자유무역협정)를 체결했다. 비교우위론에 입각한 FTA 추진은 우리에게 어떤 기회와 위험을 가져다줄까? 절대우위론, 비교우위론을 통해 정부의 정책을 경제학적으로 들여다보는 방법을 살펴보자.

국제거래는 왜 일어나는가?

국제거래는 제한된 자원을 이용해 최대한 효용을 얻어내기 위해 일어난다. 각 국가별로 주어진 자원과 노동력은 한정되어 있다. 따라서 각 국가가 자신이 필요한 모든 것을 자급자족한다면, 때로는 천연자원이나 기술의 부족으로 생산할 수 없는 상품이 생길 수도 있다. 그래서 국제거래를 통해 효율을 높이는 것이다.

절대우위론

절대우위론은 각 나라에서 생산성이 높은 상품을 특화한 후 교역을 하면 양국 모두 무역이익이 발생한다는 것이다.
A국은 핸드폰을 잘 만들고, B국은 쌀을 많이 생산한다고 하자. 두 나라가 '선택과 집중'을 통해 각자가 잘 만드는 것, 즉 A국은 핸드폰, B국은 쌀을 생산해 서로 교환한다면, 두 나라는 각각 더 높은 효용을 얻을 수 있는 것이다.

비교우위론

그런데 현실에서 보면 좀 다르다. 한 국가가 다른 국가에 비해 대부분의 상품에서 생산성이 더 높은 경우가 있다. 미국과 멕시코를 비교해 보면, 미국은 농산물과 공산물 모든 분야에서 멕시코보다 생산성이 더 높다. 그런데 두 나라는 서로 활발하게 무역을 하고 있다. 이런 현상은 애덤 스미스의 절대우위론만으로는 설명할 수 없기 때문에, 이를 리카도(David Ricardo)는 '비교우위론'으로 설명한다.

비교우위론은 한 나라에서 상대적으로 비교우위인 상품, 즉 기회비용이 낮은 상품을 특화하여 교역을 하면 양쪽 모두 이득을 얻는다는 것이다. 절대우위론은 누구의 '생산성'이 높은지를 비교하지만, 비교우위론은 누구의 '기회비용'이 더 낮은지를 본다. 다음에 소개하는 표의 예시를 보자.
다음 표의 단위는 한 단위 생산시 투여되는 노동가치로, 노동력이 많이 투여될수록 그 상품을 만들 때의 효율성이 떨어진다는 것이다. 핸드폰과 MP3의 가격은 동일해서 1대 1로 교환된다고 하자.
다음 표에서 보면 테란국이 저그국보다 핸드폰과 MP3 둘 다 잘 만든다. 이를 "테란국이 저그국에 대해 핸드폰과 MP3에서 '절대우위'를 가진다"라고 한다.

▶ **테란국과 저그국의 비교우위 살펴보기**

	핸드폰(1단위)	mp3(1단위)
테란국	5명(기회비용 5/8)	8명(기회비용 8/5)
저그국	12명(기회비용 12/10)	10명(기회비용 10/12)

절대우위
테란국이 핸드폰과
MP3 모두 생산성이 더 높음

비교우위
기회비용 적은
핸드폰 생산이 유리

비교우위
기회비용이 적은
MP3 생산이 유리

애덤 스미스에 의하면 이런 경우에는 교역이 일어나지 않아야 한다. 그러나 실제로는 테란국과 저그국은 교역을 하며, 테란국은 핸드폰을 특화하여 수출한다. 테란국이 핸드폰 생산에서 '비교우위'를 가지고 있기 때문이다. 비교우위를 점하는 국가는 '기회비용'이 더 낮은 나라이다. 그럼, 두 나라의 비교우위를 알기 위해 기회비용을 계산해 보자.

테란국과 저그국의 비교우위 살펴보기

테란국은 핸드폰을 한 단위 생산할 때 5명이 필요하다. 만일 이 5명이 MP3를 생산한다면 MP3 5/8단위를 만들 것이다. 따라서 테란국이 핸드폰 한 단위를 생산할 때의 기회비용은 MP3 5/8단위이다.

반면 저그국은 핸드폰 한 단위를 만들기 위해 12명이 필요하다. 만일 12명이 MP3를 만들었다면 저그국은 MP3 1.2단위를 생산할 수 있었을 것이다. 즉 저그국이 핸드폰을 만들 때 기회비용은 MP3 1.2단위이다.

핸드폰 한 단위를 생산할 때 기회비용은 테란국이 더 적으므로, 테란국은 핸드폰에 대해 '비교우위'를 점하고 있다. 테란국이 핸드폰과 MP3 둘 다 저그국보다 잘 만들지만, 핸드폰을 만들어 수출하는 것이 더 효율적이다.

반면 MP3의 경우 테란국의 기회비용은 핸드폰 8/5단위, 저그국의 기회비용은 핸드폰 10/12단위이다. 따라서 MP3는 기회비용이 더 적은 저그국이 만드는 것이 유리하다.

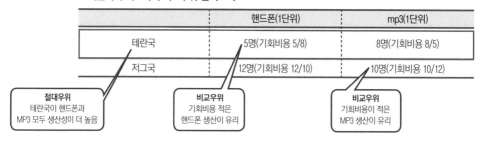

국제거래를 통한 이익의 허와 실

한 상품을 생산하는 데 드는 '기회비용'이 적은 국가는 그 상품에 대해 '비교우위'를 가진다. 그런데 비교우위와 국제거래를 통한 이득은 어떤 관계가 있을까? 각국이 각각 핸드폰과 MP3 한 단위씩을 생산할 때와, 비교우위 상품의 특화를 통해 교역을 할 경우를 비교해 보자.

테란국 | 교역 전 테란국은 핸드폰과 MP3를 한 단위씩 만들기 위해서는 13명을, 저그국은 22명을 투입해야 했다. 하지만 교역 후에 테란국은 10명(핸드폰 2단위), 저그국은 20명(MP3 2단위)만 투입하면 된다. 따라서 유휴인력은 다른 상품을 만들 수 있다. 즉 비용이 줄어든 셈이므로 테란국, 저그국 모두에게 이익을 준다. 테란국은 핸드폰을 특화함으로써 3명의 인력을 절감하는 효과를 보므로, 핸드폰 3/5단위의 이익을 보고 있는 셈이다.

저그국 | 저그국은 MP3 한 단위를 생산할 때 10명이 필요한데, 교역으로 2명분의 이익을 보고 있으므로 MP3 1/5단위의 이익을 본다.

국제거래의 결과로 두 나라가 모두 이익을 보았으나, 테란국이 더 큰 이익을 본 것이다. 결론적으로 두 나라의 교역은 둘 다에게 이익을 줄 수 있으나 이익의 양이 항상 같은 것은 아니다.

비교우위론의 한계

비교우위론은 기술발전 속도가 다른 상품이나 농산품, 군수품 등 일부 특수 품목에 대해서는 적용할 수 없다.

기술발전 속도가 다른 두 상품을 거래할 때

1980년대에 콜롬비아의 블루마운틴 원두와, 우리나라의 반도체를 교환하기 시작했다고 하자. 당시에 우리나라에서 블루마운틴은 꽤 비싼 가격에 교환되었을 것이다.(예전에 원두커피는 부유층에서만 마셨고, 게다가 블루마운틴은 원두 중 이름 있는 축에 속했다.) 20년이 지난 지금 반도체는 286에서 지속적으로 세대교체가 일어나 인텔코어 i7에 이르렀다. 그런데 블루마운틴의 생산법은 20년 전과 크게 다를 바가 없다.

현재도 블루마운틴 원두와 반도체가 과거와 같은 비율로 거래될까? 아마 20년 전에 반도체 1g과 커피 10kg이 교환되었다면, 지금은 반도체 1g과 커피 20kg이 교환되고 있을지도 모른다. 반도체처럼 기술발전이 빠른 상품을 '기술집적 수준이 빠르다'라고 하는데, 이런 상품을 특화해서 국제거래를 하면 장기적으로 이익이 더 크다. 물론 기술발전이 더딘 국가에는 불리하다.

농산물을 거래할 때

반도체는 기술발전 속도가 빠르고, 쌀은 예나 지금이나 비슷한 방식으로 생산되고 있다. 만일 우리나라는 반도체, 미국은 쌀을 특화해서 생산한다면, 처음에는 반도체와 쌀이 동등한 가격에 거래될 수 있으나, 세계 곡물 생산량이 부족해진다면 쌀 가격이 크게 오를 수 있다. 반도체가 들어가는 컴퓨터는 안 쓰면 그만이지만 쌀은 먹지 않을 수 없기 때문이다.

군수물을 거래할 때

하나 더! 반도체와 탱크를 각각 특화하는 두 국가가 있다고 생각해 보자. 처음에는 반도체와 탱크가 동등하게 교환되었다고 해도, 탱크를 특화한 국가가 마음만 먹으면 반도체 특화국에 쳐들어갈 수 있다. 그래서 반도체 특화국은 아무래도 탱크 특화국의 눈치를 볼 수밖에 없다.

우리 옆의 경제학

한미 FTA와 비교우위

2007년 3월 정부는 한미 FTA의 타결을 공식 선언했으며, 같은 해 9월 국회에 비준 동의안을 상정했고, 우여곡절을 거쳐 2012년 3월 15일부터 발효되었다.

FTA의 기본정신은 각국이 비교우위 상품을 특성화해서 교환하면, 각자에게 이익이라는 비교우위론에 근거를 두고 있다. 한국은 전자, 조선 등 제조업에서, 미국은 제약 등 첨단 산업분야와 농산물 생산에서 비교우위가 있다. 따라서 두 국가가 각자의 주력 상품을 더 많이 생산하고 경쟁력이 떨어지는 상품은 교환하면, 더 많은 이익을 볼 수 있다는 것이 찬성 측의 논리였다.
그러나 FTA가 무조건 이익을 가져다주는 것은 아니다. 비교우위론에서 살펴본 것처럼, 무역은 양국 모두에게 이익을 줄 수 있으나, 이익의 양이 같지 않다. 398쪽
보통은 기술집적 수준이 높은 국가나, 비교우위로 설명할 수 없는 상품(농산물이나 군수품)을 특성화하는 국가가 이익이 더 크다. 이렇게 보면 한미 FTA는 우리나라보다 미국에 이익이 더 크다.

비교우위와 의료 분야

특히 미국은 서비스업과 첨단산업을 주력으로 하는 국가인 만큼, 제약 분야에 대한 기술집적 수준이 높다. 미국이 우리나라와 거래에서 제약업을 특성화한다면 빠른 기술 회전력으로 장기적으로는 이득을 크게 볼 수 있다.

비교우위와 농산물

미국은 세계 최대의 농산물 수출국으로 비교우위를 점하고 있는데, 농산물은 비교우위론으로 설명할 수 없는 상품이다. 국제 농산물 가격이 큰 폭으로 출렁거릴 때마다 식량 제국주의에 대한 우려가 제기되고 있는 것도 이러한 이유 때문이다. 따라서 한미 FTA를 통해 미국과 동등한 이익을 누리기 위해서는 쌀 등 농산물은 비교우위 특화에서 제외하는 한편, 서비스 분야에서는 되도록 피해를 줄여가는 방향이 바람직하다.

003

환율과 환율제도

Let's Go "2008년 초 980원 정도이던 환율은 2009년 3월 1,580원까지 뛰어올랐으며, 2015년 6월에는 1,100원 선에서 움직이고 있다."

우리나라는 부존자원이 부족하여 원자재를 수입해야 하고, 생산능력에 비해 인구는 5,000만명 정도여서 내수시장이 작다. 우리나라처럼 수출에 의존하는 국가의 경제는 모든 경제현상의 기본이 환율과 연관되어 있다.

2008~09년 환율은 하루에도 몇 십원씩 오르락내리락 하는 날이 많았다. 이에 따라 많은 수출업체와 수입업체들이 고통을 당했으며, 환율과 주식, 부동산 등 각종 재테크와의 연관관계를 몰랐던 개인들은 엄청난 투자손실을 보았다. 물론 한편에서는 이 흐름을 잘 보아 큰 돈을 번 사람들도 있다.

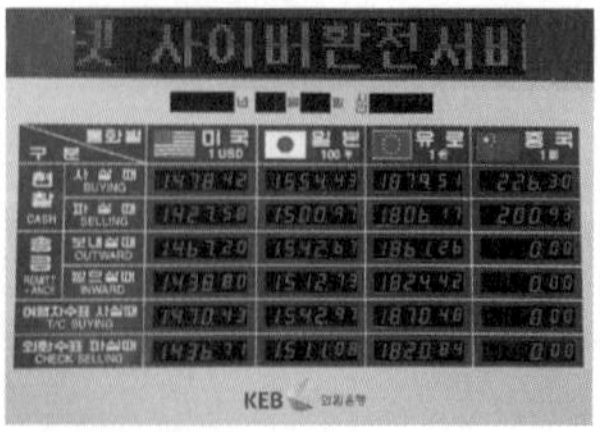

2008년 말 한 은행 지점의 외환시세판. 환율이 하루에도 수십원씩 오르내리던 급박한 시기였다.

환율이 무엇이며, 환율이 오르내림에 따라서 경제에 어떤 영향을 주는지 살펴보자.

환율 상승/하락

환율은 두 나라 돈의 교환비율

환율은 두 나라 돈의 교환비율이다. 예를 들어 미국 달러와 한국 원화를 서로 바꿀 때 적용하는 비율이 바로 환율이다. 우리는 흔히 외화 1단위에 우리 돈 얼마를 바꿀 수 있는지로 환율을 표시한다. 원/달러 환율이 1,000원이라면, 1달러를 우리 돈 1,000원으로 바꿀 수 있다는 것이다.

외환시장

외환시장은 각 나라의 다양한 통화를 거래하는 시장이다. 외화를 거래하는 곳이라면 어디든 외환시장이다. 은행의 외환창구도, 명동 환전상도 모두 외환시장이다. 외환시장은 세계 곳곳에 있으며, 우리 돈 원화도 24시간 세계 곳곳에서 거래된다. 다만 국제 교역의 중심지인 뉴욕, 런던, 도쿄 등에서 기관투자자들이 거래하는 외환시장이 기준 역할을 할 뿐이다.

원화 강세(환율 하락)

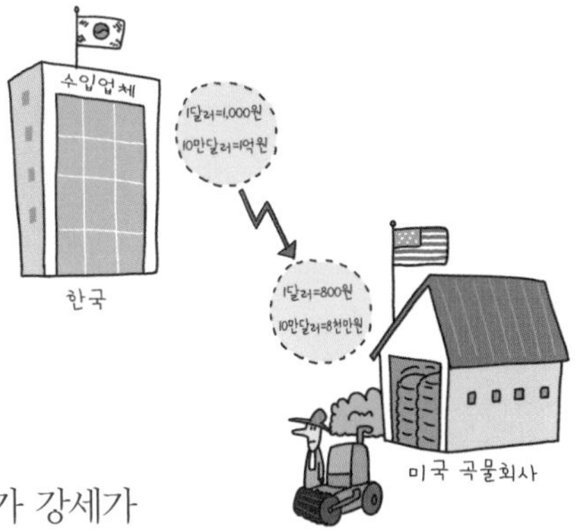

환율은 외국 돈으로 나타낸 우리나라 돈의 가격이다. 만약 원/달러 환율이 1,000원이었는데 800원이 되었다고 가정해 보자. 이 경우 예전에는 1,000원으로 1달러를 바꿀 수 있었는데, 이제는 1,000원을 주면 1달러 25센트를 받을 수 있다. 우리 돈 '원화의 힘이 세어진' 것이다. 이처럼 돈의 가치가 커진 것을 '강세'라고 한다.
이 경우 옆의 그림에서 보듯이 '환율은 하락'한다. 원화가 강세가 되면(환율 하락) 수입업체에 유리하다. 10만 달러어치를 수입할 경우 예전에는 1억원이 필요했다면 8,000만원만 있어도 되기 때문이다.

원화 약세(환율 상승)

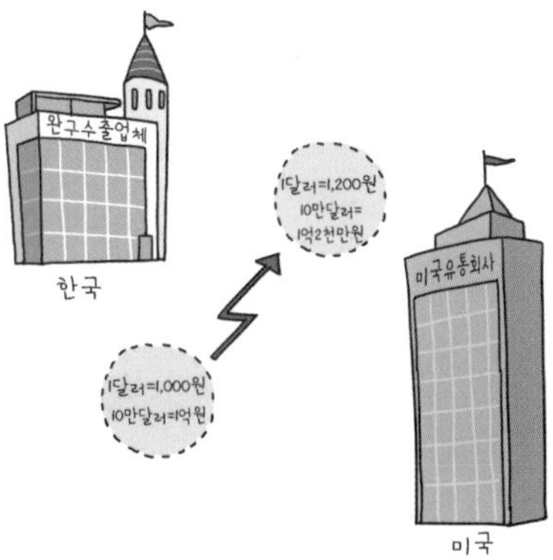

만약 원/달러 환율이 1,000원에서 1,200원이 되었다고 해 보자. 수출업체라면 수출대금으로 받은 1달러를 예전에는 1,000원으로 바꿀 수가 있었는데, 이제는 1,200원을 받을 수 있다. 즉 우리 돈 '원화의 힘이 약해진 것'으로 수출업체에는 이익을 준다. 이처럼 돈의 가치가 하락한 것을 '약세'라고 하며, 이 경우 '환율은 상승'한다.

원화 약세(환율 상승)의 경우 수출기업에 유리하다. 10만 달러어치를 수출하면 1억원의 매출을 올렸지만 이제 1억 2,000만원의 원화로 바꿀 수 있기 때문이다. 다음은 우리나라 환율의 추이다.

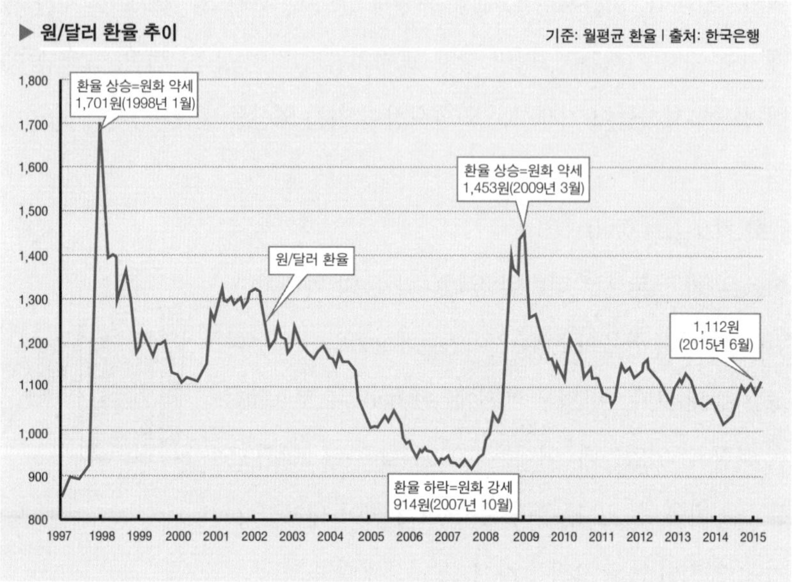

환율제도

각국 정부는 경제성장 상황과 목표에 따라 환율제도를 크게 두 가지로 운용하고 있는데, 하나는 변동환율제도이고, 다른 하나는 고정환율제도이다.

고정환율제도

고정환율제도는 말 그대로 환율의 목표치를 정하여 그 목표치를 고수하거나, 그에 가깝게 유지하는 제도이다.

고정환율제도는 정부에서 환율을 고정시키므로, 수출입 기업들이 환율변동에 따른 위험을 걱정할 필요가 없다. 아울러 국가경제 운영에서도 환율의 불확실성이 제거되므로 물가정책 등을 펴기가 더 쉽다.

하지만 모든 재화와 서비스가 그렇듯이, 환율도 기본적으로 수요와 공급에 의해 가격이 정해지는 것이 자연스럽다. 예를 들어 원/달러 시장에서 달러 수요가 증가하면 원화가 약세를 띠고 환율이 상승 압력을 받는다. 반면 달러 수요가 감소하면 원화가 강세가 되어 환율 하락 압력을 받는다.

하지만 고정환율제도에서는 환율이 수요와 공급에 따라 변동하지 못하고 억지로 고정되어 있으므로, 초과수요나 초과공급이 발생할 경우, 정부가 개입하여 달러를 풀거나 사들이는 등 수요와 공급을 맞추어 주어야 한다. 이렇게 정부가 외환시장에 개입하여 환율을 조절하기 때문에 변동환율제도보다 외환보유고가 중요하며 많아야 한다.

이러한 단점에도 불구하고, 개발도상국들은 고정환율제도를 택하는 경우가 많다. 고정환율제도를 통해 자국의 통화가치를 낮게 유지함으로써 수출을 늘리고 수입을 줄여 경상수지 흑자폭을 증가시킬 수 있기 때문이다.

변동환율제도

변동환율제도는 정부가 환율을 통제하지 않고, 외환시장에서 외화의 수요와 공급에 의해 결정되도록 하는 제도이다.

환율은 외화의 수요와 공급에 따라 '보이지 않는 손'에 의해 균형가격이 결정된다. 이때 이 균형가격을 '균형환율'이라고 한다. 변동환율제도는 균형환율을 찾아가는 과정에서 정부가 개입하지 않고 시장의 흐름에 맡겨둔다. 우리나라뿐만 아니라 많은 선진국들은 변동환율제도를 택하고 있다.

변동환율제도는 국제수지의 불균형이 시장에 의해 조절되므로 정부가 굳이 외환시장에 개입할 필요가 없다. 예를 들면 환율이 상승하면(원화 약세) 수출품의 가격경쟁력이 커져 수출이 늘어난다. 그러면 국내로 유입되는 달러의 양이 늘어나 환율이 하락하며 균형환율을 찾아간다. 정부가 기본적으로 외환시장에 개입하지 않아도 되므로, 고정환율제도만큼 외환보유고가 많이 필요하지 않다는 것이 장점이다.

하지만 변동환율제도에서는 환율을 예측할 수 없으므로 수출입 기업이 어려움을 겪는다. 또 환율의 변동성이 커지면 환투기가 발생하며 국민경제가 불안정해질 수 있다.

▶ 변동환율제도와 환율의 움직임

환율이 국민경제에 미치는 영향

환율이 상승하면

첫째, 수출상품의 가격경쟁력이 생겨 수출이 증가한다.

원/달러 환율이 1,000원에서 1,500원으로 상승했다고 하자. 1달러 볼펜을 팔면 예전에는 1,000원을 받았는데 이제 1,500원을 받는다. 그러니 수출 볼펜의 달러 가격을 좀 내려도 된다. 이처럼 환율이 상승하면(원화 약세) 가격경쟁력이 생겨 수출이 늘게 되는 것이다.

둘째, 수입상품의 가격이 비싸져 수입은 감소한다.

원/달러 환율이 1,000원에서 1,500원으로 상승하면, 이제 10만 달러짜리 상품을 수입하려면 1억원이 아니라 1억 5,000만원이 필요하다. 이처럼 환율이 상승하면 자연히 수입은 감소한다.

셋째, 우리나라는 원자재를 거의 모두 수입에 의존한다. 환율이 상승하면 원자재 구입에 돈이 더 필요하게 된다. 생산자들은 비용부담이 커지므로 제품의 가격을 올리고 자연히 국내 물가가 상승한다.

넷째, 외채부담이 커진다. 1,000만 달러의 빚을 갚으려면 예전에는 100억원이 필요했지만 이제는 150억원이 필요하다.

환율이 하락하면

첫째, 수출상품의 가격경쟁력이 떨어져 수출이 줄어든다. 환율이 1,000원에서 800원으로 하락하면 예전에는 1달러 볼펜을 팔아 1,000원을 받았는데 이제는 800원밖에 손에 쥐지 못한다. 수출기업은 수출가격을 올릴 수밖에 없는 지경에 내몰리고 수출이 감소한다.
둘째, 수입상품의 가격이 떨어져 수입은 늘어난다. 예전에는 100달러 제품을 수입하는 데 10만원을 주어야 했지만, 이제는 8만원만 있으면 된다.
셋째, 우리나라는 대부분의 원자재를 수입하는데, 수입물가가 떨어지므로 국내 물가가 하락한다.
넷째, 우리 돈의 가치가 커졌으므로 외채부담이 줄어든다.

여기서 잠깐

우리나라의 환율제도는 어떻게 바뀌었을까?

우리나라의 최초 공식 환율은 1945년 10월 1일에 결정되었다. 당시는 1달러당 15원으로, 사실 시장을 반영하지 못한 비현실적인 환율이었다.
1964년 달러에 대해서만 환율 변동을 허용하는 단일 변동환율제도를 채택하였다. 그러나 실질적으로는 고정환율제도로 시행되어 환율이 시세를 반영하지 못하였다.
1980년 복수통화 바스킷 제도를 도입했다. 쉽게 말하면, 정부가 관리할 중요 외화에 대해서만 매일 아침 환율을 결정하여 고시하는 제도이다. 이전에 비해 시장 여건에 따라 환율이 오르내렸지만, 한국은행이 정한 범위에서 벗어나지는 않았다.
1990년 시장평균환율제도를 도입하면서 정부는 환율 결정에서 대폭 손을 떼었다. 단지 하루의 환율 변동폭을 지정하여 그 이상이나 이하로 변동하지 않도록 하였다.
우리나라는 1997년 환율 변동폭을 폐지하면서 비로소 완전 변동환율제도를 시행하게 된다.

2015년 중국 위안화 평가절하의 여파

중국은 2015년 8월 11일 위안의 가치를 전격적으로 1.86% 내렸다. 통화가치를 내리는 것을 '평가절하'라고 한다. 중국의 조치는 세계 금융시장을 놀라게 했다. 중국이 관리변동환율제도를 실시하고 있지만, 사실 외환시장에 대한 개입은 그 여파가 크기 때문에 어느 국가도 쉽게 시도하지 못한다.
정부가 외환시장에 이처럼 무대포로 개입하면, 세계 금융시장에서 신뢰를 잃어 그 여파가 만만치 않다. 예상치 못한 중국의 행보에 세계 주식시장은 크게 내리고, 각국의 환율이 크게 오르내렸다.

그런데 이튿날인 12일, 중국은 다시 위안화를 1.62% 평가절하 했다. 세계 금융시장은 연이은 어퍼컷에 아연실색했다. 특히 중국 수출 의존도가 높은 우리나라는 환율이 크게 올랐고, 불과 1주일 만에 코스피시장은 2000선이 깨어지며 1900선 초반대로 미끌어졌고, 코스닥시장은 11%나 하락했다.

중국이 이처럼 전격적인 조치를 취한 것은 그만큼 중국의 경기전망이 어둡기 때문이었다. 중국 위안의 가치가 떨어지면, 우리나라 수출이 큰 타격을 입는다. 쉽게 예를 들면, 예전에는 185원짜리 제품을 중국에 수출해 1위안에 판매할 수 있었지만, 이제는 1.2위안을 받아야 한다. 이처럼 가격경쟁력이 떨어지니 자연히 수출이 줄어들 수밖에 없다. 당시 중국의 갑작스러운 위안화 평가절하는 경기불황에 시달리며 회복기미가 보일 듯 말 듯하던 우리나라에 큰 타격을 주었다.

004 환율의 결정

Let's Go

우리나라는 외환위기 이후 십수 년 동안 단 몇 년을 제외하고는, 환율이 1~2년 동안에 20% 이상 큰 폭으로 상승하거나 하락했다.
원자재를 수입해야 하고 수출 의존도가 큰 우리나라의 경우, 환율 변동에 대한 이해가 매우 중요하다. 하지만 외환위기를 경험했음에도 2008년 환율 대세 상승 추세를 미리 알지 못한 중소기업, 개인투자자들이 큰 손실을 보고 말았다. 우리나라의 환율이 어떤 요인에 의해 결정되는지 간략하게 살펴보자.

환율과 수요/공급

환율은 기본적으로 외화에 대한 수요와 공급에 의해 결정된다. 기축통화인 달러를 중심으로 외화의 수요와 공급 요인을 살펴보자.

수요 요인

경상수지 면에서 보면, 상품 수입, 해외여행 및 유학, 해외 무상원조 등이 달러 수요 요인이다. 자본수지 면에서는 해외투자, 외채상환, 해외 이주비 등이 수요 요인이다. 그리고 우리나라에 투자한 외국인들이 주식, 부동산 등을 팔아 달러로 바꾸어 나갈 때도 외환시장에 달러 수요가 크게 증가한다. 달러 수요가 증가하면 환율은 상승한다.

공급 요인

경상수지 면에서 보면, 상품 수출, 외국인의 우리나라 여행 및 유학 등이 달러 공급 요인이다. 자본수지 면에서는 해외에서 차관 도입, 주식·채권·부동산 등에 대한 외국인의 투자 등이 달러 공급 요인이다. 달러 공급이 증가하면 환율은 하락한다.

▶ 원/달러 시장의 수요와 공급 곡선

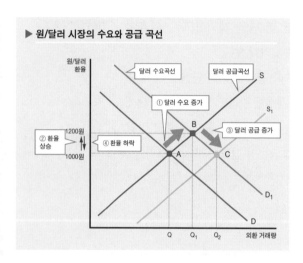

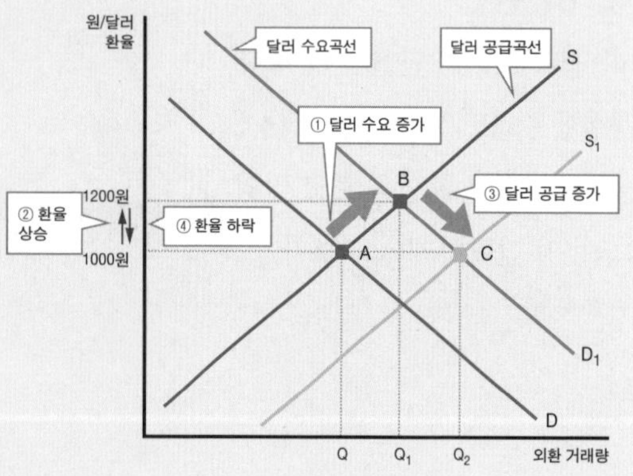

환율과 수요/공급 곡선

외화(달러)에 대한 수요와 공급에 따라 환율은 일반적으로 어떻게 변하는지 수요/공급 곡선을 통해 알아보자.

첫째, 달러의 수요가 증가하면 달러의 가치가 높아지고 이에 따라 환율은 상승한다(A→B).

둘째, 달러의 공급이 증가하면 달러 가치는 떨어지고 환율은 하락한다(B→C).

금리와 환율

미국이 기준금리를 내리면

미국이 기준금리를 내리면 대체로 원/달러 환율은 하락한다. 예를 들면 미국의 금리가 2%이고 우리나라의 금리가 7%라면, 달러를 원화로 바꾸어 예금하면 5%의 이익을 볼 수 있다. 그러므로 원화의 수요가 늘어나 원화는 강세가 되고 환율은 하락한다.•

• 단, 극심한 경제 침체기에는 이 원리가 적용되지 않는다. 실제로 2008년 하반기 미국이 금리를 내렸음에도 원/달러 환율이 오히려 상승했다. 금융위기로 인해 달러 수요가 늘어났기 때문이다.

미국이 기준금리를 올리면

미국이 기준금리를 올리면 원/달러 환율은 상승한다. 예를 들면 우리나라의 금리가 2%인데 미국 금리가 2.5%라면, 외국인 입장에서는 우리나라에 투자한 돈을 달러로 바꾸어 미국에서 예금을 드는 것이 수익률이 좋다. 그러므로 달러 수요가 늘어나 원화는 약세가 되고 환율은 상승한다.
마지막으로 국제수지와 금리 부문 모두가 변할 때, 환율과 외환 거래량은 어떻게 변하는지를 살펴보자.

▶ 우리나라의 금리가 인상된 경우의 환율

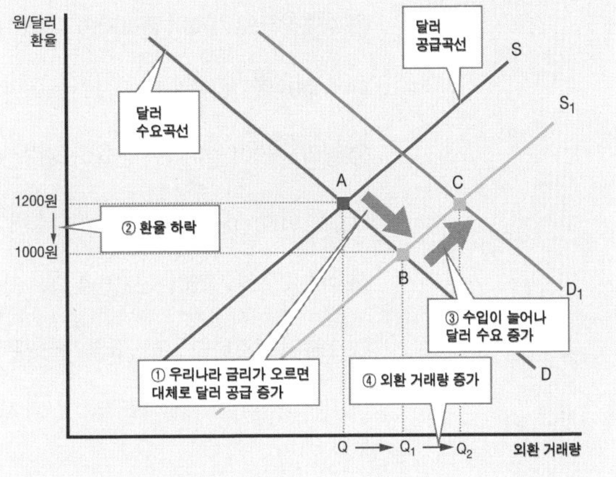

우리나라의 금리가 오르고 수입이 증가할 때, 환율과 외환 거래량은 어떻게 될까? 원화와 달러의 수요/공급 변화를 살펴보면 쉽게 답을 알 수 있다.
우리나라의 금리가 오르면 일반적으로 금리 차를 노리는 외국인의 투자가 늘어나 달러 공급이 증가하고 환율은 하락한다(A→B). 환율이 하락하면 수입은 늘어나고 달러의 수요가 증가한다(D→D_1). 그 결과는 옆의 그래프와 같다. 즉 환율은 알 수 없고 외환 거래량은 늘어난다.

시장과 균형환율

정리해 보자. 환율은 외화의 수요와 공급에 의해 결정되므로, 외화의 수요(수입, 해외여행, 해외투자, 외채 상환 등)가 증가하면 환율은 상승하고, 외화의 공급(수출, 외국인의 국내관광, 차관, 외국인 직접투자 등)이 증가하면 환율은 하락한다.
시장은 수요와 공급에 따라 균형환율을 찾는다. 여기에서는 다른 요인들은 감안하지 않고, 수출만을 변수로 하여 수요와 공급, 가격에 따라서 시장이 스스로 균형환율을 찾아가는 과정을 살펴보자.

▶ **수출과 환율 변동**

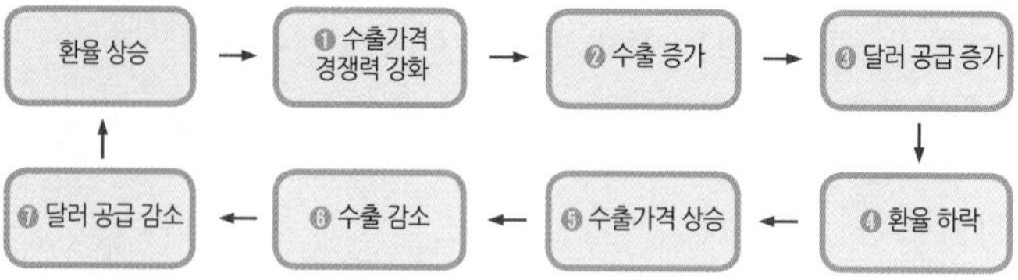

❶ 환율이 상승하면, 수출상품의 가격경쟁력이 커져서 가격을 낮출 수 있다.

❷ 수출상품의 가격이 떨어지면 수출이 증가한다.

❸ 수출이 증가하면 달러 공급이 늘어난다.

❹ 달러 공급이 늘어나면 환율이 하락한다.

❺ 환율이 하락하면 수출상품의 가격이 오른다.

❻ 수출상품의 가격이 오르면 수출이 감소한다.

❼ 수출이 감소하면 달러 공급이 줄어든다.

❽ 달러 공급이 줄어들면 환율이 다시 상승한다.

다시 ❶번부터 과정이 반복된다. 이처럼 외환시장은 수요와 공급에 따라 균형환율을 찾아간다.

여기서 잠깐

미국이 기준금리를 큰 폭으로 인하했는데, 왜 환율이 오르지?

달러의 수요와 공급에는 금리 이외에 다른 요인들이 많이 작용한다. 2008년 하반기에는 국제 금융시장이 매우 불안하여 금융기관들이 자사의 도산을 막기 위해 달러가 필요했다. 그래서 우리나라에 투자한 주식, 부동산 등 자산을 팔아 달러로 바꾸어 나가는 등 달러 수요가 급증했다. 이에 반해 세계 경기침체로 수출이 안 되어 달러 공급 요인은 작았다. 그래서 달러 공급보다 수요가 많아 환율이 급등한 것이다.

한편 미국이 기준금리를 인하하자, 우리나라 또한 기준금리를 낮추었기 때문에 달러의 수요와 공급에서 금리는 큰 영향을 미치지 못했다.

005

정부의 환율 방어

Let's Go

2008년 우리나라 외환시장은 원/달러 환율이 950원대에서 1,500원 가까이 올랐다가 연말에 1,260원대까지 떨어졌다. 그해 10월에는 하루에도 환율이 100원 이상씩 오르내리는 등 변동폭이 매우 컸다.

사실 우리나라 같은 변동환율제도에서는 환율이 시장의 수요와 공급에 의해 결정되고 정부가 개입하지 않는 것이 원칙이다. 그러나 이처럼 환율의 변동폭이 커지면 수출기업이나 수입기업뿐 아니라 각 경제주체들이 커다란 어려움을 겪는다.

이에 외환당국은 환율이 균형환율보다 지나치게 높거나 낮은 경우, 또는 환율 변동폭이 지나치게 큰 경우 외환시장에 개입하기도 한다. 그러나 정부의 외환시장 개입은 자칫 아까운 외환보유고를 환투기 세력에게 잃고 말 위험이 있다는 반론도 있다. 정부의 외환시장 개입에 대해 살펴보자.

정부의 외환시장 개입이 의심되는 경우. 거래가 한산한 점심시간에 주로 개입하여 '도시락차트'라는 별명이 붙기도 했다. 덕분에 2008년 하반기 외환 딜러들은 점심을 샌드위치로 때우기 일쑤였다.

환율 방어

환율 방어란 정부가 환율을 시장의 흐름에만 맡겨두지 않고, 필요에 따라 인위적으로 개입하는 것을 말한다. 고정환율제도는 정부가 항상 외환시장에 개입한다. 환율의 목표치를 정해 고수하거나 그에 가깝게 유지하기 때문이다. 그러나 변동환율제도에서도 정부가 가끔 외환시장에 개입하는 경우가 있다. 정부는 어떤 경우에 환율을 방어하기 위해 외환시장에 개입하는지 알아보자.

첫째, 환율이 급등하거나 급락하면 수출업체와 수입업체 등이 큰 피해를 입을 수 있다. 뿐만 아니라 경제가 불확실성에 노출되면서 국민경제의 기반이 흔들릴 수 있다. 이런 경우 정부는 환율을 안정시키기 위해 외환시장에 개입한다.

둘째, 환율이 지나치게 높거나 낮은 경우에 외환시장에 개입하기도 한다. 모든 가격이 그러하듯이, 환율은 기본적으로 균형환율을 찾아가는 속성이 있다. 그런데 환율이 균형환율에 비해 지나치게 높거나 낮은 시기가 계속되면, 나중에 균형환율을 찾아가는 과정에서 환율 변동폭이 커져서 경제주체들에게 부담이 될 수 있다. 정부는 이런 일을 방지하기 위해 미리 외환시장에 개입하기도 한다.

셋째, 환투기 세력이 외환시장에 등장할 때이다. 환투기 세력은 환율의 등락을 예측하여 외화를 사고팔기를 반복하여 그 차익을 노리는 사람들이다. 조지 소로스가 대표적인 예이다.

환율 방어의 방법

간접 개입

정부의 외환시장 구두 개입의 예 - 2008년 10월

"현재의 급격한 환율 상승은 시장이 과도하게 반응하는 것이다."

"정부는 급격한 환율 상승을 절대 보고만 있지 않을 것이다."

"환율 조작으로 이익을 얻으려는 환투기 세력의 행동을 결코 용납하지 않을 것이다."

주로 기획재정부나 한국은행 등 정부의 환율정책 담당자 및 고위 당국자가 구두로 시장에 개입하는 경우이다. 예를 들어 "현재의 급격한 환율 상승은 시장이 과도하게 반응하는 것이다", "정부는 급격한 환율 상승을 절대 보고만 있지 않을 것이다", "환율 조작으로 이익을 얻으려는 환투기 세력의 행동을 결코 용납하지 않을 것이다" 등 주로 말로 개입한다. 차츰 구두 개입의 수위

를 높이고, 또 점차 구두 개입자의 직위가 높아지면서 개입 수위를 조절하는 특징이 있다.

직접 개입

구두 개입으로 외환시장이 안정되지 않으면 정부가 직접 개입을 하기도 한다. 이 경우에 정부는 외환보유고의 달러를 사고팔아 외환시장의 수요와 공급을 조절하려고 한다.

예를 들어 달러 수요가 많아 환율이 지나치게 상승하면, 외환보유고의 달러를 시장에 팔아 환율 급등을 막으려고 한다. 반면 외환시장에 달러의 공급이 너무 많아 환율이 지나치게 하락하면, 정부는 시장에서 달러를 사들여 환율의 과도한 하락을 막으려고 한다.

외환 통제

고정환율제도에서 정부가 환율을 방어하는 방식으로, 외환시장 참여자를 제한하는 것이다. 즉 일정 요건이 되는 기업이나 은행 등 필수적인 곳만 외환 거래를 허용하고, 일반 참여자들의 거래를 금지하는 것이다. 우리나라는 1950년대 고정환율제도를 취했던 당시, 한국은행 집중제도라고 하여 모든 달러를 한국은행에 예치하는 제도가 있었다.

사실 외환시장 개입은 실패할 가능성이 높다. 특히 외환보유고를 움직여 시장에서 달러를 사고파는 직접 개입의 경우 환투기 세력에게 귀중한 외환보유고를 털리는 일이 될 수도 있다. 1992년 조지 소로스가 영국의 파운드화를 공격했을 때, 영국은행은 시장에 개입했지만 결국 두 손을 들고 말았다. 조지 소로스는 이 공격으로 10~20억 달러, 우리 돈 약 1,2조원의 이익을 챙긴 것으로 알려져 있다. 사실 외환시장 개입은 실패할 확률이 높으므로 가능한 하지 않는 것이 원칙이다.

우리 옆의 경제학

2008년 정부의 외환시장 개입과 환율

2008년 3월 원/달러 환율이 950원대일 때, 강만수 기획재정부 장관은 "수출이 잘 되려면 환율이 올라야 한다"는 등의 메시지를 시장에 흘렸다. 정부가 고환율 정책을 펼 거라는 신호였다. 이 정책은 그 의도가 잘못된 것은 아니었다. 환율이 오르면 달러로 표시되는 우리나라 상품의 가격이 낮아지기 때문에 수출이 잘되고, 고용과 소비가 늘어나서 내수가 살아나는 효과를 기대할 수 있다.

▶ 원/달러 환율 추이

기준: 월평균 환율 | 출처: 한국은행

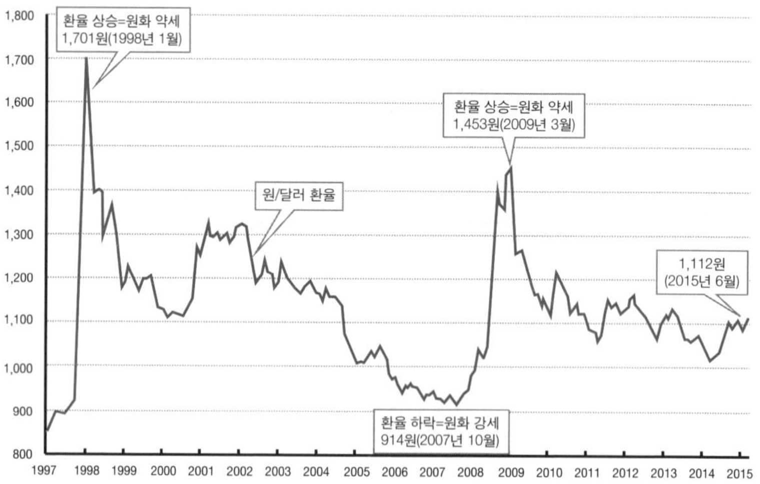

문제는 고환율 정책의 부작용이다. 2008년 초에 원유, 금속, 곡물 등 원자재 가격이 크게 올랐는데, 여기다가 환율까지 상승하자 기업의 비용부담은 눈덩이처럼 커졌다. 5월 생산자물가지수가 10% 상승했고, 소비자물가도 덩달아 오르기 시작했다. 물가가 급격히 오르자 소비가 줄고 생산이 위축되었다.

2008년 중반기 원자재 가격 급등으로 인해 밀가루를 사용한 제품과 과자, 아이스크림 등의 가격이 모두 올라 주부들이 곤욕을 치르기도 했다. 이렇게 생필품 가격이 상승하자 소비가 줄고, 이에 따라 생산도 위축되었다.

설상가상으로 리먼브라더스가 부도를 내면서 문제가 더 커지기 시작했다. 미국의 금융위기가 시작되면서 투자자들이 전 세계에서 투자금을 회수하기 시작했다. 특히 아시아에서 철수가 두드러졌다.

우리나라도 예외는 아니어서 큰손인 외국인들이 주식을 팔고 나가기 시작하자, 주가가 폭락했다. 외국인들이 주식을 판 돈(원화)을 달러로 바꾸자, 달러 수요가 급증하며 환율이 크게 상승했다.
환율이 크게 오르자, 이번에는 정부가 환율 방어를 시작했다. 정부는 외환시장이 느슨해지는 점심시간을 틈타서 외환보유고의 달러를 대량으로 시장에 내다팔아 일시적으로나마 환율을 낮추었다.

그런데 정부가 외환시장에 개입하는 날은 주가와 환율이 안정세를 보였지만, 그 다음날에는 주가가 폭락하고 환율이 다시 폭등하는 양상을 보였다. 왜 그랬을까?
예를 들어 보자. 미국인 톰은 K전자의 주식을 팔아 달러로 바꾸어 본국으로 가지고 가려고 한다. 환율이 1,000원에서 1,100원으로 오르면, 100만원으로 약 89달러밖에 바꿀 수 없다. 환율 상승으로 환차손을 보는 것이다. 그런데 한국 정부가 외환보유고의 달러를 팔아 환율을 다시 낮춘 것이다. 환율이 1,000원으로 내리면 100달러로 바꿀 수 있다. 그러니 얼른 주식을 팔아 달러로 바꾸는 게 상책이다.

정부가 외환시장에 이처럼 개입하자, 외국인들은 주식을 앞다투어 팔아 달러로 바꾸었다. 달러 수요가 급증하자 환율이 더 크게 올랐다. 그러면 정부가 다시 외환시장에 개입해 달러를 팔아 환율을 낮추고, 외국인들은 또 다시 주식을 팔아 달러로 바꾸고……. 덕분에 하루에도 환율이 100원 넘게 오르내린 적도 있다. 주가도 널뛰기를 했다.
정부가 이런 걸 예상하지 못했을 리는 없으나, 모르는 사람이 본다면 "외국인 여러분 지금까지 투자해 주셔서 감사합니다. 여기에 저희가 뼈 빠지게 수출해서 모은 외환보유고가 있습니다. 이 달러들을 내다팔테니 더 많은 수익을 챙겨서 나가세요"의 꼴이었다.
경제 현실은 여러 변수들이 얽히고설켜 예상치 못한 결과를 가져올 수 있다. 정책을 수행하기 전에 예상치 못한 외부효과를 한번 더 재어 보는 정부의 신중함이 아쉬운 시절이었다.

006 세계 경제체제의 변화

Let's Go 동네시장에서 파는 청바지는 고작 만원짜리도 있다. 그런데 백화점 모 청바지는 수십 만원을 호가한다. 반값도 아니고 10분의 1밖에 안 되는 가격, 그런데 둘 다 뒤집어 보면 made in china 딱지가 붙어 있는 경우도 있다.

지금 우리 아이들이 먹고 있는 과자의 성분 표시를 보면 밀가루는 미국산, 나머지는 중국산이 많다. 농업이나 경공업은 우리나라의 비교우위가 아니니 그럴 수도 있다는 생각이 들지도 모르겠다.

그러나 독일에서 만들어진 필립스 전기주전자, 미국에서 들여온 칩을 사용한 컴퓨터, 일본에서 수입한 노트북 등 우리나라가 비교우위를 가졌다는 공산품들도 다양한 외제가 들어와 우리의 기호를 채워 주고 있다. 이는 자유무역 때문인데, 여기에서는 자유무역의 실체와 의미를 파악해 보자. 아울러 세계 경제체제의 변화도 살펴보자.

자유무역의 확대

제2차 세계대전 후부터 1973년 오일쇼크 때까지 세계 무역량은 연평균 8%의 성장률을 보였다. 국제적으로 분업이 발달하고 GATT 체제가 생겼기 때문이다. GATT는 '관세 및 무역에 관한 일반 협정'으로 관세 장벽과 수출입 제한을 없애고, 국제무역과 물자 교류를 증진시키기 위하여 1947년 제네바에서 미국 등 23개국이 조인한 국제 무역협정이다. 리카도의 비교우위론[392쪽]에 영향을 받았는데, 쉽게 말하면 자유무역을 확대하자는 협정이었다. 자유무역은 범세계적인 분업과 GATT 등으로 인해 팽창을 거듭하고 있다.

신보호무역주의의 등장

1970년대 신보호무역주의가 등장한다. 누가, 왜 이런 조치를 취하게 되었을까?
1970년대까지는 선진국이 제조업과 농수산업 등 모든 산업 분야에서 절대 우위를 차지하고 있었다. 그런데 1970년대 중반부터 일본을 비롯하여 한국, 대만, 중국 등 신흥공업국에 시장을 빼앗기자, 제조업을 보호하기 위해 관세장벽 등 무역 제한 조치를 취하게 된다.
우리나라도 이 영향을 받았다. 미국은 전통적으로 철강산업이 발달한 국가였는데, 1990년대부터 우리나라 등 신흥공업국에 밀렸다. 미국 철강회사들은 우리나라 철강회사들을 덤핑 판매로 제소했다. 덤핑 판매로 제소될 경우 수출에 많은 차질이 생기므로, 당시 우리나라는 공격적인 수출을 하지 못하게 되었다.

WTO의 등장

사실 세계 각국은 1946년 체결된 GATT 협정으로 자유무역에 대해 동의했다. 하지만 각국은 이해관계에 따라 때로는 GATT에 의한 자유무역주의를, 때로는 신보호무역주의를 선택해 실행했다. 그러면서 GATT 체제의 한계가 보이기 시작했다. 이와 더불어 세계 무역량이 확대되면서 자유무역을 촉진하고자 GATT 체제에서 WTO 체제로 전환하게 된다.

GATT의 한계

GATT는 관세 인하와 자유무역 촉진을 내걸고 만든 협약이다. 하지만 실제로는 선진국 사이에서만 관세 인하 교섭이 이루어져 후진국의 이익이 경시되는 경향이 있었다. 따라서 후진국들의 불만이 계속되었고, 선진국과 후진국의 무역질서를 개편하기 위해 새로운 움직임들이 일어났다. 이는 WTO의 배경이 되었다.

WTO 협정

'라운드'는 GATT 체제에서 자유무역을 촉진하기 위해 회원국들이 모여 회의를 하는 협상을 말한다. GATT가 창설된 당시가 제1차 라운드였고, 우루과이라운드(WTO)까지 8차에 걸쳐 지속되었다. 우루과이라운드 이후에도 회원국끼리의 협상은 계속되어 현재까지 이르고 있다.

협상국들은 우루과이라운드부터 기존 GATT 체제를 버리고 WTO 체제로 바꾸었다. WTO는 GATT의 기본정신인 자유무역을 더욱 강화하는 것으로, 공산품 관세 인하, 농산물 시장 개방 확대, 서비스 및 금융산업 개방, 지적재산권 분야 정비, 반덤핑 규약 구체화 등을 결의했다. 그리고 WTO가 세계 무역을 주관하고 무역분쟁을 해결하기 위한 구속력을 가지게 되었다.

GATT에서는 자유무역이 공통 주장, 또는 권고사항이었기에 자유무역을 위반해도 회원국에 직접적인 제재를 가할 수는 없었다. 하지만 WTO는 자유무역의 원칙을 지키지 않는 회원국에 실질적인 벌칙을 가할 수 있다는 점에서 GATT보다 더 큰 권위와 힘을 가진다. 따라서 범세계적인 자유무역을 좀더 현실화할 수 있다는 장점이 있다.

WTO 체제의 단점

WTO는 GATT 체제처럼 주로 선진국의 이해관계가 반영되었기 때문에, 선진국에 유리하고 형평성에 어긋난다는 단점이 있다. 예를 들어 미국은 현재 서비스업이 발달한 국가지만, 제조업 기술도 높을 뿐 아니라 세계 1위의 밀 수출국이다. 따라서 공산품의 관세를 인하할 경우, 미국이 보는 손해는 그리 크지 않다. 반대로 농산물 시장을 개방할 경우, 미국은 농산물 수출국이므로 유리한 위치를 점한다. 또한 미국은 서비스와 금융산업, 지적재산권 분야에서 탄탄한 기반을 가지고 있으며, 이미 많이 개방되어 있기 때문에, 이 분야의 시장을 개방해도 충격이 그리 크지 않다.

반면 후진국이나 개발도상국은 WTO 협약을 그대로 따를 경우, 한 부문에서는 이익을 얻지만 다른 부문에서 손해를 보거나, 심하면 모든 산업 분야가 충격을 받을 수도 있다. 특히 무분별한 금융시장의 개방은 국가경제에 심각한 위기를 가져올 수 있기 때문에 매우 신중하게 결정해야 하는 사안이다. 금융개방으로 큰 고통을 겪은 아르헨티나가 그 예이다.

지역주의

GATT 체제에서 신보호주의가 등장했다면, WTO 체제에서는 지역주의가 등장했다. 지역주의는 지리적으로 인접해 있고 경제적 상호 의존도가 높은 국가끼리 무역 블록을 형성하는 경향이다. EU가 대표적인 예이다.

FTA(자유무역협정)도 지역주의의 한 예이다. 가장 대표적인 FTA는 미국, 캐나다, 멕시코의 자유무역협정인 NAFTA이고, 동남아시아 국가연합인 ASEAN, 아시아-태평양 경제협력체인 APEC, 아시아-유럽 정상회의 ASEM 등이 있다.

지역주의의 등장

1980년대에 GATT 중심으로 범세계적인 자유무역주의를 추진했으나, 회원국 간에 이해 대립이 발생하면서 오히려 신보호무역주의가 등장했다. 이에 경제적 이해를 같이하는 인접국들끼리 먼저 자유무역을 해 보자는 시도에서 지역주의가 등장하게 되었다.

지역주의의 장점

지역주의는 실제로 무역 자유화를 달성할 수 있다는 장점이 있다. 가령 덴마크는 유제품 수출, 공산품 수입을 바라고, 미국은 공산품은 수출하되 유제품 수입은 원하지 않는다면, 서로 이해관계가 달라 범세계적인 자유무역은커녕 배타적인 자유무역조차 성립되기 어렵다.

그런데 만일 핀란드는 덴마크의 유제품을 수입하고 핸드폰을 수출하고 싶다면, 덴마크와 핀란드가 먼저 자유무역을 할 수 있다. 다시 말해 지역주의로 무역 자유화가 실제로 이루어지는 것이다.

또한 지역주의는 대부분 양자간, 혹은 소수의 다자간 협상을 기반으로 하므로, 약소국이 목소리를 좀더 낼 수 있다. 만일 WTO 가입국 전체와 FTA 협상을 한다면, 여러 선진국의 이해관계 때문에 우리나라의 농산물 시장은 여지없이 완전 개방되어야 할 것이다. 그러나 두 나라 간 FTA의 경우, 양자 협상이기 때문에 쌀 개방에 대한 의견을 좀더 강하게 낼 수 있다.

지역주의의 단점

지역주의는 회원국들에게만 혜택을 주므로, 비회원국은 국제거래에서 불리한 입장에 처할 수 있다. EU의 경우, 회원국끼리는 완전 자유무역을 하므로 관세율이 낮아져 활발한 교역이 일어난다. 그러나 EU 회원국이 아닌 국가의 상품에 대해서는 관세율이 높아서 무역분쟁이 일어나기도 한다.

경제학 센스 퀴즈

1. 미국은 1980년대 초반에 대규모 재정적자와 경상수지 적자를 동시에 겪었다. 2000년 이후 다시 두 적자의 폭이 커지자 새롭게 각광받는 이 용어는 무엇인가?
① 더블 적자 ② 쌍둥이 적자 ③ 재정적자 ④ 배팅 적자 ⑤ 코인 적자

2. 2008년 국제 곡물가격이 급등하면서 과자, 빵, 라면 등 식료품 가격도 덩달아 올랐다. 농산물 가격이 지속적으로 오르는 현상을 나타내는 이 용어는 무엇인가?

3. 관광과 같은 서비스 상품의 교역을 통해서 발생하는 무역수지를 '서비스수지'라고 한다. 세계 최대 서비스수지 흑자국은 어디일까?
① 스위스 ② 프랑스 ③ 미국 ④ 독일 ⑤ 일본

4. 칠레산 포도, 와인을 마트에서 쉽게 볼 수 있는데, 우리나라와 칠레 간 무역협정을 맺었기 때문이다. 조약 당사국 간의 자유무역을 보장하는 이 협정을 영어로 무엇이라고 하는가?

5. EU는 유럽 간 정치경제 공동체이다. 특히 경제적으로는 유로화 사용, 관세 철폐 등 자유무역을 주도하고 있다. 2015년 현재 27개국이 가입해 있는데, EU 가입국이 아닌 것은?
① 노르웨이 ② 그리스 ③ 벨기에 ④ 루마니아 ⑤ 체코

* 원/엔 환율은 계속 오르고, 원/달러 환율은 계속 내린다고 가정하고, 6~14번 물음에 답하시오.

6. 엔화로 표시된 외채의 상환은 (빨리 해야 이득이다, 나중에 하는 것이 이득이다.)

7. 미국 출장에서 남은 달러는 (빨리 환전해야 이득이다, 장롱에 묵혀 두어야 이득이다.)

정답

1. ② 2. 애그플레이션(agflation). 농산물을 의미하는 agriculture와 inflation의 합성어
3. ③ 4. FTA(Free Trade Agreement)
5. ① 노르웨이는 어획 쿼터제가 자국의 주요 산업인 어업에 악영향을 줄까 우려해 가입하지 않았다.
6. 엔화 가치가 오르고 있으므로 엔화 표시 외채는 빨리 갚는 게 옳다. 시간이 갈수록 치러야 할 대금이 늘어난다.
7. 원/달러 환율이 계속 내리면, 주머니 속의 달러화를 빨리 환전해야 원화로 더 많이 바꿀 수 있다.

8. 결혼 25주년 기념 일본 여행은 (하루라도 빨리 가야 한다, 하루라도 미루어야 이득이다.)

9. 미국에서 수입한 자동차의 잔금은 (빨리 결제해야 이득이다, 천천히 결제해야 이득이다.)

10. 미국 여행객은 (늘어난다, 줄어든다.)

11. 미국으로 가는 유학생은 (늘어난다, 줄어든다.)

12. 대일 수출은 (증가한다, 감소한다.)

13. 일본에서 부품을 수입해 한국에서 조립 후, 완성품을 미국에 파는 이는 (대박난다, 쪽박 찬다.)

14. 미국에서 부품을 수입해 한국에서 조립한 후 완성품을 일본에 파는 사람은 (대박난다, 쪽박 찬다.)

15. 각국에서 파는 맥도날드 햄버거의 질은 같으나 가격이 다른 것에 착안하여 만들어진 지수로, 실질적인 구매력을 측정하는 이 지수의 이름은?

16. 이 용어는 '2008년 증권가에서 가장 유행한 단어'라는 별명이 붙으며, 일반인들과도 친숙한 단어가 되었다. 장중 주가가 너무 오르거나 낮아진 경우, 과열된 투자자들에게 한숨 돌릴 시간을 주기 위해 일정시간 동안 거래를 중지한다. 이것을 무엇이라고 하는가?

정답

8. 원/엔 환율이 계속 오르므로 하루라도 빨리 일본 여행을 가는 것이 좋다.
9. 원/달러 환율이 계속 내리는 경우, 달러 잔금은 천천히 치를수록 이익이다.
10. 원화 가치는 오르고 달러 가치가 떨어지므로 미국 여행객은 늘어난다.
11. 미국으로 가는 유학생도 늘어난다.
12. 원/엔 환율이 오르면 우리 상품의 가격경쟁력이 생겨 대일 수출이 늘어난다.
13. 화폐가치가 높은 일본에서 수입하면 환차손이 생기고, 또 화폐가치가 하락하는 미국으로 수출하면 한 번 더 환차손이 생겨 쪽박을 차게 된다.
14. 위와 반대의 논리로 양쪽에서 환차익이 생겨 대박이 난다.
15. 빅맥지수　　16. 사이드카

17. 1990년대 일본은 경제성장이 거의 없었으며, 투자도 없고, 따라서 금리도 0%에 가까웠다. 일본에서 저금리 대출을 받아 수익성이 높은 나라에 투자하는 경우가 많았는데, 이것은 무엇인가?

18. 2008년 하반기 우리나라는 환율이 급등하자 미국, 일본과 이 협정을 맺어 달러와 엔화를 조달하였다. 대규모의 외화를 빌려오는 것과 비슷한 효과를 가진 국가 간의 상호협정은?

① 통화 체인지 ② 외환 스왑 ③ 통화 스왑 ④ 외환 체인지 ⑤ FTA

19. 1992년 영국 파운드화에 대한 대규모 매도 주문으로, 파운드화의 가치를 유지하려던 영국은행을 좌절시키며 세계적으로 유명해진 헤지펀드 투자자는?

① 빌 게이츠 ② 조지 소로스 ③ 워렌 버핏 ④ 퀀텀 베이슨 ⑤ 짐 로저스

20. 2015년 7월 현재 우리나라는 11개의 FTA가 이미 발효되었고, 4개의 FTA는 타결되어 승인을 기다리고 있다. 당시 우리나라와 이미 FTA를 맺은 국가를 모두 고르시오.

① 일본 ② 싱가포르 ③ 스위스 ④ 인도 ⑤ 중국 ⑥ 미국

21. 멕시코의 아름다운 휴양지로, 농산물 개방과 관련해 2005년 WTO의 협상이 이루어진 곳이다. 자유무역과 농산물 개방을 반대하는 사람들이 시위를 벌이기도 했다. 이곳은 어디일까?

① 멕시코시티 ② 알라모 ③ 뉴멕시코시티 ④ 칸쿤 ⑤ 밀앙

22. 세계경제포럼(WEF; World Economy Forum) 연차 총회로, 최근 들어 세계적인 저명인사들이 대거 이 포럼에 참석하고, 경제 외에 정치 · 사회 문제에 대한 처방과 대안을 제시하는 자리로 바뀌면서 개별 국가정책에도 영향을 미치는 국제회의의 성격이 강해졌다. 1982년부터 열리기 시작했으며, 일주일간 주요 인사의 연설과 분야별 토론, 사교모임 등의 행사가 이어진다. 참석자격에 제한을 두고 있는데, 기업은 최소한 연간 7억 달러 이상의 매출을 기록하고, 연회비 1만 3,000달러를 납부해야 한다. 스위스의 지명을 딴 이 포럼의 이름은 무엇인가?

정답

17. 엔 캐리 트레이드 18. ③ 19. ②

20. ② ④ ⑥ 2015년 7월 현재 일본, 스위스, 중국과는 FTA가 발효중이 아니다. 중국은 아직 가서명 상태였다.

21. ④ 22. 다보스 포럼(Davos Forum)

찾아보기